普通高等教育"十一五"国家级规划教材
普通高等学校土木工程专业新编系列教材

# 铁 路 隧 道

杨新安　姚永勤　喻　渝　编著
杨其新　主审

中 国 铁 道 出 版 社
2016年·北京

## 内 容 简 介

　　本书内容按设计、施工和养护维修分为三篇十一章。第一篇铁路隧道设计包括隧道线路设计与构造组成、高速铁路隧道设计、隧道工程地质、隧道结构设计计算。第二篇铁路隧道施工包括隧道施工、特殊岩土与不良地质地段隧道施工、新奥法与新意法、隧道掘进机及其施工、水下隧道。第三篇为铁路隧道养护维修。

　　本书为高等学校土木工程、交通工程等专业的教学用书,也可供研究生和相关工程技术人员参考。

**图书在版编目(CIP)数据**

铁路隧道/杨新安,姚永勤,喻渝编著.—北京:中国铁道出版社,2010.11(2016.11 重印)
普通高等教育"十一五"国家级规划教材
ISBN 978-7-113-12187-7

Ⅰ.①铁…　Ⅱ.①杨…　Ⅲ.①铁路隧道—隧道工程—高等学校—教材
Ⅳ.①U459.1

中国版本图书馆 CIP 数据核字(2010)第 257462 号

| | |
|---|---|
| 书　　名: | **铁路隧道** |
| 作　　者: | 杨新安　姚永勤　喻　渝　编著 |

责任编辑:李丽娟　　　电话:(010) 51873135　　　电子信箱: llj704@163.com
封面设计:冯龙彬
责任校对:孙　玫
责任印制:郭向伟

出版发行:中国铁道出版社 (100054,北京市西城区右安门西街 8 号)
网　　址: http://www.tdpress.com
印　　刷:北京尚品荣华印刷有限公司
版　　次:2011 年 1 月第 1 版　　2016 年 11 月第 2 次印刷
开　　本:787 mm×1 092 mm　1/16　印张:20.75　字数:517 千
书　　号:ISBN 978-7-113-12187-7
定　　价:44.00 元

# 前　言

我国目前正处在铁路隧道建设的高潮期,工程实践迫切需要与之相适应的设计理论、施工技术、运营管理与维修技术。本教材试图满足这一需求,反映现代铁路隧道的学科内容和进展,既为高等院校师生提供一种适用的新教材,也为铁路隧道工程技术人员提供一本新的参考书。

随着高等院校专业调整和专业面拓宽,隧道课程多以"隧道工程"面貌出现,而铁路隧道与其他类型隧道毕竟有诸多差别,以"铁路隧道"作为书名能够凸显出"铁路特色",目标单一,也使教材内容和体系更加清晰,这是本教材的特色之一。

将铁路隧道分为"铁路隧道设计"、"铁路隧道施工"和"铁路隧道养护维修"三大篇,每一篇在开篇综述中提出其总体思想和原则,强调"全寿命设计理念","建设绿色交通结构,实现可持续发展的理念"等,主线明晰,内容与学科体系清楚,这是本教材的特色之二。

借鉴国内外相关研究成果,总结吸收工程实践经验,并将其以图文并茂的形式反映在本教材中,这是本教材的特色之三。

本书在编写过程中,作者参加了合武、太中银、包神、温福、厦深、广珠、广深港、南广、杭甬、宁杭、郑西、宁安等客运专线和铁路隧道的技术咨询、论证和评审工作,切身感受到了铁路隧道的建设热潮,对铁路隧道的设计、施工和养护工作有了更深刻地认识,同时也得到同行和现场技术人员的启发与帮助,在此表示衷心地感谢!

本书由杨新安、姚永勤和喻渝编著,同济大学杨新安编写了第一、二、四~九、十一章,中铁十二局集团公司姚永勤编写了第十章,铁道第二勘察设计院喻渝编写了第三章,全书由杨新安统稿。西南交通大学杨其新在百忙中审阅了全书,并且提出了许多宝贵的意见,作者深表感谢!

作者学术水平有限,书中疏漏乃至错误在所难免,敬请读者批评指正,意见请寄:xyang@tongji.edu.cn。

**作　者**
2010 年 9 月

# 目　录

# 第三篇　铁路隧道养护维修

# 第 一 章

# 绪 论

　　隧道是人类利用地下空间的一种形式。在土地资源减少和人口增长的双重压力下,大力开发和利用地下空间已成为人类发展的必然选择和重要出路。铁路隧道更被冠以"绿色交通结构",在世界范围内得到重视和大力发展。

　　中国幅员辽阔,又是多山的国家,山地、丘陵和高原等山区面积约占全国面积的2/3,高原起伏,群山连绵,崇山峻岭密布,水系发育,江河纵横,地质复杂。在交通、水利、矿山开采和市政工程建设中,不但要"逢山开道,遇水架桥",而且"遇水也可以打隧道,从水底下通过",这就需要建造大量隧道,隧道自然成为工程的主要组成部分和结构形式。

　　中国发展铁路,必然要在各种地层、地质、气候等条件下修建大量隧道,而且还要修建许多长隧道和特长隧道,因此,铁路隧道建设任务极其艰巨、复杂,也因此具有广阔的市场与发展前景。

　　本章阐述隧道以及相关概念、隧道种类和国内外发展概况,阐明中国铁路隧道的未来发展以及面临的问题。

## 第一节　概　　念

### 一、隧道与隧道工程

　　隧道(Tunnel)是铁路、道路、水渠等遇到土、岩、水体障碍时开凿的穿过山体或水底的内部通道。简言之,隧道是在山中或地下凿成的通路,也叫隧洞。

　　隧道工程(Tunnel Engineering)是指研究和建造各种隧道及地下工程的规划、勘测、设计、施工和养护的一门学科,是土木工程的一个分支。

### 二、隧道的种类与作用

　　隧道按所处地层介质分为土质隧道和石质隧道,按埋深分为浅埋隧道和深埋隧道,按所处位置分为山岭隧道、水下隧道和城市隧道。

　　隧道通常按用途可分为交通隧道、水工隧道、市政隧道、矿山巷道和特殊用途隧道。

　　1.交通隧道

　　交通隧道是隧道的主要类型,包括铁路隧道、公路隧道、地下铁道、水下隧道、航运隧道、行人隧道。

　　欧洲早在19世纪末20世纪初就修建了穿越阿尔卑斯山脉的辛普朗隧道(Simplon tunnel),它由两条各长19.8 km的单线铁路隧道组成,位于瑞士伯尔尼到意大利米兰的铁路线上,工程宏伟艰巨。20世纪60年代,日本开始修建连接本州和北海道的青函隧道(Seikan tunnel),长53.85 km,是世界上最长的交通隧道,到1988年3月才竣工通车,历时24年。

1994 年 5 月 6 日，连接英法两国的海峡隧道（Euro-tunnel）正式通车，这条长 51 km 的隧道仅用了 6 年时间就修通了，充分体现了隧道施工技术的现代化水平。2007 年，长 34.6 km 的瑞士勒奇山隧道（Loetschberg Base Tunnel）投入运营，成为世界上投入运营的最长的山岭隧道。瑞士目前还在修建长 57 km 的圣哥达山隧道（Gotthard Base Tunnel），计划于 2016 年投入运营。这两座隧道是"新阿尔卑斯山铁路隧道工程"的核心，其"保护阿尔卑斯山生态环境，变公路交通为铁路交通"的政策代表了欧盟现代交通的发展理念和方向，值得各国借鉴。

2.水工隧道

水工隧道包括引水隧道、尾水隧道、导流隧道或泄洪隧道、排沙隧道。水电站特别是类似三峡工程这类大型水利枢纽工程有大量水工隧道和隧道群，我国"南水北调"工程中有"穿（越）黄（河）"、"穿（越）淮（河）"等高难度水工隧道。

3.市政隧道

市政类隧道包括市政给水、排水、引水以及铺设地下电缆、煤气管道等隧道。上海市"合流污水"工程建造了几十公里的大直径排水隧道，上海第三水源地工程——青草沙水源地原水工程穿越长江口的水下引水隧道已于 2010 年 2 月实现贯通。

4.矿山巷道

矿山巷道包括采矿需要的运输、通风、行人隧（巷）道，我国仅煤矿每年要掘进巷道上千公里。

特殊用途隧道包括军工隧道、人防地下工程和各种地下储库等。

# 第二节　隧道发展历史

隧道和地下空间的开发利用过程与人类的文明历史相呼应。根据修建隧道技术水平划分，大致可分为以下四个阶段。

## 一、利用天然洞穴

从人类开始出现到纪元前 3 000 年的新石器时代，是人类利用地下空间防御自然灾害威胁的穴居时代，这个时代主要利用天然的岩穴、洞室，或者用兽骨等简单工具开挖出洞穴，加以利用。

人类很早就学会利用自然洞穴作为居住场所，早在距今 50 余万年前（70 万～23 万年），北京猿人就生活在北京西山周口店的天然岩洞中。7 000～8 000 年前，西安半坡人就居住在西安市东郊半坡村的"半地穴室"。我国遗址新石器时代遗址有 7 000 余处。

## 二、人力开凿隧洞

从纪元前 3000 年到 14 世纪止，在这漫长的年代，人类为了采矿、城市生活、修建陵墓等，主要利用人力开凿了许多隧道和地下工程，其典型代表有如下几项。

1.埃及金字塔

金字塔，是古代埃及国王为自己建造的陵墓。大金字塔是最雄伟的金字塔之一，它坐落在一岩石高地上，底部呈正方形，原高 146.59 m，四周底边各长 220 m（原来长达 230 m）。它是用 230 万块磨光的石灰岩石砌成的，平均每块岩石重约 2.5 t，有些石头重达 30 多吨。塔内共有三处墓室，第一处原是胡夫的墓室。几年后，工匠们开凿了第二条甬道，建造了第二个墓室，有些人认为这是安葬王后的。第三处墓室,即实际安葬胡夫的地方,人们称它为"国王墓室"。这座巨型金字塔,外观巍峨雄伟,内部结构复杂精密,令人惊叹。

**2. 幼发拉底河水下隧道**

纪元前 2 100 年间的古代,巴比伦王朝为了连接宫殿和寺院修建了长达 1 km,横断幼发拉底河的水下隧道。

**3. 古栈道**

战国时开凿的由陕入川的南栈道,实际就是隧道的一种——明洞,伟大的史学家司马迁在《史记·高祖本纪索隐》就有"栈道,阁道也······崔浩云:险绝之处,傍凿山岩,而施版梁为阁。"的记述。

**4. 秦汉陵墓**

从现代发掘的古代皇帝陵寝可见,当时的地下建筑已经具有相当的规模,秦汉皇陵是其中的典型实例。《水经注》记载,秦始皇陵"斩山凿石,旁行周围,三十余里",已经开展的钻探和物探工作证明,其地宫东西长 170 m,南北宽 145 m,深 35 m,规模庞大,结构复杂。江苏徐州的古汉墓,左右两条通道,各长 83 m,其平直度达到极高水平,还配有供水井和完善的排水系统,足见当时人工开凿隧道的技术之高。

**5. 宗教洞窟**

宗教洞窟是集历史、艺术和科学价值为一体的岩石建筑,依山而建,通过"斩山"——修整崖面、造像雕凿、"莹拭"、彩绘工序完成。中国著名的洞窟有山西大同云冈石窟、甘肃敦煌石窟、河南龙门石窟、甘肃天水麦积山石窟、河南巩县石窟、甘肃永靖炳灵寺石窟、河北邯郸响堂山石窟、山西太原天龙山石窟、云南剑川石钟山石窟和重庆大足石窟。

**6. 隋朝古代地下粮库**

位于洛阳东北郊,于 1971 年发掘。这个地下粮库修筑于公元 7 世纪至唐代,长宽为 600 m×700 m,有半地下粮仓 200 个。

**7. 宋朝古代地道**

宋朝古代地道为军事地道,蜿蜒 40 多公里,深约 4 m,有竖井。


**三、钻爆法开凿隧道**

从 16 世纪的产业革命到 20 世纪 50 年代,由于炸药的发明和应用,隧道掘进技术发生了质的飞跃,钻爆法成为修建隧道的主要方法,直到今天仍在大量应用。人类修建隧道的速度大大提高,规模也越来越大。

17 世纪初,黑火药在采矿中的应用使采矿工艺发生了重大变革,促进了世界范围大规模地开采矿产资源,包括地下开采煤矿、金属矿、非金属矿等,开挖大量的巷道、洞室和采矿作业面。

1613 年,英国修建了伦敦水道。

1681 年,开凿了地中海比斯开湾连接隧道,长 170 m。

1843 年,英国修建了伦敦跨河隧道。

1845 年,英国修建了第一铁路隧道。

1871 年,建成了连接法国和意大利的阿尔卑斯山隧道,长 12.8 km。


**四、全面机械化掘进隧道**

从 20 世纪 50 年代开始,一方面,以全断面隧道掘进机(TBM)为代表的综合隧道掘进机械逐步成熟并大量应用;另一方面,以凿岩台车、锚杆支护、大功率装运设备和衬砌台车为代表的现代隧道掘进技术逐步成熟并大量应用,将钻爆法提升到一个新的现代化水平。快速、高效地修建隧道的能力和水平大大提高,隧道长度、规模和难度等纪录不断被刷新。

日本青函隧道、英法海底隧道、瑞士勒奇山隧道和圣哥达山隧道、中国的秦岭隧道、乌鞘岭隧道、太行山隧道是典型实例。

目前,国际隧道协会(International Tunneling Association,简称ITA)、各国隧道协会及相关学科的学术机构定期举办各类学术会议,交流隧道工程的科研与工程进展,促进了本学科的发展。

隧道掘进机械、专业设备和支护材料已形成庞大的产业,参与到全球化的市场竞争中。

20世纪80年代后期,国际隧协提出"大力开发地下空间,开始人类新的穴居时代的倡议"得到了广泛的响应。日本也提出了利用地下空间,把国土面积扩大10倍的设想,各国政府都把地下空间的利用作为一项国策来推进,使地下空间利用获得了迅速的发展。地下空间的利用,已扩展到各个领域,成为国家重要的社会资源。

## 第三节　　中国铁路隧道工程的发展

中国自1876年建成第一条营业铁路线起,至今已有130多年的历史。第一座铁路隧道——狮球岭隧道始建于1888年,至今也有120余年。铁路隧道随着铁路建设的发展而发展,一百多年来,中国铁路隧道的发展走过了艰难曲折的道路。

清末和民国时期(1888～1949年)中国处于半殖民地半封建社会,帝国主义列强入侵,国内连年战乱,铁路建设受外国人控制,大多建于东北和沿海地区,建成隧道不多,技术方法落后。中华人民共和国成立后铁路建设大发展,特别是铁路向西部山区推进,隧道建设突飞猛进,在勘测设计、施工、运营、科研、教学等方面都有许多重大成就和创新,至20世纪末中国已跻身于世界铁路隧道大国的行列。

### 一、中国铁路隧道建设历程

我国第一条铁路隧道是1888～1890年修建在台湾基隆至台北铁路上的狮球岭隧道,长261 m。1903年在滨洲线建成兴安岭隧道,按双线断面施工,铺设单线,长3 077 m,是我国第一座长度超过3 km的铁路隧道。詹天佑主持修建的京张铁路,是我国自行设计、施工的第一条铁路,在关沟段建成有4座隧道,总延长1 645 m,其中最长的八达岭隧道(1 091 m),建成于1908年,是我国自力修建的第一座越岭铁路隧道,1939年为增建滨绥二线修建的杜草隧道,长3 840 m,是中华人民共和国成立前最长的铁路隧道。

据史料记载,清末时期共修建隧道238座,总延长42 km;民国时期共修建隧道427座,总延长1 141 m。截至1949年全国共修建铁路隧道665座,计156 km。

中华人民共和国成立后,20世纪50年代开始大规模铁路建设,铁路向西部推进,隧道建设步入新阶段。这一时期建成隧道较多的铁路主要有宝成、天兰、丰沙Ⅰ线、石太复线、鹰厦、川黔、太焦等线,共建成隧道1 005座,总延长306 km。10年建成隧道的数量比建国前增长近1倍。

20世纪60年代,经国民经济调整后,组织西南铁路建设大会战,建成一批隧道较多的山区铁路,隧道建设在停建、发展、延滞的曲折前进中取得了成就。相继建成贵昆、成昆、京原以及东川、镜铁山、嫩林、盘西、水大、渡口等干支线,这一时期共修建隧道 1 113 座,总延长660 km。总延长为 20 世纪 50 年代的 2 倍多。

20 世纪 70 年代,由于铁路路网迅速扩展,进行大规模铁路建设,完成了较多的隧道工程。这一时期,主要是会战焦枝、枝柳、襄渝、京通、阳安、湘黔等线,这都是路网中隧道较多的山区铁路干线,工程非常艰巨。这一时期共建成隧道 1 954 座,总延长 1 035 km,在规模、速度和数量上,又大大超过 20 世纪 60 年代,是中国铁路隧道建设史上建成隧道较多的时期。

20 世纪 80 年代,由于改革开放的需要,旧线改造与新线建设并举,出现了特长隧道。为改变铁路运输的紧张状态,旧线改造和新线建设重点放在加强晋煤外运通道和改造既有铁路能力不足的"瓶颈"上,开展了"南攻衡广、北战大秦、中取华东"的会战,加速了衡广、沪宁、沪杭、浙赣等复线建设和修建京秦、大秦、兖石、新菏等铁路。这一时期共建成隧道 319 座,总延长 199 km,从数量上看虽然比 20 世纪 60～70 年代大为减少,但建成的长隧道特别是双线长隧道增多。衡广复线大瑶山隧道(14.29 km)、大秦铁路军都山(8.46 km)、白家湾(5.06 km)等双线隧道都是在这一时期建成的。

20 世纪 90 年代,随着改革开放的深入发展,国家要求加快铁路建设,拉动国民经济发展,铁道工程建设的重点是发展和完善路网,加强路网大通道建设,提高铁路综合运输能力。这一时期建设的铁路干线主要有侯月、宝中、京九、南昆、神朔、朔黄、达成、横南、广大、西康、神延、内昆等线,同时还对宝成、兰新、宝天、株六等线增建二线。这些铁路隧道工程浩大,长隧道多,工程地质极其复杂,铁路隧道建设水平又进一步提高。南昆线米花岭隧道和家竹菁隧道、西康线秦岭Ⅰ线隧道、京九线五指山隧道以及朔黄线长梁山隧道等均在这一时期建成。20 世纪 90年代共建成隧道 1 822 座,总延长 1 311 km,是我国建成铁路隧道总延长最多、隧道平均长度最长的时期之一。

进入 21 世纪,铁路建设开始了跨越式发展的新时代,2004 年批准的《中长期铁路网规划》和《中长期铁路网规划(2008 年调整)》明确铁路建设的重点是客运专线、区际干线和煤运系统建设。铁路隧道以年均增加 500 km 的速度快速发展。

**二、中国铁路隧道技术发展**

隧道修建技术是涵盖多种专业、交叉性很强的综合技术。一个多世纪以来,中国铁路隧道修建技术的发展,大体上可划分为三个时期。

1. 中华人民共和国成立前(1888～1949 年),基本是人力开挖、手工操作、机具简单、技术落后的时期。当时铁路隧道建设既没有固定的专业技术队伍,也没有完整的设计、施工规范,机具设备少,方法简单,工人劳动强度大,效率很低。建成的隧道,长度超过 3 km 的仅有 3 座。

2. 20 世纪 50～70 年代,铁路迅速发展,隧道施工由人力为主转入中、小型机械施工,是隧道设计、施工技术有较大发展的时期。

从 20 世纪 50 年代开始,铁道部十分重视隧道建设专业队伍的组建,并逐步制定了铁路隧道勘测设计、施工规范和隧道建筑限界标准,编制了一些隧道建筑标准设计图。对平面控制测量作出测量设计,提出贯通误差计算公式,测量方法采用两条基线的三角网和导线法,初步建立贯通误差理论。辅助坑道采用横洞、斜井、竖井和平行导坑,竖井最深达 136 m。施工方法上、下导坑法为主,开始采用平行导坑和管道进行施工通风。从 1957 开始,较长隧道试用后翻式装渣机装渣,用电瓶车牵引轨道运输出渣。逐步采用水泥砂浆注浆防水。20 世纪 50 年代受当时技术条件及工期限制,修建的长隧道不多,建成 3 km 以上的隧道只有北同蒲线的段家岭(Ⅰ线、Ⅱ线)隧道和川黔线的凉风垭隧道。

20世纪60～70年代,通过实践和试验研究,改进、提高了勘测设计手段和施工组织方法。推广采用机械设备,从西南铁路建设开始,以成昆线为代表,购进了一批新的勘测设计和施工设备,逐步应用航测遥感和工程物探技术,注意按隧道建设要求进行选线和选址,平面控制测量开始采用闭合导线法和一条基线的三角网;在施工方面开始推广漏斗棚架法,部分采用全断面开挖,研究试用光面爆破,对整治岩溶、岩爆、坍塌、涌水和瓦斯突出等也逐步积累经验,使铁路隧道修建技术得到迅速提高,山区铁路长隧道显著增多。20世纪60年代建成的3 km以上长隧道20座,20世纪70年代建成3 km以上长隧道33座,其中各有5座隧道长度超过5 km。

3. 20世纪80年代以来,铁路大发展,长大隧道普遍修建。隧道修建从传统的矿山法向采用以"新奥法"原则指导下的一系列新技术、新设备发展;隧道施工进入大型机械配套,是隧道修建技术赶超世界先进水平的时期。

修建长隧道可降低线路越岭高度和避免采用短隧道群,使线路状态得到改善,有利于运营安全,为适应特长隧道修建的需要,在隧道工程中大量引入国外先进技术和设备,促进铁路隧道修建技术快速提高。20世纪80年代以衡广复线大瑶山隧道为代表,攻克了双线特长隧道设计施工中的难题,解决了双线长隧道施工大型机械化配套问题,应用"新奥法"原则指导大断面和全断面施工取得成功,这是中国隧道建设史上的新突破,标志着双线隧道施工技术和设备达到国际先进水平。20世纪80年代共建成3 km以上的长隧道10座,其中双线隧道8座,长度超过8 km的隧道2座。

20世纪90年代,我国加强西部路网大通道建设,通过工程实践表明,修建两个单线隧道在投资、防灾与运营等方面都优于单洞双线,由于山区铁路单线长隧道不断增多,在双线长隧道已实现机械化配套的带动下,针对单线铁路隧道施工技术较为落后的状况,20世纪90年代铁道部立项攻关研究单线铁路长隧道快速施工配套技术与设备,这些成果在米花岭隧道施工中实施,取得了双口月成洞769 m的全国最好成绩,单口月成洞最高达515.9 m。随后又在西康线秦岭Ⅰ线隧道采用隧道掘进机(TBM)施工,标志着我国单线铁路长隧道的修建技术也达到了国际先进水平。与此同时,长隧道的地质勘探、地质超前预报、全球定位系统(GPS)等先进技术的应用,也取得显著成果,使铁路隧道修建技术跨上又一新台阶。20世纪90年代共建成3 km以上隧道79座,其中67座为单线隧道,10 km以上特长隧道2座。铁路长隧道的成功修建,标志着我国铁路隧道建设的新水平,也是现代隧道工程技术进步的集中反映。

中国的铁路隧道按地区分布,以西南、西北居多,约占70%;华北和东北次之,约占25%;华东和中南较少,约占5%。我国已建隧道密度较大的铁路(长度超过200 km)有西安安康铁路(隧线比率为45.9%)、襄渝铁路(隧线比率为33.4%)和成昆铁路(隧线比率为31.5%)。除此之外,侯月、丰沙、京原、南昆、枝柳等铁路线隧线比率也都在20%以上。

铁路隧道的修建经历了从清朝末年到现在100多年的时间,其建设技术的发展可谓是沧桑巨变。隧道勘测技术的控制测量从使用光学经纬仪到使用光电测距仪,现已推广应用GPS技术;地质勘探从单纯钻探,到利用遥感、物探和综合勘探;围岩分类从按土石分类、地层坚固性系数分类,到以坑道围岩稳定性为基础的分类,后又改为围岩分级;围岩压力计算方法,从按垂直均布荷载为主,到按马鞍形、偏载、局部集中荷载等形式计算。设计思想从过去单纯依靠衬砌承载的观点,改变为主要依靠围岩,即充分利用围岩自身承载能力的观点;设计手段从人工计算、手工绘图,发展到广泛应用CAD(计算机辅助设计)技术。施工工法从矿山法施工,利用导坑先行、分布开挖,到现在利用新奥法原理设计与施工,充分利用支护和围岩自身的承载作用,大大提高了隧道施工的安全性;施工机械从手工小型机械化施工,到配套成系列的钻岩装运、喷锚支护、衬砌注浆等大型机械化作业线,以及到 20 世纪 90 年代采用全断面掘进机(TBM),使隧道的施工从"手工化"到"工厂化"。建设标准也在不断提高,初期支护、混凝土衬砌、防排水、轨下结构、防灾救援、通风照明等都有不同程度的提高。

### 三、典型铁路隧道

铁路隧道具有标志性的工程主要有大瑶山隧道、秦岭隧道、乌鞘岭隧道、风火山及昆仑山隧道。

1. 大瑶山隧道

大瑶山隧道位于京广铁路衡(阳)广(州)段,全长 14 295 m,是我国目前已建成的最长的双线电气化隧道之一,是中国铁路隧道建设史上的一座里程碑。

大瑶山隧道于 1981 年 8 月正式开工,1988 年 12 月通车。隧道洞身地层以变质砂岩、板岩为主,中部班古坳地区穿越泥盆系白云质灰岩、泥灰岩及砂岩,穿越大小断层 14 条,其中 9 号断层影响带宽 465 m,全隧道涌水量高达 5.1 万 m³/d,地质条件复杂。采用 3 座斜井、1 座竖井及部分平导,分成 5 段 6 个工区施工。隧道主体结构在进出口局部浅埋偏压地段,采用整体模筑混凝土衬砌,其余地段采用复合式衬砌,初期支护与二次衬砌之间设 PVC 塑料板防水层。

在隧道围岩较好地段,采用大型 4 臂液压台车、装载机、载重汽车及全断面模板衬砌台车等机械化施工。对于 9 号断层带,采用平导排水降压、超前地质预报、周边浅孔预注浆等整套技术措施。隧道最高年成洞 4 245 m,最高月成洞 521 m,单口最高月成洞 218 m,单口月开挖最高达 205 m,单口月衬砌最高达 303 m。

大瑶山隧道的建设,是新奥法原理在中国铁路隧道施工中的成功典范,也是中国铁路隧道建设新旧方法的转折点,是铁路隧道修建技术的一次大飞跃。

但是,大瑶山隧道的防治水是失败的,大量排水引发了严重的生态灾难,时至今日仍没有解决。

2. 秦岭隧道

秦岭Ⅰ、Ⅱ线铁路隧道是两条并行的单线隧道,位于西安—安康铁路青岔站至营盘站之间。隧道全长 18 456 m,是 20 世纪中国最长的铁路隧道。该隧道于 1995 年 1 月开工,Ⅰ线隧道于 2000 年 5 月建成,Ⅱ线隧道于 2003 年 12 月建成。

秦岭Ⅰ、Ⅱ线隧道线间距为 30 m,进口 15.2 km 为 11‰上坡,出口 3.2 km 为 3‰下坡。隧道最大埋深 1 600 m,地质构造复杂,断裂构造发育。主要的地质灾害有:断层、涌水、高地应力、岩爆、高地热、高辐射等。隧道采用弹性支承块式整体道床,超长无缝线路。

秦岭Ⅰ线隧道进出口各采用 1 台 TBM 施工,Ⅱ线隧道先期采用平行导坑贯通,为Ⅰ线隧道提前探明地质条件,后期扩挖成Ⅱ线隧道。Ⅰ线 TBM 掘进进口最高日进尺达 40.5 m,最高月进尺达 528.1 m;出口最高日进尺达 35.2 m,最高月进尺达 509 m。Ⅱ线隧道平行导坑钻爆法施工进口最高月进尺达 456 m,出口最高月进尺达 426 m,全隧道大断面导坑单口平均月进尺为 250 m。

秦岭隧道建设中,设立有施工技术、地质研究、通风降温、弹性整体道床、特长隧道运营维护、环境保护综合治理等方面的科研项目,解决了设计施工中的许多难题。

秦岭隧道的设计与施工以"高起点、高标准、高速度、高效益,决策科学化、施工规范化、作业标准化、管理现代化"为指导方针,使我国隧道由钻爆法施工上升到采用全断面掘进机施工的新台阶,标志着中国铁路隧道机械化施工跨入世界先进行列,在 20 世纪末为中国铁路隧道史树立起一座跨世纪的里程碑。

### 3. 乌鞘岭隧道

乌鞘岭隧道位于兰新铁路增建二线兰州至武威段,全长 20 050 m,设计为 2 座单线隧道,线间距 40 m,隧道限界满足通行双层集装箱条件,旅客列车设计行车速度 160 km/h。隧道洞身在海拔 2 400 m 以上,最大埋深 1 100 m,穿越 F4、F5、F6、F7 四条区域性大断层组成的挤压构造带和长约 3 000 m 的高致密千枚岩地层,地质构造复杂、变异频繁,在高及极高地应力作用下,极易发生软岩大变形。

乌鞘岭隧道设计为 11‰ 的单面下坡,Ⅰ、Ⅱ线均采用钻爆法施工。Ⅰ线隧道先期开通,Ⅱ线隧道施工前期为平行导坑尽早贯通,为Ⅰ线隧道探明地质并辅助Ⅰ线隧道施工,最后再扩挖为Ⅱ线隧道。隧道于 2003 年 3 月开工,Ⅰ线、Ⅱ线分别于 2006 年 3 月 30 日和 8 月 12 日开通运营。

为了压缩工期,乌鞘岭隧道采用了过多的辅助坑道的施工方案,对当地生态环境造成的负面影响深远,这是应当吸取教训的。

### 4. 风火山和昆仑山隧道

青藏铁路风火山隧道是目前世界上海拔最高的多年冻土隧道,全长 1 338 m,山顶海拔高度 4 995 m,洞内轨面高程 4 905 m,隧道区多年冻土层厚 80～100 m。该隧道于 2001 年 10 月 18 日开工建设,2002 年 10 月 19 日胜利贯通。

青藏铁路昆仑山隧道是目前世界上最长的多年冻土隧道,全长 1 686 m。该隧道于 2001 年 9 月开工,2002 年 9 月 26 日胜利贯通。

以上两座隧道是青藏铁路典型的多年冻土隧道,处于高寒、缺氧、环境恶劣、氧分压低于生命极限的地区。在生命禁区中修建隧道,具有许多与修建常规隧道不同的难点与特点,设计和施工中采用双层模筑混凝土、多道防水措施、保温隔热措施、低温早强耐久性防水混凝土、洞内空调和工作面供氧等多项新技术,创新了中国高原冻土隧道修建技术。

## 第四节　中国铁路隧道未来发展

隧道工程是一门古老的学科,几千年前人类就掌握了开挖隧道的技术;同时,隧道工程又是一门快速发展中的年轻学科,因为随着长大隧道和困难地区隧道的增多、综合机械化施工技术的采用和相关学科的发展,隧道设计和施工方法发生了重大变化。例如,岩石力学深化了隧道开挖中工程现象的认识,新奥法、新意法提供安全可靠的隧道施工原理;特长和复杂条件下的隧道工程实践促进了隧道施工机械和技术的不断进步;水下隧道、城市下穿隧道等特殊隧道工程促进了隧道设计、施工综合水平的提高。

根据《中长期铁路网规划》(2008 年调整),2020 年全国铁路营业里程将达 12 万 km 以上,其中新建高速铁路 1.6 万 km 以上,复线率和电化率将分别达到 60% 和 70% 以上。进一步扩大铁路网规模以及提高电气化铁路比重,是为了发挥好铁路技术经济优势,更好地适应建设和谐社会以及交通可持续发展的要求。为满足快速增长的旅客运输需求,建立省会城市及大中城市间的快速客运通道,规划"四纵四横"等客运专线以及经济发达和人口稠密地区城际客运系统。

**一、近年来我国建成和在建的重点隧道及其概况**

1. 太行山特长隧道

石太高速铁路线上的太行山特长隧道（2007 年 12 月贯通），是目前我国最长的铁路山岭隧道。左线隧道长 27 839 m，右线隧道长 27 848 m；最大埋深 445 m，设计为双洞单线隧道，两线间距 35 m。设计速度目标值为 250 km/h，设计的隧道净空有效面积为 60 m²。隧道洞口结合缓冲结构段设计为斜切式隧道门。

2. 大瑶山隧道群

武广高速铁路大瑶山隧道群穿越南岭山系大瑶山区，由大瑶山 1 号（2008 年 6 月贯通）、大瑶山 2 号、大瑶山 3 号共 3 座隧道组成，隧道长度分别为 10 081 m、6 024 m、8 387 m。大瑶山 1 号隧道出口至 2 号隧道进口距离为 167 m，2 号隧道出口至 3 号隧道进口距离为 47 m。3 座隧道均为双线隧道，线间距为 5 m，设计最高行车速度为 350 km/h。断面净空有效面积为 100 m²。

3. 狮子洋隧道

在建狮子洋隧道位于广深港客运专线东涌站—虎门站区间，穿越珠江口狮子洋河段，是国内第一座水下铁路隧道（预计 2010 年 12 月左线贯通）。设计速度目标值为 350 km/h。隧道工程范围全长 10 800 m，其中隧道长度 10 490 m，引道敞开段长 310 m。隧道长度中明挖暗埋段（含缓冲结构）1 104 m，盾构段 9 340 m，工作井段 46 m。隧道采用双洞单线结构，断面净空有效面积约 66 m²。盾构隧道段结构内径 9.8 m，外径 10.8 m，管片厚度 50 cm，采用"7＋1"分块方式的通用楔形环钢筋混凝土单层管片衬砌。全隧道共设置左右线之间的连接横通道 21 个。盾构段采用 4 台泥水平衡式盾构施工。

4. 函谷关隧道

郑西高速铁路线上的函谷关隧道全长 7 851 m，最大埋深 220 m，为我国最长及断面最大的黄土隧道（2008 年 9 月贯通）。该隧道按双线铁路客运专线设计，设计行车速度目标值为 350 km/h，净空有效面积为 100 m²。

5. 浏阳河隧道

武广高速铁路浏阳河隧道（2008 年 6 月贯通）位于湖南省长沙市东部，下穿京珠高速公路、星沙开发区、浏阳河、长沙市机场高速公路。设计速度目标值为 350 km/h，线间距5.0 m，隧道内采用板式无砟轨道。隧道工程范围全长 10 100 m，由进口明挖暗埋段（含缓冲结构，长 1 484 m）、暗挖段（长 7 416 m）、出口明挖暗埋段（含缓冲结构，长 1 020 m）、出口引道敞开段（长 180 m）组成。其中隧道长度为 9 920 m，暗挖下穿浏阳河段的长度为 362 m。拱形段隧道采用武广高速铁路双线隧道标准内轮廓，矩形段隧道采用 13.4 m(宽)×7.6 m(高) 的矩形内轮廓，净空有效面积均为 100 m²。根据隧道各段所处的地质、地面环境、隧道埋深等条件分别采用明挖法、钻爆法及铣挖法施工。

6. 宜万线岩溶隧道

宜万铁路全长 378 km，隧道长度约 225 正线公里，隧线比约为 60%，其中宜昌至利川段为双线，隧道分单洞双线隧道和双洞单线隧道，利川至万州全部为单线隧道，全线隧道总数为 161 座，总长约 333 延长公里。其中岩溶隧道数量为 92 座，总长度为 247 km。全线岩溶极其发育，被划分为 I 级风险的隧道有 8 座，分别为八字岭（5 867 m）、野三关（13 833 m）、大支坪（8 770 m）、云雾山（6 640 m）、马鹿箐（7 879 m）、金子山（6 835 m）、齐岳山（10 528 m）和别岩槽(3 721 m)隧道。宜万线岩溶隧道,特别是 8 座 Ⅰ 级风险隧道,曾多次发生突水、突泥。设计和施工中采用综合超前地质预报系统、超前钻探等多种手段,及时探明前方的岩溶水发育情况,采取注浆堵水、限量排水和防灾报警等技术措施,预防地质灾害的发生。

### 7. 吕梁山越岭隧道

吕梁山隧道为太中银铁路吕梁山越岭隧道(2009 年 9 月贯通),全长为 20 780 m,设计为双洞单线隧道,线间距为 30 m,设计速度目标值为 200 km/h,并满足通行双层集装箱列车的条件。

### 8. 关角隧道

规划中的关角隧道为青藏线西宁至格尔木段增建第二线穿越青海南山的隧道,设计全长约 32.6 km,为国内目前规划最长的隧道,采用双洞单线隧道方案,线间距为 40 m。隧道进口高程约为 3 380 m,出口高程约为 3 326 m,比既有关角隧道高程降低 300 多米,采用此长隧道方案比既有线可缩短线路 37 km,该隧道设计速度目标值为 160 km/h,预留 200 km/h 的条件。

### 9. 向莆铁路隧道

在建的向莆铁路从南昌至莆田(福州)正线线路全长 607 km。全线共有隧道 114 座,总长约 290 km,其中福建境内 90 座,长度约为 274 km,占该段线路的 66.4%。尤其以福建建宁至永泰段隧道比重最大,在 277 km 的线路长度内有 74 座隧道,长度为 209.8 km,隧线比高达 75.6%。向莆铁路大于 10 km 的特长隧道有 11 座,总长度约 176 km,大于 20 km 的隧道有 3 座,最长隧道为戴云山隧道,长度约 27.8 km。

### 10. 兰渝铁路隧道

在建的兰渝铁路共设隧道 117 座,总长约 480 km,占线路全长的 60% 以上。其中兰州至广元段共有隧道 66 座,总长度约 370 km。全线特长隧道 12 座,总长约 190 km,最长的隧道为西秦岭隧道,长度约为 29 710 m。

## 二、中国隧道技术的发展方向

中国铁路隧道建设已走过一个多世纪的风雨历程,目前又面临着 21 世纪更大的挑战。国家已做出决策,加强铁路基础设施建设、拉动国民经济发展和进行西部大开发,云、贵、川、藏铁路,沿江铁路,以及南部沿海铁路等,都有大山阻隔,长隧道和隧道群不可避免,铁路隧道建设任重道远。在新的发展阶段,中国铁路隧道建设技术的发展要点如下。

### 1. 推进城市隧道和水下隧道技术的发展

采用隧道穿越城市区域,可大量减少城市拆迁,减少对既有建筑物的影响,大大降低列车噪声,促进铁路和城市和谐发展等,有诸多优越性。铁路采用隧道方案跨越江河、海湾,对河道的环境、通航均无影响,在保证列车的全天候运营等方面具有明显优势。在未来的铁路建设中,应大力推进城市隧道和水下隧道技术的发展。

### 2. 继续提高隧道机械化施工水平,减轻劳动强度

隧道工程的现代化,应实现主要工序施工的机械化,研究开发适合中国隧道作业的专用设备,以先进的机械设备代替大量的人工作业,减少隧道施工人员的劳动强度,实现隧道施工的工厂化,大大改善隧道工程的施工作业环境,实现文明施工和快速施工,从而保证施工安全和质量。在未来隧道建设中,对有条件的特长隧道宜优先采用掘进机法施工,对其他长或特长隧道也应采用配套的大型机械化施工,研制开发适合喷射混凝土、架设钢拱架、铺设防

水板、钻孔注浆等小型机械进行辅助施工。

3. 提高隧道防排水技术，减少隧道病害

隧道大量排水会造成地下水的大量流失，破坏水资源，引发地表沉降等，然而以堵为主又会大大增加工程造价，尤其在西部岩溶地区，很多情况只能采取堵的措施。因此，今后要针对实际地质条件经济合理地制定以堵为主，有限排放为辅的技术方案。

应进行合理地防排水系统设计，严把防排水材料质量关，进一步提高防排水系统施工工艺，积极推广应用可维护防排水系统，确保铁路隧道工程做到"不渗、不漏"，减少隧道病害。

4. 强化隧道建设中的环保意识，保护生态环境

隧道工程如果设计考虑不周、施工措施不当，将会给周围环境造成不良影响，如生态环境的破坏，资源开发条件的恶化，大气、水源的污染，地下水的流失，噪声污染，植被破坏，地表下沉等。因此，隧道工程必须强化环保意识，考虑隧道施工对水、植被等生态环境的影响，考虑施工弃渣对环境的影响，隧道洞门及其他构造物与环境的协调等，尽量适应地形和地质条件，避免高填深挖。

在隧道设计、施工中需不断加强和完善环保意识，做好以下四项工作。

(1) 水资源保护

选线时，在岩溶发育地带隧道应尽量避免从居民区和水田下穿过，必须通过时，应对周围环境进行详细调查，并采取措施预防地表水的流失。

我国在以往隧道施工中对地下和山体内地下水，大都采用只排不堵或者以排为主、堵排结合的施工设计，对富水隧道的堵水限排少有成功的先例，甚至施工单位从思想上就缺乏保护地下水的意识。襄渝线铁路中梁山隧道大量漏、排水，致使山顶地面泉水干枯、地表塌陷、农田失水，河沟断流，严重影响人民生活。大瑶山隧道 F9 断层带在堵水无效的情况下进行排放，施工时流量 4 000～15 000 t/d，通车后仍继续大量排水，现在洞顶斑吉勒地区已发生坍陷洞穴 200 个以上，数平方公里之内的居民生活、生产用水枯竭。隧道富水区的施工方案和技术，对于保护当地水资源、防止地表沉降、维护生态平衡，实现环保效益、社会效益和经济效益的统一，起着决定性的作用。这对于我们这个水资源贫乏的国家来说意义非常。

(2) 植被保护

隧道设计、施工过程中应严格执行"早进晚出"的原则，条件适宜时应尽量采用环保洞门，减少隧道洞口边、仰坡的刷方高度，少破坏或不破坏地表植被。施工过程中，施工便道、施工工棚及作业场地的设置，应尽量维护自然地貌，即使占用荒地也应少开挖、少刷方，以保护植被。施工完成后，隧道洞口边、仰坡及植被遭到破坏的地方应恢复植被。

(3) 污水防治

采取清污分流。对于隧道涌水量大的处所，设截水管经由衬砌背后引出并导入蓄水池，避免和洞内施工污水汇合外排。对 10 km 以上特长隧道的施工污水，在洞口(包括辅助坑道洞口)设污水处理设施进行处理后排放。

(4) 弃渣处理

长大隧道或隧线比高的线路弃渣量巨大，设计中要求隧道弃渣应最大程度地利用，如用作混凝土骨料、路基或站场填料。弃渣场尽量少占或不占耕地，弃渣场周围施做挡渣墙，渣底设排水管，渣顶和渣场周围设排水沟，以防弃渣流失。隧道弃渣完毕，弃渣上部应覆土还田或撒草籽种草恢复植被。

5. 推进隧道信息化，发展隧道超前地质预报技术，加强现场动态设计与科学施工管理

　　隧道工程要进一步做好地质勘测和发展地质超前预报技术,实现信息化施工。由于隧道工程地质有许多不可预见的因素,其设计与施工风险比地面工程大,因此地质勘测对隧道的投资预算、线路方案比选极为重要。地质勘测资金的超前投入是为了减少地下工程建设阶段的资金投入以及施工中的风险。地质雷达等物探技术应用于隧道地质超前预报已取得良好的工程效果。

　　隧道工程的特点就是修建环境和地质条件等不确定因素较多,需要在施工过程中不断优化调整,所以应综合利用超前地质预报技术,加强现场的完善设计与科学管理,推进信息化施工。

　　6.隧道防灾救援措施系统化

　　目前我国铁路隧道的运营防灾系统还不完善,随着高速铁路隧道和更多长或特长隧道的建设,我们应加强铁路隧道防灾技术的研究,使隧道的防灾救援措施系统化。

　　7.隧道洞口景观设计

　　隧道的建设应尽量减少对周围环境的影响,减少洞口边仰坡的开挖,保护洞口植被和生态,并选择简洁的洞口结构形式,搞好洞口与周围景观协调的设计。

　　随着高标准大规模铁路建设全面展开和隧道工程建设技术水平的提高,高速铁路及客运专线的大量修建,隧道建设也向密度更高、长度更长、断面更大三个方面发展。

　　中国还有许多举世瞩目的隧道工程正处于论证和前期规划设计阶段,铁路隧道向超长和水域发展将是在所必然,隧道已经穿越长江、黄河这些大江大河,隧道穿越胶州湾、渤海湾、杭州湾、琼州海峡、台湾海峡等伟大梦想也必将逐渐变成现实,未来的隧道工程师们任重道远。

## 思 考 题

1.名词解释:隧道、隧道工程、地下工程概念。

2.交通隧道包括哪几种? 举例说明。

3.说明隧道技术发展的四个阶段及每个阶段的技术标志。

4.列举我国3个特长隧道,说明其技术特点。

5.简述我国铁路隧道建设技术的发展趋势和要点。

# 第一篇　铁路隧道设计

本篇包括第二~五章。铁路隧道设计主要包括隧道线路与建筑设计、支护结构设计计算两大部分,分别在第二、五章讨论;高速铁路隧道为消除空气动力学效应而在内轮廓、洞口工程等方面有其特殊性,专辟第三章进行论述。隧道工程地质是隧道设计以及施工的基础,在第四章讨论。

建国 60 多年来,特别是在近十多年的铁路建设高潮中,铁路隧道设计取得了一系列显著进步。例如,复杂地形地质条件下隧道线路设计、长大隧道设计、水下隧道设计都取得了突破性进展;高速铁路隧道的跨越式发展体现在大量高速铁路隧道的建成并投入使用,也反映在新的规范体系中;围岩与支护相互作用原理得到广泛认识和接受,按新奥法原理设计的复合式衬砌成为通用设计等等。这些都不同程度地反映在本书的第二~五章中。

中国铁路隧道在未来一二十年内仍将处于建设高潮期,迫切需要与之相适应的设计理念、理论和技术标准,以下所列内容在本书中已有反映,仍将是发展方向和重点:

1. 全寿命设计理念

隧道设计要考虑勘查、规划、设计、施工及运营全过程,永久性结构设计应满足正常使用 100 年的要求,为节约资源和实现可持续发展,应避免大规模地频繁修理、拆除与重建,尽可能提高结构物的安全性与耐久性,延长结构物使用年限。

2. 建设绿色交通结构,实现可持续发展的理念

隧道设计要追求绿色设计理念,将环境效应作为隧道整个生命周期和成本效益分析的重要组成部分,实施循环利用和环境友好的技术措施,概括为"建设绿色交通结构,实现可持续发展"的理念,具体表现在:①尽可能减少对植被、地下水等自然环境的扰动和破坏;②尽可能减少辅助坑道,控制地下水排放;③尽可能实现隧道出渣的商用目的,例如用作路基填料甚至作为道砟,少占甚至不占用耕地,等等。

3. 由单纯力学设计向性能设计转变

隧道设计要从"构筑一个结构物"的思想,转变为"更好地使用一个结构物"的思想,即隧道设计要从单纯的力学设计转变为性能设计,或者说转变为以力学性能为对象的性能设计。

4. 信息化动态反馈设计

重视施工地质工作,实施监控量测,进行支护参数调整,确保施工安全。

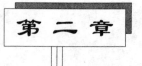

# 第二章

# 隧道线路设计与构造组成

铁路选线设计是整个设计中一项事关全局的工作,铁路隧道选线设计则是其中的重要组成部分,尤其是长大隧道。隧道开凿在天然岩土体中,受地层、地质条件影响大,施工风险高。好的设计可以为隧道施工和后期运营安全创造条件,对降低工程造价,保证施工工期,确保运输安全,又好又快地建设铁路,都具有十分重要的意义。

本章包括隧道勘测、隧道位置与方案确定、隧道平纵断面和构造设计四部分内容。隧道勘测成果是隧道选线设计的基础和依据,隧道位置选择与方案确定对越岭线和河谷线有不同的原则;隧道平面设计则要确定采用直线还是曲线,直线隧道净空限界和曲线隧道净空加宽是隧道横断面设计的主要内容;纵断面设计则要确定坡道形式与坡度,隧道构造设计要确定主体建筑物和附属建筑物的细节。

## 第一节 隧 道 勘 测

隧道深埋地下,由于地质体复杂多变,需要采用多种手段和方法查清其地质环境;而且,隧道工程地质工作必须贯穿于隧道建设的整个过程,必须重视施工地质和加强施工地质超前预报工作。探明隧道地质环境能够为隧道安全、快速地建成创造条件。

隧道设计应依据可靠完整的资料,针对地形、地质和生态环境的特征,综合考虑运营和施工条件,通过技术、经济比较分析,使选定的方案、设计原则和建筑结构符合安全适用、经济合理和环境保护的要求,严格按照基本建设程序办事。

### 一、基本内容

隧道勘测就是通过野外地质测绘,配合勘探和测试工作,查明隧道通过地段的地形地貌、地层岩性、地质构造、水文地质和不良地质现象,以便为隧道的位置选择和设计、施工提供所需要的地质资料,根据隧道地段的地质特征,判定隧道围岩的类别,明确主要的工程地质问题,提出相应的工程处理措施。

隧道勘测的成果是隧道勘测资料,它是勘测设计人员通过各种勘测手段,对隧道所处位置、地形、地质等自然条件具体认识的反映,是隧道位置的选择、工程布置和结构设计以及计划工程投资等整个设计工作的依据。

### 二、不同勘测阶段的工作要点

铁路隧道勘测通常按三阶段进行,每一阶段的勘测工作内容和完成要求各不相同,见表2-1。

（一）初测阶段

长大隧道、工程地质复杂的隧道要查清隧道附近区域地质构造,逐个编制隧道资料。一般隧道不单独进行工程地质勘测,仅依据地质调查测绘资料编制隧道工点地质说明表。

表 2-1　各阶段的调查内容及范围

| 阶段 | 时　期 | 目　的 | 内　容 | 范　围 |
|------|--------|--------|--------|--------|
| 初测 | 从研究比较线路到决定隧道线路 | 获取可行性研究选线所需的地形、地质及其他环境条件资料,并为下一阶段调查提供基础资料 | 地形、地质调查,环境调查等,一般根据既有资料及现场踏勘 | 包括比较线路在内的范围 |
| 定测 | 从决定隧道线路后到施工前 | 获取初步设计、施工计划、概算等所需资料 | 地形、地质、环境调查属于详细调查,包括各项措施、施工设备、弃渣场等具体内容 | 与隧道有关的地点及周围地区 |
| 施工中调查 | 施工期内 | 预测和确认施工中产生的问题,变更设计、施工管理等 | 地形、地质、环境等调查,洞内量测、开挖工作面观察、预计对施工影响并制定措施等 | 隧道内受施工影响的范围 |

（二）定测阶段

一般隧道、长大隧道、工程地质复杂隧道均应进行单独的工程地质勘测工作,编制单独工点的图表资料。

（三）施工阶段

施工阶段的地质调查可根据需要采用开挖工作面直接观察或利用超前钻孔、导坑、试验坑道、物探等进行,应完成的工作包括:

1. 核定岩层构造、岩性、地下水等情况,监视地质、水文地质变化,特别是软弱夹层、断层带等软弱结构面的变化,涌水量的变化。

2. 注意坍塌预兆现象,详细记录和分析有关坍塌变形等的地质条件及其对继续掘进的影响;及时预测和解决施工中遇到的工程地质及水文地质问题。

3. 当地质条件复杂时,可布置超前勘探,预报工程地质条件,并应完成相应的资料。

隧道"施工地质"工作要为验证或修改设计提供依据。

**三、应完成的资料和图件**

隧道勘测的成果是给出勘测资料和图件,在各种不同比例尺的地形图、纵横断面图上附有工程地质及水文地质情况及隧道所在地周围建筑物及人居状况,以充分反映隧道位置和洞口位置的地形、地貌、地质、人文等的全貌,这些是供选定隧道方案、确定隧道平面和高程位置、洞口位置、洞口缓冲结构以及进行整个隧道工程布置和结构设计的基础资料。

1. 隧道线路方案平面图,比例尺为 1/5 000～1/50 000,当长隧道、特长隧道有线路方案比较时,利用此图,可充分反映选用方案和主要比较方案的地形、地貌、地质等情况和显示各比选方案的客观性。

2. 隧道线路平面图,比例尺为 1/1 000～1/5 000,图上显示隧道经过的地形、地貌及地质概况,供确定隧道位置、布置辅助坑道、运营通风风道、施工场地、截排水及改沟、弃渣处理等之用。

3. 隧道纵断面图,依据隧道长度不同,比例尺可采用横 1/500～1/5 000、竖 1/200～1/2 000,图中显示隧道埋置全貌、洞身分段工程地质和水文地质特征以及线路条件等,供布置洞身衬砌设计之用。

4.隧道洞口平面图,比例尺为1/100～1/500,供选择洞口位置、洞口排水及有关工程布置使用。

其余如洞口纵断面、洞口横断面、洞身断面等,比例尺为1/100或1/200,供选定洞口和设计洞口、洞身之用,有关辅助坑道、运营通风风道等亦应收集相应的测绘资料。

以上资料,凡有可资利用的地形图、航测照片、航测绘图等必须搜集,没有可供利用的,必须进行现场测绘。

### 四、隧道工程地质勘测方法

1. 工程地质测绘

隧道工程地质测绘是在各种不同比例尺的地形图、纵横断面图上标注工程地质及水文地质情况及隧道所在地周围建筑物及人居状况,以充分反映隧道位置和洞口位置的地形、地物、地质、人文等的全貌,这些是供选定隧道方案、确定隧道平面和高程位置、洞口位置、洞口缓冲结构以及进行整个隧道工程布置和结构设计的基础资料。

2. 工程地质调查

工程地质调查的内容包括,地形、地貌特征;工程地质特征;水文地质特征;影响隧道洞口安全或洞身稳定的不良地质和特殊岩土地段;通过含有害气体、矿体及具有放射性危害的地层时,应查明其分布范围、成分和含量;地震动参数,周围建筑物及人居状况;气象资料;施工条件。

3. 工程地质勘探

(1)坑探。用探坑可了解覆盖层厚度和性质、滑坡面、断层,观测地下水位及采取原状土样;或用探槽追索构造线,了解坡积层、残积层的厚度和性质,揭露地层层序等。

(2)钻探是最主要的勘探手段。另外,利用钻孔可发展各种测井技术,如电测井、声测井及"一孔多用"。

(3)地球物理勘探。包括弹性波法、电法、声波探测技术、地震法、超声波法。

隧道工程勘探要求"根据工程的地形和地质复杂程度、工程类型、工程规模和勘测阶段的技术要求,在地质测绘的统筹下,合理应用多种地质勘探方法,以最佳的方法组合,密切配合,取长补短,通过相互验证和综合分析,达到提高地质勘探质量,缩短勘测周期和降低勘探成本的目的。"

近几十年来,随着科学技术的发展和大量的工程实践和经验教训,工程地质勘察技术和测试技术得到了迅速发展和提高,综合勘察技术已逐步配套、完善。地质调绘中遥感技术普遍使用,充分利用遥感图像视域广阔、信息丰富的优点,进行多层次、多片种大面积地质调绘与野外地质核对;物探广泛采用重力、磁法、电法、震法、放射性、地温等多参数立体化综合物探方法,并逐步成为综合勘察中的重要组成部分;为取得完整的地质资料,钻探开始采用大口径金刚石钻进、深孔钻探;为取得更多的地质参数,可进行综合物探、原位测井等等。隧道勘测的多地质参数综合分析,大大提高了勘测资料的质量,并向隧道勘测设计一体化方向发展。

综合勘测技术在长大隧道和地质复杂地区隧道工程勘察中的应用,成功地解决了隧道工程中的各种不良地质和特殊岩土问题,为长大、复杂隧道设计与施工的顺利进行提供了地质保障,也积累了丰富的经验。

西康铁路秦岭隧道的各勘测设计阶段,对工程区460 km² 范围内,采用了航空、航天遥感多片种判释,地面地质测绘,浅层和深层的物探和钻探等多方法的综合勘察,基本查明了工程区内的工程地质、水文地质条件,为隧道的设计和施工提供了依据。

石太高速铁路太行山隧道全长 27.9 km,地形地质条件极为复杂,主要工程地质问题有断裂构造、地下水、岩溶、膏溶角砾岩、高地应力和有害气体等。勘察中采用航测遥感、地质调绘、综合物探、深孔钻探和多种测试试验等综合勘察技术和方法,充分发挥遥感在区域地质研究和地质选线中的宏观作用,利用航片进行大面积地质调绘,在此基础上开展了以大地电磁为主导的综合物探,发挥了其信息丰富、数据连续及对地质钻探的指导作用,对重大物探异常和关键地质部位进行了钻探验证,并加强了各种资料的综合分析研究,各种勘察方法取长补短,相互印证,查明了隧道的工程地质和水文地质条件,为设计和施工提供了准确的地质资料。

图 2-1 为石太高速铁路太行山隧道综合勘测工作流程图。

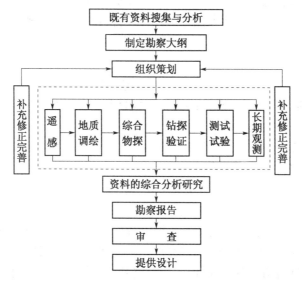

图 2-1　太行山隧道综合勘测工作流程图

**五、工程地质试验**

为了给隧道设计提供定量数据,对某些工程地质问题做出定量评价,需进行工程地质试验工作。室内试验包括岩石试验、土工试验、岩土矿物理化分析试验、水质分析试验等,应根据岩土性质和工程设计、施工需要确定试验项目及试验方法。岩石试验项目见表 2-2,土的物理力学性质试验项目见表 2-3。

表 2-2　岩石试验项目

| 岩层类型 | 密度 $\rho$ (g/cm³) | 吸水率 $w$ (%) | 黏土矿物 (%) | 黏粒含量 (%) | 矿物鉴定 | 抗拉强度 $\sigma_t$ (kPa) | 抗压强度 干 $R$ MPa | 抗压强度 湿 $R_c$ MPa | 抗剪强度 $\tau$ (kPa) | 耐冻性 $K_Q$ | 三轴抗压试验 $\sigma_t$ (kPa) | 膨胀试验 自由膨胀率 $F_s$ (%) | 膨胀试验 膨胀率 (%) | 膨胀试验 饱和吸水率 (%) | 膨胀试验 膨胀力 $P_p$ (kPa) |
|---|---|---|---|---|---|---|---|---|---|---|---|---|---|---|---|
| 硬质岩 | √ | (√) | | | (√) | (√) | √ | √ | | (√) | | | | | |
| 软质岩 | √ | √ | (√) | (√) | (√) | (√) | √ | √ | | (√) | (√) | (√) | | (√) | (√) |

注:1.有括号者必要时才做;

　　2.本表所列试验项目按工程施工图设计要求考虑。

表 2-3 土的物理力学性质试验项目

| 土的名称 | 天然含水率 $w$ (%) | 天然密度 $\rho$ (g/cm³) | 天然孔隙比 $e$ | 饱和度 $S_r$ | 塑限 $w_P$ (%) | 液限 $w_L$ (%) | 塑性指数 $I_P$ | 液性指标 $I_L$ | 颗粒分析 (%) | 相对密度 $D_r$ | 渗透系数 $k$(cm/s) | 压缩模量 MPa⁻¹ | 剪切试验 快剪 | 剪切试验 三轴剪 |
|---|---|---|---|---|---|---|---|---|---|---|---|---|---|---|
| 砂类土 | | | | √ | | | | | √ | | (√) | | | |
| 粉土 | √ | | √ | √ | √ | √ | √ | | √ | | | (√) | (√) | (√) |
| 黏性土 | √ | √ | √ | | | | | | | | | (√) | (√) | (√) |

注:1. 有括号者必要时才做;
　　2. 本表所列试验项目按工程施工图设计要求考虑。

岩土力学性质试验宜选择与实际情况相符的试验方法。对有特殊要求的试验,应会同有关人员共同研究相应的试验项目及方法,选择适用的仪器及试验步骤。

### 六、围岩级别判定

通过测绘、钻探、物探等手段,获得隧道地质构造影响程度、围岩的岩体结构特征和完整状态、岩石物理力学性质、地下水特征等资料和数据,对围岩级别进行判别,作为评价隧道围岩稳定性的主要指标。

铁路隧道围岩分级方法与围岩级别判定详见"第四章隧道工程地质"。

## 第二节　隧道位置与方案确定

铁路隧道是山区线路穿行山岭时用来克服高程障碍的一种建筑物(此外还有穿越江河的水底隧道,另作讨论),是整条线路的组成部分,比之迂回绕线的方法,往往可以缩短线路、改善线路的平纵断面以及日后的运营条件,但它相对路基建筑物而言,造价比较高,施工难度较大,进度也比较慢。

山区铁路通常沿河行进,如果一直上溯到河流源头,就要穿过分水岭,进入另一水系,称为越岭。图 2-2 为西(安)合(肥)线靠西安端穿越秦岭的线路大致走向。它从西安附近出岔后,

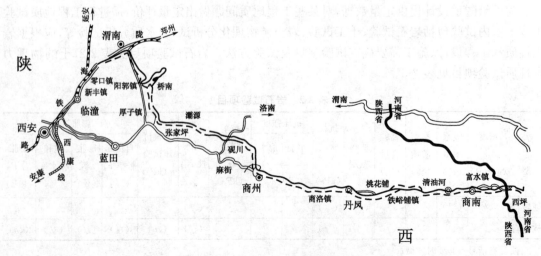

图 2-2 西(安)合(肥)线穿越秦岭的线路平面

沿着灞河(属渭河、黄河水系),爬坡过秦岭,再沿丹江(属汉水、长江水系)下落,进入陕豫交界的商州、丹凤境内。

可以看出,当线路蜿蜒于河谷及越岭时,有两处可能出现隧道建筑物的部位,分别称为河谷段及越岭段隧道。所谓方案确定,即指在某一地段,决定采用隧道或者其他工程形式,以及确定隧道的位置与走向。

隧道应选择在地质构造简单、地层单一、岩层完整等地质条件较好的地段。越岭的长隧道和特长隧道,应进行大面积的方案研究;对可能穿越的垭口,拟定不同的越岭高程及其相应的展线方案,通过区域工程地质调查、测绘,结合线路、施工、运营条件等,进行全面技术经济比选确定。

越岭及河谷地段隧道方案的选用原则有不同特点,下面分别叙述。

**一、越岭隧道**

1.垭口与越岭隧道选线

垭口是两峰间的低洼处,线路一般在该平面位置的下方通过。

越岭线路所经地段,一般山峦起伏,地形陡峻,地质复杂,自然条件变化较大。一个大型的分水岭,往往有不少垭口可供越岭线路和隧道穿越。而每个垭口的地质条件、山体厚薄、陡缓程度以及两侧沟谷的分布情况,都与隧道位置的选择关系密切。

图 2-3 为简化的越岭线路平面。两侧的控制点是确定的,线路可有三种走法:其一,A 线,以航空直线相连,这样线路最短,修筑的隧道很长;其二,大致沿着等高线,绕开主峰,即 B 线,展线很长,但可不修隧道或只修相当短的隧道;其三,中间状态 C 线,有一段绕行线,修的隧道相应短些。三种不同的平面位置,不仅有不同的长度和相应工程规模,而且直接影响前后线路的走向及总长,实际上成为很长一段线设计方案的决定因素,是一段乃至一条线路总体设计需要首先决策的问题。

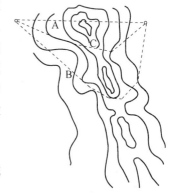

2.越岭隧道选线原则

越岭隧道线路方案是在一条线路基本走向中的一个局部方案,它的选择首先要服从线路的基本走向。越岭隧道位置,一般应选在垭口两侧沟谷标高相差不大、平面位置比较顺直、沟谷纵坡较缓、地形开阔的地方。方案比选中,除考虑主体工

图 2-3　线路越岭示意

程外,也须考虑辅助工程的设置和分散弃渣的条件,以增加施工的工作面,缩短工期,降低造价。

以往越岭线路是在可能穿越分水岭的地段中选取垭口最低、山脊最薄,并兼顾两侧展线的方法定线越岭,从而使隧道最短、线路最长。隧道施工技术的进步改变了"尽可能缩短隧道长度"的传统思维方式,越岭地段隧道的选线可以就线路平面位置、隧道纵坡、两端展线、地质条件,以及施工条件、运营安全等因素综合比较选定,从而得到合理的方案。

《铁路隧道设计规范》对越岭隧道位置方案的比选规定为:"越岭线路的长隧道和特长隧道,应进行大面积的方案研究,对可能穿越的垭口,拟定不同的越岭高程及其相应的展线方案,通过区域工程地质调查、测绘,结合线路条件以及施工、运营条件等,进行全面技术经济比选确定。"

长大隧道往往是一条线的重点控制工程,在勘测设计中做好选线设计十分重要,可以为施工打下良好的基础,为运营创造良好条件。因此,选择越岭隧道位置时,要在线路航空直线方向两侧较大范围内进行大面积的方案研究。对可能穿越的垭口,要以不同的限坡,不同的进出口标高做出各种越岭隧道方案,进行同等的调查研究。高程愈高,所修的隧道会短些,但两端的展线会较长;反之亦然,如图 2-4 所示。需通过综合技术经济比较,决定取舍。定线时,坚持从上往下定的原则,以降低高程,减小工程量。图 2-5 是瑞士新旧阿尔卑斯山隧道的高程对比图,在建圣哥达隧道是瑞士穿越阿尔卑斯山新建铁路中最长的隧道,也是目前世界上在建的最长的铁路隧道。

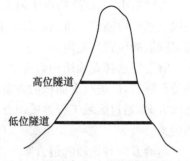

图 2-4  越岭高程对隧道长度的影响

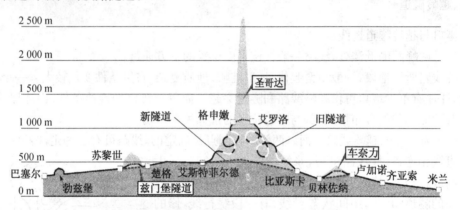

图 2-5  瑞士新旧阿尔卑斯山隧道的高程对比图

我国山区铁路建设中,当要通过大分水岭时,都把确定越岭位置作为方案的关键之一。如建国初期修筑的从北面进川的铁路,过秦岭的位置曾选择过多个可能通过的垭口,前后端线路走向包括和陇海线的相交点都不相同,最后采用的是较短的隧道方案,从而有了目前的从宝鸡分岔的宝成线。

图 2-6 所示实例是近年建成的西安—安康铁路上穿越秦岭的隧道,全长 18.456 km,是中国建成的最长的铁路隧道之一。

西安—安康铁路在 20 世纪 60 和 70 年代就曾作过勘测设计,但始终没有施工。当时确定的越岭方案,隧道较短,展线很长,平纵断面标准低。到 20 世纪 80 年代,再次提上建设日程,在该区域重作大面积勘测调查,经过筛选,认为线路可能通过的有如图 2-6 所示的石砭峪、太峪、大峪、小峪四个垭口,其中石砭峪垭口又设计了三个越岭高程,经过反复比选,最终审定采用石砭峪垭口的ⅡCK方案,相应隧道长度为 18.456 km,其主要优点是:

(1)该垭口处山体较薄,且两侧展线地域也比较开阔,在越岭高程相当的情况下,隧道长度可较其他垭口短些;而所用ⅡCK方案,越岭高程较低,从而减轻了在坡陡谷深的秦岭北坡大段展线的难度。

(2)可使隧道避开 F3 大断层,而且通过强富水带的线段也较短。

秦岭铁路隧道的选线相当成功,此后,秦岭终南山特长公路隧道也选在附近,节约了巨额的勘探成本。秦岭终南山特长公路隧道在铁路隧道的西侧,单洞全长 18.02 km,公路隧道也设计为两条,上、下行线双洞四车道,其东线北口约在Ⅱ线铁路隧道西侧 120 m 处,南口约在西侧 30 m 处。建成以后,四条隧道几乎平行地相邻穿越秦岭。不但如此,终南山特长公路隧道施工时还利用铁路隧道的平导开辟新的掘进工作面,大大加快了施工进度,节约了巨额资金。这一实例堪称隧道选线设计的成功范例。

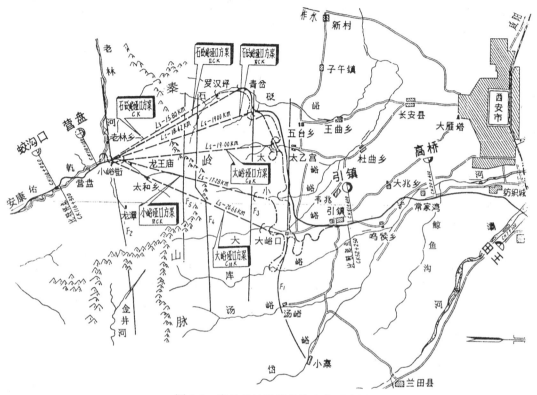

图 2-6　秦岭越岭地段线路方案示意图

**二、河谷段隧道**

河谷地段受地质构造和水流冲刷等影响,往往河道弯曲、沟谷发育,两岸多台地和陡峭的山坡,并常伴有崩塌、错落、岩堆、滑坡、冲刷等不良地质现象,地形和地质情况均较复杂。

一般河谷地形开阔,纵坡均匀,线路容易适应;在紧坡地段,可利用支流、侧谷展线,因而不乏成功经验。但是,山区河谷不可能都很理想,某些地段河道弯曲,两岸横坡陡峻,地质不良现象较多,这就需要因地制宜对待。在河道弯曲较甚地段,沿河绕行增长线路,还是裁弯取直采用长隧,在横坡陡峻或地质不良地段,线路内移还是沿河傍山,这些问题都要从工程大小、工程期限以及运营安全等多方面权衡比较,逐段逐点地比选落实。

(一)河谷段隧道选线原则

山区河流多弯,线路走向大体可有两种选择(图2-7),其一是靠河侧,并尽可能沿等高线走,则工程简单,只出现较短的隧道,投资小,施工进度快;但线路平面不良,曲线多,半径小,而且可能出现众多支挡建筑,对长期运营不利。其二为靠山侧,把线路适当拉直,方案的优缺点正相反。这里要强调,中华人民共和国建国

图 2-7　河谷线路的走向比选

初期修建的山区铁路如宝成线、鹰厦线都采用第一种选线方案,根据几十年的运营实践,某些隧道群地段病害不断,后患很大,估计由于坍塌落石病害危及行车造成的损失以及反复整治的费用,早已超过了所节省的投资。当然,当时使用这样的技术决策是有其历史条件的,在技术经济水平相对低的情况下,采用这样的技术对快速修通这些急需的铁路,确实起过重要的作用。

因此,沿河傍山地段若线路采用隧道通过时,隧道位置宜往里靠,修长一些,外侧洞壁要有足够厚度,避免出现洞壁过薄、偏压过大;线路外移,往往会出现短隧道群,且桥隧及支挡建筑物相连,虽做了不少工程,但坍塌落石的威胁仍难以彻底清除,常给运营留下后患,威胁行车安全。因此,以隧道通过时,线路应往里靠,即"宁里勿外"。

《铁路隧道设计规范》(TB 10003—2005)规定:"河谷线沿河傍山地段,当线路以隧道通过时,线路宜向山侧内移,避免隧道洞壁过薄,河流冲刷和不良地质对其稳定的影响。""采用短隧道群应与长隧道方案比选,并应优先选用长隧道。"

(二)河谷段地形与隧道选线

1. 弯曲河段的隧道

在弯曲河段的线路有两种选择,一是沿河绕行,展长线路,分散工程;二是裁弯取直选用长隧道穿过山嘴,改善并缩短线路。这两种方案的选择,主要由线路等级和地质条件,以及水利资源开发等因素决定。考虑线路长期运营效率和目前隧道施工技术的发展,选择第二种方案,修建长隧道是未来发展的趋势。成昆线关村坝隧道和衡广复线大瑶山隧道是典型实例。

(1)成昆线关村坝隧道

成昆线金口河至乌斯河一段线路,沿大渡河左岸而行,为自由坡度段。但是,大渡河在关村坝与中坪溪间,河道特别弯曲,线路沿河而行,绕线较长,1958 年 9 月间定测时曾考虑裁弯取直修建长隧道,但由于当时工期要求紧迫和施工力量不足,决定采用沿河方案,由于种种原因,该段线路工期推迟。这一期间川黔线凉风垭隧道积累了一些长隧道施工经验,再考虑到长期运营的效果,最后又决定采用长隧道方案,并进行了 5 570 m 长隧方案和 6 107 m 长隧方案的比较,见图 2-8,最终选择方案 6 100 m 长隧方案,缩短了线路,根本改善了线路运营条件。

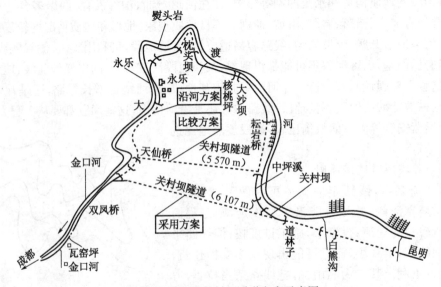

图 2-8　成昆线关村坝隧道方案示意图

（2）衡广复线大瑶山隧道

20世纪80年代修建的衡（阳）—广（州）复线上大瑶山隧道（全长14.295 km）是河谷地段采用长隧道方案的一个范例（图2-9）。

衡广线在崇山峻岭中绕了个大弯，河谷弯多水急，两岸山峰陡立。中华人民共和国成立前就建成的京广线，在这里紧靠江的左侧，是一段典型的靠河线路，标准极低，弯道很多，最小曲线半径只有250 m，上支下挡，雨季病害不断，一直是制约京广线运输能力的咽喉区。

20世纪70年代，国家实行改革开放，急需拓宽这个南北要道，决定修建衡广复线。如何改、扩建这一段低标准线段的问题，成为决策的首要关键。当时铁道部第四设计院提出三个方案，各方案主要指标如表2-4所示。

表2-4 衡广复线沿武水段线路方案比较

| 比较项目 \ 方案 | 长隧道方案 | 四跨武水方案 | 两跨武水方案 |
|---|---|---|---|
| 线路总长（km） | 33.908 | 45.834 | 45.497 |
| 造价估算（万元） | 27 284 | 21 308 | 22 841 |

实际上，设计方案可归结为两类，两跨及四跨武水的方案都属于靠河侧一类，长隧道方案则是深靠山侧的一类，各方案的优缺点都是明显的。这两种方案的取舍在国家有关部门曾引起激烈争论，争论的焦点是中国是否具备修建这样地质复杂（要穿越多条大断层）特长隧道的技术水平和经济实力，还要长期保持良好的运营状态（当时中国建成最长的铁路隧道为京原线的驿马岭隧道，长7.023 km），最后国务院决定，采用截弯取直的大瑶山隧道方案，历时数年，建成了中国第一条10 km以上的双线隧道。修建中，全面引进了勘测、施工新技术，使中国铁路隧道修建水平历史性地上了一个台阶。但也应指出，当时认为技术上没有把握的人们所提出的长隧道涌水、通风等问题，并非杞人忧天，确实都曾对施工和运营造成严重威胁，相应付出过重大代价，有些难题至今仍未解决。

2. 沿河傍山地段的隧道

沿河傍山线路，修建长隧道还是短隧道群主要取决于地质条件，并视山体的稳定性、工程的复杂性、经济上的合理性及运营中的安全性，全面综合考虑。一般情况，隧道群方案线路大都是傍山沿河通过，由于沿河岩层风化破碎较为严重，且隧道浅埋偏压，施工中问题较多，甚至竣工通车后还有后患；长隧道方案，相对来说线路顺直，隧道埋置较深，但造价较高，工期较长。成昆线李子湾隧道地段选线和焦柳线程祥至丹洲间一段线路是成功例子。

（1）成昆线李子湾隧道地段

成昆线李子湾隧道地段线路位于大渡河左岸谷坡上，地形陡峻，多悬崖峭壁，线路位于高出河面150～200 m的侵蚀阶地上，阶面横坡约20°～45°，岩层为震旦系中厚层石灰岩，岩性致密、坚硬，但性脆，节理异常发育，多为张开裂隙，崖壁有大块危石，摇摇欲坠，阶地多为块石崩塌堆积。

李子湾隧道地段原定线路在陡崖下狭窄的坡地上，以白熊沟4号、5号及老昌沟1号三座短隧道通过；经地质勘测后，线路内移，改为以长1 491 m及1 271 m的两座隧道通过，此两隧洞门之间仅间隔15 m。经深入研究，线路再次内移，将两隧合并以长2 700 m的李子湾隧道通过。施工中发现隧道出口拱部有300 m长一段位于碎、块石堆积中，再次将线路内移，避开堆积体，并与长103 m的断水沟隧道相连，使施工得以顺利进行并保证长期运营的安全。

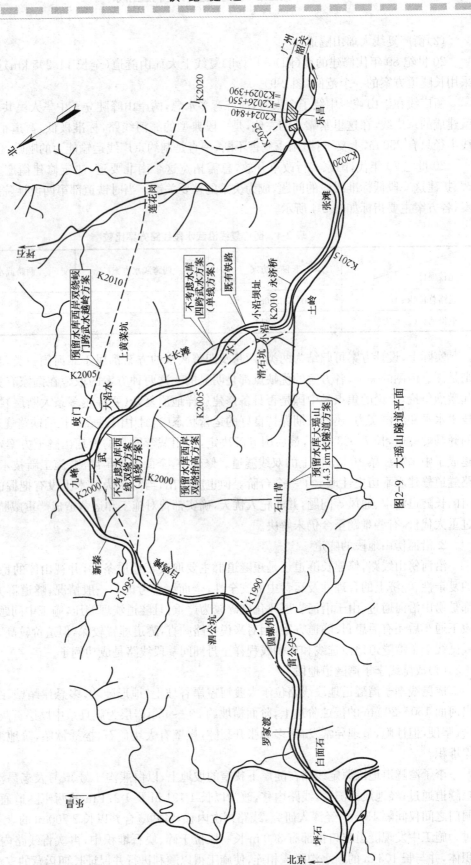

图2-9 大瑶山隧道平面

（2）焦柳线程祥至丹洲间一段线路

程祥至丹洲间一段沿浔江长约 6 km 的线路，原傍河沿线共有 13 座短隧道，总长 3 755 m，通过地层风化破碎，线路难以稳定。在搜集了大量地质资料后，经比较研究，决定线路靠山内移，以长 1 700 m 和长 1 580 m 两个较长隧道和六个短隧道共长 925 m 的方案通过；经施工、运营考验，说明方案选择是成功的。

### 三、采用较多、较长的隧道是今后山区铁路发展的趋势

不管是越岭还是河谷段隧道方案的比选，单从地形因素的角度，都可归结到是修长一点的隧道，还是修较长段线段（即展线）的路基（包括边坡较高的路堑），以换取缩短隧道。前者整段线路缩短，平纵断面标准较高，运营条件较好，但投资大，施工技术要求高，进度较慢；后者则相反。再进一步，比选的实质是对一个国家经济实力和技术水平的检验和度量。

随着铁路隧道工程经验积累和认识的深化，原来那种力求避开长隧道的观念逐渐淡出，从中国各个时期所修建的山区铁路状况也可看出这一变化的轨迹。20 世纪 50 年代，山区铁路的代表为宝成线，隧道很多，均很短，最长的越岭隧道也只有 2 km 多；20 世纪 60 年代修建的成昆铁路，隧道有 440 座，总延长为线路总长的 31.6%，最长的沙木拉达隧道为 6.383 km；20 世纪 70 年代修建的襄渝线，隧道长度占线路延长的比例达 34.3%；20 世纪 80 年代建成了大瑶山隧道；20 世纪 90 年代首次用掘进机修筑西安—安康线上长 18.456 km 的秦岭隧道。

20 世纪 90 年代后期陆续建设的西安—南京铁路、内江—昆明铁路、重庆—怀化铁路等，都是隧道比例高，单座长度也长的线路；兰新线兰州—武威段改线工程中的乌鞘岭隧道长达 22.456 km。

国外也是这样。日本是个多山的国家，自从 20 世纪 60 年代以来，为提高行车速度，通过改建、新建，构筑高标准的新干线铁路网，使线路上出现大量隧道工程。例如，上越新干线（大宫—新潟）线路总长为 270 km，而隧道延长达 106 km，占 39%。有趣的是，其中有一座清水隧道，于 1931 年建成，但以后为改善线路平纵断面，以达到新干线标准，先后在这地段两次降低线路越岭标高，隧道也相应两次重修加长，具体数据如表 2-5 所示。

表 2-5　日本清水隧道的演变

| 隧道名称 | 修建年份 | 越岭高程(m) | 隧长(km) |
| --- | --- | --- | --- |
| 清水隧道 | 1931 | 677 | 9.702 |
| 新清水隧道 | 1963 | 628 | 13.500 |
| 大清水隧道 | 1981 | 538 | 22.200 |

大清水隧道是 21 世纪前所建成的世界最长的铁路山岭隧道。

近年，欧洲各国构筑高速铁路网，也出现了许多特长隧道，例如正在修建的瑞士穿过阿尔卑斯山脉的圣哥达隧道（长 57 km）。

### 四、地层与地质条件对隧道线路位置的影响

以上所述都是讨论地形条件对隧道设置方位的影响，撇开了地质因素；其实，地质状态极为重要，它决定了工程修建的难易程度，甚至影响到建成后的运营条件，这种影响，将在本教材下面的章节中详细介绍。

如何按地质条件来确定隧道位置,总的原则是"趋利避害",将隧道选择于工程地质水文地质条件相对简单、岩体相对稳定的地段通过。隧道轴线尽量避开多种岩组、多条断层交接部位和活动断层带,即尽量正交或大角度与构造迹线相交方向布置,缩短通过地质环境恶劣段的长度。隧道不宜穿越工程地质、水文地质十分复杂和严重不良的地段。

由于地质现象往往分布于很广范围,而铁路工程又是一条绵延数百公里的带状建筑,其平面转向及坡率都有严格限制,因此,要完全避免不良乃至恶劣的地质条件是不可能的。根据长期的实践经验,总结提出了隧道地质选线的一些重要原则:

(1)对可能造成大灾害的地层,如有放射性污染的地区,由于施工十分困难,若对施工及运营环境设保护措施,将使投资急剧增加,而效果未必能够保证,故原则上应该绕避。

(2)对存在严重危及施工安全的地质现象区段,如大断层、大涌水、大滑坡、瓦斯严重突出等等,要尽量避让或缩短影响区段;同时仔细勘查,切实把握资料,做好应对准备。例如大瑶山隧道勘测时,发现在其中部将穿过一道9号富水大断层,为此,专门设计了一深达400余米的竖井,以求先期到达,摸清真相,为正洞通过做准备,谁知对该断层的富水程度还是估计不足,一触及断层,大水立即涌出,竖井变成"水井",施工十分困难。这种涌水在通车后仍继续存在,不仅需巨额投资整治,而且破坏了该地区的地下水系,给生态环境造成严重不良后果。

(3)岩层软弱结构面、断裂、褶皱扭曲带,往往由于节理裂隙发育,破碎严重,地下水活动方便,岩层强度低,容易产生坍方、岩块滑移和很大的不均匀围岩压力,对隧道施工运营均不利,应注意避免。必须通过时,应使隧道的通过长度减小到最短。

(4)隧道穿越两种岩性迥然不同的岩层接触带时,应避免平行和接近平行,应尽可能垂直或接近垂直方向穿越接触带。

(5)当隧道通过单斜构造时,隧道中线以垂直岩层走向穿越最为有利。当隧道中线与非水平岩层走向一致或斜交角很小时,应力求将隧道置于岩性较好、强度较高的层内。如岩层倾角较大,又有黏结性较差的软弱夹层时,应注意有产生顺层滑动的可能。

(6)当隧道通过褶曲构造时,隧道位置选择在褶曲构造一翼或背斜褶皱中轴处通过较为有利。不宜将隧道置于向斜轴部通过。

(7)在岩溶地区,应首先考虑岩溶发育分布的特征,注意岩溶发育的深度,测定岩溶地下水水平循环的高程。隧道应避免穿越大溶洞和暗河,避免与可溶岩与非可溶岩界面、断层带、岩溶地下暗河平行。对深埋的越岭隧道,应注意岩溶地下水向深部循环的条件,若存在向隧洞涌漏岩溶裂隙溶洞水的可能时,应提出相应的对策。

如洞身周围有溶洞存在而不能绕过时,应根据岩性和构造特征,要求隧道与溶洞之间(包括顶板、底板和侧面)保持一定的安全岩壁厚度,同时应避免使隧道处于岩溶管道的垂直循环带内,否则应查清情况,提出处理措施(如考虑斜井排水预案等)。一般当灰岩稳定性好且强度较高时,岩壁厚度不应小于一倍洞径。

(8)隧道穿过含煤地层、页岩地层、石膏地层或穿过含盐地层时,应避开富煤区、瓦斯或硫酸根含量较丰富的地段;当不能避开时,应使其通过的长度最短。

(9)隧道通过高应力场区时,应在构造应力场调查分析和应力量测的基础上,确定工程区内的隧道平面设计。

(10)隧道穿越地热区域时,应通过综合勘探方法找出相对低温带,并应尽量提高线路设计高程以减小隧道埋深,避免热害。

### 五、隧道洞口位置的确定

洞口是隧道的重要部位,一方面它是环境较差的洞身和地表的连接处,施工、运营、养护人员及设施都从这里进入,要求保持安全畅通;另一方面,它处于山体浅表层,受风化等影响,稳定性较差,易出病害。因此,合理选择洞口位置是隧道勘测设计的重要环节,也是保护环境和保证顺利施工、安全运营及节约投资的重要条件。

当隧道走向方案确定后,两端洞口仍可在左右前后稍作移动,以求得到最佳位置。洞口位置应根据地形、工程地质及水文地质情况,着重考虑隧道仰坡、边坡的稳定,保证施工及运营的安全,并结合洞口有关工程及施工条件,综合研究比选确定。

1.隧道洞口位置选择的"早进晚出"原则

线路穿越山体进洞前,总有一段明堑。如图 2-10 所示,当洞口位置前后移动时,这段明堑可能增长或缩短,亦即隧道长度相应缩短或增长。新中国成立初期,为竭力避免修建较长隧道,指导思想上力求把洞口位置内移。当时还有一个确定洞口的方法,即把修建每米路堑的造价(随边坡高度的增大而增加)和每米隧道造价相等处,作为洞口位置,称为等价点。这样做的结果,隧道是缩短了,而洞口的边坡、仰坡都很高,施工运营过程中易出现坍方落石,不少隧道最后不得不把洞口外移,接一段明洞,重作洞门结构,有的甚至接长几次。如宣(城)杭(州)线白鹤岭车站附近,一座仅百余米的短隧道,20 世纪 70 年代设计时,把一端洞口路堑挖得很深,结果触发了一个潜在的大滑坡(图 2-11),迫使线路局部绕道,最后又花巨资治理。

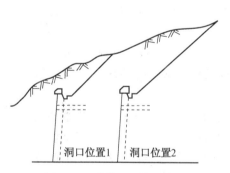

图 2-10 隧道洞口位置移动

图 2-11 白鹤岭隧道洞口滑坡

长期的工程实践说明,不顾地形、地质条件,不重视技术安全,片面强调经济而缩短隧道长度,以致洞口边仰坡开挖过高,破坏了山体平衡,导致洞口发生坍方、落石,危及施工和运营安全,而最后不得不增设支挡结构、接长明洞是得不偿失的。为此,总结提出了"早进(洞)晚出(洞)"的隧道洞口位置选择原则。"早进晚出"不仅降低了边仰坡的开挖高度,减少了对洞口地表坡面的破坏,缩短了路堑长度,而且克服了以往单纯从经济考虑选择进洞位置所造成的种种弊病。特别是对于覆盖较薄,地质条件较差,山体受扰动容易失稳的洞口;倾斜岩层易引起顺层滑动或坍方的洞口;以及沿河傍山一侧边坡较高,常有坍方、落石、掉块病害发生的洞口,贯彻"早进晚出"原则是降低边仰坡高度、稳定山体、安全进洞行之有效的方法。这一原则继成昆线之后在其他铁路修建中贯彻,也取得了显著效果。

基于这些经验教训,在 20 世纪 70 年代修改规范时,就提出隧道位置宜早进洞、晚出洞,宁可让洞子稍长些,也不要开挖边坡很高的路堑。这从保护自然环境来说,也是十分必要的。当然"早进晚出"的原则,并不意味要刻意拉长隧道,因为这毕竟是造价高、施工复杂的建筑物。

2.据地形地质条件选择隧道洞口位置的原则

从 20 世纪 70 年代开始,洞口位置选择的分类也较以往条理化、规范化了,总结出了:一般地形、地质条件的洞口应着重考虑边仰坡稳定,选择洞口建筑结构应满足地形、地质条件的要求,以及缓坡进洞应考虑的因素;自然条件复杂的洞口,如斜交、偏压、浅埋、悬崖、陡坎及横沟或沿沟进洞的基本要求;不良地质地段的洞口,如滑坡、崩塌、岩堆、危岩落石及泥石流地段进洞应注意的问题等。

实践充分说明,着重考虑边仰坡的稳定是安全进洞的前提,严格控制边仰坡开挖高度是选定洞口位置的主要条件,尤其是地质条件差的洞口,控制应更严,这一认识上的突破彻底否定了洞口位置选定的等价原则,为合理选择洞口位置奠定了基础。因此,隧道洞口位置的选择应根据地形、地质等条件,着重考虑仰坡和边坡的稳定,以及隧道设计应坚持贯彻"早进晚出"的原则,已分别纳入 1975 年及其后历次修订的《铁路隧道设计规范》中。

根据我国实践经验,在不同地形、地质条件下,确定洞口位置要注意如下一些问题:

(1)洞口不宜设在地质不良、排水困难的沟谷低洼处或不稳定的悬岩陡壁下,并尽量避开滑坡、崩坍、岩堆和泥石流等地段。当不能避开时,应采用有效措施,保证安全施工和正常运营。土质洞口(包括堆积层和松软破碎的岩层)要注意山坡的稳定性;岩石洞口要注意岩层产状、软弱结构面,节理裂隙情况和风化破碎程度;位于陡壁悬崖下的洞口,要注意山坡岩石的稳定性。

(2)隧道出口在沟谷内时,洞口要选在沟的一侧,不要设置在沟底,因为这里往往是地质构造的薄弱环节,而且是天然的过水通道。

(3)隧道穿越悬崖陡壁时,一般不要刷动原山坡,如坡面及陡壁稳定时可贴壁进洞。如坡面有落石、掉块情况时,应酌情延伸洞口,将洞口置于不受坍落影响的范围外,也可设计特殊形式的洞门。

(4)漫坡、浅埋地段洞口位置选择时,伸缩幅度较大,从保护自然平衡和线路排水通畅的角度考虑,一般不宜设计长的路堑,以适当延长隧道为好。有时也要考虑洞前一段路基填挖用土的平衡,结合洞外路堑地质情况、填挖方情况、弃渣场地及运距、排水条件以及施工工期等综合比较确定。

(5)坚持早进晚出的原则。图 2-12 中的 $H$ 值,即路基面和仰坡外缘的高差,就是开挖高度,设计时大体按表 2-6 中的数值掌握。

(6)洞口的线路走向应尽量和该处地形等高线正交,这样可不造成一侧开挖面畸高,也不致衬砌承受偏压。傍山隧道洞口线路,应避免与地形等高线较长区段平行。如不能满足上述要求时,应以大角度斜交进洞为宜。

(7)当洞口位于山麓堆积层、松散破碎带或植被良好的松软地层或者有顺层滑动可能时,不应采取刷坡清方,以免破坏山体稳定,招致坍方、滑坡病害。必要时应接长明洞,确

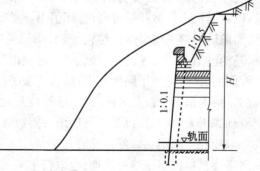

图 2-12　隧道洞口仰坡开挖高度

保施工和运营安全。

表 2-6　洞口边仰坡开挖高度控制

| 围岩级别 | I～II | | | III | | IV | | | V～VI | |
|---|---|---|---|---|---|---|---|---|---|---|
| 边仰坡率 | 贴壁 | 1：0.3 | 1：0.5 | 1：0.5 | 1：0.75 | 1：0.75 | 1：1 | 1：1.25 | 1：1.25 | 1：1.5 |
| 高度(m) | <15 | <20 | 25 左右 | <20 | 25 左右 | <15 | <18 | 20 左右 | <15 | <18 |

(8)黄土隧道洞口,在干燥无水、密实、稳定的老黄土地层时,可按一定的挖深进洞;对有水或新黄土则不能大挖。黄土隧道洞口应避免设在冲沟、陷穴附近,防止洞口坡面产生冲蚀、泥流或坍陷等病害。

(9)对于倾斜岩层、层理、片理结合很差或存在软弱结构面(夹层)时,宜提前进洞,以免挖方斩断岩脚过多,引起顺层滑动或坍方危害。

(10)当洞口线路横跨水沟时,一般应设置桥涵排水,留有足够的泄水面积,并满足净高排洪的需要。当下挖设置有困难时,根据具体情况,可考虑改沟引导或延长洞口修筑明洞作渡槽引渡。

(11)上下线隧道立交、洞口相邻时要考虑上线隧道施工时出渣对下线隧道洞口施工的影响,必要时可适当延长下线隧道洞口,以减少干扰。

(12)当桥隧紧密相连,确定隧道洞口位置时,要考虑桥台挖基对洞口建筑物的影响,注意保持适当的安全距离。如桥台必须伸入洞内时,应考虑洞门和桥台的整体关系以及相互间的施工干扰。

(13)对特长隧道的洞口位置选择应结合施工方法综合考虑,如采用 TBM 法施工时,则应具有较好的交通条件和外部电源条件。

(14)隧道洞口临近居民点时,应考虑施工爆破对人身安全、房屋设施等的影响,位于城镇、厂矿附近的洞口,还应考虑与城市、厂矿规划的配合。

(15)洞口最好有一方开阔平缓场所,用作施工基地。如果桥隧相连,洞口位置还要考虑相关工程的需要。

# 第三节　隧道平纵断面设计

隧道内线路的平纵断面除应满足线路的技术标准外,还要满足隧道的若干特殊要求。本教材限于篇幅,仅介绍这些特殊要求。

## 一、隧道平面的要求

### (一)直线和曲线

《铁路隧道设计规范》规定:"隧道内的线路宜设计为直线,当因地形地质等条件限制必须设置为曲线时,宜采用较大的曲线半径,并设在洞口附近。隧道内不宜设置反向曲线。"

曲线是线路的薄弱环节,对隧道尤甚。这主要由于:

(1)曲线隧道的空间,狭长弯曲,空气流通更为不畅,列车通过时,阻力将增大。

(2)地下空间本来通风差,采光不良,如设有曲线,则将更加昏暗、潮湿,甚至聚集有害气体,在这种环境中从事维修线路的工作,不仅有损人体健康,而且工作质量难以保证。另一方面,曲线的存在,使得线路在列车通过后更容易变形,加大维修养护工作,形成一对不易解决的矛盾。

如果曲线半径小或接连有反向曲线,这种不利影响将更为明显,故规范作如上的规定。应该指出,实际工程中,隧道内出现曲线还是常有的,因为线路走向要适应山区曲曲弯弯的等高线,或者避开不良地质点,此时应采用较大半径的曲线并使其尽量靠近洞口。

(二)高　　程

当隧道洞口位于滨河可能被洪水淹没地带、水库回水影响范围或受山洪威胁地段时,其路肩高程应高出设计水位加波浪侵袭高度和壅水高度不小于 0.5 m。Ⅰ、Ⅱ级铁路设计水位的洪水频率标准为 1/100;当观测洪水(包括调查可靠的有重现可能的历史洪水)高于上述设计洪水频率标准时,应按观测洪水设计;当观测洪水的频率超过 1/300 时,Ⅰ、Ⅱ级铁路应采用1/300 洪水频率标准设计。

### 二、隧道纵断面的要求

(一)坡道形式

隧道内不宜采用平道,使用的坡形只有两种——单面坡形和人字坡形(图 2-13)。

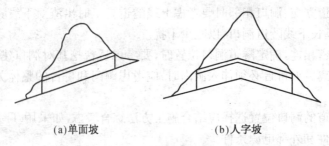

(a)单面坡　　　　　　　　　　(b)人字坡

图 2-13　隧道纵断面形式

单面坡的优点是可以争取高程,在线路的紧坡地段常采用;而且由于两洞口有高差,运营期间自然通风条件好。它的缺点是采用两端相向施工时,一端将为向下开挖,地层含水及施工用水不能自动排出洞外,如集聚到掌子面前,将严重恶化作业环境;另外出渣时是重车上坡,效率降低。

人字坡形的优缺点大致相反,通常在越岭隧道和地下水发育的隧道中,优先采用人字坡形。

(二)坡 度 值

隧道内设置的坡度有上下限值,其上限由整条线路的限制坡度所控制,下限是要保证洞内水流能自动顺畅排出。规范规定,排水坡度不宜小于 3‰。

隧道内列车运行环境比露天差,使得它容许的最大坡度要比明线限制坡度略小,即乘上一个折减系数。这种差别表现为:

(1)空气阻力增大。列车进洞时,横向空间骤然缩小,空气阻力随之增大,且随着行车速度提高,增大更为明显。

(2)机车黏着牵引力降低。隧道内湿度大,钢轨踏面上易凝成一层水膜,使得轮轨间黏着系数降低,从而也降低牵引力。

隧道设计规范规定,隧道内使用最大坡度时,折减系数值如表 2-7 所示。

在洞外半个列车长度内(通常为 400 m),也要和隧道内一样折减,因为列车重心进入该段时,机车已进入洞内,上述不利影响开始出现。

当隧道有曲线时,曲线段仍要和明线一样作坡度折减,计算公式如下:

$$i_允 = m \cdot i_限 - i_曲 \tag{2-1}$$

式中　$i_允$——隧道内坡度允许值;

$i_限$——线路设计标准中的限制坡度;

$m$——表 2-7 中所列折减系数;

$i_曲$——曲线段本应有的折减值。

**(三)坡道长度**

规范规定:"隧道内宜设计为长坡段。"这和明线处一样,是为了使列车行进时,整列车尽量

表 2-7　电力、内燃机车牵引的隧道内线路最大坡度折减系数

| 隧道长度(m) | 电力机车牵引 | 内燃机车牵引 |
|---|---|---|
| 401~1 000 | 0.95 | 0.90 |
| 1 000~4 000 | 0.90 | 0.80 |
| >4 000 | 0.85 | 0.75 |

处在同一坡度的线段上。但是,当隧道较长且用足限坡时,则要隔一段设置一缓坡道,避免列车长时间艰难爬坡,全挡行驶,甚至被迫停车,这是十分不安全的。

为保证列车有足够动力爬坡,要求列车在洞内坡道行驶时保持相当速度。规范规定:"内燃机车牵引的铁路应验算列车通过隧道的速度,在 1 000 m 及以下的隧道应不小于计算速度;在 1 000 m 以上的隧道不应小于 25 km/h,否则应在洞外设加速缓坡。"

**(四)坡道连接**

在坡度变化的变坡点处,线路断面呈凹形或凸形,不利行车,严重的话,还会因相邻车辆仰倾不一而车钩脱开,因而需要加以限制。规范规定,相邻坡度的代数差不得大于限制坡度;而且规定,当坡度代数差大于 3‰(Ⅲ级铁路为 4‰)时,为缓和这种突变,在变坡点前后设竖曲线连接,竖曲线参数,可从《铁路隧道设计手册》中查得。竖曲线位置不要和平面上的缓和曲线重合,因为两者的轨面高程,要按各线型要求而变化,很难协调,通常养护工作无法做到并保持。

在采用人字坡的场合,变坡点前后坡值的代数差,容易超过限坡值。规范规定,在这种情况下,容许设置不大于 200 m 的分坡平道,在此段内,排水沟要作适当处理。

西安—安康线秦岭隧道平、纵断面示意如图 2-14 所示。

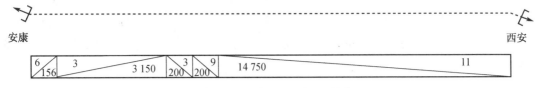

图 2-14　秦岭隧道的平纵断面(单位:m)

## 第四节　隧道的构造组成

铁路隧道可分为主体建筑物和附属建筑物。前者指洞身的支护结构及洞门;后者是指保证隧道正常使用所需的各种辅助设施。例如,供过往行人及维修线路人员避让列车而设的大、小避车洞,长隧道中为加强洞内外空气更换而设的机械通风设施以及必要的消防、报警装置等等。本节着重介绍主体建筑物。

**一、洞身衬砌截面形状**

隧道的永久性支护结构称为衬砌,如图 2-15 所示。它是一个由混凝土或钢筋混凝土筑成

的闭合结构,用来承受岩体作用等造成的外荷载,并围出一个稳定的空间。上部为拱,两侧为边墙(直线形或曲线形),底部为底板,有时要做成仰拱,底部两侧为排水沟及安放强、弱电电缆的沟道。

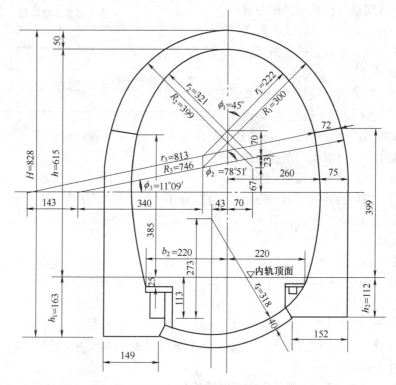

图 2-15  铁路隧道Ⅴ级围岩整体曲墙式衬砌标准图(单位:cm)

(一)衬砌截面形状的确定

衬砌横截面有外轮廓线、内轮廓线及相应厚度三要素。内轮廓线所围出的空间称为净空,它要保证列车在隧道内能安全、快速行驶,这是隧道建筑物最基本的功能要求;同时衬砌还是承重结构,衬砌形状要与所受的外荷载相适应。隧道净空(内轮廓线)尺寸是逐次在以下几条轮廓线的基础上制定的。

1.机车车辆限界

指各种机车车辆本身包括装载以后,其横截面各部位都不得越出的一条轮廓线。

2.铁路基本建筑限界

铁路基本建筑限界是指和机车车辆限界相对应而尺寸稍大的一个限界。意指铁路上一切建筑物都不得侵入的一个范围,从而保证受机车车辆限界限制的各种列车,在全国铁路线上畅行无阻。如有侵入,称为"侵限",是一种事故。

3.隧道建筑限界

比"基本建筑限界"稍大,增大的空间用来安装洞内通信、信号、照明等设施。我国现行隧道建筑限界是国家标准局在 1983 年颁布实行的《标准轨距铁路建筑限界》(GB 146.2),这是设计支护结构的直接依据。

国标将隧道建筑限界分为两种:一种是"隧限-1A"和"隧限-1B",分别用于新建和改建的蒸汽机车及内燃机车牵引的单线及双线隧道;另一种是"隧限-2A"和"隧限-2B",用于新建和改建的电力机车牵引的单线及双线隧道,分别示于图 2-16 和图 2-17 中。

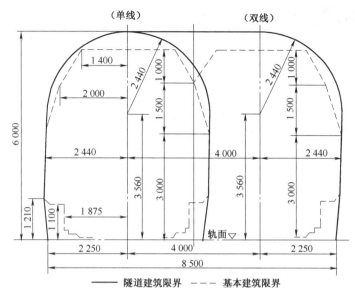

图 2-16　国标隧限-1(单位:mm)

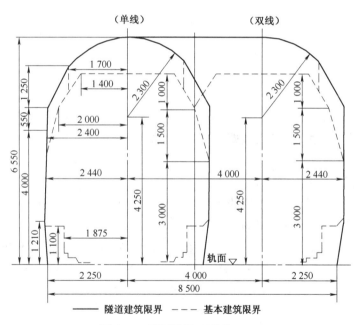

图 2-17　国标隧限-2(单位:mm)

　　只从保证列车安全运行的角度来看,隧道净空直接使用隧道建筑限界的尺寸是可以的,但为了适应衬砌不同的受力状况及施工方便,需要设计另一条轮廓线,比隧限又稍大一些,而且对不同岩体中的隧道,该轮廓线的形状和尺寸也有所不同。

　　图 2-18 为上述四条轮廓线的关系。

　　现行铁路隧道衬砌内轮廓线的具体尺寸是这样确定的(图 2-19):拱部采用三心圆,俗称尖拱,它适用于承受以竖向力为主的外荷载,以 $O_1$ 为圆心,$R_1$ 为半径,在 45°范围内(用对称截面的一半)作一弧;第二段弧是以 $O_2$ 为圆心,$R_2$ 为半径,幅角取 33°51′。图内几个参数的关系是:

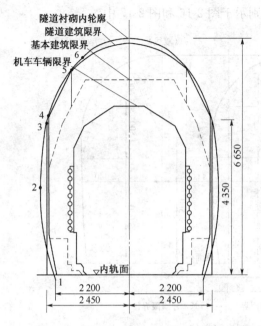

图 2-18 和铁路隧道横截面相关的四条轮廓线(单位:mm)　　图 2-19 衬砌内轮廓线基本尺寸

$$\frac{a}{\cos 45°}=R_2-R_1$$

$$a+b=R_2\sin(45°+33°51')$$

为使净空大于限界,取 $b=245$ cm。通过设定及计算,目前隧道衬砌标准图使用的一组基本数据为:

$$R_1=222 \text{ cm}, \quad R_2=321 \text{ cm}, \quad a=70 \text{ cm}, \quad b=245 \text{ cm}$$

边墙为直墙,如图 2-19 所示,拉直线即成;如为曲墙,则要再画一弧段,其参数可查阅《铁路隧道设计手册》。

(二)曲线段隧道净空加宽

如果隧道内线路有曲线,该地段的净空需加宽,加宽的原因及量值计算如下。

1. 曲线段外轨超高,行驶车辆向内倾斜

如图 2-20,外轨超高 $BC(E)$,引起车辆内倾水平值 $DF$(标以 $W_{内1}$),粗略计算:

$$\triangle ABC \sim \triangle OFD$$

$$\frac{DF}{OD}=\frac{BC}{AC}, \quad DF=\frac{OD\times BC}{AC}=\frac{OD\times BC}{G}$$

$$W_{内1}=\frac{H}{150}E \quad (\text{cm}) \tag{2-2}$$

式中　$H$——从轨面算起的限界控制点高度,常取 405 cm;

　　　　$E$——曲线外轨超高值,按线路规范规定,计算式为 $E=0.76\dfrac{v^2}{R}$(cm),最大取值不超过

　　　　　　15 cm;

　　　　$G$——标准轨距,$G=143.5$ cm,计算时采用 150 cm。

隧道标准设计中,把 $W_{内1}$ 值看作限界绕内侧轨顶中心转动一个 $\arctan\dfrac{E}{150}$ 角度,近似取

$W_{内1}=2.7E$，与式(2-2)算得结果十分接近。

2.刚体车辆在曲线上，其中部及两端会分别向内及向外产生偏移

车辆借助两组转向架灵活转动而通过曲线，它在曲线上的位置及产生的偏移如图 2-21 所示。

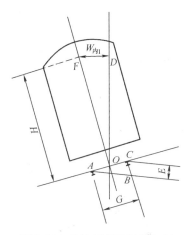

图 2-20　外轨超高引起的加宽

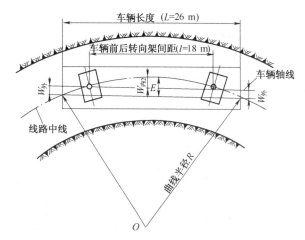

图 2-21　车辆在曲线上的位置

对图 2-21 中几个相似三角形以简单几何关系运算，可得：

$$W_{内2}=\frac{l^2}{8R}=\frac{4\,050}{R}\quad\text{(cm)}\tag{2-3}$$

式中　$l$——车辆转向架间距离，常用标准值为 18 m；

　　　$R$——曲线半径(m)。

$$W_{外}=\frac{L^2-l^2}{8R}=\frac{4\,400}{R}\quad\text{(cm)}\tag{2-4}$$

式中　$L$——车辆标准长度，我国通用 26 m。

总加宽　　　　　　　$W=W_{内1}+W_{内2}+W_{外}\tag{2-5}$

为施工方便，$W$ 值以 10 cm 一级取整。

由于内侧、外侧加宽值不等时，从图 2-22 可知，加宽后隧道衬砌的中心线和线路的中心有一相对偏移 $d$，施工时必须注意：

$$d=\frac{1}{2}(W_{内}-W_{外})\tag{2-6}$$

曲线加宽的实现方法见图 2-23。把圆心 $O_1$ 下移到 $O_1'$ 位置，$R_2$ 不变，$R_1$ 增大，幅角也不变，同法画出两弧段，可使 $b$ 增大到需要的宽度。这样只改动 $O_1$ 位置及 $R_1$ 值，相当于把对称轴相对移动一个距离，此水平距即为需要的加宽值。$O_2$ 位置不变，所以 $a$ 减小，$b$ 增大。

以上所述，都是指在圆曲线上的加宽。缓和曲线上，曲线半径不断变化，加宽值照理也要随之而变。规范有一简化规定，如图 2-24 所示，分为两级加宽，自圆曲线到缓和曲线中点，再往前延 13 m，采用 $W$ 值加宽；其余缓和曲线段至直缓分界点，再往前延 22 m，采用 $W/2$ 值加宽。

这里的延伸 13 m 及 22 m，都是考虑到当车辆端部进入曲线(其中心还在直线上)时就有加宽的需要，当然取值是偏于安全的。

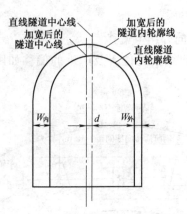

图 2-22　加宽后的衬砌中线偏移

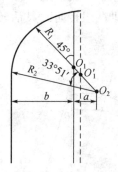

图 2-23　加宽的实现方法

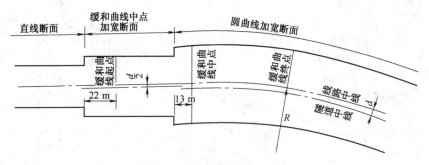

图 2-24　缓和曲线上的加宽方法

**（三）由于铁路技术进步出现的新情况**

近年，在隧道净空的形状和尺寸中，也出现了一些大的变化。

1.使用掘进机施工，净空断面必然为圆形，如图 2-25 为西安—安康线秦岭隧道Ⅰ线实际使用的断面，两侧增宽部分，可放置需要的设备及改善人员工作和过往的环境。

2.高速铁路的列车进出洞口和隧道内两列车交会时都有显著的空气动力学效应，隧道断面必须增大以消除此空气动力学效应，且要考虑救援、维修等所需要的空间。因此，规定了不

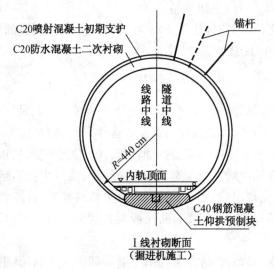

图 2-25　西安—安康线秦岭隧道Ⅰ线实际使用的断面

同等级铁路隧道的最小净空断面积,见表2-8。

表 2-8　新建铁路不同等级与类型线路设计内轮廓

| 线路等级与类型 | 隧道轨面以上净空横断面积(m²) | |
|---|---|---|
| | 单线 | 双线 |
| 列车最高行车速度 160 km/h | 42 | 76 |
| 列车最高行车速度 200 km/h 客货共线 | 50 | 80 |
| 列车最高行车速度 200 km/h 客运专线 | 50 | 80 |
| 列车最高行车速度 250 km/h 客运专线 | 58 | 90 |
| 列车最高行车速度 350 km/h 客运专线 | 70 | 100 |

## 二、衬砌类型

铁路隧道为永久性建筑物,为避免洞内岩体日久风化及水的侵蚀而发生落石掉块,危及行车安全,以适应长期运营的需要,避免运营中补做衬砌的困难,《铁路隧道设计规范》规定:"隧道应做衬砌"。

目前我国铁路隧道衬砌主要有整体式衬砌、复合式衬砌和喷锚衬砌三种。整体式衬砌包括模筑混凝土衬砌和砌体衬砌;复合式衬砌由内、外两层衬砌组合而成,即由初期支护、防水层和二次衬砌组成复合支护结构;喷锚衬砌包括喷射混凝土、锚杆喷射混凝土、锚杆钢筋网喷射混凝土、喷钢纤混凝土衬砌等类型。由于复合式衬砌对围岩的支护效果和防水效果好,《铁路隧道设计规范》规定:"隧道应优先采用复合式衬砌"。

### (一)整体式衬砌

整体式衬砌是在坑道内架立拱架模板,用常规方法灌浇混凝土而成的。它是地下工程中长期使用的传统类型,施工工艺成熟,结构成型好,能适应各种岩体条件及相应开挖方法,筑成的衬砌外表平整,利于洞内通风,并给人以舒适感。

衬砌一般有直墙和曲墙两种,一般隧道开挖后,围岩均会产生较大侧压力而导致衬砌破坏,故各级围岩均应采用曲墙式衬砌,尤其严寒地区,洞内冬季冰冻会产生较大侧压力导致衬砌破坏,更应采用曲墙式衬砌,见图2-26。直墙衬砌仅适用于一般地区地质条件较好,无侧压力或侧压力较小,开挖后围岩稳定的单线隧道的Ⅰ、Ⅱ级围岩地段,见图2-27。铁路有关部门对应不同岩体状况,设计出一套衬砌图形,称为标准图,供设计人员参照使用。

图 2-26　昆仑山隧道曲墙式衬砌

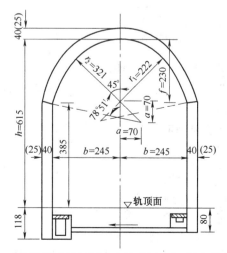

图 2-27　铁路隧道Ⅲ级围岩直墙式衬砌标准图(单位:cm)

对应整体式衬砌,地下结构中有一种在工厂预制砌块,到现场装配而成的装配式衬砌(地铁盾构施工常用)。我国铁路早期用的浆砌块石(料石)衬砌也可归于这类,当年是为了节省水泥,就地取材,其实十分费工,不便机械化操作,衬砌防水性能差,已基本不用。

整体式模筑衬砌缺点突出,除工序繁复外,还存在筑成的衬砌难以和周围岩体密贴接触的事实,这与及时支护、主动支护的现代支护理念不相符,因此,支护效果差,且不经济。这将在第四、五章中进一步论述。

(二)喷锚衬砌

这里指的是用单一的喷锚结构作为隧道永久性的衬砌。

1. 类型与应用范围

喷锚衬砌由喷射混凝土及锚杆组成,除此之外,也可以和钢筋网组成喷锚网支护,也可以在喷射混凝土中掺加钢纤维或聚酯纤维。

喷锚衬砌是一种加固围岩、抑制围岩变形、积极利用围岩自承能力的衬砌形式。它具有支护及时、柔性、密贴等特点,在受力条件上比模筑衬砌优越,对加快施工进度、节约劳力及原材料、降低工程成本等有效果显著,亦能保证行车安全,应予推广。但由于在Ⅲ~Ⅳ级围岩中实践经验较少,施工工艺还有待进一步提高,其耐久性也有待实践检验,而铁路隧道工程强调百年大计,因此仅限于在良好的Ⅰ、Ⅱ级围岩的短隧道中用作永久衬砌。

2. 设计参数

完整、稳定的围岩,一般为巨块状火成岩、变质岩或厚层沉积岩,受地质构造影响较微,节理不发育,无软弱面(或夹层),为了防止岩层日久风化,确保施工和运营安全,可采用喷射混凝土衬砌;但如可能发生岩爆时,须先加锚杆并挂钢筋网。

《铁路隧道设计规范》中建议使用的喷锚衬砌设计参数如表 2-9 所示。

表 2-9 喷锚衬砌设计参数

| 围岩级别 | 单 线 隧 道 | 双 线 隧 道 |
|---|---|---|
| Ⅰ | 喷射混凝土厚度 5 cm | 喷射混凝土厚度 8 cm,必要时设置锚杆,长 1.5~2.0 m,间距 1.2~1.5 m |
| Ⅱ | 喷射混凝土厚度 8 cm,必要时设置锚杆,长 1.5~2.0 m,间距 1.2~1.5 m | 喷射混凝土厚度 10 cm,锚杆长 2.0~2.5 m,间距 1.0~1.2 m,必要时设置局部钢筋网 |

注:(1)边墙喷射混凝土厚度可略低于表列数值,如边墙围岩稳定,可不设置锚杆和钢筋网;
　　(2)钢筋网的网格间距宜为 15~30 cm,钢筋网保护层厚度不应小于 2 cm。

喷锚支护的机理与细化的设计方法将在本书第 8 章详细论述。

表 2-9 中,Ⅰ、Ⅱ级围岩是指比较坚硬、稳定的岩体,有关围岩分级方法将在第四章讨论。

3. 预留变形

为确保衬砌不侵入隧道建筑限界,喷锚衬砌内轮廓除考虑按整体式衬砌内轮廓要求放大外,尚应预留 10 cm 作为补强之用。喷锚衬砌是柔性结构,厚度较薄,并与围岩共同作用,设计时考虑到后期可能会对喷锚衬砌进行加固,预防内轮廓尺寸不够,因此要预留一定空间。

4. 特殊地段的应用

鉴于有水时不利于喷层与围岩的紧密粘结,难以充分发挥喷射混凝土的应有作用,甚至给喷射混凝土带来不利影响;地下水具有侵蚀性的地段,易造成衬砌腐蚀,由于喷层厚度较薄,受腐蚀的危害甚于模筑混凝土衬砌;黏土质胶黏的砂岩、泥质粉砂岩、泥质板岩、泥质及砂质泥岩等岩性较软的岩层,开挖后易风化潮解,亲水性很强,遇水泥化、软化、膨胀,围岩压力大,严重者发生淤泥状流淌,稳定性较差,喷锚衬砌难以阻止其迅速的变形;喷锚衬砌抗冻胀性能较差,严寒及寒冷地区,土壤冻胀导致衬砌破坏的危害甚于模筑混凝土衬砌,故大面积淋水地段、能造成腐蚀及膨胀性地层的地段、严寒和寒冷地区冻害地段,不宜采用喷锚衬砌。

(三)复合式衬砌

1. 复合式衬砌的组成

复合式衬砌是一种新型隧道衬砌形式,由内、外两层衬砌组合而成。通常称第一层衬砌为初期支护,第二层衬砌称为二次衬砌。为了提高防水等级,在初期支护与二次衬砌之间铺设不同类型的防水层。

铁路隧道复合式衬砌是地下工程采用新奥法进行设计与施工,并在我国推广应用所取得的成果之一。复合式衬砌的初期支护多用喷锚支护,具有支护及时、柔性的特点,并在一定程度上能够随着围岩的变形而变形,力求最大限度地发挥围岩的自承能力。根据围岩条件,复合衬砌初期支护采用喷射混凝土、锚杆、钢筋网和钢架等单一支护形式或组合支护形式施工,并通过监控量测手段,确定围岩已基本趋于稳定后,再进行内层二次衬砌施工。二次衬砌可采用模筑混凝土、喷锚、拼装式衬砌等,但一般多采用模筑混凝土。

图 2-28 是时速 350 km 双线铁路隧道代表性衬砌结构断面(Ⅳ级围岩)。

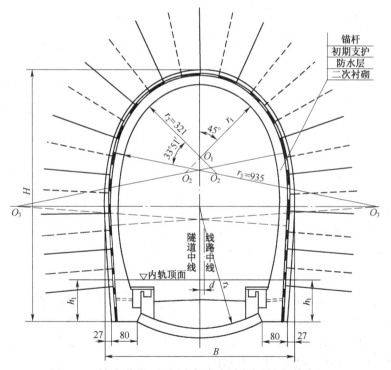

图 2-28 铁路隧道Ⅳ级围岩复合式衬砌标准图(单位:cm)

2. 复合式衬砌的特点

复合衬砌兼有喷锚衬砌和整体式衬砌两者的优点,是较理想的衬砌类型。它能充分发挥围岩的自承能力,调整衬砌受力状态,充分利用衬砌材料的抗压强度,从而提高衬砌的承载力。

铁路隧道应用复合式衬砌始于 20 世纪七八十年代修建大瑶山隧道,目前在客运专线、高速铁路隧道建设中已普遍应用。

### 3. 复合式衬砌设计参数

规范对铁路单、双线隧道复合衬砌的设计参数建议如表 2-10、表 2-11 所示。

**表 2-10　单线隧道复合式衬砌的设计参数**

| 围岩级别 | 初 期 支 护 | | | | | | 二次衬砌厚度(cm) | | |
| --- | --- | --- | --- | --- | --- | --- | --- | --- | --- |
| | 喷射混凝土厚度(cm) | | 锚 杆 | | | 钢筋网(cm) | 钢架 | 拱、墙 | 仰拱 |
| | 拱、墙 | 仰拱 | 位置 | 长度(m) | 间距(m) | | | | |
| Ⅱ | 5 | — | — | — | — | — | | 25 | — |
| Ⅲ | 7 | — | 局部设置 | 2.0 | 1.2~1.5 | | | 25 | — |
| Ⅳ | 10 | — | 拱、墙 | 2.0~2.5 | 1.0~1.2 | 必要时设置 间距25×25 | | 30 | 40 |
| Ⅴ | 15~22 | 15~22 | 拱、墙 | 2.5~3.0 | 0.8~1.0 | 拱、墙、仰拱 间距20×20 | 必要时 设置 | 35 | 40 |
| Ⅳ | 通过试验确定 | | | | | | | | |

**表 2-11　双线隧道复合式衬砌的设计参数**

| 围岩级别 | 初 期 支 护 | | | | | | 二次衬砌厚度(cm) | | |
| --- | --- | --- | --- | --- | --- | --- | --- | --- | --- |
| | 喷射混凝土厚度(cm) | | 锚 杆 | | | 钢筋网(cm) | 钢架 | 拱、墙 | 仰拱 |
| | 拱、墙 | 仰拱 | 位置 | 长度(m) | 间距(m) | | | | |
| Ⅱ | 5~8 | — | 局部设置 | 2.0~2.5 | 1.5 | — | | 30 | — |
| Ⅲ | 8~10 | — | 拱、墙 | 2.0~2.5 | 1.2~1.5 | 必要时设置 间距25×25 | | 35 | 45 |
| Ⅳ | 15~22 | 15~22 | 拱、墙 | 2.5~3.0 | 1.0~1.2 | 拱、墙、仰拱 间距25×25 | 必要时 设置 | 40 | 45 |
| Ⅴ | 20~25 | 20~25 | 拱、墙 | 3.0~3.5 | 0.8~1.0 | 拱、墙、仰拱 间距20×20 | 拱、墙、 仰拱 | 45 | 45 |
| Ⅳ | 通过试验确定 | | | | | | | | |

注：1. 采用钢架时，宜选用格栅钢架，钢架设置间距宜为 0.5~1.5 m；

　　2. 对于Ⅳ、Ⅴ级围岩，可视情况采用钢筋束支护，喷射混凝土厚度可取小值；

　　3. 钢架与围岩之间的喷射混凝土保护层厚度不应小于 4 cm；临空一侧的混凝土保护层厚度不应小于 3 cm。

影响二次衬砌受力状态的因素很多，除围岩级别、地下水状态、隧道埋置深度外，还有初期支护的刚度及其施作时间等，故设计二次衬砌时，应综合考虑各种因素的影响，以期达到安全、经济的目的。目前，多采用工程类比法设计二次衬砌。二次衬砌一般受力比较均匀，为防止应力集中，宜采用连接圆顺、等厚的马蹄形断面。

### 4. 预留变形

隧道开挖后，周边变形量随围岩条件、隧道宽度、埋置深度、施工方法和支护(一般指初期支护)刚度等影响而不同。一般Ⅰ～Ⅱ级围岩变形量小，并且多有超挖，所以可不预留变形量；而Ⅲ～Ⅳ级围岩则有不同程度的变形量，特别是软弱围岩(含浅埋隧道)的情况更复杂，要确定标准预留变形量是困难的，必须通过实地监控测量，得出结果加以研究分析才能设定。因此规定采用工程类比法确定；当无类比资料时，可按表 2-12 先设定预留变形量，再在施工过程中通过量测予以修正。

表 2-12　预留变形量(mm)

| 围岩级别 | 单线隧道 | 双线隧道 | 围岩级别 | 单线隧道 | 双线隧道 |
|---|---|---|---|---|---|
| Ⅱ | — | 10～30 | Ⅴ | 50～80 | 80～120 |
| Ⅲ | 10～30 | 30～50 | Ⅵ | 由设计确定 | 由设计确定 |
| Ⅳ | 30～50 | 50～80 | | | |

注：1.深埋、软岩隧道取大值，浅埋、硬岩隧道取小值；

　　2.有明显流变、原岩应力较大和膨胀性围岩，应根据量测数据反馈分析确定。

**（四）对设置衬砌的其他规定**

（1）当隧道外侧山体覆盖较薄，地面横坡较陡，或因洞身岩层构造不利，层面倾斜较陡，有顺层滑动可能以及施工坍塌产生围岩松动、滑移等情况而引起明显偏压的地段，为了承受不对称的围岩压力，应采用偏压衬砌，但也要注意当隧道外侧覆盖厚度过薄时，会出现外侧土坡失稳。因而尚应采取设置地面锚杆、抗滑桩或支挡结构等措施。

（2）洞口地段一般埋藏较浅，地质条件较差，受自然条件(雨水侵蚀、冰冻破坏、气候变化等)的影响，土质较松散，岩石易风化，稳定性较洞内为差，衬砌受力情况也较洞内不利，如有时受仰坡方向的纵向推力等。因此，洞口应设置洞口段衬砌或加强衬砌；根据国内调查，洞口段衬砌常出现开裂变形等情况，也说明了洞口地段的特殊性和加强衬砌的必要性。

至于洞口段衬砌或加强衬砌的长度，应根据工程地质、水文地质及地形条件考虑，一般地质条件下，单线隧道洞口应设置不少于5 m的洞口段衬砌(或加强衬砌)，如遇地质条件差或地形不利时，尚需结合具体情况予以延伸。双线隧道和多线隧道由于断面较大，相应围岩应力亦较单线隧道大，衬砌结构受力条件更复杂，其洞口段衬砌(或加强衬砌)长度应适当加长。

（3）在洞身地质条件变化地段，围岩压力是不相同的，为了避免强度不够，引起衬砌变形，围岩较差地段的衬砌及偏压衬砌段应适当向围岩较好的地段延伸，以起过渡作用，至于延伸的长度，应视围岩的具体变化情况而定，一般延伸长度为5～10 m。

（4）单线Ⅳ～Ⅵ级围岩、双线Ⅲ～Ⅵ围岩地段，岩层一般受地质构造影响严重，风化破碎，侧压力较大，基础易产生沉陷；土质则承载力低，稳定性较差，开挖后易产生隆起等变形，故均应采用曲墙有仰拱的衬砌。单线Ⅲ级、双线Ⅱ级及以下地段是否设置仰拱应根据岩性、地下水情况确定。

为保证仰拱的作用，仰拱的矢跨比，单线隧道宜取1/6～1/8，双线隧道宜取1/10～1/12。

不设仰拱，又无底板的石质隧道，由于在长期列车动载作用及地下水侵蚀的影响下地基岩石易破碎松散，底部日趋泥化，往往产生基底沉陷、道床翻浆冒泥等病害，不但增加养护维修工作量，而且影响运营安全，严重者需进行翻修重做。因此，不设仰拱的隧道，为了便于隧道底排水，避免日后翻修重建的困难，应施作底板。

隧道底板所处岩石经常会软硬不均，加之有时施工未将杂物、虚渣、积水清除，在列车震动、冲击荷载作用下，隧道底板极易破坏，其破坏机理往往是因为局部受拉引起。根据实践经验规定，单双线隧道底板厚度不得小于25 cm，且要求隧道底板加设钢筋，钢筋净保护层厚度不应小于30 mm，以保证隧道的长期稳定及并满足道床沉降控制要求；为保证底板设计的最小厚度，底板施作前，要求将隧底虚渣、杂物、积水等清除干净，并应采用混凝土找平。

（5）在洞身有明显的硬软地层分界处，由于地基承载力相差很大，前后衬砌下沉不匀，往往造成破裂,甚至引起其他病害,此时应设置变形缝。

位于曲线车站上的隧道及区间曲线地段的双线隧道,其断面内、外侧加宽同单线隧道,相邻两线路线间距的加宽,则根据站场、线路专业要求进行计算确定。

### 三、隧道洞门结构

(一)洞门及其作用

洞门(隧道门的简称,通常也泛指隧道门及明洞门)是隧道洞口用圬工砌筑并加以建筑装饰的支挡结构物。它联系衬砌和路堑,是整个隧道结构的主要组成部分,也是隧道进出口的标志。

洞门的作用主要有二,其一是支挡,即支挡隧道洞口正面仰坡和路堑边坡,拦截仰坡上方的小量剥落、掉块、保持仰坡和边坡的稳定,并保证洞口线路的安全。其二是防排水,将坡面汇水引离隧道。

此外,由于洞门是隧道唯一的外露部分,对它进行适当的建筑艺术处理,使之与周围景观相互协调,则可起到美化环境的作用,这在城市和风景区附近的隧道尤为需要。

由此可见,洞门对于确保洞内施工安全和隧道正常运营具有重要的作用,需要结合隧道所处的地形地质条件进行合理设计。

(二)洞门类型

1.端墙式洞门

当地质状况良好,切削后的岩体基本稳定,侧压力小时,可采用这种比较简单的形式。端墙式洞门外形示于图 2-29。

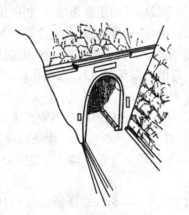

图 2-29 端墙式洞门

这种结构物正面为一片端墙,稍向内倾,有利于抵挡侧压力,端墙上方高出地面的一截,称为顶帽和挡渣墙,用以挡住滚石不致危害线路。挡渣墙里侧为洞顶排水沟,将仰坡流来的雨水汇集于此,排泄到隧道区域以外。岩体被切削出的坡面称为仰坡,仰坡坡率由地质情况而定,坡面要作处理,以能够保持长期稳定。在仰坡顶外,还要修一道包围坡面范围的截水沟(称为天沟),拦截山坡上流下的地表水。

如果岩体很稳定,地形自然坡度陡峭,无排水要求时,则可稍加切削后,沿衬砌外周作一不承力结构,称为洞口环框,仰坡面也要修整,目的是在长期运营期间,防止雨水冲刷,岩体风化,并给人以安全的感觉。

### 2. 翼墙式洞门

当洞口地质较差,山体纵向推力较大时,可在端墙前一侧或两侧,增设三角形砌体,形同翅膀,故称翼墙式洞门。翼墙和端墙要筑成一整体,以便共同作用,提高洞门抗滑移和抗倾覆的能力。翼墙顶有水沟,端墙相应位置开泄水孔,把洞门顶的积水引入路基水沟。

该种洞门外形如图 2-30 所示,如果洞口有路堑,且边坡高时,可用挡土墙代替翼墙。

### 3. 柱式洞门

如图 2-31 所示,这种洞门比较粗重,抗御侧压能力强,而且立面有变化,显得壮观,但费工费料。当地质状况差,洞口纵向自然坡度陡,难以设置翼墙时用之;洞口处于需要美化的地点时,也可使用。

图 2-30　翼墙式洞门

图 2-31　柱式洞门

### 4. 台阶式洞门

如图 2-32 所示,当洞口线路和地形等高线斜交时,必然一侧开挖高度很大,为降低边仰坡高度,可把端墙顶做成台阶形,称为台阶式洞门。

图 2-32　台阶式洞门

### 5. 斜交洞门

解决因线路和等高线斜交而洞口一侧开挖边仰坡偏高的措施,除台阶式洞门外,还可使用斜交洞门。这种形式是把端墙墙面线设计成与线路斜交(通常为正交)而和地形等高线保持平行或近于平行,使得该处开挖横截面的地面线仍然两侧对称或近似对称。

使用斜交洞门,在洞口将出现一段呈三角楔形的斜交衬砌,这段衬砌受力状况和施工都比较复杂,斜交愈甚,状况愈复杂。规范规定,斜交洞门不宜在松软地层中使用,而且交角不要小于45°。

(三)新型洞门

中国传统的铁路隧道洞门组成始终未脱离端墙、翼墙等挡土结构。其设计也只是从力学和安全角度出发,按照标准图模式,为适应地形变化做一些小修改,在洞门结构形式上创新较少。同时,目前常见的墙式洞口施工过程中,开挖进洞均需不同程度地对洞口边坡和仰坡进行刷坡处理。过多的刷坡破坏了原有地貌及植被,有时甚至危及洞口山体的稳定。施工期间大面积的刷坡改变了洞口周边的生态环境,必然不能满足当前生态和环境保护等方面的要求。

近年来,随着经济的发展和社会的进步,人们对环境景观日益重视,环境景观的设计得到了蓬勃地发展。在各种土木结构物的设计和建设中,人们对结构物景观方面的要求也越来越高,结构物的景观设计已成为各种结构物设计的重要内容之一。目前,无论是在道路、桥梁的设计中,还是在城市、风景区的规划中,都引进了景观设计的概念,而且不乏成功的例子。隧道洞口作为在铁路中频繁出现的土木结构物,与自然环境紧密相连,除了发挥其结构功能外,还应该对周围的总体环境有一种符号和象征的意义,也应该起到整座隧道标志的作用。因此,景观设计应该成为铁路隧道洞口设计的重要内容之一。

在进行人工景观设计(造景)的同时,要注意与自然景观的和谐一致(借景),主张天人合一;各种人工景观(相邻工程)之间也应考虑相互之间的协调关系;除此之外,硬质景观(洞门结构)与软质景观(洞口及周边的装饰、绿化、植被等)的协调一致也是不容忽视的。以上"三协调"要综合地加以分析,同时考虑费用上与需求之间的关系,才能做出合理科学的方案选择。

国内近几年陆续出现了一些新型洞口形式,如南昆线乐善村二号隧道、西合线桥耳沟隧道等,特别是高速公路隧道建设中,设计和建成了不少结构新颖、有利于环境和生态保护的新型洞门。国外很多隧道洞门具有很高的艺术性,它与周围环境完美地结合在一起,通常采用突出于山体的斜切式洞口,不破坏边仰坡,与周围环境融合较好,形成一道风景。随着社会的发展,人们对洞口建筑的要求已不仅仅停留在结构的功能上,而且对美学和环境的要求越来越重视,力求达到建筑学、园林学、环境美学和力学的完美统一。

对高速铁路隧道,洞口设计不但要满足结构安全稳定、环保美观的要求,还要满足减缓微气压波影响的要求,不刷坡或少刷坡施作的突出于山体的切削式洞口就成为主导的洞口形式。

根据切削方式的不同及一些功能上的要求,铁路隧道洞口新型洞门的基本类型包括直切、正切、倒切、弧形挡墙加切削几种,又根据洞门与山体的相交关系分为正交和斜交两种情况,见图2-33~图2-40。

图 2-33　直切式洞门

图 2-34　斜切式洞门

图 2-35　倒切式洞门

图 2-36　弧形导墙式洞门

图 2-37　曲线正切式洞门

图 2-38　喇叭口式洞门

图 2-39　直线渐变倒切式洞门

图 2-40　正切变异式洞门

　　针对具体隧道,洞门形式应根据洞口段的地形、地质、水文条件及洞外有关工程,同时考虑人文、历史因素进行选择。新型洞门的适用条件建议如下:

　　(1)直切式洞口适用于洞口山体坡度较陡或距离城市较近或有风景要求的隧道。

　　(2)倒切式洞口适用于洞口岩层稳定、整体性好、洞口山体坡度很陡或峭壁岩体处的隧道。

　　(3)正切式洞口适用于洞口山体坡度较缓或距离城市较近或有风景要求或桥隧相连地段的隧道。

　　如果洞口山体坡度很缓,且洞口外有路堑边坡时,可以考虑采用弧形挡墙式,使弧形挡墙与路堑边坡有机连接。

　　不同的洞口形式可以采用不同的排水形式。直切、正切式隧道洞口采用加檐形或喇叭口形排水形式;倒切式隧道洞口最好采用喇叭口形排水形式;弧形挡墙式隧道门采用加檐形排水形式。

## 四、明　洞

明洞是隧道的一种变型,它用明挖法修筑(隧道用暗挖法)。所谓明挖,系指把岩体打开,在露天修筑衬砌,然后回填土石。这样修成的构筑物,外形几乎与隧道无异,有拱圈、边墙和底板,净空相同,和地表相连处,也要设洞门、排水设施等。图 2-41、图 2-42 为明洞的外形。

图 2-41　明洞外形之一(端墙式洞门)

图 2-42　明洞外形之二(翼墙式洞门)

明洞主要使用在如下场合:

(1)洞顶覆盖层薄,难以用钻爆法暗挖修建隧道的地段;

(2)受坍方、落石、泥石流等威胁的地段;

(3)公路、铁路、沟渠等必须在线路上方通过,且又不适宜做暗洞或立交桥时。

具体说来,明洞或者用于隧道靠洞口的一段;或者用于一侧或两侧边坡很高、又不稳定的路堑区间,在傍山线路中常能见到。明洞可以是新建时即设计成明洞的,也可以是在已开通运营后,上述地段出现坍方落石时采取的整治措施。

使用明洞处,往往地形地质比较复杂,在不同地形情况下,明洞有四种亚型,如图 2-43 所示,图(a)为路堑式对称型;图(b)为路堑式偏压型;图(c)为半路堑式偏压型;图(d)为半路堑式单压型。

由上可知,除了路堑式对称型明洞以外,大部分明洞都受有偏压,甚至单压,外墙要抵御相当大的侧压力,结构不对称,截面厚,有时还要设置深基础。此外,在明洞边墙两侧,是最后用土石填实的,相比隧道直接紧贴岩面的状况来说,结构承载后,比较容易位移变形,对其稳定也是不利的。由于这些原因,不少明洞需要采用钢筋混凝土结构,一般说,造价也高于隧道。

有些傍山线路,地形的自然横坡比较陡,按明洞设计,外侧没有足够的场地设置外墙及基础来确保其稳定,这时可以考虑采用另一种遮护建筑物——棚式明洞(简称棚洞),其外形如图 2-44 所示。与之相对应,上述明洞亦称拱式明洞。

棚洞的外形和结构与拱式明洞都不一样,其内墙常为重力式挡墙,或者锚杆挡墙,外墙相对轻巧,可视承力状况采用墙式、刚架式或柱式外墙,上架预制的钢筋混凝土盖板,再铺防水层,回填土石。可以看出,这种结构不能承受大的侧压力,只有岩体比较坚固、稳定,才能使用。

当山体边坡更陡但很稳定时,还可撤去外墙,把棚洞做成悬臂式遮挡结构,并用锚杆锚定在岩体中。这样的结构,毕竟稳定性差,须慎重选用,精心施工。实际上,由于目前对河谷段线路都偏于靠山设计,故棚洞已用得不多。

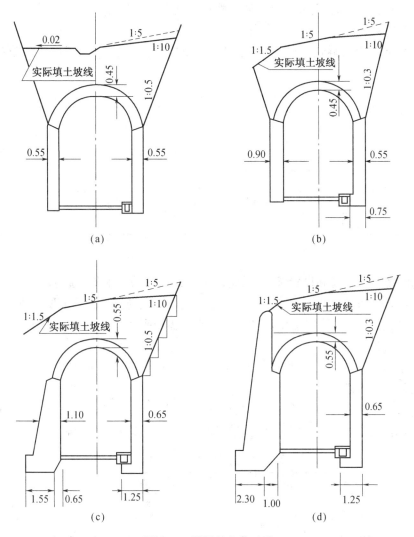

图 2-43　明洞的几种亚型

图 2-44　棚洞外形

## 五、附属构筑物

为满足洞内维修养护和敷设各种线缆,隧道洞内要设置避车洞和电缆槽等附属构筑物。

同时修建相邻双孔隧道时,还要在相邻双孔隧道之间设置横通道。

（一）避 车 洞

避车洞交错设置在隧道两侧边墙上,大避车洞之间设置小避车洞,其间距和尺寸见表 2-13。

表 2-13  避车洞的间距和尺寸(m)

| 名称 | 一侧间距 | | 尺 寸 | | |
|---|---|---|---|---|---|
| | | | 宽度 | 深度 | 中心高度 |
| 大避车洞 | 有砟道床 | 300 | 4.0 | 2.5 | 2.8 |
| | 无砟道床 | 420 | | | |
| 小避车洞 | 有砟道床 | 60 | 2.0 | 1.0 | 2.2 |
| | 无砟道床 | | | | |

（二）电 缆 槽

隧道内电缆槽的布置和设置条件,除应符合有关专业的要求外,通信、信号电缆可设在一个电缆槽内,通信、信号电缆必须和电力电缆分槽敷设。电缆槽盖板顶面要与避车洞底面或道床顶面平齐,当电缆槽与水沟同侧并行时,应与水沟盖板平齐。

（三）其 他 设 施

同时修建相邻双孔隧道时,按表 2-14 规定在相邻双孔隧道之间设置供巡查、维修、救援等使用的行人和行车横通道。

Ⅰ级铁路的特长隧道和有特殊需要的长隧道,宜单独设置存放专用器材等运营养护设备的洞室,并作出明显标志。必要时,还应设置报警、消防及其他应急设施。

表 2-14  横通道间距和尺寸(m)

| 名 称 | 间 距 | 宽度 | 高度 |
|---|---|---|---|
| 行人横通道 | 300～400 | 2.0 | 2.2 |
| 行车横通道 | 600～800 | 4.0 | 4.5 |

旅客列车行车速度 160 km/h 及以上的新建铁路隧道,根据隧道长度及防灾救援等情况考虑设置救援通道。对有辅助坑道的隧道,应利用辅助坑道作紧急出口。

# 思 考 题

1. 隧道勘测分为哪几个阶段? 说明每个阶段的勘测内容、范围、精度。
2. 隧道位置的选择与哪些因素有关?
3. 简述隧道洞口位置的选择原则和指导思想。
4. 简述不良地质条件对隧道位置的选择有哪些影响。
5. 在越岭线和河谷线上选择隧道位置时应注意哪些问题?
6. 隧道纵断面设计的主要内容有哪些?
7. 隧道的纵坡形式有哪些? 简述各自的优缺点。
8. 简述隧道内相邻坡段的连接方式及要求。
9. 曲线隧道净空加宽的原因是什么? 如何加宽?

10. 简述曲线隧道与直线隧道衬砌的衔接方法。

11. 隧道洞口位置选择时为何要"早进晚出"?

12. 《铁路隧道设计规范》(TB 10003—2005)规定:"(1)时速 160 km 铁路隧道,轨面以上净空面积双线不小于 76 m²,时速 200 km 铁路隧道,轨面以上净空面积双线不小于 80 m²。(2)各级围岩均应采用曲墙式衬砌。"说明上述两条规定的原因。

13. 简述在隧道衬砌断面初步拟定时应考虑哪些因素。

14. 简述洞门的作用,其形式有哪些? 各适用什么条件?

15. 简述隧道附属建筑物的类型。

16. 明洞的形式有哪些? 其适用条件是什么?

17. 避车洞的设置要求是什么?

18. 简述隧道建筑限界和隧道净空的定义。

19. 简述隧道衬砌类型及其适用条件。

# 第三章

# 高速铁路隧道设计

高速铁路是中国铁路发展的重点和趋势,随着时速 350 km 的京津城际铁路、武广高速铁路、郑西高速铁路、沪宁城际铁路,时速 250 km 的合宁、合武、石太、济青、甬台温、温福、福厦、昌九客运专线及成都至都江堰铁路的相继建成通车,中国铁路已进入高速时代。

高速列车通过隧道时,将在隧道内引起一系列空气动力效应,包括隧道内压力波和隧道出口微气压波,因此,高速铁路隧道必须从限界、构造尺寸、使用空间、洞口缓冲结构物等方面缓解或消减由于速度提高引起的空气动力学问题,满足安全行车、旅客与乘务人员舒适度和环境影响等多方面要求。本章概述了高速铁路及高速铁路隧道的发展,论述了隧道空气动力学问题,给出了高速铁路隧道设计和隧道洞口缓冲结构物的设计。

## 第一节 概　　述

### 一、高速铁路及其发展

高速铁路具有行车速度高、安全性好、运输能力大、环境污染小、占用土地少、能源消耗低等优点,是铁路现代化的重要标志。然而,关于什么是高速铁路,世界各国却没有统一的定义。1970 年 5 月,日本政府在第 71 号法律《全国新干线铁路整备法》中规定:列车在主要区间能以 200 km/h 以上速度运行的干线铁道称为高速铁路。1986 年 1 月,国际铁路联盟秘书长勃莱认为,高速列车最高运行速度至少应达到 200 km/h。因此,国际上目前列车最高运行速度达到 200 km/h 及其以上的铁路定义为高速铁路;最高速度为 140～160 km/h 时为快速铁路;速度为 120 km/h 时为常速铁路。我国关于高速铁路的定义与国际通用提法有所区别,《高速铁路设计规范(试行)》(TB 10020—2009)给出的定义是:"新建铁路旅客列车设计最高行车速度达到 250 km/h 及以上的铁路。"

1964 年 10 月,日本建成了第一条商业运营高速铁路——东海道新干线东京至大阪高速铁路,1981 年,法国修建了 TGV 东南线高速铁路,高速铁路显示出旺盛的生命力。由于它具有显著的经济效益和社会效益,所以欧洲、北美洲和亚洲等许多国家和地区纷纷兴建、改建或规划修建高速铁路。据国际铁路联盟(UIC)的最新统计,截止到 2010 年 5 月,全世界运营中的高速铁路营业里程总长达 13 414 km,这些线路分布在 14 个国家和地区。可以说,发展高速铁路已是当今世界铁路发展的共同趋势。

截至 2010 年 9 月底,中国投入运营的高速铁路营业里程已达到 7 055 km,居世界第一位。另外,正在建设中的高速铁路达到 1 万多公里,在建规模也最大。高速铁路的发展在面向 21 世纪的中国可持续发展战略中,将产生深远的影响。

在修建高速铁路的过程中势必将修建大量高速铁路隧道,根据国务院 2004 年批复的《中长期铁路网规划》,到 2020 年,我国修建的高速铁路隧道总长度将超过 1 000 km。

**二、高速铁路隧道的特点**

高速铁路隧道与普速铁路隧道相比,其主要特点是隧道的工程措施和设计参数要考虑列车在隧道内高速行驶时产生的空气动力学效应,这种效应对铁路运营来说,往往是不利的。当列车进入隧道时,原来占据着空间的空气被排开,空气的黏性以及隧道壁面和列车表面的摩阻作用使得被排开的空气不能像在隧道外那样及时、顺畅地沿列车两侧和上部排走,于是列车前部的空气受到压缩,列车后方则形成一定负压,从而产生一个压力波动过程。这种压力波动以声速传播到隧道洞口,一部分以声音微气压波的形式辐射到外界环境中,一部分形成反射波,向隧道内回传、叠加,产生一系列复杂的空气动力学效应。

这些因列车在隧道内高速行驶引起的空气动力学效应包括:瞬变压力、微压波、空气动力荷载、列车风以及列车空气阻力。它们对乘车的旅客、洞口环境、机车车辆、行车、隧道结构和隧道内各种附属结构物都存在不利的影响,主要表现在以下五个方面:

(1)瞬变压力——降低旅客乘车舒适度;

(2)微压波——产生爆破噪声,影响隧道洞口附近环境和建筑物安全;

(3)空气动力荷载——对隧道衬砌及附属结构物施加额外的交变气动荷载;

(4)列车风——影响隧道内作业人员及设备安全;

(5)列车空气阻力——降低牵引能力,增加牵引能耗。

图 3-1 显示了时速 350 km 列车通过某高速铁路长度为 1 490 m 的隧道时,数值模拟的隧道内压力波动情况。

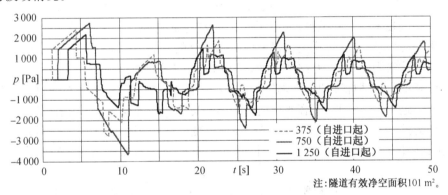

注:隧道有效净空面积101 m²。

图 3-1  隧道内不同位置压力随时间变化曲线

# 第二节  隧道设计参数与空气动力学效应

隧道的设计参数直接影响到空气动力学效应,设计人员在拟定隧道设计参数时,应注意设计参数的选取要有利于缓解瞬变压力、微压波、行车阻力等空气动力学效应对隧道主体结构、洞口环境、洞内设备、行车、运营维护的影响。

**一、隧道内旅客乘车舒适度**

高速列车在隧道中运行时会产生压力波动,当这种压力波动,特别是在极短时间内的压力突变(称为瞬变压力)传到人体时,会产生生理上的不适——即耳膜压感不适,从而大大降低乘车的舒适度。研究表明,人们对这种瞬变压力的舒适感是有值域区分的,超过一定值时,会明显不适。因此,在高速铁路隧道设计时,要以乘客乘车舒适度为基准来确定压力波动的临界值。

从旅客乘车舒适度要求出发,最大瞬变压力临界值控制标准在一般情况下,可取不大于 3.0 kPa/3 s。表 3-1 为部分国家采用的压力波动临界值。

**表 3-1　部分国家采用的压力波动临界值**

| 国　家 | 阈　值 | 说　明 |
|---|---|---|
| 日　本 | $P<1$ kPa<br>$P<200$ Pa/s | 适用于密闭车辆<br>可以放宽到 300 Pa/s |
| 美　国 | $[P]<700$ Pa/1.7 s<br>$P<410$ Pa/s | 适用于地下铁道 |
| 英　国 | $[P]<3$ kPa/3 s<br>$[P]<4$ kPa/4 s<br>$[P]<2.5$ kPa/4 s<br>$[P]<3.0$ kPa/4 s<br>$P<450$ Pa<br>700 Pa(上限) | 1986 年 BR 修订<br>海峡联络线单线隧道<br>海峡联络线双线隧道(非密闭车辆、运行速度为 225 km/h) |
| 德　国 | $P<1$ kPa<br>$P<300\sim400$ kPa/s | 原定 200 Pa/s,后来放宽标准 |

欧洲 ORE(国际铁路联盟 UIC 下属的试验研究所)组织对于高速铁路隧道设计的有关问题进行过大量的技术研究和试验,提出了非常重要的研究报告。其中,在 ORE 组织 C149 委员会所提出的"高速列车通过隧道时对人体听觉器官的效应试验"第 10 号报告中,提出人体可承受的气压变化极限(3 s 内)为:在旅客列车上 3 kPa,在隧道内 5 kPa。

值得注意的是上述标准均为极端值,有人认为这难以全面反映旅客在通过该隧道时总体舒适度状况。近年来,各国对旅客的舒适度提出了更为严格的要求,例如德国铁路提出的标准是除瞬变压力的"绝对峰"值小于 7 kPa 外,还要求变化梯度 $dP/dt\leqslant0.3\sim0.5$ kPa/s。按照此要求,德国铁路隧道即使采用 100 m² 以上的大断面,仍需采取很多措施使车辆密封性进一步提高。

参照国外经验,中铁西南科学研究院曾提出我国高速铁路舒适度准则,见表 3-2。

**表 3-2　我国高速铁路舒适度准则**(建议标准)

| 铁路类型 | | 隧道长度<br>(占线路比例) | 隧道密集程度<br>(座/h) | | 瞬变压力<br>(kPa/3 s) |
|---|---|---|---|---|---|
| A(平原) | 单线 | <10% | 与 | <4 | 2.0 |
| B(平原) | 双线 | <10% | 与 | <4 | 3.0 |
| C(山丘) | 单线 | >25% | 或 | >4 | 0.8 |
| D(山丘) | 双线 | >25% | 或 | >4 | 1.25 |

**二、隧道设计参数对瞬变压力的影响**

影响瞬变压力的因素包括隧道净空有效面积、隧道长度、辅助道坑、道床形式、隧道壁面摩擦系数以及列车速度、列车长度、车形、列车横断面积、列车表面摩擦系数等因素。研究表明，在一条运营铁路线上的车型一定的情况下，隧道有效净空面积和列车速度 $v$ 是对瞬变压力具有最大影响的因素。

1.隧道有效净空面积的影响

隧道有效净空面积的影响是通过阻塞比 $\beta$ 来反应的。阻塞比 $\beta$ 值是列车截面积与隧道有效净空面积之比：

$$\beta=\frac{A_{\mathrm{V}}}{A_{\mathrm{t}}} \tag{3-1}$$

式中　$A_{\mathrm{t}}$——隧道有效净空面积；

　　　$A_{\mathrm{V}}$——列车截面积。

ORE 曾经系统地研究了各种因素对压力波动的影响，用下列公式表达列车速度 $v$ 和阻塞比 $\beta$ 对瞬变压力的影响：

$$P=kv^2\beta^N \tag{3-2}$$

单一列车在隧道中运行时，$N=1.3\pm0.25$；考虑列车交会时，$N=2.16\pm0.06$。

2.隧道长度的影响

诸因素中，列车速度 $v$ 和阻塞比 $\beta$ 是对隧道内及列车上压力波动程度起主导作用的因素，此外还需考虑隧道长度的影响。

图 3-2 所示为 $v=300$ km/h、列车长度 $L_{\mathrm{tr}}=360$ m、$A_{\mathrm{t}}=100$ m²、$\beta=0.103$ 并考虑在隧道中点会车情况的数值模拟结果。从图中可以看出，压力波动程度并非单一地随着隧道长度的增加而加剧，在特定的隧道长度范围，3 s 时间内列车上瞬变压力 $\Delta P$ 变化存在最大值，这个特定的隧道长度就是常说的"最不利长度"，图中隧道"最不利长度"为 $L_{\mathrm{t}}=1\,140\sim1\,260$ m。

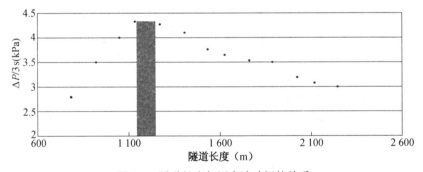

图 3-2　隧道长度与压力波动间的关系

法国有些研究成果表明，碎石道床隧道，当车速为 300 km/h 时，考虑会车，$A_{\mathrm{t}}=100$ m² 的情况，采用 TGV 动车组，可用下式来估算不同隧道长度时的压力波动幅度：

$$\Delta P=3\,600\left[1+\mathrm{ABS}\left(\sin6.\,409\times\frac{L_{\mathrm{v}}}{L_{\mathrm{t}}}\right)\right]\text{（式中 ABS 表示绝对值）} \tag{3-3}$$

根据上式计算，压力波幅度将出现 3 个峰值，对应的隧道长度分别为 $L_{\mathrm{t}}=0.8L_{\mathrm{tr}}$、$1.2L_{\mathrm{tr}}$、$3.5L_{\mathrm{tr}}$。若将列车长度 $L_{\mathrm{tr}}=360$ m 带入 $L_{\mathrm{t}}=3.5L_{\mathrm{tr}}$，则 $L_{\mathrm{t}}=1\,260$ m，可以看出，隧道"最不利长度"的计算结果与我国的研究结论是一致的。

3.辅助坑道的影响

竖井、斜井、横洞等辅助道坑的存在会缓解压力波动的程度。

竖井位置对减压效果的影响很大，并不是处于任何位置的竖井都能有较好的结果。

根据 Mach 波叠加情况可以理论地得到竖井的最佳位置：

$$X = \frac{2M}{1+M} \cdot L \tag{3-4}$$

式中　$X$——竖井距隧道进口距离；

　　　$L$——隧道长度；

　　　$M$——Mach 数。

计算表明，竖井断面积 5~10 m² 即可，无端加大竖井的横断面积，并不能收到好的效果。

### 三、隧道设计参数对微压波的影响

列车进洞时产生的压力波波前梯度为

$$\left[\frac{\mathrm{d}P}{\mathrm{d}t}\right]_O = \frac{1}{2}\rho\frac{v^3}{\tau d}\frac{[1-(1-\beta)^2]}{\left(1-\frac{v}{C}\right)\left[\frac{v}{C}+(1-\beta)^2\right]} \tag{3-5}$$

式中　$v$——列车速度；

　　　$\beta$——阻塞比；

　　　$d$——隧道水力直径；

　　　$\tau$——同机车形状有关的参数；

　　　$C$——音速；

　　　$\rho$——空气密度。

而微压波的大小则取决于该压力波传播到隧道出口时的波前梯度：

$$\begin{cases} P(r,t) = \dfrac{2S}{\Omega C_\mathrm{r}}\left[\dfrac{\mathrm{d}P}{\mathrm{d}t}\right]_{E_x} & r>d \\[2mm] P(t) \approx \dfrac{d}{C}\left[\dfrac{\mathrm{d}P}{\mathrm{d}t}\right]_{E_x} & r=0(\text{洞口处}) \end{cases} \tag{3-6}$$

式中　$P(r,t)$——微压波量值，$r$、$t$ 分别为距离和时间；

　　　$S$——隧道净空面积；

　　　$\Omega$——代表出口形状的一个立体角。

对于 3 km 以下板式道床隧道，在计算中可暂不考虑压缩波在隧道内传播过程中的变化。即取

$$\left(\frac{\mathrm{d}P}{\mathrm{d}t}\right)_{E_{x.\,max}} = \left(\frac{\mathrm{d}P}{\mathrm{d}t}\right)_{max} \tag{3-7}$$

因此，微压波的最值主要取决于行车速度和有效净空面积（阻塞比 $\beta$）。其中，行车速度是最敏感的因素。微压波峰值同行车速度的三次方成正比。

计算分析表明，当列车速度增大到 300 km/h 时，加大断面对防止微压波并不能起到显著作用。此时应在洞口设置必要的缓冲结构来降低微压波的峰值。

### 四、隧道设计参数对行车阻力的影响

隧道设计参数直接影响到行车空气阻力的大小。

1. 隧道长度 $L_t$ 的影响

研究表明，空气阻力随隧道长度 $L_t$ 的增加而单调增加，但其增加率越来越小，最后趋于一常数。阻塞比 $\beta$ 越小，趋于常数所需的隧道长度越短。当 $\beta=0.15$ 时，隧道长度 $L_t$ 超过 3 km

以后,空气阻力已变化不大;而对于$\beta=0.42$的隧道,在$L_t$超过10 km以后仍有较大的变化。

2.阻塞比$\beta$对空气阻力的影响

空气阻力随$\beta$的增加而单调增加,并且斜率越来越大。以$v=250$ km/h为例,$\beta$从0.15增加到0.20时,空气阻力将增加13%。而当$\beta$从0.4增加到0.45时,空气阻力将增加16%。

3.列车在隧道中交会的影响

以$A_t=100$ m$^2$,$\beta=0.10$,$L_{tr}=360$ m,隧道长$L_t=3\,000$ m为例,当两列车车体重合时,空气阻力系数将增加23%。

一般说来会车阻力只对确定机车最大牵引能力要求时有意义。

4.竖井的影响

竖井的存在,可降低行车阻力。但这种影响并不很大。以设在隧道中断面积为5 m$^2$的竖井为例,当阻塞比$\beta=0.42$时,空气阻力减小7%,当$\beta=0.15$时,空气阻力仅降低1.2%。

# 第三节　国外高速铁路隧道设计

就目前世界上已建成高速铁路国家的设计经验来看,解决空气动力学效应引起的问题,主要通过两种途径:①以日本新干线为代表,通过提高车辆密封程度来缓解车内瞬变压力,使之满足舒适度要求,同时修建洞口缓冲结构来消减洞口微压波;②以德国高速铁路为代表,主要通过放大隧道净空断面来解决问题。

两种设计思路下采取的工程对策是不相同的,本文重点介绍日本和德国高速铁路隧道设计的思路和技术要点。

(一)日本新干线

1.隧道有效净空面积

日本是世界上第一个修建高速铁路的国家,隧道(双线)有效净空面积为64(62)m$^2$,是目前世界上双线高速铁路隧道中有效净空面积最小的,也是最经济的。

2.主要技术标准及支护参数

日本新干线隧道主要技术标准如下:

(1)运行速度:245~300 km/h;

(2)有效净空面积:64(62)m$^2$;

(3)线间距:4.2 m、4.3 m;

(4)道床类型:板式无砟道床(早期为有砟道床)。

隧道支护参数如表3-3所示。

表3-3　日本新干线隧道支护参数

| 支护构件 围岩级别 | 锚杆 | | | 喷混凝土厚度(cm) | | 钢支撑 |
|---|---|---|---|---|---|---|
| | 布置 | 长度(m)×根数 | 纵距(m) | 拱、墙 | 仰拱 | 类型 |
| V$_N$ | — | — | — | 5(平均) | | |
| IV$_N$ | 拱 | 2×(08) | (任意) | 5(平均) | | |
| III$_N$ | 拱 | 2×12 | 1.5 | 10(平均) | | |
| II$_N$ | 拱、墙 | 3×16 | 1.2 | 硬岩10(平均) 软岩7(最小) | — | — |

续上表

| 支护构件<br><br>围岩级别 | 锚　　杆 | | | 喷混凝土厚度(cm) | | 钢支撑 |
| --- | --- | --- | --- | --- | --- | --- |
| | 布　置 | 长度(m)×根数 | 纵距(m) | 拱、墙 | 仰拱 | 类型 |
| I N | 拱、墙 | 3×20 | 1.0 | 15(最小) | — | (125H) |
| I S | 拱、墙 | 3×14<br>4.5×8 | 0.8×1.0 | 15(最小) | 15(最小) | 150H |
| I L | 拱脚、墙 | 3×12 | 0.8×1.0 | 15(最小) | — | 125H |

### 3. 隧道支护结构断面

代表性隧道支护结构横断面如图 3-3 所示。日本新干线隧道支护的特点是隧道初期支护采用 H 型钢,以提供较大的支护刚度和早期支护效果;另一特点是,除特殊条件外,二次衬砌厚度不随围岩级别变化,厚度均为 30 cm。

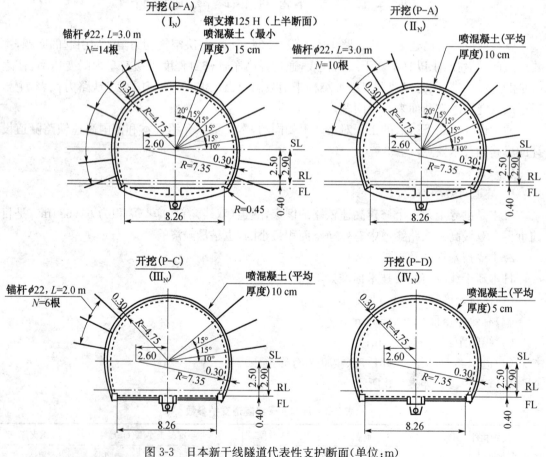

图 3-3　日本新干线隧道代表性支护断面(单位:m)

### 4. 缓解微压波的技术措施

日本新干线采用的缓解微压波的技术措施主要是洞口缓冲结构物,同时部分隧道还利用了斜井、竖井等辅助坑道来缓解微压波。实践证明这两种技术措施都是有效的。图 3-4 为日本新干线第二高山隧道(长 3.2 km)洞口缓冲结构设计,缓冲结构的开孔设在侧面靠山一侧。

在部分比较长的隧道中,还利用了斜井或竖井作为压缩波的传播通路来降低压缩波的效应。

例如,上越、山阳等新干线有些隧道就是这样做的,这些通路的长度在 30～50 m 以上是有效的。

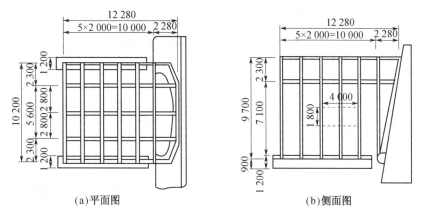

(a)平面图　　　　　　　　　　(b)侧面图

图 3-4　隧道洞口缓冲结构物(单位:mm)

(二)德国高速铁路隧道

与日本不同,德国在修建高速铁路隧道时,主要通过加大隧道有效净空面积来解决空气动力学效应问题。

1.隧道有效净空面积

德国联邦铁路规范《铁路隧道的设计、施工和养护标准》DS853(1993)规定,高速铁路隧道有效净空面积,客货共线铁路为 82 m²,客运专线铁路为 92 m²,除了满足隧道建筑限界的要求外,还主要考虑了以下因素:

(1)满足缓解空气动力学效应的需要;

(2)满足维修养护、防灾救援所需空间的需要。

2.断面主要设计参数及设备布置

图 3-5、图 3-6 为德国联邦铁路规范《铁路隧道的设计、施工和养护标准》DS853(1993)规

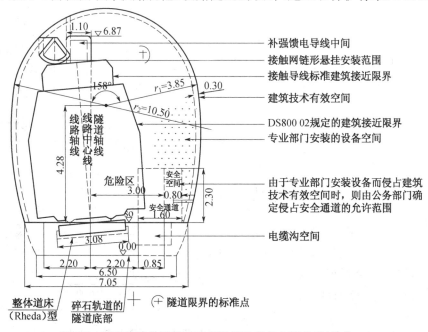

图 3-5　德国新建单线隧道建筑限界及设备空间布置(单位:m)

定的新建单、双线高速铁路隧道建筑限界及主要设计参数和隧道内部设备空间布置。

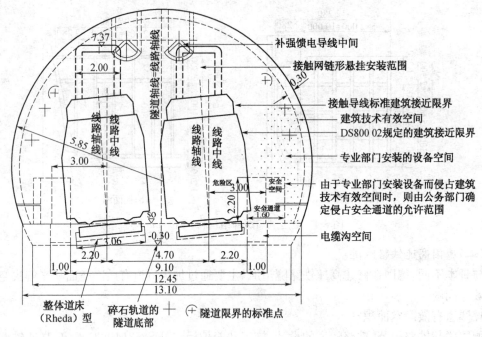

图 3-6 德国新建双线隧道建筑限界及设备空间布置(单位:m)

## 3. 防灾救援

### (1)规范要求的基本措施

德国铁路对运营期间的安全、防灾救援相当重视,采取的相关措施也是配套和比较完善的。根据德国联邦铁路规范《铁路隧道的设计、施工和养护标准》DS853(1993)的规定,主要措施有:

1)隧道洞内必须设置贯通的逃生、救援通道;

2)当隧道长度大于 1 000 m 时,要求设置紧急出口;

3)隧道内配备专门用于防灾、救援的设备;

4)一定长度的线路应配置救援列车;

5)为方便外部救援,洞口要求有直达的道路以及集散场地等。

图 3-7 为 DS853(1993)规范推荐的紧急出口设计,以逃生竖井为例。

### (2)隧道内安全及救援空间布置

在满足缓解空气动力学效应所需的净空面积的前提下,合理布置安全及救援空间,是德国高速铁路的另一个特点。

1)安全空间:图 3-8 显示了安全空间的位置。在隧道内靠近边墙侧设置

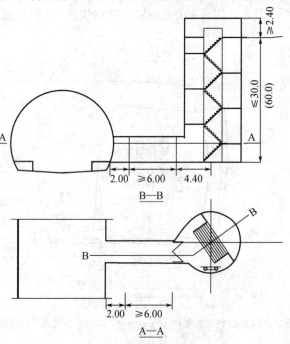

图 3-7 隧道紧急出口设计(单位:m)

尺寸为 0.8 m（宽）×2.2 m(高)的安全空间,当车速大于 300 km/h 时,要求安全空间距离最近线路中线不小于 3.0 m。安全空间内包含安放临时施工设施(宽 0.3 m)或开关柜(宽 0.4 m)的空间。安全空间与接触导线及其支撑部件的最小距离要求不小于 3.95 m。

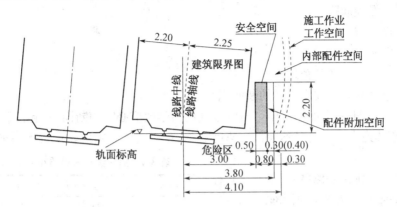

图 3-8　规范规定的隧道安全空间(单位:m)

2) 救援通道:图 3-9 显示了在隧道内靠近边墙侧设置的贯通全隧道的救援通道。救援通道用于紧急情况时逃生或外部救援,尺寸为 1.6 m(宽)×2.2 m(高),要求距离最近线路中线不小于 2.2 m。

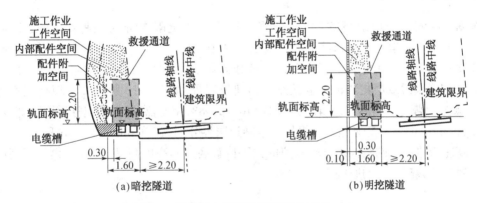

图 3-9　规范规定的隧道救援通道(单位:m)

3) 预留空间:沿隧道衬砌内轮廓线预留宽度为 0.3 m 的环形空间,用于安装施工辅助设施(如脚手架),并作可能需要的隧道衬砌补强空间或安装吸音板的空间。

4.隧道防排水

德国一般新建铁路隧道均采用全封闭设计,山体中的地下水不允许进入隧道。这主要是从环境保护和减少运营期间排水系统维护费用来考虑的。对于采用全封闭设计,位于地下水位线以下的隧道二次衬砌将承受一定水压。

## 第四节　高速铁路隧道限界和内轮廓

### 一、控制隧道内轮廓的主要因素

在普速铁路隧道内轮廓设计时,由于列车行驶速度较低,不用考虑空气动力学效应问题;当列车行驶速度超过 160 km/h 后,隧道内轮廓设计则应考虑满足缓解空气动力学效应必需的断面积。

新建高速铁路隧道内轮廓一般根据下列因素确定：

（1）隧道建筑限界；

（2）股道数及线间距；

（3）隧道设备空间；

（4）预留空间；

（5）机车车辆类型及其密封性；

（6）缓解空气动力学效应必需的断面积。

研究表明在以上六方面因素中，"缓解空气动力学效应必需的断面积"起控制作用。

我国铁路隧道设计规范对不同目标速度的单、双线隧道必须的轨面以上有效净空面积规定见表 2-8。

一般情况下，新建铁路隧道轨面以上有效净空面积应不小于表 3-4 的标准。

同时，对于新建铁路长隧道、隧道群，应进行空气动力学效应验算；其轨面以上有效净空面积应根据空气动力学效应验算结果确定。

**表 3-4　高速铁路隧道最小有效净空面积**

| 序号 | 目标速度(km/h) | 单线(m²) | 双线(m²) |
|------|------|------|------|
| 1 | 200 | 52 | 80 |
| 2 | 250 | 58 | 92 |
| 3 | 300～350 | 70 | 100 |

## 二、隧道建筑限界

根据不同的运输组织模式，我国高速铁路隧道建筑限界分为三种：一种是目标速度 200 km/h 及以上的客运专线铁路隧道建筑限界，如图 3-10 所示；一种是目标速度 200 km/h 客货共线普通货物列车（电力牵引）铁路隧道建筑限界，如图 3-11 所示；第三种是目标速度 200 km/h 客货共线双层集装箱运输铁路隧道建筑限界，如图 3-12 所示。与现行国家标准局 1983 年颁布的普速铁路隧道建筑限界(GB 146—2—83)相比，高速与普速隧道限界宽度相同，均为 2 440 mm；但三种高速隧道限界较普速隧道限界分别高 700 mm、750 mm 和 1 150 mm，这是由于高速铁路接触网结构高度较普速的铁路接触网结构高度高，以及双层集装箱高度较普通货物列车装载高度高的原因。

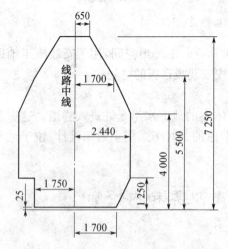

图 3-10　200 km/h 及以上客运专线铁路
建筑接近限界基本尺寸及轮廓(单位：mm)

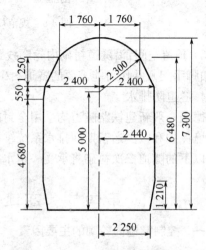

图 3-11　200 km/h 客货共线电力牵引
铁路 KH-200 桥隧建筑限界(单位：mm)

### 三、隧道内轮廓及内部空间布置

根据高速铁路隧道建筑限界和隧道内必须配置的各功能空间的要求,结合前面介绍的隧道空气动力学研究有关成果,我国铁路部门统一制定了 200 km/h、250 km/h、350 km/h 不同行车速度条件下的隧道衬砌内轮廓,并编制了相应的隧道衬砌通用参考图。

1. 200 km/h 铁路隧道衬砌内轮廓

根据开行列车的性质,行车速度 200 km/h 铁路隧道衬砌内轮廓分为两类:一类是客货共线铁路单双线隧道衬砌内轮廓;另一类是客货共线铁路兼顾双层集装箱运输的单双线隧道衬砌内轮廓。

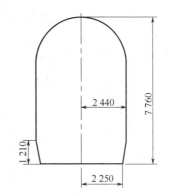

图 3-12   200 km/h 客货共线电力牵引铁路双层
集装箱运输隧道建筑限界(单位:mm)

(1)客货共线铁路隧道衬砌内轮廓

1)单线隧道衬砌内轮廓:隧道一侧设置宽 125 cm 的救援通道,另一侧设置宽度 125 cm 的水沟、电缆槽,当列车在隧道内停车时其上也可以作为救援通道使用。救援通道底面与内轨顶面齐平,其内轮廓形状如图 3-13 所示。隧道底部结构根据隧道长度和地质条件分别按有砟道床和无砟道床设计。隧道采用曲墙衬砌形式,Ⅱ级围岩设置钢筋混凝土底板,Ⅱ级以下围岩设置仰拱。水沟、电缆槽宽度分别为 40 cm、30 cm。

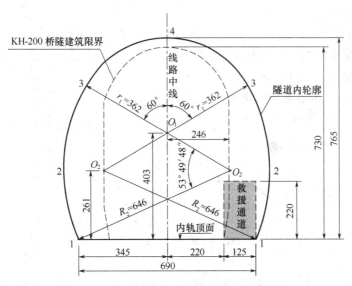

图 3-13   200 m/h 客货共线铁路单线隧道内轮廓(单位:cm)

2)双线隧道衬砌内轮廓:隧道两侧各设宽 125 cm 的救援通道。救援通道底面高出内轨顶面 30 cm,其内轮廓形状如图 3-14 所示,隧道底部结构根据隧道长度和地质条件分别按有砟道床和无砟道床设计。隧道采用曲墙衬砌形式,Ⅱ级围岩设置钢筋混凝土底板,Ⅱ级以下围岩设置仰拱。隧道两侧各设置两槽一沟,电缆槽宽度为 25 cm,水沟宽 30 cm,水沟和电缆槽总宽度 135 cm。两侧排水沟的功能主要是集水,间隔适当距离与中心排水沟(管)连通。在隧道中线处仰拱填充内设置中心排水沟(管)。短隧道水量不大时,也可不设中心排水沟(管)。

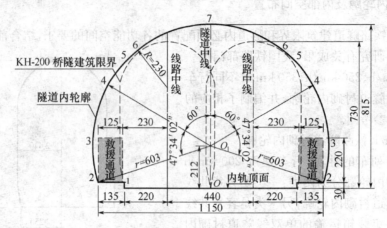

图 3-14　200 m/h客货共线铁路双线隧道内轮廓(单位:cm)

(2)客货共线铁路兼顾双层集装箱运输的隧道衬砌内轮廓

客货共线兼顾双层集装箱运输的衬砌内轮廓,与普通货物运输客货共线的主要区别在于采用的建筑限界的高度不同,因此引起的隧道内轮廓的高度单线相差 45 cm,双线相差35 cm。水沟、电缆槽的布置则基本相同。其内轮廓形状如图 3-15 和图 3-16 所示。

2.250 m/h 铁路隧道衬砌内轮廓

(1)单线隧道衬砌内轮廓

250 m/h 单线隧道衬砌内轮廓采用三心圆,隧道单侧设置救援通道宽 1.5 m、高 2.2 m,外侧距线路中线 2.3 m,救援通道与内轨顶面齐平,其内轮廓形状如图 3-17 所示。隧道内轮廓内考虑

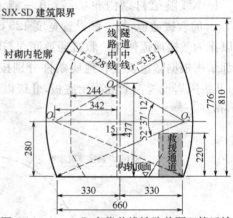

图 3-15　200 m/h 客货共线铁路兼顾双箱运输的单线隧道内轮廓(单位:cm)

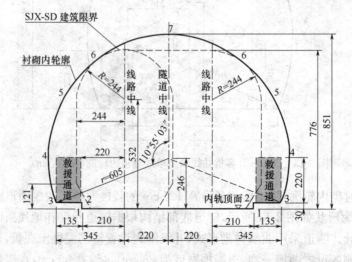

图 3-16　200 m/h 客货共线铁路兼顾双箱运输的双线隧道内轮廓(单位:cm)

了 30 cm 的技术作业空间。救援通道侧设置两槽一沟,电缆槽宽为 40 cm、30 cm,水沟宽 50 cm;另一侧设置一槽一沟,电缆槽宽 40 cm,水沟宽 40 cm。

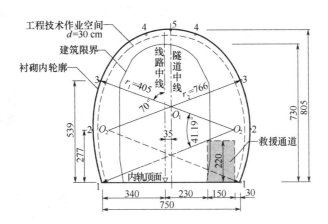

图 3-17　250 m/h 客运专线铁路单线隧道建筑限界及内轮廓(单位:cm)

(2)双线隧道衬砌内轮廓

双线隧道衬砌内轮廓按满足 250 m/h 行车速度的客车和普通货物、双层集装箱运输条件拟定,采用单心圆,半径为 641 cm,线间距 4.6 m。隧道双侧设置救援通道,宽 1.5 m、高 2.2 m,外侧距线路中线 2.3 m,救援通道底面高出内轨顶面 30 cm。其内轮廓形状如图 3-18 所示。隧道底部结构根据隧道长度和地质条件分别按有砟道床和无砟道床设计。隧道采用曲墙衬砌形式,Ⅱ级围岩隧道设置钢筋混凝土底板,Ⅱ级以下围岩设置仰拱。隧道两侧各设置两槽一沟,电缆槽宽分别为 35 cm、30 cm,水沟宽 30 cm。两侧排水沟的功能主要是集水,间隔适当距离与中心排水沟(管)连通。在隧道中线处仰拱填充内设置中心排水沟(管)。

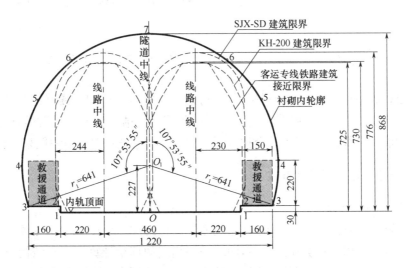

图 3-18　250 m/h 客运专线铁路(兼顾双层集装箱)双线隧道建筑限界及内轮廓(单位:cm)

3. 300～350 m/h 铁路隧道衬砌内轮廓

(1)单线隧道衬砌内轮廓

由于 350 m/h 单线隧道衬砌内轮廓净空有效面积达到 70 m²,救援通道及技术作业空间的布置相当自由,隧道两侧均可设置宽为1.5 m的救援通道。

(2)双线隧道衬砌内轮廓

隧道内轮廓采用单心圆,半径为665 cm,线间距5.0 m。隧道双侧设置救援通道宽1.5 m、高2.2 m,外侧距线路中线2.3 m,救援通道底面高出内轨顶面30 cm,其内轮廓形状如图3-19所示。隧道底部结构按无砟道床设计。隧道采用曲墙衬砌形式,Ⅱ级围岩设置钢筋混凝土底板,Ⅱ级以下围岩设置仰拱。隧道内轮廓内考虑了30 cm的技术作业空间。隧道两侧各设置两槽一沟,电缆槽宽分别为35 cm、30 cm,水沟宽30 cm。两侧排水沟的功能主要是集水,间隔适当距离与中心排水沟(管)连通。在隧道中线处仰拱填充内设置中心排水沟(管)。

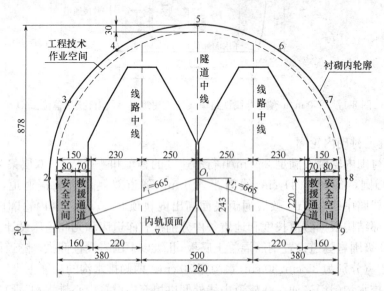

图3-19　350 m/h客运专线铁路双线隧道建筑限界及内轮廓(单位:cm)

## 第五节　高速铁路隧道衬砌结构设计

铁路隧道衬砌结构类型有单层衬砌、复合衬砌以及拼装式衬砌。隧道衬砌结构类型的选择应根据工程地质、水文地质等隧道所在的自然环境条件,结合隧道横断面形状与大小、施工方法和使用功能要求等因素,经过综合比选后确定。我国高速铁路隧道一般采用复合式衬砌。

**一、高速铁路隧道衬砌设计参数**

**(一)设计原理和方法**

高速铁路隧道衬砌,其设计与普速铁路隧道设计相比,设计的原理和方法都是相同的。隧道衬砌结构设计仍然以工程类比法为主,同时采用相应的理论计算方法对结构设计参数的安全性、可靠性进行验算。当采用复合式衬砌结构时,围岩压力、弹性抗力系数、初期支护与二次衬砌荷载分配比例均按现行《铁路隧道设计规范》推荐值,二次衬砌计算采用荷载—结构模型,并按破损阶段法进行结构强度检算。

**(二)衬砌设计参数**

表3-5和表3-6为我国现行高速铁路250 km/h、350 km/h双线隧道复合式衬砌设计通用

图设计参数表。

设计参数中初期支护采用锚网喷,喷射混凝土等级为 C25 级,钢筋网一般为 φ6～8 mm 的 HPB 钢筋,网格间距 20～25 cm,锚杆拱部为 φ25 mm 的中空注浆锚杆,边墙为 φ22 mm 的普通砂浆锚杆。二次衬砌为 C25 混凝土或 C30 钢筋混凝土。

表 3-5　250 km/h 客运专线双线隧道复合式衬砌设计参数

| 衬砌类型 | | | Ⅱ级 | Ⅲ级 | Ⅳ级 | Ⅳ级浅埋 | Ⅳ级偏压 | Ⅴ级 | Ⅴ级浅埋 | Ⅴ级偏压 |
|---|---|---|---|---|---|---|---|---|---|---|
| 初期支护 | 喷混凝土 | 设置部位及设置厚度 | 拱墙 5～8 cm | 拱墙 15 cm | 拱墙 25 cm 仰拱 10 cm | 拱墙 25 cm 仰拱 25 cm | 拱墙 25 cm 仰拱 25 cm | 拱墙 28 cm 仰拱 28 cm | 拱墙 28 cm 仰拱 28 cm | 拱墙 28 cm 仰拱 28 cm |
| | 钢筋网设置部位 | | 无 | 拱墙 | 拱墙 | 拱墙 | 拱墙 | 拱墙 | 拱墙 | 拱墙 |
| | 锚杆 | 设置部位 | 局部 | 拱墙 | 拱墙 | 拱墙 | 拱墙 | 拱墙 | 拱墙 | 拱墙 |
| | | 长度(m) | 2.5 | 3 | 3.5 | 3.5 | 3.5 | 4 | 4 | 4 |
| | | 间距 (m) 环向 | | 1.2 | 1 | 1 | 1 | 1 | 1 | 1 |
| | | 间距 (m) 纵向 | | 1 | 1 | 1 | 1 | 0.8 | 0.8 | 0.8 |
| | 钢架 | 设置部位 | 无 | 无 | 拱墙 | 全环 | 全环 | 全环 | 全环 | 全环 |
| | | 间距(m) | 无 | 无 | 1 | 1 | 0.8～1.0 | 0.8～1.0 | 0.6～0.8 | 0.6～0.8 |
| 二次衬砌 | 拱墙厚度(cm) | | 35 | 40 | 45* | 45* | 50* | 50* | 50* | 55* |
| | 仰拱/底板厚度(cm) | | 35/30* | 50 | 55* | 55* | 55* | 60* | 60* | 65* |

注:二次衬砌栏加"*"号为钢筋混凝土。

表 3-6　350 km/h 客运专线双线隧道复合式衬砌设计参数

| 衬砌类型 | | | Ⅱ级 | Ⅲ级 | Ⅳ级 | Ⅳ级浅埋 | Ⅳ级偏压 | Ⅴ级 | Ⅴ级浅埋 | Ⅴ级偏压 |
|---|---|---|---|---|---|---|---|---|---|---|
| 初期支护 | 喷混凝土 | 设置部位及设置厚度 | 拱墙 8～10 cm | 拱墙 15 cm | 拱墙 25 cm 仰拱 15 cm | 拱墙 25 cm 仰拱 25 cm | 拱墙 25 cm 仰拱 25 cm | 拱墙 28 cm 仰拱 28 cm | 拱墙 28 cm 仰拱 28 cm | 拱墙 28 cm 仰拱 28 cm |
| | 钢筋网设置部位 | | 无 | 拱墙 | 拱墙 | 拱墙 | 拱墙 | 拱墙 | 拱墙 | 拱墙 |
| | 锚杆 | 设置部位 | 局部 | 拱墙 | 拱墙 | 拱墙 | 拱墙 | 拱墙 | 拱墙 | 拱墙 |
| | | 长度(m) | 2.5 | 3 | 3.5 | 3.5 | 3.5 | 4 | 4 | 4 |
| | | 间距 (m) 环向 | | 1.2 | 1 | 1 | 1 | 1 | 1 | 1 |
| | | 间距 (m) 纵向 | | 1 | 1 | 1 | 1 | 0.8 | 0.8 | 0.8 |
| | 钢架 | 设置部位 | 无 | 无 | 拱墙 | 全环 | 全环 | 全环 | 全环 | 全环 |
| | | 间距(m) | 无 | 无 | 1 | 1 | 0.8～1.0 | 0.8～1.0 | 0.6～0.8 | 0.6～0.8 |
| 二次衬砌 | 拱墙厚度(cm) | | 35 | 40 | 45* | 45* | 50* | 50* | 50* | 55* |
| | 仰拱/底板厚度(cm) | | 35/30* | 50 | 55* | 55* | 55* | 60* | 60* | 65* |

注:二次衬砌栏加"*"号为钢筋混凝土。

## 二、高速铁路隧道衬砌断面

图 3-20 和图 3-21 为时速 350 km/h 客运专线双线隧道复合式衬砌,Ⅱ级、Ⅴ级围岩隧道

横断面设计图。

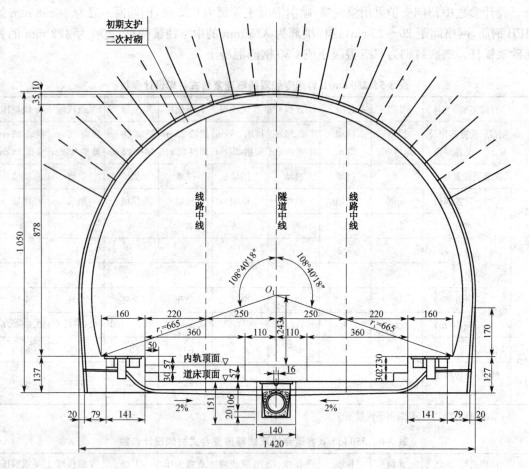

图 3-20　Ⅱ级围岩隧道横断面图

高速铁路隧道除了满足普速铁路隧道衬砌的技术标准外,它对衬砌结构的抗裂、隧道底部结构和结构防水提出了更高的要求,设计阶段更注意衬砌结构耐久性和有利于减少运营维修作业方面的问题。在我国目前的高速铁路隧道设计中,为减少初期喷射混凝土、二次衬砌的裂纹,增强支护结构的耐久性,喷射混凝土一般都添加了一定量的聚合物纤维丝,双线大跨隧道的Ⅳ级、Ⅴ级围岩一般采用钢筋混凝土结构。

### 三、算　例

现以 350 km/h 客运专线双线隧道复合式衬砌Ⅳ级围岩深埋、浅埋两种工况为例,说明高速铁路超大断面隧道的二次衬砌支护结构的检算过程。

1. 计算条件

(1)计算理论:荷载—结构模式。

(2)计算程序:采用 ANSYS 计算程序。

(3)荷载确定:只考虑主要荷载,即围岩压力和结构自重。

(4)深埋围岩压力按松散压力考虑,垂直匀布压力按《铁路隧道设计规范》(TB 10003—2005,以下简称《隧规》)第 4.3.3 条计算,水平匀布压力按《隧规》第 4.2.4 条确定。

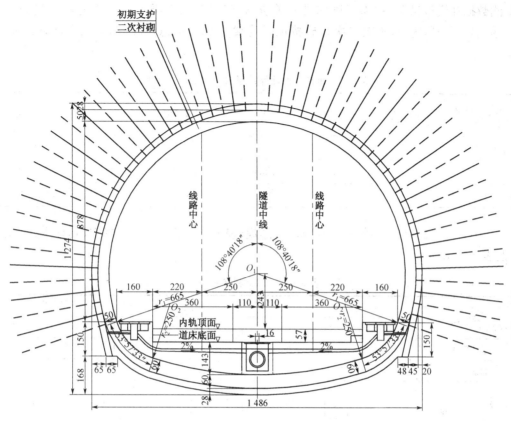

图 3-21　Ⅴ级围岩隧道横断面图

1)垂直匀布压力按下式计算确定:

$$q=\gamma h \qquad (3-8)$$
$$h=0.45\times 2^{S-1}w$$

式中　$q$——围岩垂直匀布压力(kPa);

$\gamma$——围岩重度(kN/m³);

$h$——围岩压力计算高度(m);

$s$——围岩级别;

$w$——宽度影响系数,$w=1+i(B-5)$,其中 $B$ 为坑道宽度(m),$i$ 为 $B$ 每增减 1 m 时的围岩压力增减率,当 $B<5$ m 时,取 $i=0.2$;$B>5$ m 时,可取 $i=0.1$。

2)水平匀布压力可按表 3-7(《隧规》表 4.2.4)取值。

表 3-7　围岩水平匀布压力

| 围岩级别 | Ⅰ～Ⅱ | Ⅲ | Ⅳ | Ⅴ | Ⅵ |
|---|---|---|---|---|---|
| 水平匀布压力 | 0 | $<0.15q$ | $(0.15\sim 0.30)q$ | $(0.3\sim 0.50)q$ | $(0.50\sim 1.00)q$ |

注:式(3-8)及表 3-7 适用于下列条件:

①不产生显著偏压力及膨胀力的一般围岩;

②采用钻爆法施工的隧道。

(5)根据《隧规》附录 E,计算浅埋情况下的垂直压力与水平压力。

(6)由《铁路工程设计技术手册隧道》,对于复合式衬砌,"根据我国复合式衬砌围岩压力现场量测数据和模型试验,并参考国内外有关资料,建议Ⅰ～Ⅳ类围岩二次衬砌承受30%～50%的围岩压力",为此,本次二次衬砌按承受荷载的50%考虑,各级围岩压力计算如表3-8所示。

表 3-8　围岩压力计算结果表(单位:kN/m²)

| 围岩 \ 荷载 | Ⅱ级深埋 | Ⅲ级深埋 | Ⅳ级深埋 | Ⅳ级浅埋 | Ⅴ级深埋 | Ⅴ级浅埋 |
|---|---|---|---|---|---|---|
| 垂直压力 $q$ | 23.34 | 43.50 | 78.56 | 173.45 | 137.20 | 240.99 |
| 水平压力 $e_上$ | 0 | 5.22 | 19.64 | 33.74 | 54.88 | 73.49 |
| 水平压力 $e_下$ | 0 | 5.22 | 19.64 | 53.44 | 54.88 | 98.24 |

(7)围岩及衬砌材料的物理力学指标按《隧规》表3.2.8及表5.3.1确定,其具体数值如表3-9及表3-10所示。

表 3-9　衬砌材料参数表

| 参数 \ 围岩级别 | | $\gamma$(kN/m³) | $E_c$(GPa) | $R_a$(MPa) | $R_l$(MPa) | $\mu$ |
|---|---|---|---|---|---|---|
| Ⅱ级深埋 | | 23 | 29.5 | 19.0 | 2.0 | 0.2 |
| Ⅲ级深埋 | | 23 | 29.5 | 19.0 | 2.0 | 0.2 |
| Ⅳ级 深、浅埋 | 边墙 拱部 | 23 | 29.5 | 19.0 | 2.0 | 0.2 |
| | 仰拱 | 23 | 31.0 | 22.5 | 2.2 | 0.2 |
| Ⅴ级深、浅埋 | | 23 | 31.0 | 22.5 | 2.2 | 0.2 |

表 3-10　围 岩 参 数 表

| 参数 \ 围岩级别 | $K$(MPa/m) | $\gamma$(kN/m³) | $\mu$ | $\lambda$ |
|---|---|---|---|---|
| Ⅱ级深埋 | 1 200 | 26 | 0.20 | 0 |
| Ⅲ级深埋 | 850 | 24 | 0.27 | 0.12 |
| Ⅳ级深、浅埋 | 350 | 21.5 | 0.32 | 0.25 |
| Ⅴ级深、浅埋 | 150 | 18.5 | 0.40 | 0.40 |

(8)计算中考虑复合衬砌背后完全回填密实,考虑仰拱与衬砌共同作用;计算均假定衬砌背后围岩能提供径向弹性反力。

(9)有关衬砌结构强度和偏心矩要求,参照《隧规》第11章规定办理。

(10)对于配筋计算,根据《隧规》第11.2.11及11.2.12条并按照破损阶段法确定;对于裂缝验算,按照《隧规》第10.3.3及10.3.4条确定;最大裂缝宽度不大于0.2mm。

(11)隧道支护参数见表3-6所示。

2.对二次衬砌结构的安全性检算

(1)Ⅳ级围岩深埋计算结果

荷载分布示意图及节点编号图如图3-22所示。

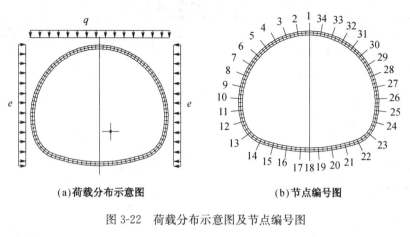

(a)荷载分布示意图　　　　(b)节点编号图

图 3-22　荷载分布示意图及节点编号图

结构计算模式图如图 3-23 所示。

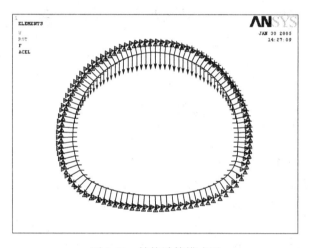

图 3-23　结构计算模式图

计算内力图绘于图 3-24 中,内力具体数值及配筋量如表 3-11 所示。

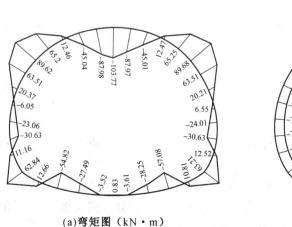

(a)弯矩图（kN·m）

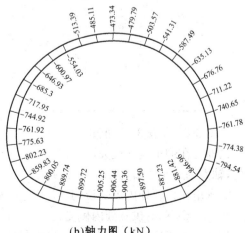

(b)轴力图（kN）

图 3-24　内力图

表 3-11  Ⅳ级深埋的内力及配筋量表

| 节点号 | 弯矩(kN·m) | 轴力(kN) | 安全系数 | 控制标准 | 配筋量(mm²) |
|---|---|---|---|---|---|
| 1 | −103.77 | −473.34 | 1.7 | 拉 | 900 |
| 2 | −87.98 | −485.11 | 2.3 | 拉 | 900 |
| 3 | −45.04 | −513.39 | 11.8 | 压 | |
| 4 | 12.46 | −554.03 | 14.3 | 压 | |
| 5 | 65.20 | −600.97 | 5.9 | 拉 | |
| 6 | 89.62 | −646.93 | 2.9 | 拉 | 900 |
| 7 | 63.51 | −685.30 | 9.8 | 拉 | |
| 8 | 20.37 | −717.95 | 10.8 | 压 | |
| 9 | −6.05 | −744.92 | 11.2 | 压 | |
| 10 | −23.06 | −761.92 | 10.1 | 压 | |
| 11 | −30.63 | −775.63 | 9.6 | 压 | |
| 12 | 11.16 | −802.23 | 10.2 | 压 | |
| 13 | 62.84 | −859.83 | 7.5 | 压 | |
| 14 | 12.66 | −880.05 | 9.2 | 压 | |
| 15 | −54.82 | −889.74 | 7.6 | 压 | |
| 16 | −27.49 | −899.72 | 8.5 | 压 | |
| 17 | −3.52 | −905.25 | 9.3 | 压 | |
| 18 | 0.83 | −906.44 | 9.4 | 压 | |
| 19 | −3.61 | −904.36 | 9.3 | 压 | |
| 20 | −28.25 | −897.50 | 8.5 | 压 | |
| 21 | −57.08 | −887.23 | 7.6 | 压 | |
| 22 | 10.81 | −881.42 | 9.3 | 压 | |
| 23 | 63.21 | −846.96 | 7.6 | 压 | |
| 24 | 12.52 | −794.54 | 10.2 | 压 | |
| 25 | −30.63 | −774.38 | 9.6 | 压 | |
| 26 | −24.01 | −761.78 | 10.0 | 压 | |
| 27 | −6.55 | −740.65 | 11.2 | 压 | |
| 28 | 20.21 | −711.22 | 10.9 | 压 | |
| 29 | 63.51 | −676.76 | 9.3 | 拉 | |
| 30 | 89.68 | −635.13 | 2.8 | 拉 | 900 |
| 31 | 65.25 | −587.49 | 5.6 | 拉 | |
| 32 | 12.47 | −541.31 | 14.6 | 压 | |
| 33 | −45.01 | −503.57 | 11.9 | 压 | |
| 34 | −87.97 | −479.79 | 2.3 | 拉 | 900 |

由图 3-24 和表 3-11 可知：

1)轴力在仰拱底部最大,最大量值为 906.44 kN,由仰拱底部到拱顶,轴力逐渐减小,在拱顶处,轴力的最小量值为 473.34 kN。

2)弯矩在拱顶处内侧受拉,其最大量值为 103.77 kN·m;在拱顶两侧外侧受拉,其最大量值为 89.68 kN·m;拱腰处内侧受拉,最大量值为 30.63 kN·m;拱脚处外侧受拉,最大量值为 63.21 kN·m;仰拱两端内侧受拉,最大量值为 57.08 kN·m。

综上所述,Ⅳ级深埋最大配筋量为 900 mm²/延米。

（2）Ⅳ级围岩浅埋计算

荷载分布示意图及节点编号图如图 3-25 所示。

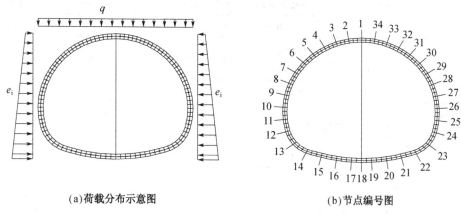

(a)荷载分布示意图　　　　　　　　　　(b)节点编号图

图 3-25　荷载分布示意图及节点编号图

结构计算模式如图 3-26 所示。

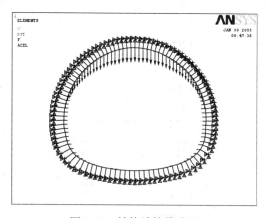

图 3-26　结构计算模式图

计算内力图结果绘于图 3-27 中,内力具体数值及配筋量如表 3-12 所示。

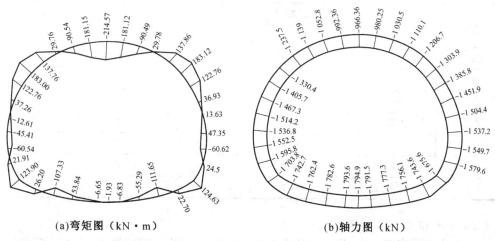

(a)弯矩图（kN·m）　　　　　　　　　　(b)轴力图（kN）

图 3-27　内力图

表 3-12　Ⅳ级浅埋的内力及配筋量表

| 节点号 | 弯矩(kN·m) | 轴力(kN) | 安全系数 | 控制标准 | 配筋量(mm²) |
|---|---|---|---|---|---|
| 1 | −214.57 | −966.88 | 0.8 | 拉 | 1 650 |
| 2 | −181.15 | −992.36 | 1.1 | 拉 | 1 000 |
| 3 | −90.54 | −1 052.8 | 5.8 | 压 | |
| 4 | 29.76 | −1 139 | 6.9 | 压 | |
| 5 | 137.76 | −1 237.5 | 2.6 | 拉 | 1 000 |
| 6 | 183.00 | −1 330.4 | 1.4 | 拉 | 1 000 |
| 7 | 122.76 | −1 405.7 | 4.3 | 压 | |
| 8 | 37.26 | −1 467.3 | 5.3 | 压 | |
| 9 | −12.61 | −1 514.2 | 5.5 | 压 | |
| 10 | −45.41 | −1 536.8 | 5.0 | 压 | |
| 11 | −60.54 | −1 552.5 | 4.8 | 压 | |
| 12 | 21.91 | −1 595.8 | 5.1 | 压 | |
| 13 | 123.90 | −1 703.8 | 3.8 | 压 | |
| 14 | 26.20 | −1 742.7 | 4.7 | 压 | |
| 15 | −107.33 | −1 762.4 | 3.9 | 压 | |
| 16 | −53.84 | −1 782.4 | 4.3 | 压 | |
| 17 | −6.65 | −1 793.6 | 4.7 | 压 | |
| 18 | 1.93 | −1 794.9 | 4.7 | 压 | |
| 19 | −6.83 | −1 791.5 | 4.7 | 压 | |
| 20 | −55.29 | −1 777.3 | 4.3 | 压 | |
| 21 | −111.65 | −1 756.1 | 3.8 | 压 | |
| 22 | 22.70 | −1 743.6 | 4.7 | 压 | |
| 23 | 124.63 | −1 675.6 | 3.8 | 压 | |
| 24 | 24.50 | −1 579.6 | 5.1 | 压 | |
| 25 | −60.62 | −1 549.7 | 4.8 | 压 | |
| 26 | −47.35 | −1 537.2 | 5.0 | 压 | |
| 27 | −13.63 | −1 504.4 | 5.5 | 压 | |
| 28 | 36.93 | −1 451.9 | 5.4 | 压 | |
| 29 | 122.76 | −1 385.8 | 4.3 | 压 | |
| 30 | 183.12 | −1 303.9 | 1.4 | 拉 | 1 000 |
| 31 | 137.86 | −1 206.7 | 2.5 | 拉 | 1 000 |
| 32 | 29.78 | −1 110.1 | 7.0 | 压 | |
| 33 | −90.49 | −1 030.5 | 5.9 | 压 | |
| 34 | −181.12 | −980.25 | 1.1 | 拉 | 900 |

由图 3-26 和表 3-12 可知：

1)轴力在仰拱底部最大,最大量值为 1 794.9 kN,由仰拱底部到拱顶,轴力逐渐减小,在拱顶处,轴力的最小量值为 966.88 kN。

2)弯矩在拱顶处内侧受拉,其最大量值为 214.57 kN·m,在拱顶两侧外侧受拉,其最大量值为 183.12 kN·m,拱腰处内侧受拉,最大量值为 60.62 kN·m,拱脚处外侧受拉,最大量值为 124.63 kN·m,仰拱两端内侧受拉,最大量值为 111.65 kN·m。

综上所述,IV级浅埋最大配筋量为 1 650 mm²/每延米。

## 第六节　高速铁路隧道洞口缓冲结构

列车从隧道外的无限空间进入被隧道内轮廓限定的有限空间,列车前方的空气受到挤压,被压缩的空气以声速向前传播,在出口洞门处,部分压缩波以声音微气压波的形式辐射到外界环境中,在洞口发生音爆现象,影响洞口环境并有可能造成洞口建筑物的破坏,图 3-28 所示为压力波从产生、传播到隧道洞口形成微气压波向洞外发射的过程。

在隧道洞口设置缓冲结构物,是消减微压波,减小高速铁路隧道洞口环境噪声的有效手段。

图 3-28　隧道微压波洞内传播过程

### 一、设置缓冲结构物的基本条件

隧道洞口设置缓冲结构的基本条件,是隧道洞口附近一定范围内微气压波峰值超过一定的基准值。日本是最早研究缓冲结构以及设置基准的国家,这是由于其新干线高速铁路隧道有效净空断面积小(62~64 m²),开通后洞口环境噪声问题突出的原因。我国京沪高速铁路也参考日本新干线制定了自己的标准,该项标准也被其他高速铁路线采用。表 3-13 为日本和我国缓冲结构设置基准。

表 3-13　隧道洞口缓冲结构设置基准

| 条　件 | | 微压波峰值 $P_{max}$ | |
| --- | --- | --- | --- |
| | | 日　本 | 中　国 |
| 洞口有建筑物 | 建筑物无特殊环境要求 | 建筑物处 $P_{max} < 20$ Pa | $P_{max} < 20$ Pa |
| | 建筑物有特殊环境要求 | 按要求 | 按要求 |
| 洞口无建筑物(或住宅距洞口大于 50 m) | | $P_{max} < 20$ Pa | 建筑物有特殊环境要求　距洞口 20 m 处 $P_{max} < 50$ Pa |
| | | | 建筑物无特殊环境要求　不　设 |

### 二、缓冲结构物的类型

缓冲结构物的类型按结构物上有无开孔可分为开孔型和无开孔型两大类。无开孔型缓冲结构其断面一般为渐变的喇叭形,韩国汉城—釜山高速铁路隧道洞口采用这种类型。

开孔型缓冲结构有半圆形和矩形两种,开孔的位置有的位于缓冲结构顶部,如图 3-29 所示我国台湾台北—高雄高速铁路隧道;有的位于缓冲结构两侧边墙位置,如图 3-30 所示日本新干线高速铁路隧道。一般开孔率 $A_s/A_t$(开孔面积/隧道有效净空面积)$=0.3$ 左右,缓冲结构物净空断面积 $A_h=1.5A_t$ 左右。

图 3-29　开孔位于隧道拱顶的缓冲结构

图 3-30　开孔位于隧道边墙两侧的缓冲结构

研究表明,在缓冲结构上开孔能显著缓解微压波的作用,开孔型缓冲结构比无开孔型缓解隧道洞口微压波的效果更好。

缓冲结构物的设计主要是确定缓冲结构物净空断面积 $A_h$,缓冲结构物长度 $L_h$ 和开孔率 $A_s/A_t$(开孔面积/隧道有效净空面积)等基本设计参数。设计需要考虑的因素很多,主要包括:机车几何尺寸、行车速度、隧道有效净空面积、隧道长度、洞门形式、洞口地形条件、道床类型等因素。

日本、德国等国家针对本国高速列车与隧道的特点对缓冲结构进行了长期的研究,总结出了一套适用于本国隧道特点的经验公式和设计方法。这些成果为我国高速铁路隧道缓冲结构的设计提供了十分有益的参考。

### 三、缓冲结构长度计算

缓冲结构的长度可按下列公式计算:

$$L_h \approx d\left[\left(\frac{v}{v^*}\right)^3 - 1\right]$$

（3-9）

式中　$L_h$——缓冲结构长度；

　　　$d$——隧道断面水力直径；

　　　$v$——列车进洞速度；

　　　$v^*$——列车视在速度，即相应于无缓冲结构情况下微压波峰值为允许值时的列车速度（例如洞口外轴线上 20 m 处微压波峰值等于临界值 50 Pa 时的列车进洞速度）。

## 思　考　题

1. 说明高速铁路的定义。

2. 列车在隧道内高速行驶引起的空气动力学效应包括哪些？它们的不利影响主要表现在哪些方面？

3. 影响瞬变压力的因素有哪些？

4. 解决隧道内空气动力学效应引起的问题时，日本和德国采用了不同的途径，分别说明其高速铁路隧道设计的思路和技术要点。

5. 新建高速铁路隧道内轮廓一般应根据哪些因素确定？哪个因素起控制作用？

6. 隧道洞口设置缓冲结构的基本条件是什么？

7. 试述隧道缓冲结构的类型与设置原则。

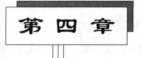

# 第 四 章

# 隧道工程地质

隧道工程地质学是一门兼容工程地质学、水文地质学、岩石力学、土力学、工程力学、环境工程学、隧道工程学等学科内容的综合学科。限于篇幅,本章主要讨论与铁路隧道设计、施工密切相关的部分,包括基本概念、岩石力学的发展,岩石力学性质与围岩的工程性质,原岩应力,围岩的初始应力场,岩体分级(分类)与隧道围岩分级(分类)。

## 第一节　概　　述

### 一、基本概念

从影响隧道稳定的因素和支护设计的角度引出下列重要概念:

1. 围岩(tunnel surrounding rock)

围岩是指隧道周围由于开挖引起扰动的岩体。

2. 地应力(in situ stress,virgin stress)

地应力是指天然环境下地层内(某一点)固有的应力状态,又称原岩应力或初始应力。

相对于原岩应力,二次应力(Induced stress)是指开挖扰动引起的围岩内变化的应力,又称次生应力或诱发应力。原岩应力向二次应力转换的过程称为应力重分布(redistribution of stress)。

3. 支护(support,rock reinforcement and tunnel line)

支护是指为维护隧道(长期)稳定所施作的人工构筑物,又称"衬砌"。

### 二、隧道与地下工程的特点

1. 介质特点

隧道和地下工程修筑于天然介质——岩石、土中,这与地面建筑主要采用人工材料有本质区别。

"岩石"是天然地质体,或者叫做岩体,它具有复杂的地质结构条件,是一种典型的"不连续介质",有结构面(或称弱面),这是区别于其他材料的最重要特征。相对而言,任何人工材料均不容许其中存在明显裂隙或缺陷。

2. 载荷特点

岩体中存在地应力,它是由于地质构造和重力作用等形成的内应力,因此,隧道工程属内加载问题。由于岩石工程的开挖而引起地应力以变形能的形式释放(释放荷载)是引起岩石工程变形和破坏的作用力,而一般结构为外加载问题。

3. 设计过程特点

岩石工程的设计思路和方法与以研究"外荷载作用"为特征的材料力学、结构力学等有本质的不同,无论是岩体结构,还是其赋存状况、赋存条件均存在大量的不确定性,且"工程岩体"的行为和功能与施工因素密切相关。

图 4-1 和图 4-2 为地面结构设计与岩石工程设计过程的比较。

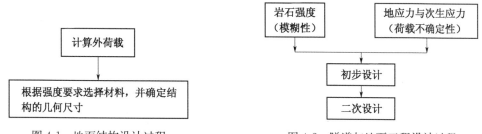

图 4-1　地面结构设计过程　　　　　图 4-2　隧道与地下工程设计过程

在初步设计阶段,隧道有关资料通常较少,对岩石(土)参数的估计一般建立在有经验的工程师或地质工程师的判断上。某些情况下,也根据岩体分级(分类)或简单的参数试验进行补充。

在详细设计阶段,通过综合性勘察,结合试验室或现场的强度试验,可获得确定的荷载资料和其他较多的隧道资料。

4.破坏准则特点

不同类型隧道和地下工程的服务年限差别很大,像三峡大坝这样的水电工程要求服役千年;矿山巷道的服务期一般只有几个月到几年,最长的也只要几十年;而铁路隧道明确要求服务 100 年。从经济、技术方面综合考虑,服务年限的差别必然导致不同隧道和地下工程的破坏准则或者稳定性判据差别很大。例如,铁路隧道的容许围岩表面收敛变形控制严格,而矿山巷道的收敛变形却很宽松。

也就是说,没有普遍认可的简单的岩体工程设计法则,也没有可以保证一种岩体结构是安全的且有一定富裕度的标准安全系数。每一种设计都有其针对性,其可接受程度取决于岩体自身特定的条件、岩体类型、设计荷载和设计目的。岩土工程师的责任是寻求与该工程各种条件相匹配的既安全又经济的解决办法。这种解决途径应建立在对该工程适用的如稳定性或变形分析等方面的实际和理论研究之上。

### 三、岩石力学及其发展

任何一门学科成立必须具有三个条件,即特定的研究对象、特定的研究方法和特定的实验方法、测试手段。

岩石力学是近代发展起来的一门新兴学科和边缘学科,是一门应用性和实践性很强的应用基础学科。它的应用范围涉及采矿、土木建筑、水利水电、铁道、公路、地质、地震、石油、地下工程、海洋工程等众多的与岩石工程相关的工程领域。

岩石力学学科按其发展进程可划分四个阶段:

(一)初始阶段(19 世纪末~20 世纪初)

这是岩石力学的萌芽时期,产生了初步理论以解决岩体开挖的力学计算问题,如 1912 年海姆(A. Heim)提出的地应力静水压力理论。

(二)经验理论阶段(20 世纪初~30 年代)

该阶段出现了根据生产经验提出的地压理论,并开始用材料力学和结构力学的方法分析地下工程的支护问题。最有代表性的理论就是前苏联的普罗托吉雅柯诺夫提出的自然平衡拱学说,即普氏理论。

1920 年,Josef Stini 开始在维也纳技术学院教授岩土工程地质学,他创办了《地质与工程》杂志,是今天岩石力学的创始人。

其他各个领域的著名科学家和工程师在 20 世纪早期对岩石的特性做了一些有益的工作。Von Karman、King、Griggs、Ide、Terzaghi 都对岩石材料的破坏做了研究。1921 年,格里菲斯(Griffith)提出了他的脆性材料破坏理论。

(三)经典理论阶段(20 世纪 30 年代~60 年代)

这是岩石力学学科形成的重要阶段,弹性力学和塑性力学被引入岩石力学,确立了一些经典计算公式,形成围岩和支护共同作用的理论。结构面对岩体力学性质的影响受到重视,岩石力学文献和专著的出版,试验方法的完善,岩体工程技术问题的解决,这些都说明岩石力学发展到该阶段已经成为一门独立的学科。在经典理论发展阶段,形成了"连续介质理论"和"地质力学理论"两大学派。

重大岩石工程事故、国际岩石力学学会成立以及第一届国际岩石力学会议召开是促进岩石力学大发展的三件大事。

1. 重大工程事故引发人们对岩石力学研究的重视

"二战"之后,欧洲开始重建,对电力需求猛增,1950~1959 年 10 年间所建的水电站是前 60 年之总和。但两大大坝失事震惊世界。1959 年 12 月法国 Malpasset 混凝土拱坝基础失事,洪水使约 450 人遇难。1963 年 10 月意大利 Longarone 镇的 2500 人由于滑坡产生的波浪越过瓦依昂(Vajont)大坝而丧生(图 4-3)。这两次灾难对土木工程中的岩石力学具有重要影响。有大量论文讨论了这些破坏的可能机理。人们发现,这两件大坝失事并不是坝体结构强度不够,而是坝基岩体或水库边坡岩体发生破坏,这引起国际社会对工程岩体的稳定等岩石力学问题的广泛重视。

(a)事故前　　　　　　　　　　　　　　　　(b)事故后

图 4-3　瓦依昂大坝事故前后

1960 年,南非 Coal Brook 的一座煤矿塌方,导致 432 人丧生。这次事故也引起了人们对岩石力学的广泛研究,并由此使煤柱设计方法前进了一大步。

2. 国际岩石力学学会成立

1964 年,成立了国际岩石力学学会(International Society of Rock Mechanics,简称 ISRM)。

3. 第一届国际岩石力学会议召开

1966 年在里斯本召开了第一届国际岩石力学学术大会,使岩石力学作为一个独立的学科开始了新的阶段。此后,面对人类面临的重大岩石工程问题,特别是共性问题,广泛开展研究,四年一次的国际岩石力学会议和地区岩石学会议促进了世界各国岩石力学学术交流与发展。

（四）现代发展阶段（20 世纪 60 年代～现在）

1963 年国际岩石力学学会成立后,岩石力学得到了稳步发展,岩石力学的应用遍及全世界。20 世纪 60 年代,岩石力学的重点集中在完整岩块;70 年代则是考虑非连续面和岩体;到 80 年代,研究的重点转移到数值分析;90 年代以来,重点是材料特性的确定、现场试验、计算机更广泛的应用以及岩石力学原理在工程实践中更为合理的应用。

此阶段是岩石力学理论和实践的新进展阶段,其主要特点是,用更为复杂的多种多样的力学模型来分析岩石力学问题,把力学、物理学、系统工程、现代数理科学、现代信息技术等的最新成果引入岩石力学。而计算机的广泛应用又为流变学、断裂力学、非连续介质力学、数值方法、灰色理论、人工智能、非线性理论等在岩石力学与工程中的应用提供了可能。

（五）岩石力学在中国的发展

在 20 世纪 50 年代初开始,中国岩石力学工作就开始了自己的研究。著名地质学家李四光从构造体系角度提出了地应力场和岩石流变问题。陈宗基先生率领一支综合队伍在三峡水利规划的坝址开展了大型野外岩石力学试验工作,进行了岩体流变和力学性能的研究,并创建了中国科学院岩土力学研究所。谷德振先生则组织了中国科学院地质研究所的同行们从岩体结构特征角度,探讨岩体力学性能问题,并在治淮及水利水电工程中得到应用。其他还有为数众多的专家在隧道工程、水电工程、矿业工程中开展了大量的岩石力学研究。岩石力学和工程地质的广泛结合毫无疑问是中国岩石力学能够高点起步和健康发展的重要因素之一。

在 20 世纪 70 年代,中国岩石力学研究有了长足的进步。在水利工程方面值得提到的是长江葛洲坝水利枢纽建设。在这个工程中,对红色砂岩中的多层软弱泥化夹层研究取得了突破性进展,野外和室内岩石力学试验和泥化夹层地质成因研究的结合为大坝的成功设计和建造提供了科学依据。另一个综合研究和多学科合作的典范是金川镍矿。从露天矿的稳定评价、监测,到矿区深部开采问题的解决,都发挥了岩石力学研究的作用,解决了复杂结构岩体和高地应力等若干关键的问题。在金川不仅建立了长期的岩石力学基地,而且培养了一代岩石力学专家。

20 世纪 70 年代的重要突破领域之一,就是隧道工程和大型地下洞室的岩石力学研究。成昆铁路的建设改变了宝成铁路的设计思路,采用了地质选线,"早进晚出",大量利用隧道,避免削坡。在隧道支护理论上提出了"普氏系数",改进结构计算。在若干大型国防地下工程建设中减少了混凝土衬砌,开始使用长锚杆加固围岩,并引进新奥法概念,把围岩由原来看作荷载,改为看作结构。与此相关的就是核爆条件下,大型地下工程的动力稳定性评价也得到新的发展。此外,在全国范围内尚有许多其他工程也做了多方面的岩石力学研究。综合上述,可见 20 世纪 70 年代是中国岩石力学工作全面发展打下基础的时代,初步形成了中国岩石力学工作的特色。

然而,中国的改革开放在 20 世纪八九十年代才真正开始,工业建设突飞猛进。例如,开始兴建 2 000 MW 装机电站,修建高度达 250 m 或以上的大坝;露天采场深达 300～400 m,而地下矿井超过 500 m 深,向 1 000 m 深井进军,矿山向工业化高效开采发展;开始了大型抽水蓄能电站和核电站的建设;交通工程和城乡建设均得到蓬勃发展。这个阶段岩石力学的发展和若干国家重点工程建设密切相关,如二滩水电站、小浪底水利枢纽、金川有色金属矿和兖州煤矿建设、京广复线、南昆线、内昆线的建设,多座长江大桥的建设,以及三峡等若干大型工程的研究等等。

中国岩石力学的理论研究、试验研究及工程实践均得到全面的开展,高等院校出现了一批岩石力学研究的强劲队伍和科研基地,尤其得益于"六五"至"八五"的科技攻关,推进了基础研究和工程实践的结合、高校及科研院所和工程设计、施工部门的结合,以及多种学科的交叉和国际合作。目前,中国岩石力学研究呈现了百花齐放、百家争鸣的蓬勃发展氛围,科学研究与工程应用的结合在各个行业普遍开展,取得显著的成绩和进展。

## 第二节　岩石力学性质与围岩的工程性质

### 一、岩石、岩体及其组成

1. 岩石

岩石是岩体和岩块的统称。

岩石是经历漫长地质史的大自然产物。对岩石工程来说,由于组成成分、结构、致密程度等因素差别,岩石是具有高度差异性的工程材料。

2. 岩块与岩体

(1)岩块(rock element)——小范围岩石组织(texture)

$$
\text{岩块}\begin{cases}\text{晶体}+\text{晶间质}\\[1mm]\text{颗粒}+\begin{cases}\text{泥质}\\\text{钙质}\\\text{铁质}\\\text{硅质}\end{cases}\text{胶结质}+\text{孔隙(水)}+\text{微}\begin{cases}\text{层理(沉积造成)}\\\text{节理(受力造成)}\\\text{劈理(适岩形成)}\end{cases}\end{cases}
$$

岩石单晶体具有很高的强度,但孔隙及微节理使其削弱。所以,强度次序为:晶体＞颗粒＞岩块。

(2)岩体(rock mass)——较大范围的岩石构造(structure)

岩体具有结构特性,岩体结构由岩块和断层、节理、层理面及裂隙等结构面组成,结构面也称作非连续面。

$$
\text{岩体构造}\begin{cases}\text{岩块}\\[1mm]\text{结构面}\begin{cases}\text{层理(bedding plane)}\\\text{节理(joints):面间无错动}\\\text{断层(faults):面间有相对错动}\end{cases}\end{cases}
$$

3. 结构面及对岩石性质影响

岩石中含有或多或少的结构面,是其组织与结构上最独特的特征。由于结构面的存在,岩体强度通常小于岩块强度。

(1)结构面数量

岩石中节理常成组出现。通常有一组是主要的,其他组是次要的。常见一、两组与层石层面大体正交,而这两组节理本身又正交或斜交节理。另一组节理与层面大致平行。有的成组节理呈 X 状。

(2)结构面大小

结构面大小不等,小的人眼难辨,大的延展数米至十几米。微小节理很难逐一考虑,其影响通常由试验结果反映在统一指标之中。大的节理、断层等,则由地质调查确定方位、产状,其影响常需单独加以考虑。

岩石的组织与结构特征是影响岩石力学性质的重要因素,也是岩石分级(类)的重要依据。由于岩石成因多样,并含有结构面,使得岩性在很大的范围内变化。

### 二、岩块变形与强度

岩块相对均质,可以在试验室反复大量试验,取得其变形规律与强度特征值。

（一）岩块变形试验与全应力应变曲线

室内试验是岩石力学的主要研究方法之一,通过试验获得岩块的应力应变关系是解释各种岩石工程现象的基础。试验建立的岩石应力应变关系,即本构关系,是岩石力学最基本的关系。

1. 岩块变形试验仪器

长期以来,岩块的变形与强度性质主要靠普通材料试验机进行研究。由于机器的刚度比岩石试件的刚度相对较小,试件有"爆裂"现象,难以得到应力峰值和峰后阶段的应力应变关系。克服爆裂现象的途径是提高试验机刚度、改变峰值前后的加载方式或者伺服控制试件位移。

刚性试验机采用较粗的立柱和直径较粗、高度较矮的油缸,使整机系统达到要求的刚度。伺服控制试验机在试验的全过程和数据采集中都用电脑控制,使试件位移速度始终控制在适当范围内,保证试件不发生爆裂。

2. 全应力应变曲线(complete stress-strain curve)

反映单轴压缩岩石试件在破裂全过程的应力应变关系的曲线,称为全应力应变曲线或全程曲线。

图 4-4 为某页岩的单轴压缩全应力应变曲线和软钢拉伸应力应变曲线的比较,表 4-1 是页岩全应力应变曲线特征表。

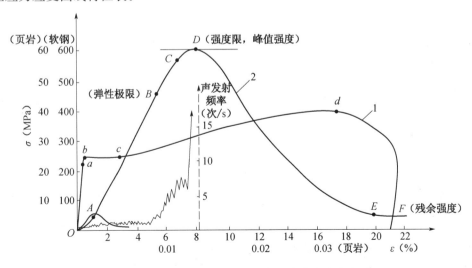

图 4-4　页岩全应力应变曲线与软钢应力应变曲线图

1—软钢应力应变曲线;2—页岩全应力应变曲线(试件 $d=55$ mm, $h=51$ mm)

软钢:$a$—比例极限;$b$—屈服极限(弹性限);$bc$—屈服平台;$c$—屈服平台终端;$d$—强度极限

表 4-1　页岩全应力应变曲线特征表

| 区段 | 特　征 | | | |
|------|------|------|------|------|
| | 斜　率 | 裂 隙 状 况 | 声发射 | 残余应变 |
| OA | 渐　增 | 原始裂隙闭合,试件与压板间隙调整 | 微　量 | 无 |
| AB | 不　变 | 微量新裂隙产生 | 少　量 | 无 |
| BC | 渐　减 | 应力达 $0.5\sigma_p$ 以上时,新裂隙渐多<br>$\sigma_p$ 为峰值应力 | 明显增多 | 有 |
| CD | 速　减 | 应力达 $0.65\sigma_p$ 以上时,新裂隙急增并直接贯穿 | 急　增 | 有 |
| DE | 变　号 | 贯穿裂隙继续发展* | 继续变化 | 有 |
| EF | 变为零 | 裂隙停止发育 | 停止变化 | 有 |

* :有的试验在卸载后切开试件可见,微裂隙长约 $300\,\mu m$,宽约 $3\,\mu m$,微裂隙体积占总体积的 $16\%\sim19\%$。

由于岩石的变形模量、峰值强度和岩石脆性三者的不同,以及岩石中微结构的多样性,岩石的全应力应变曲线具有不同的形式,见图 4-5～图 4-8。

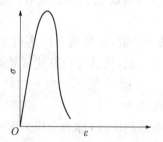

图 4-5　玄武岩全应力应变曲线
（强度高,脆性大）

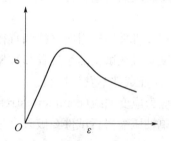

图 4-6　灰岩全应力应变曲线
（强度、刚度及脆性中等）

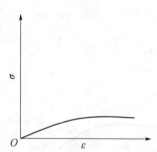

图 4-7　白垩岩全应力应变曲线
（刚度低,强度低,脆性大）

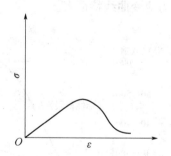

图 4-8　盐岩全应力应变曲线
（刚度低,强度低,具有延性）

3. 曲线分区及其物理意义

全应力应变曲线
- 峰前区（变形体）
  - 弹性（变形）区
  - 损伤区（弹塑性变形区）
- 峰值应力（突变点）
- 峰后区（刚性块体）——沿主控破裂面滑移及张开
  最终转变为沿破裂面均速张开的流动区

弹性区内应力只引起岩石材料中孔隙、微裂隙的压密和骨架的压缩变形,应力卸除后全部变形得以恢复。弹性应变的量级很小,通常在 0.005 以下。

在损伤区(塑性变形区内),应力使新裂隙产生并不断扩展,造成岩石材料的损伤(damaging)程度不断加剧;当相互连续的细小裂隙越来越多,终于形成较大的贯穿裂缝时,即将达到该材料的强度极限。

弹性区和损伤区内的应力应变关系总的符合弹塑性力学和损伤力学(damage mechanics)规律,属于变形体(deformable body)力学的范畴,所以峰前区又可认为是变形体区。

峰值应力是岩石材料能承受应力的极限,也就是强度极限。

峰后区力学行为主要受贯穿试件的主控破裂面支配,而微小孔隙和细微裂隙对变形的影响变得微不足道。贯穿试件的主控破裂面将岩石试件或岩体切割成块体(blocky body),此时岩石试件或岩体的变形主要是贯穿试件的主控破裂面两侧的块体沿破裂面滑移以及张开所贡献的,所以经常是峰值刚过变形量急剧增加,其最终应变量比峰前区要大几倍到上百倍,即相差 1~2 个数量级。

在峰后区最后阶段,沿主控破裂面的横向张开以接近均速的状态发展,就变成在残余应力作用下沿破裂面无休止的流动区。

由此可见,峰后区岩石的力学性状(behavior)已不再是服从弹塑性力学或损伤力学的变形体,而转化为刚性块体(rigid body),所以应该转而藉助块体力学或试验力学的理论与试验方法去进行研究。

### 三、岩块三轴压缩试验与围压效应

岩块三轴压缩试验在岩石三轴试验机上进行,岩石三轴试验机除了有施加轴向压力的设备外,还有施加侧向压力的专门装置。施加轴对称围压的称为假三轴,三轴主应力互不相等的称为真三轴。图 4-9 是一种三轴压力室。

大量的实验证明,岩块在三轴压缩下,随着围压的提高:

1. 弹性段的斜率变化并不大,也即弹模 $E$ 和泊松比 $v$ 与单轴压缩下基本相等。这一性质具有重要意义,因为这样就可以通过简易的单轴试验,确定复杂应力状态下的弹性常数。

2. 屈服限、强化程度、峰值时的极限应变量、强度峰值和残余强度值,都与围压大小成正变关系。

3. 大部分岩石在一定的临界围压下,出现屈服平台,呈现塑性流动现象。

4. 达到临界围压以后,继续提高围压,不再出现峰值,应力、应变关系呈单调增长趋势。

图 4-10 是德国 Karman 在 1911 年最早做出的经典的大理岩单轴和三轴试验结果,图 4-11 是茂名泥岩单轴和三轴的典型试验结果。从中明显看出,脆—延转化围压分别是 84.5 MPa 和 30 MPa。其他几个特点也都吻合。图 4-12 给出了随围压增加,围岩全应力应变曲线形状的变化。

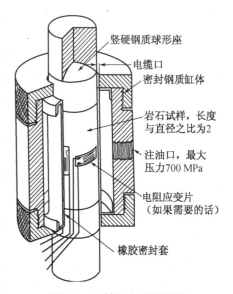

竖硬钢质球形座
电缆口
密封钢质缸体
岩石试样,长度与直径之比为2
注油口,最大压力700 MPa
电阻应变片(如果需要的话)
橡胶密封套

图 4-9　三轴压力室剖面图

84

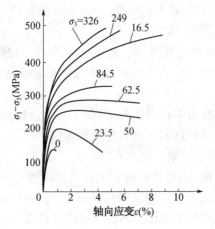

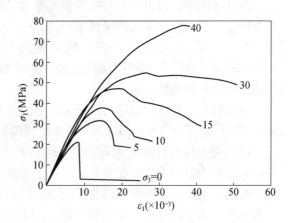

图 4-10　德国大理岩单轴和三轴试验结果　　　　图 4-11　茂名泥岩单轴和三轴试验结果

### 四、岩石流变特性

**(一)岩石流变现象**

岩石的流变现象广泛存在于各类岩石工程中。无论是地面的边坡、大坝,还是地下的隧道、矿柱等岩石工程都存在流变特性。

隧道在开挖后会发生的大变形、底臌等现象都与流变相关,软岩隧道、深部隧道、高应力隧道的流变特征更为明显。

**(二)流变特性**

岩石流变是指岩体在一定的应力(温度)条件下,具有时间效应的变形和破坏。岩石力学性质随时间变化的现象称为时效作用。

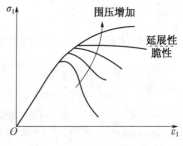

图 4-12　三轴试验中的围压效应和脆性向延展性过渡

岩石的流变特性主要表现为以下五种力学特性:蠕变、松弛、流动、弹性后效及长期强度等。

1. 蠕变(creep)——应力保持恒定,随时间延长,应变增加的现象。

2. 松弛(relaxation)——应变恒定,随时间延长,应力减小的现象。

3. 弹性后效(time dependent elasticity)——加载(或卸载)后经一段时间,应变才增加(减小)到一定数值的现象。

4. 黏性流动(viscous flow)——蠕变一段时间之后卸载,部分应变永久不恢复的现象。

5. 长期强度(long time strength)——在长期荷载作用下,岩石的强度随着时间推移而逐渐减小的特性。

岩石的蠕变特性是岩石流变性能中最重要的一个方面,相对其他方面而言,所做的研究工作比较多,所得的流变规律也较丰富。

岩石的蠕变特性是指岩石在长期恒定荷载作用下的变形特性。岩石的变形由两部分构成,一为岩石受载后产生的瞬时弹性变形,二为随时间变化的蠕变变形。

岩石的蠕变变形有两种基本方式,第一种方式称为衰减蠕变过程。当外荷载小于岩石的长期强度时,岩石的蠕变速率逐渐减小,最后趋近于零,而蠕变的变形值也趋向于一个与荷载

值有关的稳定值,如图 4-13 所示。第二种方式称为非衰减蠕变过程,当外荷载接近岩石长期
强度时,岩石的变形随时间逐渐增长,并不趋近于某一稳定值。它的蠕变过程包括三个发展阶
段(图 4-14):

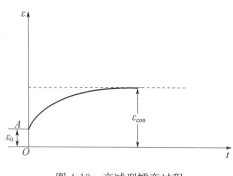

图 4-13 衰减型蠕变过程

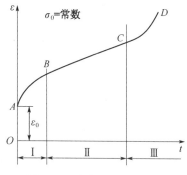

图 4-14 非衰减型蠕变过程

(1)第一蠕变阶段(AB 段),此阶段岩石的蠕变曲线斜率逐渐变小,蠕变速率随时间迅速
衰减,当达到 B 点时,岩石应变率达到蠕变过程中的最小值。

(2)第二蠕变阶段(BC 段),此阶段为稳定的蠕变阶段,蠕变速率基本保持恒定,一直发展
到 C 点。

(3)第三蠕变阶段(CD 阶段),此阶段为加速蠕变阶段,从起始点 C 点开始,蠕变逐渐加
速,导致岩石最终破坏。因此也可以称为破坏阶段。

岩石这三个蠕变阶段取决于岩石的性质和外荷载值,对于同一种岩石,荷载越大,蠕变过
程的稳定阶段越短,第三阶段出现得越快,只有在中等荷载下岩石三个蠕变阶段才表现得十分
清楚。而当荷载远大于或远小于岩石的长期强度时,这三个蠕变阶段就不明显。

应力松弛是岩石流变的另一个重要特性,岩石的应力松弛究其实质也是蠕变的结果。由
于材料的热运动,使得变形由弹性变形全部或部分转变为塑性变形,从而减小了弹性变形相对
应的应力。在岩石工程中应力松弛现象相当普遍,如岩土工程中的挡土墙、隧道及地下工程,
往往由于岩土内应力松弛而导致破坏。

岩石强度随着时间的推移而逐渐下降,当时间趋于无穷大时,其强度由于流变特性达到稳
定的最低值,岩石的长期强度研究对于矿柱和高陡边坡的设计都有重要的意义。但国内外对
此试验研究极其有限,前苏联顿巴斯矿区一些矿山岩石长期强度的试验数据表明:岩石的长期
强度与短期强度之比为 0.70~0.75。

(三)流变原因(蠕变机理)

1.结晶岩石材料内部存在缺陷

由于晶体空位、位错和晶格界面等微观结构在相应外部环境(应力、温度和湿度等)下的扩
散或因位错而吸收空位运动引起流变。

2.岩石材料存在不均匀性

由于结晶岩石的晶体界面、非晶体岩石粒间联结及颗粒材料的差异存在,使岩体在外部条
件变化时,内部微观状况也有差异,因此内部需进行调整,调整所伴随的晶格界面或粒间联结
的黏滑及颗粒本身的移动、旋转并非在瞬间完成,故呈现流变现象。

3.岩体微破裂累进破坏

岩体在外荷载下变形,除了岩体基质变形外,还伴随有岩体中孔隙、裂隙的闭合或微裂隙的形成等微结构变化,这种变化并不都在瞬间完成,也是渐进积累或随时间而发展,故呈现流变现象。

(四)蠕变三阶段和三水平

蠕变三水平(图 4-15)和三阶段(图 4-14),说明应力水平愈高,蠕变变形愈大。其中,长期强度起重要作用。应力水平低于长期强度,一般不导致岩石破裂,蠕变过程只包含前两阶段。应力水平高于长期强度,则经过或长或短时间,最终必将导致岩石破裂,蠕变过程三个阶段包含俱全。

蠕变三水平和三阶段,是金属、岩石和其他材料的通性,并非岩石所特有。具体曲线形式根据试验而定。图 4-16 为几种岩石在不同应力水平的试验结果。

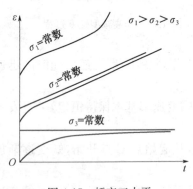

图 4-15　蠕变三水平

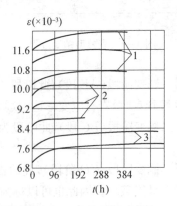

图 4-16　几种岩石在不同应力水平的试验结果
1—砂质黏土页岩;2—砂岩;3—黏土页岩

## 五、岩石强度与强度准则

(一)岩石强度

1.定义

岩石在荷载作用下破坏时所承受的最大荷载应力称为岩石的强度。岩石的单轴抗压强度是在单轴压缩荷载作用下所能承受的最大压应力;在单轴拉伸荷载作用下所能承受的最大拉应力称为岩石的单轴抗拉强度。

单轴强度是抵抗轴向荷载至破坏时的最大应力,即前述的峰值应力;多轴强度是其他轴向应力固定,变化一轴向应力至破坏时的最大峰值应力。三轴试验时,随着围压增大,岩石的三轴抗压强度也提高,大多数岩石的三轴抗压强度与围压几近成正比关系。

岩石的强度取决于很多因素,如岩石结构、风化程度、水、温度、围压大小、各向异性等。

2.研究岩石强度的意义

岩石强度是各种岩石分级(类)中的重要指标,还可以作为强度(安全)准则、判据;在简单地下工程条件下,岩石强度可作为极限平衡条件(塑性条件),求解弹塑性问题的塑性区范围以及弹性区和塑性区的应力与位移。

3.试验种类与方法

岩石强度试验种类有单轴压缩、(直接或间接)单轴拉伸、双轴压缩(拉伸)、三轴压缩、弯曲、剪切(剪断、压剪与扭剪)、复合受力、点荷试验及不规则岩块试验等。

为了便于国际比较,1979 年起,ISRM 陆续发表了关于岩石试件的形状、尺寸、数量、加工精度、加载速度与加载时间的建议,以及其他各种岩石力学试验方法的建议。

(二)岩石强度准则

岩石强度准则(判据、条件)是判断岩土工程的应力应变是否安全的准则、判据或条件。

强度准则与本构方程不同。本构方程一般是指受力过程的"应力—应变"关系;强度准则是在极限状态下的"应力—应力"关系(应力准则)或"应变—应变"关系(应变准则)。

岩石强度准则反映岩石固有的属性,因此一定要来源于试验,通过对试验资料的归纳分析,可得到强度准则。

岩石强度的特点是耐压怕拉,岩石的抗压与抗拉强度比值通常达到 8～12,甚至更大。

任何材料(包括岩石)的破坏机理,从两颗粒脱离的情况看,不外远离或错开两种可能。因此,物体破坏,归根到底,只有拉坏和剪坏两种形式。

由于岩石组构和强度的特点,排除了材料力学中第一、第二、第三、第四强度理论在岩石力学中应用的可能性。

比较适合岩土性质特点的强度理论主要有莫尔—库仑准则、格里菲思准则和 Hoek-Brown 准则。

1. 莫尔—库仑准则

库仑(C. A. Coulomb)于 1773 年提出库仑准则,其试验基础是岩土材料的摩擦试验、压剪试验或三轴试验。莫尔(Mohr)于 1900 年提出莫尔准则,其试验基础是压剪破坏试验或三轴破坏试验。因破坏机理相同,两者合称莫尔—库仑准则。

莫尔—库仑准则的破坏机理是,岩石破坏形态和破坏面上剪应力的大小都取决于该面上的法向应力,是法向应力的函数。在受压区,材料表现为压剪破坏,破坏剪应力与法向应力成正变关系;在受拉区,材料表现为拉坏或抗剪破坏,拉应力的绝对值愈大,剪切破坏应力愈小,两者成反变关系。

莫尔—库仑准则的表达式为(图 4-17):

$$|\tau| = \tau_0 + \mu\sigma_0 \tag{4-1}$$

式中　$\tau_0$——黏聚力;

　　　$\mu$——摩擦系数;

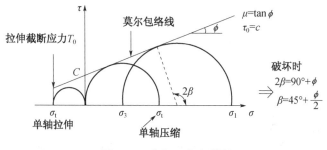

图 4-17　莫尔—库仑准则

这个准则最适合高围压的情况。事实上,岩石确实是通过剪切面的发展而破坏的。当围压较低时,对于单轴情况,破坏是由与主应力平行的微裂纹的密度逐渐增加而发生的,而处于这种情况不能直接运用摩擦型准则。

虽然在应用该准则时,有相当多的困难,但它仍然不失为工程实践中一个快速的计算方法,尤其是对非连续面和裂隙岩体特别有用。

2. 格里菲思准则(Griffith Griterion,1921)

(1)假设

①物体内存在许多随机分布的裂纹 Griffith Crack;

②裂纹张开,前后贯通,但不相关联;

③裂纹呈扁平椭圆,长度相等,见图 4-18;

④材料与裂纹同性;

⑤忽略中间主应力。

(2)表达式

当 $\sigma_1 + 3\sigma_3 > 0$ 时:
$$\frac{(\sigma_1 - \sigma_3)^2}{8(\sigma_1 + \sigma_3)} = S_t \tag{4-2}$$

当 $\sigma_1 + 3\sigma_3 < 0$ 时:
$$-\sigma_3 = S_t \tag{4-3}$$

单轴压缩时,$\sigma_3 = 0$,$\sigma_1$ 的极限值为单轴抗压强度,则由式(4-2)可得出,脆性材料抗压强度是抗拉强度的 8 倍。

3. Hoek-Brown 经验准则

通过 $\sigma_1 - \sigma_3$ 空间中强度数据的最佳拟合可得到经验准则,如图 4-19 所示。

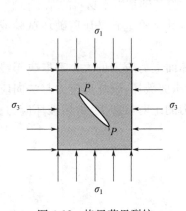

图 4-18　格里菲思裂纹

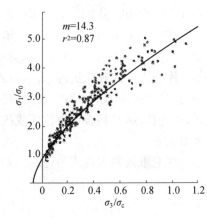

图 4-19　Hoek-Brown 破坏准则

该准则可以表示为

$$\sigma_1 = \sigma_3 + m(\sigma_c \sigma_3 + s\sigma_c^2)^{0.5} \tag{4-4}$$

式中　$\sigma_1$——最大主应力;

　　　$\sigma_3$——最小主应力;

　　　$\sigma_c$——岩块单轴抗压强度;

　　　$m$、$s$——无量纲经验常数。

虽然常数 $m$、$s$ 来自于拟合过程,它们也代表某种物理意义。参数 $s$ 与岩样中存在的断裂程度有关,是岩石黏聚力的一种代表。对于完全无破损的岩块,其值是 1;对于高度破损的岩石,$s$ 值趋向于 0,而强度由峰值强度降至残余强度。参数 $m$ 与颗粒咬合的程度有关,对于完整岩块其值较高,它随着破损程度的增加而减小。这个参数不存在一个明确的限制,它取决于岩石的种类和力学质量。

将 $\sigma_1 = 0$ 和 $\sigma_1 = \sigma_3$ 代入该准则,可提供抗拉和抗压强度之间的关系:

$$\sigma_t = -\sigma_c [m - (m^2 + 4s)^{0.5}]/2 \tag{4-5}$$

因此,两种强度之间的关系是岩石力学特性的一个函数。

必须说明,每种准则都有其缺陷,应选用最适合实际情况的强度准则。

### 六、结构面变形与强度

结构面是具有一定方向、延展较大而厚度较小的二维面状地质界面。它在岩体中的变化非常复杂。结构面的存在,使岩体显示构造上的不连续性和不均质性,岩体力学性质与结构面的特性密切相关。

(一)结构面的类型及特征

根据结构面的形成原因,通常将其分为三种类型:原生结构面、构造结构面及次生结构面。

原生结构面包括所有在成岩阶段所形成的结构面。根据岩石成因不同,可分为沉积结构面、火成结构面及变质结构面三类。

构造结构面是各类岩体在构造运动作用下形成的各种结构面,如劈理、节理、断层、层间错动等。

次生结构面是在地表条件下,由于外力(如风化、地下水、卸荷、爆破等)的作用而形成的各种界面,如卸荷裂隙、爆破裂隙、风化裂隙、风化夹层及泥化夹层等。

(二)结构面的发育特征与几何特征

描述结构面发育特征的最基本指标是结构面间距的均值与分布,以及与之相关的结构面频度和 RQD 值。

结构面的几何特征见图 4-20,主要有下列 7 项:①间距和频度;②产状,倾伏角/倾角;③连通度,尺寸和形状;④粗糙度;⑤开度;⑥结构面组;⑦岩块尺寸。

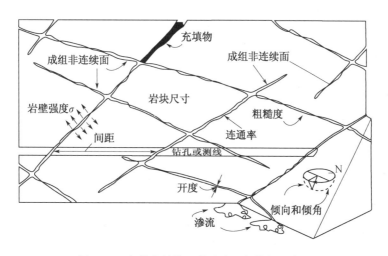

图 4-20　岩体中结构面的基本几何特征示意图

(三)结构面的力学性质

结构面的力学性质主要包括三个方面:法向变形、剪切变形和抗剪强度。

图 4-21 是结构面受压、拉、剪的变形曲线。

当受压时,岩石面渐渐地被压到一起,当结构面两面闭合时,具有明显的极限。在压缩过程中,如图 4-21 所示,随着压力或位移的增加,刚度不断增加,当达到完整岩块强度时刚度也达到极限值。

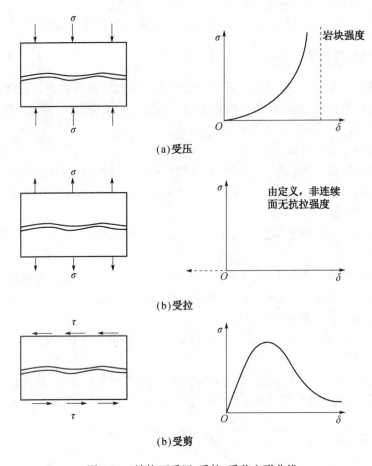

图 4-21　结构面受压、受拉、受剪变形曲线

受拉时,由于结构面没有抗拉强度,没有拉应力出现且位移增加。

结构面受剪切力或剪切位移作用时,除了所有破坏的过程都局部化到非连续面上外,所得到的曲线更像完整岩块的全应力-应变曲线,具有初始剪切刚度、剪切强度以及峰后破坏曲线。抗剪强度是结构面最重要的力学性质之一。从结构面的变形分析可以看出,结构面在剪切过程中的力学机制比较复杂,构成结构面抗剪强度的因素是多方面的,大量试验结果表明,结构面抗剪强度一般可以用库仑准则表述。

在地下工程有限元计算中,经常用到垂直弱面与顺弱面方向的应力应变关系以及相应的计算指标:法向刚度系数 $K_n$ 和横向刚度系数 $K_s$。

结构面强度取决于:

(1)弱面接触类型。如开口、充填、啮合齿状、非啮合齿状、单层块状充填、多层块状充填。

(2)壁面抗压强度。

(3)节理粗糙系数 JRC。

(4)充填节理强度准则。

(5)啮合齿状节理强度准则。

(6)巴顿(N. Barton)准则。

### 七、岩体变形与强度

岩体的变形、强度和破坏特性取决于完整岩块的力学特性和结构面的几何特性及其力学特性。

**1. 岩体与岩块差异**

从组构方面看，岩块包含岩石材料及微小节理，岩体包含岩块及多组较大的节理。

从力学性质方面看，岩体的力学性质是岩块和弱面力学性质的综合反映。由于有节理（弱面），在力学性质方面岩体比岩块弹模小、峰值强度低、残值强度低、变形（蠕变）大、泊松比大、各向异性。

因节理状况不同，发育程度不等，从而导致：

（1）极端坚固完整岩体的强度约等于岩块强度；

（2）结构面极端发育岩体的强度远远小于岩块强度（几分之一至几十分之一）。

**2. 岩体强度**

岩体强度介于岩块强度与最弱面强度之间。

图 4-22 表示了单一结构面对岩体强度的影响，用莫尔—库仑准则给出的表达式为

$$\sigma_1 - \sigma_3 = \frac{2(c_w + \sigma_3 \tan \phi_w)}{(1 - \cot \beta_w \tan \phi_w)\sin 2\beta_w} \tag{4-6}$$

式中，$c_w$ 和 $\phi_w$ 分别为结构面的黏聚力和内摩擦角，$\beta_w$ 如图 4-22 所示，表示试样的最小强度以及试样强度小于完整岩块强度时结构面的角度。

图 4-23 表示了岩体含多组结构面时对岩体强度的影响。每一个结构面对试样的弱化作用如图 4-22 所示，但是，它们导致试样最小强度时，破坏面的倾角是不同的，结果在几个不同的方向上试样强度降低，类似颗粒土，在强度上呈现出各向同性的趋势。

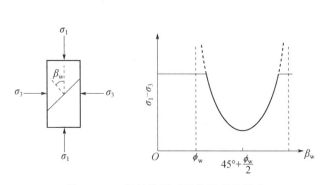

图 4-22　一组结构面对岩体强度的影响

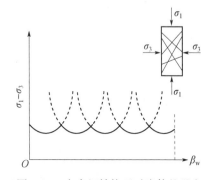

图 4-23　含多组结构面时岩体的强度

**3. 尺度效应**

一般认为，随着试样尺寸的增加，其强度明显降低。试样越大，其含裂隙的概率就越大。根据已有资料分析，霍克和布朗提出直径为 $d(\mathrm{mm})$ 的岩样的单轴抗压强度 $\sigma_{cd}$ 与直径为 50 mm 试样的单轴抗压强度 $\sigma_{c50}$ 有下列关系：

$$\sigma_{cd} = \sigma_{c50}\left(\frac{50}{d}\right)^{0.18} \tag{4-7}$$

该关系式所依据的资料见图 4-24。

试验证明，如果研究的岩体的规模较大，单个岩块的尺寸相对于所研究的结构体的整体尺寸又足够小时，岩石强度将达到一常数值。这一认识已体现在图 4-25 中，该图显示了从各向

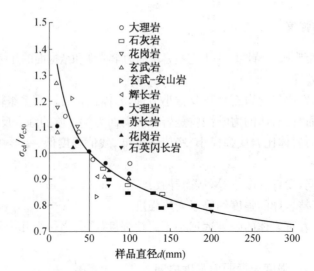

图 4-24　试样大小对完整岩石强度的影响（据霍克和布朗，1980）

同性的完整岩石、高度各向异性的岩体（其破坏是由一组或两组不连续面控制的），到各向同性的严重节理化岩体的变化。

4.岩体强度估算

岩体强度是岩体工程设计的重要参数，而岩体原位试验十分费时、费钱，很少实施。因此，利用地质资料及小试块室内试验资料，对岩体强度做出合理估算是合理而且可行的途径，下面介绍两种方法。

（1）准岩体强度

这种方法实质是用某种简单的试验指标来修正岩块强度，作为岩体强度的估算值。节理裂隙等结构面是影响岩体的主要因素，其分布情况可通过弹性波传播来查明。弹性波穿过岩体时，遇到裂隙便发生绕射或被吸收，传播速度将有所降低，裂隙越多，波速降低越大。小尺寸试件含裂隙少，传播速度大，因此根据弹性波在岩体和岩石试块

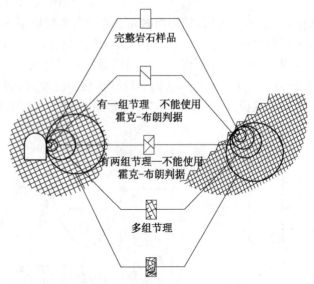

图 4-25　随着试样尺寸的增加，从完整岩石到严重节理化岩体变化的理想化示意图

中的传播速度之比，可判断岩体中裂隙发育的程度，称此比值的平方为岩体完整性（龟裂）系数，以 $K$ 表示。

$$K=\left(\frac{V_{ml}}{V_{cl}}\right)^2 \qquad (4-8)$$

式中　$V_{ml}$——岩体中弹性波纵波传播速度；

　　　$V_{cl}$——岩块中弹性波纵波传播速度。

各种岩体的完整性系数列于表 4-2 中，岩体完整系数确定后，便可计算准岩体强度。

准岩体抗压强度　　　　　　　　　　　　　$\sigma_{mc}=K\sigma_c$ 　　　　　　　　　　(4-9)

准岩体抗拉强度　　　　　　　　　$\sigma_{mt} = K\sigma_t$　　　　　　　　　　　(4-10)

式中　$\sigma_c$——岩石试件的抗压强度；

　　　$\sigma_t$——岩石试件的抗拉强度。

**表 4-2　岩体完整性系数**

| 岩体种类 | 岩体完整性系数 $K$ |
|---|---|
| 完　整 | >0.75 |
| 块　状 | 0.45~0.75 |
| 碎裂状 | <0.45 |

（2）Hoek-Brown 经验方程

Hoek 和 Brown 根据岩体性质的理论与实践经验，用试验法导出了岩块和岩体破坏时主应力之间的关系为

$$\sigma_1 = \sigma_3 + \sqrt{mS_c\sigma_3 + sS_c^2}$$　　　　　　　　　　　(4-11)

式中　$\sigma_1, \sigma_3$——最大、最小主应力；

　　　$S_c$——完整岩块单轴抗压强度；

　　　$m, s$——无量纲经验常数。$m$ 与岩性因素有关；$s$ 反映岩石完整性；完整岩块 $s=1$，松散岩体 $s=0$。

由式(4-4)，令 $\sigma_3=0$，可得岩体的单轴抗压强度 $\sigma_{mc}$：

$$\sigma_{mc} = \sqrt{s}\sigma_c$$　　　　　　　　　　　(4-12)

对于完整岩石，$s=1$，则 $\sigma_{mc}=\sigma_c$，即为岩块抗压强度；对于裂隙岩石，$s<1$。

将 $\sigma_1=0$ 代入式(4-11)中，可解得岩体的单轴抗拉强度为

$$\sigma_3 = \sigma_{mt} = \frac{1}{2}\sigma_c(m - \sqrt{m^2+4s})$$　　　　　　　(4-13)

式(4-13)的剪应力表达式为

$$\tau = A\sigma_c\left(\frac{\sigma}{\sigma_c} - T\right)^B$$　　　　　　　　　　(4-14)

式中，$\tau$ 为岩体的剪切强度；$\sigma$ 为岩体法向应力；A、B 为常数，$T = \frac{1}{2}(m - \sqrt{m^2+4s})$。

利用式(4-11)～式(4-14)和岩体质量、经验常数之间关系，即可对裂隙岩体的三轴压缩强度 $\sigma_1$、单轴抗拉强度 $\sigma_{mc}$ 及单轴抗拉强度 $\sigma_{mt}$ 进行估算，还可求出 $c_m$、$\phi_m$ 值。利用上述方法估算的前提是，通过工程地质勘察，得出工程所在处的岩体质量指标（RMR 和 Q 值）、岩石类型及岩块单轴抗压强度 $\sigma_c$。

5.岩体强度经验准则

一般岩体节理状况比较复杂，近年来广泛采用根据试验和数据统计建立的岩体强度经验准则，其中最著名的是霍克(Hoek)—布朗(Brown)于 1980 年提出的经验公式，见上文。

霍克—布朗破坏判据，因其假定岩石和岩体是各向同性的，所以，它只适用于那些不连续面密集发育的岩体，并且这些岩体中的不连续面具有相似的表面特征。

当岩块的尺寸与所研究的结构体尺寸相当，或当其中一组不连续面比其他不连续面软弱时，就不应使用霍克—布朗判据。在这种情况下进行结构体的稳定分析时，要考虑由相互切割的结构面所形成的块体或楔形体的滑动或转动的破坏机制。

# 第三节　围岩初始应力场

地应力是地下工程围岩变形、破坏的根本渊源，相当于工程中所称的外荷载，因此，认识和分析地应力的一般性规律及其确定方法十分重要。本节首先说明原岩应力、自重应力、构造应力等基本概念，然后讨论应力场理论，分析原岩应力实测规律，最后说明应力场和隧道设计之

间关系。

## 一、基本概念与基本知识

1. 原岩应力(virgin stress)

原岩应力是天然环境下地壳岩土体内(某一点)固有的应力状态,又称初始应力。

原岩应力是自然界多种因素综合影响的结果,如自重、地球永恒的运动、温度、岩层内部物理化学因素(结晶、变质作用),以及孔隙含水和瓦斯压力等。这些因素中,地心引力所引起的自重应力是最基本的、占主导地位的因素。

2. 自重应力

自重应力是由上覆岩体重力叠加的结果。

垂向分量:
$$\sigma_z = \sum_{i=1}^{n} \gamma_i Z_i \tag{4-15}$$

水平分量:$\sigma_x$、$\sigma_y$ 在两个正交方向上一般是相等的,其大小由岩石自身的性质和水平方向的约束条件而定。一般来说,

$$\sigma_x = \sigma_y = \lambda \cdot \gamma \cdot z \tag{4-16}$$

式中　$\lambda$——侧向应力系数。

3. 构造应力

构造应力是指大如地球转动、地壳板块运动,小至区域性构造、断层、褶皱及至山川河流引起的局部应力集中。构造应力以水平方向为主,大小因地而异。构造应力是引起同一深度不同地点初始应力水平分量不同,以及同一地点的两个水平主应力不等的主要原因,是初始应力确定的关键所在。

地质力学认为,地球在自西向东自转的永恒运动中,自转的角速度每隔若干年发生一次明显的变化,从而引起转动惯量变化,造成东西向巨大的水平挤压,该挤压力形成造山运动等地质构造活动,往往形成一系列褶皱和断层组合的南北向山脉,是经向构造体系的主要原因。此外,地球为南北较短的扁椭球体,椭球的离心率每隔若干年也会发生变化,从而引起南北向巨大的水平挤压,往往是形成东西向或纬向构造体系的主要原因。这些水平挤压力通称为构造应力。由此可见,构造应力总的趋势是巨大的压应力。但局部地段由于褶皱还会产生拉应力;又由于在漫长的地质年代中岩体的应力松弛(stress relaxation),构造应力逐渐衰减,以至可能经历过多次的构造运动而使构造应力大小和方向上变得十分复杂,几乎无规律可循,因而只有靠实测才能准确确定。

工程上,在探明了地质构造的情况下,通过对较大地质构造逐步缩小向较小范围地质构造(如由区域、区段、隧道)进行地质力学分析,对于定性地判断构造应力状况、尤其是构造应力的方向,往往有十分重要的作用,能与原岩应力实测结果相互验证,相辅相成。例:

正断层:$\sigma_1 = \sigma_v = \gamma H$,$\sigma_3$ 与断层带正交;

逆断层:$\sigma_2 = \sigma_v = \gamma H$,$\sigma_1$ 与断层带正交;

平移断层:$\sigma_2 = \gamma H$,$\sigma_1$ 与断层面成 $30° \sim 45°$ 交角,且 $\sigma_1$ 与 $\sigma_3$ 均为水平方向。

一般地讲,断层带附近应力低,随着远离断层应力值增高,趋向稳定的初始应力值。

应当指出,当构造形迹十分复杂,而难以区分较早的地质构造和近期的地质构造,以及哪种构造应力可能衰减或可能占优势时,应与原岩应力实测相配合,因为原岩应力实测迄今仍是唯一对原岩应力加以定量的方法。

## 二、初始应力理论计算法

### 1. 海姆假说(Haim,1879 年)

铅垂应力为上覆岩体的重量,历经漫长的地质年代后,由于材料的蠕变性及地下水平方向的约束条件,导致水平应力最终与铅垂应力相均衡,即

$$\sigma_x = \sigma_y = \sigma_z = \gamma \cdot h$$
$$\sigma_1 = \sigma_2 = \sigma_3 = \gamma \cdot h \tag{4-17}$$

### 2. 金尼克假说(前苏联,1925 年)

金尼克根据线弹性约束条件的假设,得出水平应力小于铅垂应力的另一种结论,推导如下:

$$\left.\begin{array}{l} \sigma_z = \gamma \cdot h \\ \sigma_x = \sigma_y = \dfrac{\nu}{1-\nu} \cdot \gamma h \end{array}\right\} \tag{4-18}$$

$$\left.\begin{array}{l} \varepsilon_x = \dfrac{1}{E}[\sigma_x - \nu(\sigma_y + \sigma_z)] = 0 \\ \varepsilon_y = \dfrac{1}{E}[\sigma_y - \nu(\sigma_x + \sigma_z)] = 0 \end{array}\right\} \tag{4-19}$$

侧压力系数
$$\lambda = \dfrac{\nu}{1-\nu} \tag{4-20}$$

岩石的 $\nu$ 值范围为 0.15~0.30,故 $\lambda > 1$,即原岩应力中两个水平方向应力的分量恒小于铅垂应力:

$$\sigma_1 = \gamma h > \sigma_2 = \sigma_3 = \lambda \sigma_1$$

### 3. 麦克库钦理论(W. R. Mccutchen,1982 年)

假说:地球为理想球体(球对称问题),地壳岩石圈、上地幔是坐落在不可压缩熔岩之上的均质固体。

即设想总有一基准面存在,在地心引力作用下在该面上的物质不再有径向位移产生。

设基面 $r = r_0$,经一系列推导得:

$$\left.\begin{array}{l} \sigma_r = (1-\beta-3\beta B)\rho g h \approx \gamma h \\ \sigma_\theta = \dfrac{1}{2}\rho g[(1+3B)\beta B + (2-3\beta+3\beta B)h] \end{array}\right\} \tag{4-21}$$

式中 $\beta = \dfrac{1-2\nu}{2(1-\nu)}$,为与泊松比有关的常数;$B$ 为积分常数,由设定 $r_0$ 值后确定。

侧压力系数 $\lambda$ 为:

$$\left.\begin{array}{l} \lambda = \dfrac{\sigma_\theta}{\sigma_r} = \dfrac{a}{h} + b \\ a = \dfrac{\beta B(1+3B)}{2(1-\beta-3\beta B)} \\ b = \dfrac{2-3\beta+3\beta B}{2(1-\beta-3\beta B)} \end{array}\right\} \tag{4-22}$$

结论:$\lambda$ 是深度的函数,是一条双曲线;$\lambda$ 随深度的增加而减小;在基准面上 $\lambda$ 与金尼克假说相同;

埋深越浅,$\lambda$ 值越大;至地表时趋向无穷大,所以,总存在一个深度,其上的 $\lambda = 1$,与海姆假说相同。

上述三种理论的共同出发点是,以自重为唯一因素,提出初始应力场分布计算公式,且结论一致为:

(1)自垂应力场构成的铅垂应力分量随深度呈线性增加,即 $\sigma_z = \rho g h = \gamma h$;

(2)两个水平应力分量相等,不同在 $\lambda$ 值上:

海姆假说:
$$\lambda = 1 \tag{4-23}$$

金尼克假说:
$$\lambda = \frac{\nu}{1-\nu} \quad (<1) \tag{4-24}$$

$$\lambda \text{双曲线函数} \begin{cases} \lambda > 1 & (h < h_0,\text{近地壳一定范围内}) \\ \lambda = 1 & (\text{某一深度 } h_0) \\ \lambda < 1 & (h > h_0) \end{cases} \tag{4-25}$$

麦克库钦理论:

随深度增加,$\sigma_\theta$ 愈来愈小于 $\sigma_r$,最小系数为 $\dfrac{\nu}{1-\nu}$

### 三、初始应力实测成果与一般规律

(一)实测成果

原位(In-situ)实测应力的大小和方向是掌握原岩应力最可靠的方法。最早的原岩应力现场测定,据知是 1932 年在美国胡佛水利水电工程隧道内的围岩表面上进行的。20 世纪 50 年代初,瑞典的哈斯特(N. Hast)为研究解决矿井岩爆、煤和瓦斯突出机理问题,首创了应力解除测量的基本方法,在斯堪的那维亚半岛开展了区域性的原岩应力实测。哈斯特的实测发现,在两个方向上的水平应力往往不等,且其中之一甚至常常大于铅垂应力。这些事实突破了当时的传统认识,引起各国广泛的重视。20 世纪 60 年代以后,世界各地相继展开规模不等的原岩应力实测。

布朗和霍克(1978 年)汇集了世界各地原岩应力的实测结果,经整理统计分析出原岩应力的一些重要规律,集中体现在图 4-26 和图 4-27 中。拟合出的曲线方程为:
$$\sigma_z = \sigma_v = 0.27h \quad (\text{MPa}) \tag{4-26}$$
与理论分析结果基本吻合。

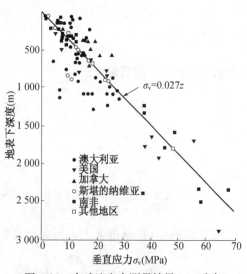

图 4-26 全球地应力测量结果——垂直应力(据 Hoek and Brown, 1980 年)

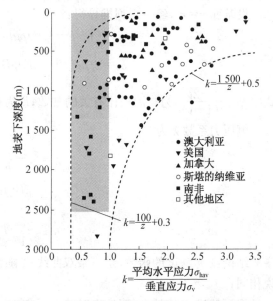

图 4-27 全球地应力测量结果——平均水平应力分量与垂直应力之比(据 Hoek and Brown, 1980 年)

平均侧压力系数有一个变化范围,随着深度增加,变化范围逐渐变窄,并以两条双曲线为其上、下限。其上限曲线方程为:

$$\lambda = \frac{1\ 500}{h} + 0.5 \tag{4-27}$$

其下限曲线方程为:

$$\lambda = \frac{100}{h} + 0.3 \tag{4-28}$$

**(二)初始应力场的一些基本规律**

综合大量实测资料和近代理论,地壳初始应力场有以下特点:

1. 地应力是一个具有相对稳定的非稳定应力场,它是时间和空间的函数。

(1)地应力一般为三轴压应力状态,且受地壳、地形、地貌、山川河流和构造影响,其分布往往十分复杂。地应力在空间上的变化,从小范围来看,其变化是明显的,但就某个地区整体来看,地应力变化不大。

(2)三个主应力的大小一般互不相等。其中两个(近)水平主应力也不同,且最大水平主应力的方向与区域性构造形迹密切相关,往往是构造应力影响结果。

(3)三个主应力的方向一般偏离铅垂与水平方向不大;引起偏离的主要原因是构造、岩层倾角和局部不均质。

2. 在其他因素影响不显著的情况下,地应力的垂直分量基本上等于上覆岩体自重,随深度呈线性增长。

$$\sigma_z = \sigma_v = \gamma h \tag{4-29}$$

但实测表明,在地层浅部,垂向应力值 $\sigma_v$ 往往大于岩体自重,用 $\lambda_0 = \frac{\sigma_v}{\gamma h}$ 表示比例系数,通常 $\gamma = 27\ \text{kN/m}^3$,实测 $\lambda_0$ 见表 4-3。

3. 受历次地质构造运动影响,水平向地应力分量十分复杂,因地而异,且随深度而变化。

水平应力普遍大于泊松效应产生的 $\frac{\nu}{1-\nu}\gamma h$,且大于或接近实测垂直应力。

表 4-3　实测 $\lambda_0$ 规律

| $\lambda_0$ | 中国 | 前苏联 |
| --- | --- | --- |
| $<0.8$ | 13% | 4% |
| $0.8\sim1.2$ | 17% | 23% |
| $>1.2$ | 65% | 73% |

$$\lambda = \frac{\sigma_{h,\max}}{\sigma_v} \tag{4-30}$$

一般情况下 $\lambda = 0.5\sim5.5$,且大部分情况在 $0.8\sim2.0$ 之间;$\lambda$ 最大可达 30。

若用二个水平压力的平均值($\sigma_{H,an}$)与 $\sigma_v$ 之比表示侧压系数,即 $\lambda_{av} = \frac{\sigma_{H,an}}{\sigma_v}$,则 $\lambda_{av}$ 一般为 $0.5\sim5.0$,大多数为 $0.8\sim1.5$,中国一般为 $0.8\sim3.0$。

据统计,$\lambda_{av}$ 小于 0.8 的约占 30%,$0.8\sim1.2$ 约占 40%,大于 1.2 的约占 30%。

4. 水平应力并不总是占优势,到达一定深度时,水平应力逐渐趋向等于或略小于垂直应力,即趋向静向压力场。这个转折点的深度,称为临界深度,实测统计资料表明:

$$h_{\lim} = 1\ 000\sim1\ 500\ \text{m}$$

$h_{\lim}$ 值各国不尽相同,南非为 1 200 m,美国为 1 000 m,日本为 500 m,冰岛为 200 m,中国为 1 000 多米。

5. 高地应力。发生岩爆或岩芯饼化现象时,应考虑存在高初始应力的可能。此时,可根据岩体在开挖过程中出现的主要现象,按表4-4评估。

表4-4　高地应力岩体开挖中的主要现象

| 应力情况 | 主 要 现 象 | $R_c/\sigma_{max}$ |
|---|---|---|
| 极高应力 | 1. 硬质岩:有岩爆发生,洞壁岩体剥离,新生裂缝多,成洞性差,基坑有剥离现象,成形差;<br>2. 软质岩:岩芯饼化,洞壁岩体剥离,位移大,持续变形时间长,不易成洞;基坑显著隆起,不易成形 | <4 |
| 高应力 | 1. 硬质岩:可能出现岩爆,洞壁岩体有剥离和掉块现象,产生裂隙较多,成洞性较差;基坑时有剥离现象,成形性一般尚好;<br>2. 软质岩:岩芯时有饼化,开挖后洞壁位移显著,持续时间长,成洞性差;基坑有隆起现象,成形性较差 | 4~7 |

注:$\sigma_{max}$为垂直洞轴方向的最大初始应力。

### 四、地应力实测及其工程应用

对具体工程,由于地质构造和影响原岩应力的因素复杂,还没有也不可能有任何一种理论可以完全取代实测方法而能给出可靠的地应力大小及分布。

地应力实测结果可以作为隧道工程的基础资料,指导隧道设计与施工。线路的总体设计必须考虑区域地应力大小和方向。

隧道轴向与当地最大主应力平行或呈较小角度时,可以大大减小隧道收敛变形,因此,在勘察阶段,根据地应力实测结果,可以优化线路和隧道走向设计,这对长及特长隧道十分重要。在施工阶段,根据地应力实测结果,可优化开挖断面和开挖方法,为采取合理的技术措施提供依据。

#### (一)地应力实测方法

实测方法因其所用传感器原理和结构的不同而有许多种。国际岩石力学学会(ISRM)试验专业委员会于1987年制定了规范性文件《岩石应力测定的建议方法》,汇集并推荐了最具代表性的比较成熟的五种方法,也是中国目前使用最普遍的主要方法。

这五种被ISRM推荐的方法是千斤顶法、孔径变形法、水压致裂法、孔壁应变法和空心包体应变法。

#### (二)工程实例

1. 大丽线松树圆铁路隧道

大丽线松树圆铁路隧道位于云南大理白族自治州洱海东侧的挖色乡。工程区内的断裂构造发育,区内新构造运动强烈,地质构造十分复杂,现代地震活动亦很活跃,构成了工程区的主要地质构造特征。为此,采用水压致裂方法进行了原地应力测量,确定出隧道围岩的现今地壳应力状态,给出了工程区地应力的赋存规律和基本特征,提出对隧道设计与施工的建议、意见。

(1)地应力及其特征

工程区应力场以水平主应力为主,根据应力状态判断为逆断层。地应力大小明显受岩石完整程度、局部构造的影响而差异较大。同一孔内,在完整孔段,地应力值较高,而在节理、裂隙发育孔段地应力值较低。

测区最大水平主应力值最高达14.68 MPa,测区最大水平主应力值一般为4.32~

14 MPa,最小水平主应力值一般为 2.79～6.05 MPa。实测最大水平主应力方向为 N75.1°E～N65.50°E,平均为 N70.3°E。

工程区岩体原地抗拉强度一般为 2.79～6.05 MPa。

(2)对隧道设计与施工的建议

由于最大水平主应力方向为 NEE 向,拟建隧道方向为 NNW,地应力方向对隧道稳定性具有一定的影响,同时由于地应力值较高,具备发生岩爆的地应力条件,应根据具体的岩石力学参数设计施工方案。

由于拟建隧道轴线方向为 N55°W,与最大水平主应力平均方向的夹角为 81.25°,地应力方向对隧道的工程稳定性有一定影响。

当开挖体形状能使顶板处和侧帮处的压应力值基本相等时,该开挖体形状,就是该应力场下的最佳形状。能给出最均匀压应力分布的开挖体形状通常是链环形或椭圆形的,其长短轴之比等于原岩在硐室截面上的两个主应力之比。

在以水平应力为主导的情况下,宽/高比值小于 1 的隧道稳定性差,而采用似椭圆(轴比大1)隧道则稳定性好。拟建隧道方向接近最大水平主应力方向,则顶板与侧帮原岩主应力之比为 $S_h/S_v=8.10/6.05=1.34$,其最佳开挖形状为长轴水平、短轴直立,两者之比为 1.34∶1 的椭圆。

综合分析看,钻孔隧道部位具有发生岩爆的地应力条件,但岩爆的发生与否还与岩石的力学性质、隧道形状等因素有关。

2. 兰武二线乌鞘岭隧道

根据区域地质资料以及工程场地安全性评价报告、工程区域内的地应力测试报告,对乌鞘岭隧道工程区的地应力状态认识有以下三点:

(1)隧道部位地应力 $\sigma_H$ 测值最高达 33 MPa,一般为 15～25 MPa,岩石饱和抗压强度 $R_c=30～170$ MPa,可见隧道部位地应力较为复杂,$R_c/\sigma_h<4$ 的极高地应力占全部测点的 23%,$R_c/\sigma_h<7$ 的高地应力占全部测点的 37%,统计分析表明极高和高应力占全部测段的 60%。

(2)隧道位于高地应力区,最大水平主应力为 22.21 MPa,方向为 N22°E。岭脊两侧以水平应力为主,岭脊段隧道埋深较大处则呈现以水平应力和垂直应力共同作用的复杂应力状态(因 $\sigma_h$ 和 $\sigma_v$ 差值很小)。这符合本区震源机制解得出的挤压应力场方向,同时与中国大陆地壳应力图所反映的区域构造应力场方向一致。

(3)隧道洞轴线方向为 N16°W,最大水平主应力方向与隧道洞轴线方向夹角为 29°～53°平均为 38°。分析认为隧道侧壁承受较大的侧压力(与平行时相比侧壁应力增大了 33%)。在围岩为易变形的软弱岩石时,水平向的侧压力方向与隧道轴线方向的夹角过大,将会造成隧道侧帮压应力变大,易出现隧道的变形甚至破坏。

乌鞘岭隧道施工还表明,地应力明显受岩性及结构完整程度的影响,表现为硬岩中水平应力测值较高,软岩由于不能积累较高的弹性应变能,水平应力测值较低。F7 大断层及志留系千枚岩地层初期支护钢架剪断甚至坍塌,部分二次衬砌施工后仍发生衬砌开裂变形,可能与高地应力有关系。

乌鞘岭特长隧道的施工开挖与地应力测试的实践表明,地应力特别是高地应力已经成为许多长大隧道施工中不可避免的制约施工和影响结构安全的复杂不良地质现象,地质条件复杂的长大、深埋隧道在勘测、施工过程中应该推广地应力测试工作。

## 第四节　隧道围岩分级(类)

隧道工程地质、水文地质条件复杂多变,在目前的工程地质勘察方法和技术水平下,还很难在隧道及地下工程施工前准确无误地探明其所处工程岩土体的属性,这就给工程设计和施工带来极大困难,使设计和施工不可避免地带有一定盲目性。因此,根据已获取的有限的地质勘察资料和工程实践的经验和教训,寻找能够对工程岩体的基本质量和稳定性做出预判的方法,无疑对指导隧道与地下工程设计、施工十分重要。这正是隧道围岩分级(分类)的目的,以及据此指导隧道设计、施工的思路。

一个相对完善和合理的工程岩体分级,可以成为人们正确认识工程岩体属性的共同基础。它可以指导工程的设计和施工,既可以帮助合理选择设计理论、设计计算参数,又有助于选择合理的施工方法及施工工艺。

### 一、围岩分级(类)的意义与重要性

1. 必要性。对岩体这种异常复杂的天然地质材料,企图以一个合理的统一的数学力学模型来概况岩体的复杂特性,并用以计算和设计,是不现实的。必须探索合理的评价岩体稳定性的方法,能够正确、快速地评价岩体稳定性,这是经济合理地进行工程规划、设计和快速安全施工的首要条件。

2. 可能性。围岩分级(类)是一种简易快速的评价围岩稳定性的方法,在工程实践中得到了肯定并大量采用。它使人们从千差万别的地质现象中找出不同地质条件与围岩稳定性之间的内在联系和规律,为隧道或其他地下洞室的设计、施工提供依据。

3. 实用性和有效性。围岩分级(类)法建立在以往大量工程实践经验和岩石力学试验基础上,将稳定性相似的一些围岩划归为一级(类),将全部的围岩划分为若干级(类)。以此为依据,在工程实际中,只需进行少量简易的地质勘察和岩石力学试验就能据以确定岩体级别,做出稳定性评价,给出相应的支护形式、衬砌厚度和施工方法。同时,围岩分级(类)又是制定劳动定额,材料消耗等的基础。

4. 局限性。同时,也需要看到围岩分级(类)的缺陷。围岩分级(类)定性描述多,定量指标少,因此,围岩分级(类)法的实质仍是"工程类比法",隧道和其他地下工程设计在很大程度上仍处在"经验设计"阶段。

目前,在不断改进室内测试技术方法同时,大力发展现场岩土体的静力和动力测试技术,制定了岩土特性测试技术方法规范,随着岩土体特性量化数据的大量增加,隧道工程岩体分类已从定性划分发展到定性、定量相结合的综合分级的新阶段。

### 二、围岩分级(类)依据

目的不同,分级(类)方法不同。如以施工开挖为主的,就有以可钻性、可爆性为出发点的分级方法,也有专门针对 TBM 施工的围岩分级方法。

行业不同,分级(类)方法不同。因为各个行业遇到的岩体各有特点,施工方法与工艺也有差别,允许变形量差别较大。例如,水电洞室一般选择在坚硬稳固山体中,变形要求很严;而矿山隧道则允许有较大变形。水电工程边坡不允许发生任何规模的滑坡,而露天矿山没有大的滑坡都可算"稳定"。

目前,国内外的围岩分级(类)指标可归纳为三种:

(1)单一的岩性指标

一般都是为某种特定目的所采用。如确定钻眼工效或消耗量时可以岩石抗钻性和抗爆性分类,确定土石方工程时可以岩石软硬或开挖难易程度分类。

(2)单一的综合岩性指标

这种指标是单一的,但反映的因素都是综合的,如岩石质量指标 RQD,能够反映岩石的破碎程度、软硬程度等,弹性波速度则可反映岩体软硬、致密程度、岩体破碎程度。

(3)复合指标

复合指标是用两个或两个以上指标来表示,能够考虑相关的多种因素对围岩稳定性的影响,较全面地反映洞室围岩的工程性质。

根据围岩分级(类)的发展趋势以及对国内外目前的一些围岩分级(类)方法进行分析,分类中应主要考虑下列几方面的指标(因素):

(1)岩块强度或岩体强度

一般多用抗压强度表示,因为它反映了岩块或岩体的力学性质,故能表示围岩物质的基本性质,以采用岩体强度更合适。

(2)岩体的完整程度

这取决于岩体在地质构造作用下的影响程度以及结构面的特征(组数、间距、产状、张开度、充填情况和抗剪强度等)。可用地质构造影响程度、结构面的发育程度以及诸如裂隙系数、结构面组数、间距、产状或岩石质量指标($RQD$)等指标加以表示。

(3)地下水的影响

地下水对围岩的稳定性虽然有较明显的影响,但难以用具体指标表示。

目前有把地下水按统计流量分级,再考虑其影响程度;或根据涌水状况及围岩受地下水影响的程度适当把围岩稳定性降级。

(4)地应力状态

地应力的大小、方向目前只能通过复杂、费时的实测来确定,如何根据地质构造特征,在围岩分级(类)中考虑地应力影响,这是一个待解决的问题。有的分类中笼统地分低应力、中高应力和高应力,分别考虑其对围岩稳定性的影响,而在多数分类中还没有考虑岩体初始应力的影响。

(5)施工因素

施工方法不同,围岩稳定性不同。

综上所述,影响围岩稳定的因素是多方面的,在围岩分级(类)中应考虑的指标也是多方面的。关键是如何确定这些指标与围岩稳定性的具体的,特别是定量的关系,以及对这些指标采用什么方法加以判定。

### 三、我国铁路隧道围岩分级(类)

1. 发展概况

中国铁路隧道围岩分级(类)是在铁路建设的实践中逐步发展的,其发展历程大体分为四个阶段:

(1)第一阶段——1954 年以前

以岩石极限抗压强度($R$)及岩石的天然容重($\gamma$)为基础,适用于土石方工程的分类方法。

把隧道围岩分为坚石、次坚石、松石及土四类,目的是为编制施工预算和确定施工方法而规定,并非专为隧道使用,适用土石方工程。

(2)第二阶段——1954～1975 年

主要采用前苏联普氏的岩石坚固性系数($f=R/100$,即岩石单轴抗压强度的百分之一)进行分类。$f$ 虽为单一指标,但实际上表示岩石抵抗某些外力的综合能力。

20 世纪 60 年代,我国根据实践经验,对 $f$ 值进行了修正,即 $f_{岩体}=f_{岩体}\times K$,其中 $K$ 为折减系数,由工程地质人员凭经验确定。

(3)第三阶段——1975～1999 年

随着大量修建隧道,发现 $f$ 值不能正确反映围岩的开挖后稳定状态,在实践中,形成了以围岩的结构特征和完整状态为基础的分类方法。

这种分类方法,除考虑岩体的完整性、破碎程度外,还考虑了岩石的强度、风化程度和地下水等。1975 年颁发的铁路围岩分级(类),是对隧道围岩稳定性进行分类的总结和概括。

(4)第四阶段——1999 年～现在

为了解决 1975 年分类法存在的问题,新的分级方法于 1999 年 5 月 16 日发布,1999 年 9 月 1 日实施。新的分级方法用级别代替类别,分级顺序也与国标取得一致。

2.分级、分类指标

由上可见,影响隧道围岩稳定性的因素是多方面的,在围岩分级(类)中应考虑的指标也应是多方面的。但在实际工作中,由于测试指标的困难,由于有的影响因素不易用定量指标来表示,而且在一个分类中要全面反映所有的影响因素,考虑许多指标,不仅困难,以当前学科发展的技术状况来看,也不现实。

铁路隧道与其他地下工程相比,具有自身特点:

(1)条带状,长度大,岩体性质、围岩工程地质条件变化大。

(2)隧道围岩受线路大方向控制,隧道在带状范围内摆动,受局部地质条件限制,所以隧道地质条件变化幅度大,甚至必须穿过很差的地层、地质条件。

(3)隧道采用标准设计,断面形状、尺寸变化小。

在影响铁路隧道围岩稳定性的诸因素中,主要因素有:

(1)岩石的物理力学性质——单轴饱和抗压强度 $R_c$(表 4-5)

表 4-5　岩石坚硬程度的划分

| 岩石类别 | | 单轴饱和抗压强度 $R_c$(MPa) | 代 表 性 岩 石 |
|---|---|---|---|
| 硬质岩 | 极硬岩 | $R_c>60$ | 未风化或微风化的花岗岩、片麻岩、闪长岩、石英岩、硅质灰岩、钙质胶结的砂岩或砾岩等。 |
| | 硬岩 | $30<R_c\leq60$ | 弱风化的极硬岩;未风化或微风化的熔结凝灰岩、大理岩、板岩、白云岩、灰岩、钙质胶结的砂岩、结晶颗粒较粗的岩浆岩 |
| 软质岩 | 较软岩 | $15<R_c\leq30$ | 弱风化的极硬岩;弱风化的硬岩;未风化或微风化的云母片岩、千枚岩、砂质泥岩、钙泥质胶结的粉砂岩、泥灰岩、泥岩凝灰岩等 |
| | 软岩 | $5<R_c\leq15$ | 强风化的极硬岩;弱风化至强风化的硬岩;弱风化的较软岩和未风化或微风化的泥质岩类;泥岩、煤、泥质胶结的砂岩和砾岩 |
| | 极软岩 | $R_c\leq5$ | 全风化的各类岩石和成岩作用差的岩石 |

实践表明,当 $R_c > 60$ MPa,且埋深为 $200\sim250$ m,结构面不发育时,可不采用任何支护措施,隧道仍是稳定的,故称其为极硬岩。

依据铁路施工实践,当岩石的 $R_c > 30$ MPa,并且有相当的耐风化能力时,可作为建筑材料,故把 $R_c \approx 30$ MPa 作为软、硬岩分界指标。

$R_c < 5$ MPa 的岩石(土)属于半岩质的或略具有结构强度的土体。

岩石 $R_c$ 与岩石结构、构造、矿物成分、胶结类型及风化程度密切相关。岩石越致密,强度越高;垂直层面方向强度大于平行层面方向强度;以石英矿物为主的岩石强度大于以长石为主的岩石。胶结类型影响岩石强度的规律是:硅质>铁质>钙质>胶质。风化影响岩石的过程为:风化→产生风化裂隙→水侵入→岩石湿润→减小岩石晶粒间联系→强度减小。

(2)围岩的结构特征和完整程度

围岩的结构特征和完整程度是指隧道围岩被各种各样结构面切割的程度及其组合状态,见表 4-6。

表 4-6 围岩的结构特征和完整程度

| 完整程度 | 结 构 面 特 征 | 结构类型 | 岩体完整性指数 $(K_v)$ |
|---|---|---|---|
| 完 整 | 结构面 $1\sim2$ 组,以构造型节理或层面为主,密闭型 | 巨块状整体结构 | $K_v > 0.75$ |
| 较完整 | 结构面 $2\sim3$ 组,以构造型节理或层面为主,裂隙多呈密闭型,部分为微张型,少有充填物 | 块状结构 | $0.75 \geqslant K_v > 0.55$ |
| 较破碎 | 结构面大于 3 组,以节理及风化裂隙为主,在断层附近受构造作用影响较大,裂隙以微张型和张开型为主,多有充填物 | 层状结构、块石、碎石状结构 | $0.55 \geqslant K_v > 0.35$ |
| 破 碎 | 结构面大于 3 组,多以风化型裂隙为主,在断层附近受构造作用影响大,裂隙宽度以张开型为主,多有充填物 | 碎石角砾状结构 | $0.35 \geqslant K_v > 0.15$ |
| 极破碎 | 结构面杂乱无序,在断层附近受构造作用影响大,宽张裂隙全为泥质或泥夹岩屑充填,充填物厚度大 | 散体状结构 | $K_v \leqslant 0.15$ |

围岩的完整程度根据(节理)结构面发育程度和地质构造影响程度分为五种:完整、较完整、较破碎、破碎、极破碎。

结构面发育程度根据节理组数、间距、张开程度、充填特征及切割体大小及其组合分为不发育、较发育、发育和极发育 4 级。

由于受区域地质构造的作用,岩层产生变形、弯曲、断裂,使得岩体破碎,强度降低,破坏了岩层的完整性。一般来讲,地壳变动次数愈多,地质构造作用愈强烈,岩层节理愈发育,岩体也愈破碎;褶曲核部,由于张力和压力作用,比翼部岩石破碎较多;断层附近,地层会发生相对位移,形成破碎带;倒转岩层中,裂隙往往发育,倒转褶曲的翼部,往往出现大的逆断层。

考虑地壳变动的影响把岩体破碎的程度分为轻微、较重、严重和极严重 4 级。

岩层厚度对判断岩体完整性也起作用,如薄的岩层就比原岩层在同一构造条件下显得更破碎。根据野外经验和工程的要求,对岩层厚度的规定为:厚层——大于 0.5 m;中层——$0.1\sim0.5$ m;薄层——小于 0.1 m。

(3)地下水的影响

地下水状态是指地下水性质、大小、流通条件、浸润情况及其危害,其分级见表 4-7。

地下水对岩体有不利影响,尤其对软弱、破碎岩石。因此在有地下水时,可考虑适当降低围岩级别。越软弱越降得多,水越大越降得多,见表4-8。

**表4-7　地下水状态分级**

| 级别 | 状 态 | 渗水量<br>[L/(min · 10 m)] |
|---|---|---|
| Ⅰ | 干燥或湿润 | <10 |
| Ⅱ | 偶有渗水 | 10~25 |
| Ⅲ | 经常渗水 | 25~125 |

**表4-8　地下水影响修正**

| 围岩级别<br>地下水状态分级 | Ⅰ | Ⅱ | Ⅲ | Ⅳ | Ⅴ | Ⅵ |
|---|---|---|---|---|---|---|
| Ⅰ | Ⅰ | Ⅱ | Ⅲ | Ⅳ | Ⅴ | — |
| Ⅱ | Ⅰ | Ⅱ | Ⅳ | Ⅴ | Ⅵ | — |
| Ⅲ | Ⅱ | Ⅲ | Ⅳ | Ⅴ | Ⅵ | — |

(4)围岩初始应力程度

围岩初始地应力状态,当无实测资料时,可根据工程埋深、地貌、地形、地质、构造运动史、主要构造线和开挖过程中出现的岩爆、岩芯饼化等特殊地质现象,按表4-4作出评估。围岩初始应力较高时,可考虑适当降低围岩级别,见表4-9,只对极高应力和高应力进行修正。

**表4-9　初始应力影响的修正**

| 修正级别 围岩级别<br>地下水状态分级 | Ⅰ | Ⅱ | Ⅲ | Ⅳ | Ⅴ |
|---|---|---|---|---|---|
| 极高应力 | Ⅰ | Ⅱ | Ⅲ或Ⅳ① | Ⅴ | Ⅵ |
| 高应力 | Ⅰ | Ⅱ | Ⅳ | Ⅳ或Ⅴ② | Ⅵ |

注:①围岩岩体为较破碎的极硬岩、较完整的硬岩时定为Ⅲ级;围岩岩体为完整较软岩、较完整的软硬岩互层时定为Ⅳ级;

②围岩岩体为破碎的极硬岩、较破碎及破碎的硬岩时定为Ⅳ级;围岩岩体为完整及较完整的软岩、较完整及较破碎的较软岩时定为Ⅴ级。

### 3. 我国铁路隧道围岩分级方法

根据上述分级指标的考虑,并根据隧道工程的实践经验,我国《铁路隧道设计规范》给出的隧道围岩分级见表4-10。

**表4-10　铁路隧道围岩分级表**

| 围岩级别 | 围岩主要工程地质条件 | | 围岩开挖后的<br>稳定状态(单线) | 围岩弹性<br>纵波速度<br>$v_p$(km/s) |
|---|---|---|---|---|
| | 主要工程地质特征 | 结构特征和<br>完整状态 | | |
| Ⅰ | 硬质岩(单轴饱和抗压极限强度 $R_c$>60 MPa);受地质构造影响轻微,节理不发育,无软弱面(或夹层);层状岩层为厚层,层间结合良好岩体完整 | 呈巨块状整体结构 | 围岩稳定,无坍塌,可能产生岩爆 | >4.5 |
| Ⅱ | 硬质岩($R_c$>30 MPa);受地质构造影响较重,节理较发育,有少量软弱面(或夹层)和贯通微张节理,但其产状及组合关系不致产生滑动,层状岩层为中层或厚层,层间结合一般,很少有分离现象,或为硬质岩石偶夹软质岩石 | 呈巨块或大块状结构 | 暴露时间长,可能会出现局部小坍塌,侧壁稳定,层间结合差的平缓岩层,顶板易塌落 | 3.5~4.5 |

续上表

| 围岩级别 | 围岩主要工程地质条件 | | 围岩开挖后的稳定状态（单线） | 围岩弹性纵波速度 $v_p$(km/s) |
| --- | --- | --- | --- | --- |
| | 主要工程地质特征 | 结构特征和完整状态 | | |
| Ⅲ | 硬质岩（$R_c > 30$ MPa）；受地质构造影响严重；节理发育有层状软弱面（或夹层）；但其产状及组合关系不致产生滑动；层状岩层为中层或薄层，层间结合差，多有分离现象；或为硬、软质岩石互层 | 呈块（石）碎（石）状镶嵌结构 | 拱部无支护时可产生小坍塌，侧壁基本稳定，爆破震动过大易塌 | 2.5～4.0 |
| | 较软岩（$R_c = 15～30$ MPa）；受坍塌地质构造影响较重，节理较发育；层状岩层为薄层、中层或厚层，层间结合一般 | 呈大块状砌体结构 | | |
| Ⅳ | 硬质岩（$R_c > 30$ MPa）；受地质构造影响很严重，节理很发育；层状软弱面（或夹层）已基本被破坏 | 呈碎石状压碎结构 | 拱部无支护时可产生较大的坍塌，侧壁有时失去稳定 | 1.5～3.0 |
| | 软质岩（$R_c = 5～30$ MPa）；受地质构造影响严重，节理发育 | 呈块（石）碎（石）状镶嵌结构 | | |
| | 土体：1. 具压密或成岩作用的黏性土、粉土及砂类土；2. 黄土（$Q_1$，$Q_2$）；3. 一般钙质、铁质胶结的碎石土、卵石土、大块石土 | 1和2呈大块状压密结构，3呈巨块状整体结构 | | |
| Ⅴ | 岩体：软岩，岩体破碎至极破碎，全部极软岩及全部极破碎岩（包括受构造影响严重的破碎带） | 呈角砾碎石状松散结构 | 围岩易坍塌，处理不当会出现大坍塌，侧壁经常小坍塌，浅埋时易出现地表下沉（陷）或坍塌至地表 | 1.0～2.0 |
| | 土体：一般第四系坚硬、硬塑的黏性土，稍密及以上、稍湿或潮湿的碎石土、卵石土、圆砾土、角砾土、粉土及黄土（$Q_3$，$Q_4$） | 非黏性土呈松散结构，黏性土及黄土呈松软结构 | | |
| Ⅵ | 岩体：受构造影响很严重呈碎石、角砾及粉末、泥土状的断层带 | 黏性土呈易蠕动的松软结构，砂性土呈潮湿松散结构 | 围岩极易坍塌变形，有水时石砂常与水一齐涌出，浅埋时易坍塌至地表 | <1.0（饱和状态的土<1.5） |
| | 土体：软塑状黏性土、饱和的粉土、砂类土 | | | |

　　表中"围岩级别"和"围岩主要工程地质条件"栏，不包括特殊地质条件的围岩（如膨胀岩、冻土等）。为了便于应用，表中同时对隧道开挖后的稳定状态（单线）做了定性描述。

　　4.施工阶段围岩级别判定

　　施工阶段的隧洞地质调查、测试工作十分重要，施工地质主要包括对岩性、构造的验证，施工工作面素描、摄像、必要的地球物理探测和岩石力学特性的现场或取样测试等，并对围岩地下水状态、变形破坏状态等做详细记录。通过综合分析对围岩级别进行复核或修正。

　　施工阶段按表4-11对围岩级别进行判定。

表 4-11　施工阶段围岩级别判定卡

| 工程名称 | | 位置 | 里程 | | 评定 |
| --- | --- | --- | --- | --- | --- |
| | | | 距洞口距离(m) | | 极硬岩 |
| 岩性指标 | 岩石类型（名称） | | 黏聚力 $c=$ MPa；$\varphi=$ | | 硬岩 较软岩 软岩 极软岩 土 |
| | 单轴饱和抗压强度 $R_c=$ MPa | | 点荷载强度极限 $I_X=$ MPa | | |
| | 变形模量 $E=$ GPa | | 泊松比 $\nu=$ | | |
| | 天然重度 $\gamma=$ kN/m³ | | 其他 | | |

续上表

| 工程名称 | | | | 位置 | 里 程 | | | 评 定 |
|---|---|---|---|---|---|---|---|---|
| | | | | | 距洞口距离(m) | | | |
| 岩体完整状态 | 地质结构面 | 地质构造影响程度 | | 轻 微 | 较 重 | 严 重 | 极严重 | 完 整 |
| | | 间距(m) | >1.5 | 0.6~1.5 | 0.2~0.6 | 0.06~0.2 | <0.06 | 较完整 |
| | | 延伸性 | 极 差 | 差 | 中 等 | 好 | 极 好 | |
| | | 粗糙度 | 明显台阶状 | 粗糙波纹状 | 平整光滑有擦痕 | | 平整光滑 | 较破碎 |
| | | 张开性(mm) | 密闭 <0.1 | 部分张开 0.1~0.5 | 张开 0.5~1.0 | 无充填张开 >1.0 | 黏土充填 | 破 碎 |
| | | | | | | | | 极破碎 |
| | | 风化程度 | 未风化 | 微风化 | 弱风化 | 强风化 | 全风化 | |
| | | 简要说明 | | | | | | |
| 地下水状态 | | 渗水量[L/min·10 m] | | <10 干燥或湿润 | 10~25 偶有渗水 | 25~125 经常渗水 | | 干燥或湿润 偶有渗水 经常渗水 |
| 初始地应力状态 | | 埋深 H= m | | | | | | |
| | | 地质构造应力状态 | | | 其他 | | | |
| 围岩级别 | | I | II | III | IV | V | VI | |
| 备 注 | | | | | | | | |
| 记录者 | | | 复核者 | | | 日 期 | | |

# 第五节 其他岩体分级(分类)法

100多年来,国内外提出的工程岩体分级(类)方法有上百种,本节介绍几种其他常用的岩体分级(类)法,这些分级(类)法在其他国家和地区及不同行业得到不同程度地应用。

**一、中华人民共和国国家标准——工程岩体分级标准**(GB 50218—94)

由国家技术监督局和建设部于1994年11月5日联合发布,并于1995年7月1日实施。

1. 分级表与岩体基本质量指标表达式

表4-12为岩体基本质量分级表。岩体基本质量指标 $BQ$ 的表达式为

$$BQ=90+3R_c+250K_v \tag{4-31}$$

式中 $R_c$——岩石单轴饱和和抗压强度;

$K_v$——岩体完整性指数。

2. 岩石坚硬程度定量指标的确定

$R_c$ 最好采用实测值,无条件实测时,用实测的岩石点荷载强度指标 $I_{s(50)}$ 的换算值:

$$R_c=22.82I_{s(50)}^{0.75} \tag{4-32}$$

表4-13给出了 $R_c$ 与定性划分的岩石坚硬程度的对应关系。

表 4-12 岩体基本质量分级

| 基本质量级别 | 岩体基本质量的定性特征 | 岩体基本质量指标($BQ$) |
|:---:|:---|:---:|
| I | 坚硬岩,岩体完整 | >550 |
| II | 坚硬岩,岩体较完整;<br>较坚硬岩,岩体完整 | 550~451 |
| III | 坚硬岩,岩体较破碎;<br>较坚硬岩或软硬岩互层,岩体较完整;<br>较软岩,岩体完整 | 450~351 |
| IV | 坚硬岩,岩体破碎;<br>较坚硬岩,岩体较破碎~破碎;<br>较软岩或软硬岩互层,且以软岩为主,岩体较完整~较破碎;<br>软岩,岩体完整~较完整 | 350~251 |
| V | 较软岩,岩体破碎;<br>软岩,岩体较破碎~破碎;<br>全部极软岩及全部极破碎岩 | ≤250 |

表 4-13 $R_c$ 与定性划分的岩石坚硬程度的对应关系

| $R_c$(MPa) | >60 | 60~30 | 30~15 | 15~5 | ≤5 |
|:---:|:---:|:---:|:---:|:---:|:---:|
| 坚硬程度 | 坚硬岩 | 较坚硬岩 | 较软岩 | 软岩 | 软岩 |

3. 岩体完整程度的定量指标

应针对不同的工程地质岩组或岩性段,选择有代表性的点、段,测定岩体弹性纵波速度,并应在同一岩体取样测定岩石弹性纵波速度。$K_v$ 既反映了岩体结构面的发育程度,也反映了结构面的性状,是一项能较全面地从量上反映岩体完整程度的指标。$K_v$ 值应按下式计算:

$$K_v = \left(\frac{V_{pm}}{V_{pr}}\right)^2 \tag{4-33}$$

式中 $V_{pm}$——岩体弹性纵波速度,km/s;

$V_{pr}$——岩石弹性纵波速度,km/s。

岩体体积节理数 $J_v$ 应针对不同的工程地质岩组或岩性段,选择有代表性的露天或开挖壁面进行节理结构面统计。除成组节理外,对延伸长度大于 1 m 的节理亦应予以统计(以硅质、铁质、钙质充填再胶结的节理不予统计)。

每一测点的统计面积不应小于 2 m×5 m。岩体 $J_v$ 值,应根据节理统计结果,按下式计算:

$$J_v = S_1 + S_2 + \cdots + S_n + S_k \tag{4-34}$$

式中 $J_v$——岩体体积节理数,条/m³;

$S_n$——第 $n$ 组节理每米长测线上的条数;

$S_k$——每立方米岩体非成组节理条数。

表 4-14 为 $J_v$ 与 $K_v$ 对照表,表 4-15 给出了 $K_v$ 与定性划分的岩体完整程度的对应关系。

表 4-14 $J_v$ 与 $K_v$ 对照表

| $J_v$(条/m³) | <3 | 3~10 | 10~20 | 20~35 | ≥35 |
|---|---|---|---|---|---|
| $K_v$ | >0.75 | 0.75~0.55 | 0.55~0.35 | 0.35~0.15 | ≤0.15 |

表 4-15 $K_v$ 与定性划分的岩体完整程度的对应关系

| $K_v$ | >0.75 | 0.75~0.55 | 0.55~0.35 | 0.35~0.15 | ≤0.15 |
|---|---|---|---|---|---|
| 完整程度 | 完整 | 较完整 | 较破碎 | 破碎 | 极破碎 |

**4. 岩体基本质量指标修正值〔BQ〕**

$$〔BQ〕=BQ-100(K_1+K_2+K_3) \tag{4-35}$$

式中　$K_1$——地下水影响修正系数,$K_1=0~1.0$;

　　　$K_2$——主要软弱结构面产状影响修正系数,$K_2=0~0.6$;

　　　$K_3$——初始应力状态影响修正系数,$K_3=0.5~1.5$。

## 二、RQD 分类法

这是美国伊利诺斯大学迪尔(D. U. Deere)于 1964 年提出的。

**1. 含义和表达式**

岩石质量指标(RQD)的含义及计算式如下:

$$RQD=\frac{\sum 大于\ 10\ cm\ 的岩芯长度}{钻进总进尺}\times100\%$$

图 4-28 给出了一个算例,如钻进总进尺为 200 cm,则

$$RQD=\frac{38+17+20+35}{200}\times100\%=55\%$$

根据 RQD 对岩石进行的分级见表 4-16。

表 4-16 RQD 分级表

| RQD(%) | 岩体质量描述 |
|---|---|
| 0 | 很差——挤入土及膨胀土 |
| 0~25 | 很差——不包括挤入土及膨胀土 |
| 25~50 | 差 |
| 50~75 | 较好 |
| 75~90 | 好 |
| 90~100 | 非常好 |

岩芯采取率、岩芯平均长度、最大长度等受岩体裂隙发育程度、硬度、均质性质强烈影响,因此 RQD 指标反映了岩体被各种结构面切割的程度。由于指标意义明确,可在钻探过程中附带得到,又属于定量指标,因而在国外的分级中被广为采用。但目前多数 RQD 值受钻孔机具、工艺水平等影响很大,同一岩体得出的 RQD 指标有时差异很大。

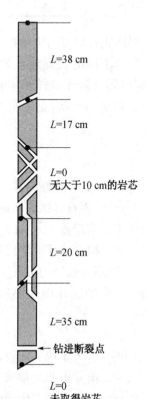

$L=38$ cm

$L=17$ cm

$L=0$
无大于 10 cm 的岩芯

$L=20$ cm

$L=35$ cm

←钻进断裂点

$L=0$
未取得岩芯

图 4-28 RQD 含义及计算实例

### 2.特点

优点:指标意义明确,可在钻探过程中附带得出,定量指标,国外广泛采用。

缺点:对裂隙面的许多其他重要特征,如粗糙度、裂隙面的连续性、方位和填充物的影响没考虑,故不够精确。

## 三、岩体分类(RMR)系统

这一分类方法由 Z. T. Bieniawski 于 1973 年~1975 年提出,1979 年修正。

岩体分类系统依据 6 个与几何特征和岩体力学条件相关的参数(即完整岩块的单轴抗压强度、RQD、非连续面间距、非连续面条件、地下水条件、与工程结构相关的非连续面方向)来划分岩体整体等级,如表 4-17 所示。

表 4-17　岩体分类系统(据 Bieniawski,1989)

A. 分类参数和等级

| 参　数 | | | 数 值 变 化 范 围 | | | | | | |
|---|---|---|---|---|---|---|---|---|---|
| 1 | 完整岩块强度 | 点荷载强度(MPa) | >10 | 4~10 | 2~4 | 1~2 | 该范围首选单轴压缩 | | |
| | | 单轴抗压强度(MPa) | >250 | 100~250 | 50~100 | 25~50 | 5~25 | 1~5 | <1 |
| | | 分　数 | 15 | 12 | 7 | 4 | 2 | 1 | 0 |
| 2 | 岩石质量指标 $RQD$(%) | | 90~100 | 75~90 | 50~75 | 25~50 | <25 | | |
| | | 分　数 | 20 | 17 | 13 | 8 | 3 | | |
| 3 | 非连续面间距 | | >2 m | 0.6~2 m | 200~600 mm | 60~200 mm | <60 mm | | |
| | | 分　数 | 20 | 15 | 10 | 8 | 5 | | |
| 4 | 非连续面条件 | | 很粗糙,不连续,不张开,不风化 | 微粗糙,张开<1 mm,微风化 | 微粗糙,张开<1 mm,强风化 | 镜面或夹泥<5 mm 厚,张开1~5 mm,连续 | 夹泥厚>5 mm 或张开>5 mm,连续 | | |
| | | 分　数 | 30 | 25 | 20 | 10 | 0 | | |
| 5 | 地下水条件 | 每 10 m 长隧道涌水量(L/min) | 无 | <10 | 10~25 | 25~125 | >125 | | |
| | | 比值(裂隙水压力/最大主应力) | 0 | 0~0.1 | 0.1~0.2 | 0.2~0.5 | >0.5 | | |
| | | 一般条件 | 完全干燥 | 润 | 湿 | 滴 | 流 | | |
| | | 分　数 | 15 | 10 | 7 | 4 | 0 | | |

B. 指导分类的非连续面条件

| 参　数 | 分　数 | | | | |
|---|---|---|---|---|---|
| 非连续面长度(连通度) | <1 m | 1~3 m | 3~10 m | 10~20 m | >20 m |
| | 6 | 4 | 2 | 1 | 0 |
| 张开(开度) | 无 | <0.1 mm | 0.1~1.0 mm | 1~5 mm | >5 mm |
| | 6 | 5 | 4 | 1 | 0 |

续上表

| 参　数 | 分　数 | | | | |
|---|---|---|---|---|---|
| 粗 糙 度 | 很粗糙 | 粗糙 | 微粗糙 | 平滑 | 光滑 |
| | 6 | 5 | 3 | 1 | 0 |
| 填充物（夹泥层） | 硬质填充 | | | 软质填充 | |
| | 无 | <5 mm | >5 mm | <5 mm | >5 mm |
| | 6 | 4 | 2 | 2 | 0 |
| 风 化 | 未风化 | 微风化 | 中等风化 | 强风化 | 离析 |
| | 6 | 5 | 3 | 1 | 0 |

C. 隧道中非连续面方向的影响

| 走向垂直于隧道轴线 | | | |
|---|---|---|---|
| 沿倾角掘进 | | 反倾角掘进 | |
| 倾角 45°～90° | 倾角 20°～45° | 倾角 45°～90° | 倾角 20°～45° |
| 非常有利 | 有 利 | 一 般 | 不 利 |

| 走向平行于隧道轴线 | | 不考虑轴向 |
|---|---|---|
| 倾角 20°～45° | 倾角 45°～90° | 倾角 0°～20° |
| 一 般 | 非常不利 | 一 般 |

D. 按非连续面方向修正评分值

| 非连续面方向 | | 非常有利 | 有利 | 一般 | 不利 | 非常不利 |
|---|---|---|---|---|---|---|
| 评分值 | 隧道和矿山 | 0 | −2 | −5 | −10 | −12 |
| | 地 基 | 0 | −2 | −7 | −15 | −25 |
| | 边 坡 | 0 | −2 | −25 | −50 | −60 |

E. 按总评分值确定的岩体类别

| 评分值 | 100～81 | 80～61 | 60～41 | 40～21 | <20 |
|---|---|---|---|---|---|
| 分类类别 | I | II | III | IV | V |
| 描 述 | 很好岩体 | 好岩体 | 一般岩体 | 差岩体 | 很差岩体 |

F. 岩体分类的含义

| 分类类别 | I | II | III | IV | V |
|---|---|---|---|---|---|
| 平均稳定时间 | 15 m 跨度 20 年 | 10 m 跨度 1 年 | 5 m 跨度 1 星期 | 2.5 m 跨度 10 h | 1 m 跨度 30 min |
| 岩体内黏聚力(kPa) | >400 | 300～400 | 200～300 | 100～200 | <100 |
| 岩体的摩擦角(°) | >45 | 35～45 | 25～35 | 15～25 | <15 |

$$RMR=\sum(分类参数)+非连续面方向调整$$

　　如表 4-17 的 A 部分所示，最初的五个分类参数在不同的评分值下被分成五个等级，每一个参数覆盖适合各自的范围。评价一种岩体时，对每一参数逐一定出评分值，然后将五个参数的评分值相加，就得到岩体的总评分值。

　　表 4-17 的 B 部分为非连续面特征的评分值。在 C 部分和 D 部分中，从隧道和矿坑，到地基，再到边坡，非连续面方向变得越来越重要。在表 4-17 的 E 部分和 F 部分，岩体类别用从"非常好的岩体"到"非常差的岩体"来描述，并用以估算隧道自稳时间以及岩体内黏聚力和摩擦角两个莫尔—库仑强度参数。

### 四、$Q$ 系 统

1974 年,挪威学者巴顿(N. Barton),R·科恩与R·伦德对 200 个试验工程资料进行统计分析,说明岩石质量指标 $RQD$、节理组数 $J_n$、节理面粗糙度 $J_r$、节理蚀变程度 $J_a$、裂隙水影响因素 $J_w$ 以及地应力影响因素 $SRF$ 这 6 个参数表达的岩体质量 $Q$ 与地下工程的稳定性和支护形式之间存在对应关系,因而提出了为地下工程支护用的围岩分级(类)。

1.$Q$ 系统表达式与分级表

岩体质量 $Q$ 由下式确定:

$$Q=\left(\frac{RQD}{J_n}\right)\cdot\left(\frac{J_r}{J_a}\right)\cdot\left(\frac{J_w}{SRF}\right) \tag{4-36}$$

式中,$RQD$ 为岩石质量指标,$J_n$ 为节理组数(与非连续面组数相关),$J_r$ 为节理粗糙度(与非连续面粗糙程度相关),$J_a$ 为节理蚀变程度(与非连续面蚀变或风化程度相关),$J_w$ 为裂隙水折减系数(与非连续面内裂隙水压力和流动速率相关),$SRF$ 为应力折减系数(与存在的剪应力区、应力集中、岩体挤压和膨胀相关)。

这 6 个参数,除 $RQD$ 外,其他都可从相应的表中查得,见表 4-18～表 4-22。

表 4-18　节理组数 $J_n$

| 节 理 发 育 情 况 | $J_n$ 值 |
|---|---|
| A. 整体的、没有或很少有节理 | 0.5～1.0 |
| B. 1 组节理 | 2.0 |
| C. 1～2 组节理 | 3.0 |
| D. 2 组节理 | 4.0 |
| E. 2 组节理和不规则节理 | 6.0 |
| F. 3 组节理 | 9.0 |
| G. 3 组节理和不规则节理 | 12 |
| H. 4 组以上节理。具有大量的节理,岩石被多组节理切割成方块 | 15 |
| I. 破碎岩石,似土砂岩石 | 20 |

表 4-19　节理面粗糙度 $J_r$

| 节理面粗糙度情况 | $J_r$ 值 |
|---|---|
| (1)节理面直接接触 | |
| A. 不连续的节理面 | 4.0 |
| (2)剪切位移 10 cm 时,接触面情况 | |
| B. 粗糙或不规则的起伏节理 | 3.0 |
| C. 平滑起伏状的节理 | 2.0 |
| D. 光滑起伏状的节理 | 1.5 |
| E. 平坦但粗糙或不规则的节理 | 1.5 |
| F. 平滑而平直的节理 | 1 |
| G. 光滑且平直的节理 | 0.5 |
| 注:如节理的平均间距大于 3.0 m 时,$J_r$ 加 1.0 | |
| (3)节理面两壁不直接接触 | |
| H. 节理面间充填有足够厚的黏土矿物,使节理面不能直接接触 | 1.0 |
| I. 节理面间充填有砂、砾石或挤压破碎带,使节理不能直接接触 | 1.0 |

$Q$ 值的表达式可以用以下三项组构比值来解释。

第一项组构比值 $RQD/J_n$ 与岩体几何结构相关,$Q$ 值随 $RQD$ 值的增加和非连续面组数的减少而增加。$RQD$ 值随非连续面组数的减少而增加,因此,此组构比值的分子和分母是同时起增强作用的。一般而言,比值越高,岩体的几何结构质量就越好。

第二项组构比值 $J_r/J_a$ 与岩块间的剪切强度相关,其比值越高表示岩体的力学性能越好。该比值随非连续面粗糙度的增加和非连续面表面蚀变的减少而增加。岩体中不同的非连续面

组有不同的粗糙度和蚀变程度,Q 系统采用最差的一组。

表 4-20　节理蚀变程度 $J_a$

| 节 理 蚀 变 程 度 | $J_a$ 值 | $\phi(°)$ |
|---|---|---|
| (1)节理面直接接触 | 0.75 | |
| A. 坚硬的、半软弱的、经过处理而紧密且具有不透水充填物的节理(如石英或绿泥石充填) | | |
| B. 节理面未产生蚀变,仅少数表面有污染 | 1.0 | 25~30 |
| C. 轻微蚀变有节理面,表面为半软弱矿物所覆盖,具有砂质微粒、风化岩土等 | 2.0 | 25~30 |
| D. 节理为粉质黏土或砂质黏土矿物覆盖,少量黏土、半软弱岩覆盖 | 3.0 | 25~35 |
| E. 有软弱的或低摩擦角的黏土矿物覆盖在节理表面(如高岭土、云母绿泥石、滑石、石膏等)或含有少量膨胀性黏土(不连续覆盖、厚度约 1~2 cm 或更薄)的节理面 | 4.0 | 8~16 |
| (2) 当剪切变形<10 cm 时,节理面直接接触 | 4.0 | 25~30 |
| F. 砂质微粒,岩石风化物填充 | | |
| G. 紧密固结的半软弱黏土矿物充填(连续的或厚度小于 5 mm) | 6.0 | 16~24 |
| H. 中等或轻微固结的软弱黏土矿物填充(连续的或厚度小于 5 mm) | 8.0 | 12~16 |
| I. 膨胀性黏土充填,如连续的厚度小于 5 mm 的蒙脱土充填 | 8.0~12 | 6.0~12 |
| (3)剪切后,节理面不再直接接触 | 6.0~12 | 6.0~12 |
| J、K、L. 风化带或挤压破碎带岩石和黏土(对各种黏土状态的说明见 G 或 H、I) | | |
| M. 粉质或砂质黏土及少量黏土 | 5.0 | |
| N、O、P. 厚的连续分布的黏土或夹层(黏土状态说明见 G、H、I) | 10~20 | 6.0~12 |

表 4-21　裂隙水影响因素 $J_w$

| 裂 隙 水 情 况 | $J_w$ | 近似水压力(MPa) |
|---|---|---|
| A. 开挖时干燥或有少量渗水,即使局部渗水,渗水量小于 5 L/min | 1.0 | <0.1 |
| B. 中等渗水或填充物偶然受水压力冲击 | 0.66 | 0.1~0.25 |
| C. 大量渗水,或为高水压,节理未填充 | 0.5 | 0.25~1 |
| D. 大量渗水或高水压,节理充填物被大量带走 | 0.33 | 0.25~1 |
| E. 异常大的渗水或具有很高的水压,但水压随时间衰减 | 0.1~0.2 | >1 |
| F. 异常大的渗水,或具有很高且持续的无显著衰减的水压 | 0.05~0.1 | >1 |

表 4-22　地应力影响因素 SRF

| 地 应 力 情 况 | SRF |
|---|---|
| (1)当隧洞与软弱层交叉,开挖后可能引起岩体的松弛 | |
| A. 含有黏土或化学风化岩石的软弱带多次出现,周围岩石非常疏松(处于任何深度部位) | 10 |
| B. 含有黏土或化学风化岩单一的软弱带,开挖深度≤50 m | 5.0 |
| C. 含有黏土或化学风化岩单一的软弱带,开挖深度>50 m | 2.5 |
| D. 在坚硬的岩石中,多次出现剪切带,周围岩石疏松 | 7.5 |
| E. 在坚硬的岩石中,具有单一剪切带(夹少量黏土),开挖深度≤ 50 m | 5.0 |
| F. 在坚硬的岩石中,具有单一剪切带(夹少量黏土),开挖深度>50 m | 2.5 |
| G. 松弛的张节理,多组节理,是"角砾"状(处于任何深度部位) | 3.0 |

续上表

| 地应力情况 | | | SRF |
|---|---|---|---|
| (2)坚硬岩石、存在初始应力问题 | $R_c/\sigma_1$ | $R_t/\sigma_1$ | |
| H. 低应力,靠近地表 | >200 | >13 | 5.0 |
| I. 中等应力 | 10～200 | 0.66～13 | 1.0 |
| J. 高应力、结构致密(对稳定时间有利,但对岩壁可能不利) | 5～10 | 0.33～0.66 | 0.5～2.0 |
| K. 弱岩爆 | 3.0～5.0 | 0.16～0.33 | 5～10 |
| L. 强烈岩爆 | 2.0～3.0 | <0.16 | 50～200 |
| (3)在高应力下,有挤出和塑性流动状态的软岩 | | | 5～10 |
| M. 轻微挤出 | | | |
| N. 强烈挤出 | | | 10～20 |
| (4)膨胀性岩石 | | | 5～10 |
| O. 吸水弱膨胀的岩石 | | | |
| P. 吸水强烈膨胀的岩石 | | | 10～15 |

第三项组构比值 $J_w/SRF$ 是一个"环境因子",它综合水压力和流动速率、剪应力区的存在、岩体挤压和膨胀以及原位应力状态各方面的影响。该比值随水压力或流动速率的减少以及较高的岩体强度与原位应力的比值而增加。

2.Q 系统分级表

岩体质量 $Q$ 是一个综合指标,它的范围为 $0.001\sim 1\,000$,$Q$ 值愈大,表示岩体的质量愈好。根据 $Q$ 值的变化,将岩体质量划分为 9 级,见表 4-23。

表 4-23　岩体质量 Q 值分级表

| 分级名称 | 特别差 | 极差 | 很差 | 差 | 中等 | 好 | 很好 | 极好 | 特别好 |
|---|---|---|---|---|---|---|---|---|---|
| Q 值 | <0.01 | 0.01～0.1 | 0.1～1 | 1～4 | 4～10 | 10～40 | 40～100 | 100～400 | >400 |

3.特点

(1)岩体质量 $Q$ 的 6 个参数可从地表测绘中估出,并可在工程开挖中加以核实、修正。根据求得的 $Q$ 值,以及地下开挖的类型、洞室形状和尺寸,便可查找相应的图表,确定洞室支护设计的有关参数。

(2)$Q$ 综合考虑了岩体结构特征、岩块强度、地下水的影响、天然地应力状态以及地下工程的尺寸和使用要求,因而较单一指标的分类更接近岩体的客观实际。

(3)在中国部分隧道和其他地下工程中的应用实践中表明,对评价围岩岩体质量,确定相应的支护措施,有较好效果。

总之,岩体分级(类)方法对工程师帮助很大,尤其在没有任何其他分级(类)方法时。虽然使用这些方法有一定程度的缺陷,但这些缺陷与缺少各种工程的决定性参数有关。所以,在使用这些岩体分级(类)方法时用,应谨慎,下列几点更须注意:

(1)采用岩体分级(类)方法可以方便、容易地对岩体质量和支护要求做出评价。但是,如果对分级(类)方法中潜在的破坏机理不清楚,任何一种分级(类)方法都将不会有坚实的科学基础,并且会产生危险的误解。

(2)RMR 系统中没有包含应力,Q 系统中没有包含岩石的完整强度。在一定条件下,其中任何一个参数都可能是导致破坏的基本原因。更严重的是,对于洞室或边坡,岩体中可能存在的剪应力区或破坏区都可能主导潜在的破坏机理。

(3)因为在 RMR 系统和 Q 系统中已经包含岩石工程中可以感知的主要控制性参数,因此它们的使用必定会给人们提供某种全局性的指导。然而,使用这些系统作为唯一的设计工具也是没有科学基础的。应当应用相关学科其他的方法对其进行补充,这样可以识别正确的机制,并可对其进行直接模拟。

# 思 考 题

1.解释名词术语:围岩、地应力初始应力、二次应力、岩石、岩体、结构面、蠕变、松弛、岩石质量指标(RQD)、围岩分级和岩体分级。

2.与地面结构相比,地下结构有哪些特点?

3.隧道围岩的工程性质包括哪几个方面?

4.简述岩体结构的分类。

5.典型的岩体全应力—应变曲线可分为哪几个阶段? 各有什么特点?

6.简述循环荷载作用下岩体的变形特性。

7.与岩石相比,岩体强度有哪些特点?

8.简述岩体的蠕变特性及松弛特性。

9.围岩初始应力场的概念及组成是什么? 围岩初始应力场的影响因素主要有哪些?

10.隧道围岩分级方法主要有哪些?

11.论述我国铁路隧道围岩分级依据、分级方法。

12.试述国标岩体分级方法。

# 第五章

# 隧道结构设计计算

隧道结构设计长期处于经验设计阶段,随着岩石力学、计算技术等相关学科的发展,隧道计算模型更符合工程实际情况,计算结果更符合实际工程,并可逐步提高计算结果的可信度。本章介绍了围岩二次应力和变形破坏特征,论述了围岩—支护共同作用原理和围岩压力计算方法,详细讨论了铁路隧道结构计算方法,包括结构力学法、岩体力学法、监控设计、收敛约束曲线法。

## 第一节 概 述

### 一、基本概念

1. 稳定

在地下工程(隧道)工作期限内,安全和所需的最小断面能得以保证,则称之为稳定。

以公式表示稳定定义(稳定条件)为

$$\sigma_{max} < S$$
$$U_{max} < U$$

(5-1)

式中 $\sigma_{max}$, $U_{max}$——围岩或支护体中最大、最危险的应力与位移;

$S$, $U$——围岩或支护的强度极限与极限位移。

不论有无支护,凡涉及这方面研究的问题,统称为稳定(stability)问题。

2. 地下工程稳定性分类

(1)自稳

无需人工支护就能够保持长期稳定,称为自稳,如天然石灰岩溶洞、许多金属矿巷道与采矿场、黄土高原的窑洞等。

(2)人工稳定

地下工程由于开挖引起围岩应力变化及变形甚至破坏,需靠锚喷、衬砌等人工支护才能达到稳定。

### 二、隧道工程稳定性问题解决途径

地下工程稳定问题的解决途径有解析方法、数值方法、实验方法和工程类比法,对大型、复杂的地下工程问题,最有效而可靠的方法是采用多种方法相结合的综合研究方法。

1. 解析方法

解析方法是指用一般数学力学方法通过计算进行求解的方法。

在选择使用的数学力学方法时,要特别注意和工程岩体所处的物理状态相匹配。

能够自稳的岩体,当然不需要支护。岩体处于峰后区破裂状态时,不可能自稳,要依靠支护才能达到人工稳定。

岩石全应力—应变曲线
{
峰前区（变形体）
{
弹性段—弹性力学方法
弹塑性段—弹塑性力学
　　　或钢塑性力学
　　　或损伤力学方法
}
峰值点（贯通裂隙形成点、突变点）
峰后区（刚性块体）—刚性块体力学
　　　或试验力学方法
　　　或初等力学方法
}

2. 数值方法

用解析方法解决岩石力学问题的能力和范围是十分有限的,它以处理圆形断面地下工程问题的能力相对较好,但实际隧道多为非圆形断面,因此,数值计算方法成为解决复杂地下工程问题的有效手段。随着计算技术的迅速发展,数值计算方法得到了长足进步,通用的商用数值分析程序应运而生,已成为岩石力学研究和工程设计计算的重要手段。

数值计算方法常用的有有限单元法、有限差分法、边界单元法和离散元法。

3. 试验方法

试验方法包括实测和模拟试验,是解决地下工程问题最直接、有效的方法。实测方法还能验证解析法和数值计算方法的结果,是其他方法的重要基础。

对解决隧道工程实际问题来说,实测比模拟的作用更大,意义更为重要。实测也是新奥法的精髓之一。

4. 工程类比法

工程类比法是参照类似工程的经验、参数等进行工程设计的方法,应用广泛。

工程类比法是一种概念上的、定性的方法,逻辑上是从特殊到特殊,没有严格的推理体系,由于是概念性方法,往往给缺乏经验的设计人员使用这一方法带来一定的困惑,或者干脆给出偏于保守的设计。

### 三、铁路隧道支护结构计算原理

铁路隧道的支护结构设计,通常都先用工程类比的方法,初步确定结构各项参数,然后按预设计计算出其构件将出现的内力和变形（位移）,再和其具有的承载能力和容许变形（位移）值相比较,判断是否安全可靠。用数学式来表达这一判断为

$$Z = R - S \tag{5-2}$$

式中　$R$——结构抗力,广义指结构具有的承载力及容许变形值;

　　　$S$——作用效应,广义指正常使用或施工环境下构件将出现的内力及变形;

　　　$Z$——比较结果,当 $Z > 0$,结构合格;$Z < 0$,则不合格;$Z = 0$,为极限状态。

这一判断过程有三项计算工作。

第一项为按照结构尺寸及材料性能等计算 $R$ 值。这比较简单,应用我们熟知的材料力学方法即可。

第二项是计算作用效应 $S$ 值。这相当困难,原因是围岩和结构相互作用机理的复杂性,难以得到像地面结构那样明确稳定的外荷载值。为了进行定量分析,必须把这种复杂、不确定的机理作出简化和假设,假设既要简单到可以计算,又要尽量接近工程实际状况。

第三项是如何把 $R$ 和 $S$ 值适当地进行比较，即结构合格与否的判定方法。

# 第二节　隧道围岩二次应力与围岩变形破坏

## 一、隧道开挖引起的围岩二次应力

隧道开挖前，岩体处于稳定平衡状态。隧道开挖后，围岩出现临空面，失去了原有岩体的相互支撑作用，使围岩的原始应力状态发生变化，围岩进行应力调整以达到新的平衡，即应力重分布。围岩应力重分布后的状态叫围岩二次应力场。

下面用轴对称圆形隧道的弹性应力状态与其他实例说明围岩二次应力场及有关概念。

（一）轴对称圆形隧道的弹性应力状态

1. 基本假设

（1）围岩为均质、各向同性、线弹性、无蠕变性或为线黏弹性；

（2）原岩应力为各向等压（静水压力）状态；

（3）隧道断面为圆形，长度无限长（平面应变问题）；

（4）深埋隧道（忽略影响圈内自重）。

以上基本假设构成结构与荷载都对称的轴对称平面应变圆孔问题（图 5-1）。

2. 基本方程

平衡方程　　$\dfrac{\mathrm{d}\sigma_r}{\mathrm{d}r}+\dfrac{\sigma_r-\sigma_\theta}{r}=0$　　　　(5-3)

几何方程　　$\varepsilon_r=\dfrac{\mathrm{d}u}{\mathrm{d}r}$　　　　(5-4)

　　　　　　$\varepsilon_\theta=\dfrac{u}{r}$　　　　(5-5)

本构方程（平面应变）

　　$\varepsilon_r=\dfrac{1-\nu^2}{E}\left(\sigma_r-\dfrac{\nu}{1-\nu}\sigma_\theta\right)$　　(5-6)

　　$\varepsilon_\theta=\dfrac{1-\nu^2}{E}\left(\sigma_\theta-\dfrac{\nu}{1-\nu}\sigma_r\right)$　　(5-7)

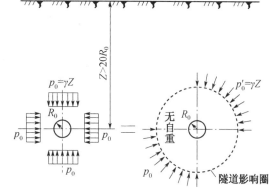

图 5-1　轴对称平面弹性圆孔问题

3. 边界条件

$$r=R_0，\quad \sigma_r=0 \quad （不支护）\tag{5-8}$$

$$r\rightarrow\infty，\quad \sigma_r=p_0\tag{5-9}$$

式中，$p_0$ 为原岩应力，根据边界条件，可确定上述方程组解集的两个积分常数。

4. 结果

由式(5-3)至式(5-7)联立可解得方程组的通解为

$$\sigma_\theta=A-\dfrac{B}{r^2}\tag{5-10}$$

$$\sigma_r=A+\dfrac{B}{r^2}\tag{5-11}$$

根据边界条件确定积分常数，将积分常数代入式(5-10)、式(5-11)，即得切向应力与径向应力：

$$\sigma_\theta=p_0\left(1+\dfrac{R_0^2}{r^2}\right)=\gamma Z\left(1+\dfrac{R_0^2}{r^2}\right)\tag{5-12}$$

$$\sigma_r = p_0\left(1 - \frac{R_0^2}{r^2}\right) = \gamma Z\left(1 - \frac{R_0^2}{r^2}\right) \tag{5-13}$$

5．其他概念

定义应力集中系数：

$$k = \frac{隧道开挖后的应力}{隧道开挖前的应力} = \frac{二次应力}{原岩应力}$$

对图 5-1 来讲，隧道周边的应力集中系数 $k=2$，为二次应力场的最大应力集中系数。

表 5-1 给出了各种洞形洞壁的应力集中系数。

**表 5-1　各种洞形洞壁的应力集中系数**

| 编号 | 洞 室 形 状 | 各点应力集中系数 | | | 备　　注 |
| --- | --- | --- | --- | --- | --- |
| | | 点号 | $\alpha$ | $\beta$ | |
| 1 | 圆形 | $A$ | 3 | $-1$ | |
| | | $B$ | $-1$ | 3 | |
| | | $m$ | $1-2\cos 2\theta$ | $1+2\cos 2\theta$ | |
| 2 | 椭圆形 | $A$ | $2b/a+1$ | $-1$ | |
| | | $B$ | $-1$ | $2a/b+1$ | |
| 3 | 方形 | $A$ | 1.616 | $-0.87$ | ①洞壁上的重分布应力计算公式为 $\sigma_\theta = \alpha\sigma_h + \beta_v$；②资料取自萨文《孔口应力集中》一书 |
| | | $B$ | $-0.87$ | 1.616 | |
| | | $C$ | 0.256 | 4.230 | |
| 4 | 矩形 $b/a=3.2$ | $A$ | 1.40 | $-1.00$ | |
| | | $B$ | $-0.80$ | 2.20 | |
| 5 | 矩形 $b/a=5$ | $A$ | 1.20 | $-0.95$ | |
| | | $B$ | $-0.80$ | 2.40 | |
| 6 | 地下厂房 $h/b=0.36$ $H/h=1.43$ | $A$ | 2.66 | $-0.38$ | 据云南昆明水电勘测设计院"第四发电厂地下厂房光弹试验报告"(1971) |
| | | $B$ | $-0.38$ | 0.77 | |
| | | $C$ | 1.14 | 1.54 | |
| | | $D$ | 1.90 | 1.54 | |

（二）其他实例

实际上，隧道受岩性、埋深、断面形式、开挖方式、地下水等的影响，其二次应力场的分布远较上述轴对称圆巷的弹性应力状态复杂,而且有动态变化特性。图 5-2 是模拟计算隧道围岩二次应力场的结果,其计算条件为:$\sigma_1=10$ MPa,$\sigma_2=9$ MPa,$\sigma_3=7$ MPa,$\sigma_1$ 与水平方向呈 $15°$ 夹角,$\phi=35°$,$c=1$ MPa,$E=4\,600$ MPa。图 5-3 是实测的某隧道衬砌与围岩接触压力沿洞周的分布图。

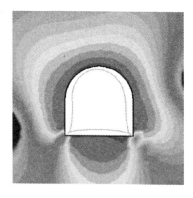 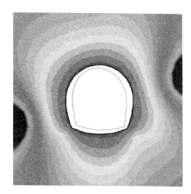

图 5-2　隧道围岩二次应力场计算结果

### 二、围岩的变形破坏

隧道围岩稳定主要受岩性、岩体结构、地应力、地下水、开挖方式等因素控制,但在实际工程中,往往是多种因素共同作用。

1. 收敛变形(deformation,convengence)

所有的隧道围岩都会发生不同程度的变形,向隧道内空的变形称为收敛变形,隧道拱部收敛变形又称为拱顶下沉,隧道底部收敛变形又称为底臌。

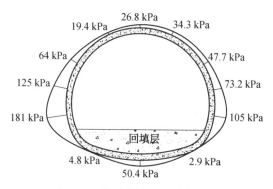

图 5-3　某隧道衬砌与围岩接触
压力沿洞周的分布图

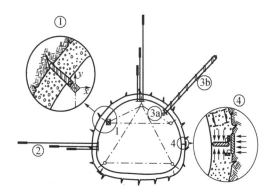

图 5-4　隧道典型量测断面图
①—表面变形测点;②—锚杆测力计;
③—多点位移计;④—应力计

图 5-4 为隧道典型量测断面图。隧道围岩变形随时间变化典型曲线见图 5-5～图 5～8。

由图 5-5～图 5-8 可见,隧道围岩变形在合理支护设计和施工条件下均趋于一个稳定值,这预示隧道趋于稳定。但是,在软岩、膨胀性岩层或高地应力条件下,隧道围岩变形不收敛,这预示隧道趋于失稳。因此,隧道围岩变形是评价隧道稳定的重要依据。相对于围岩应力等指标,变形特别是隧道围岩表面变形容易量测,量测成本低,所以是量测项目中的必测项目。

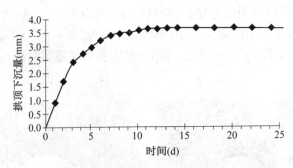

图 5-5　某隧道拱顶下沉随时间变化曲线（抛物线形）

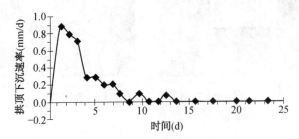

图 5-6　某隧道拱顶下沉速率随时间变化曲线

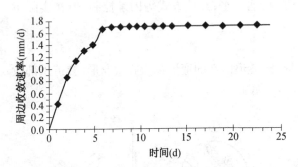

图 5-7　某隧道周边收敛速率随时间变化曲线（厂形）

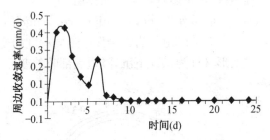

图 5-8　某隧道周边收敛速率随时间变化曲线

2. 围岩变形破坏（deformation，convengence）

由于岩性、设计或施工等方面的原因，隧道围岩会发生掉块、冒顶、臌帮、底臌等形式的破坏，图 5-9～图 5-13 是在不同类型围岩中变形破坏的示意图。

图 5-9　完整、坚硬围岩中的拉裂、剪断

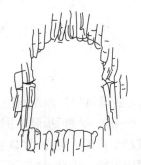

图 5-10　薄层脆性围岩中的弯折现象

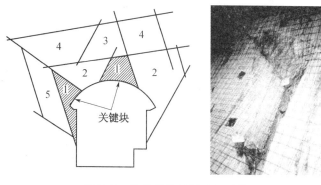

图 5-11　块状岩体的滑移与冒落

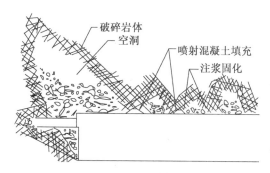

图 5-12　节理破碎岩(土)体的坍塌

图 5-13　软弱破碎围岩的挤出变形

围岩破坏有如下几种形式:

①坚硬、脆性围岩中,洞顶或边墙有拉裂、剪断、压溃和剥离等破坏现象。

②层状(特别是薄层状)围岩易发生弯折破坏。

③因结构面切割较坚硬岩块而发生岩块滑移与冒落。

④层状顶板垮落冒顶。

⑤破碎松散岩(土)体中的坍塌。

⑥在断层破碎带、密集结构面切割的破碎岩体和松散堆积层中,由于自承能力低,开挖过程中,洞顶、侧壁易发生坍塌,如不及时支护和加固,易形成大冒顶、塌方。

⑦岩爆则是完整、坚硬岩体在高应力或极高应力状态下,弹性能的突然释放引发的破坏,

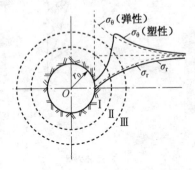

当围岩中最大主应力方向与洞室轴向垂直时,更容易发生这种类型破坏。

3.围岩变形破坏沿隧道径向的分区

围岩变形破坏沿隧道径向的分区见表 5-2 和图 5-14,声波法实测隧道围岩松动圈见图 5-15。

表5-2　围岩变形破坏沿隧道径向分区

| 分 区 | | 应力状态 |
| --- | --- | --- |
| Ⅰ | 松动区(破裂带) | 应力降低区 |
| Ⅱ | 塑性变形区 | 应力升高区 |
| Ⅲ | 弹性变形区 原岩区 | 初始应力区 |

图 5-14　围岩变形破坏沿隧道径向的分区

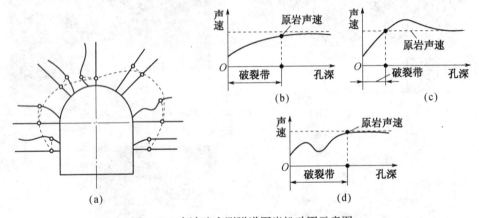

图 5-15　声波法实测隧道围岩松动圈示意图

# 第三节　围岩—支护共同作用原理

## 一、围岩—支护共同作用体

大量的试验资料表明,峰后区岩石块体处于不断滑移和裂隙不断张开的状态。该区的荷载不断下降,位移急剧上升,岩石体积应变急剧增长,这种体积应变的增加,实际上就是岩石试验中的"剪胀"或"扩容"(dilatancy),见图 5-16。

有了破碎圈(松动区)的围岩是不能自稳的,必须靠支护才能达到稳定。特别对于服务年限长达百年以上的铁路隧道,绝大多数隧道必须在支护作用下才能长期稳定、安全运营。这时,围岩稳定性问题转化为"围岩+支护复合结构体"(以下简称"复合结构体")的稳定性问题了。稳定性的主要矛盾转到支护一方,如果支护施作时间适当、强度足够、支护性能合理,共同体就达到了人工稳定,反之共同体仍将"失稳"(unstable)。

支护所受应力(压力)和所产生的变形来自围岩对支护的作用。反过来,支护以自己的刚度和强度抑制围岩变形和破坏的进一步发展。这种相互耦合(coupling)或互为影响的情况称为"围岩—支护共同作用"(interaction between rock and supports)。

围岩—支护有两种极端的情况：

（1）当岩体内应力达到峰值时支护已经施作完成，岩体的变形、剪胀或扩容完全被支护阻挡和约束，而支护本身有一定的刚度和强度，这时在围岩和支护双方力学特性的共同作用下形成围岩内和支护内各自的应力—应变状态。如果支护体有足够的强度和刚度，则共同体是稳定的，否则共同体即失稳。

（2）当岩体内应力达到峰值时，支护还未施做，并且直到岩体变形已充分发展而进入峰后流动变形阶段以后，支护也没有施做，这时岩体内的应力也已降至残余应力，将沿主控破裂面滑移和张裂，已达到危险的地步，如果在顶板悬露面或两帮暴露面存在关键块体，则该关键块体首先冒落或滑落，在顶板或两帮形成一定范围的冒落带或滑落带。地下工程处于整体失稳状态。不同级别围岩的这一过程长短不等。

大多数情况介于上述两种情况之间，即围岩内应力达到峰值以后，变形发展到一定程度，但尚未造成破裂带围岩冒落或滑移，此时支护才施作。由于支护已躲过一部分围岩变形，支护所承受的只是破碎带围岩峰后区剩

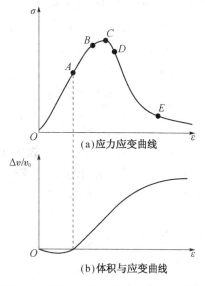

图 5-16  岩石应力应变与体积应变曲线

余位移部分，所以支护体内的应力、应变比第一种极端情况小。但并不能由此推论支护施作时间越晚越好，因为实际岩体复杂多变，掌握不好，围岩跨落在先，再去支护就失去靠支护维持稳定的意义。

### 二、围岩—支护共同作用原理

如果不受支护阻挡，在地下工程空间的周边破裂围岩将处于周边切向和空间轴向的双轴受力状态。通常轴向应力是中间主应力，若忽略它，周边的破裂围岩就相当于处于单轴受力状态。这时围岩要产生横向位移（对地下工程空间而言相当于径向位移），而支护抑制和约束这种横向位移（径向位移），由围岩和支护各自的力学特性共同决定了各自的体内应力与位移，在围岩与支护接触面的法向则应该具有相同的应力与位移。

力学研究的目标是确定受力物体内的应力场和位移场，找出最危险的应力或位移，最后根据材料强度确定能保证安全并且经济合理的工程结果的截面及其他几何尺寸。

由上可见，通过共同作用的分析，可以达到确定支护体内的应力与位移，进而选定支护结构尺寸的目的。但由于实际岩体的状况复杂多变，支护形式种类多、参数变化多，地下工程的类型也情况各异，目前用共同作用理论来解决支护设计问题还做不到。即便如此，仍可用"围岩—支护共同作用"原理（或理论）得出一些有重要价值的原则，以指导隧道支护设计和施工。

1. 围岩是一种天然承载结构

在围岩—支护力学平衡系统中，围岩通常承受着大部分的围岩压力，而支护却只承担其中一小部分。在支护和围岩分担地层压力的过程中，支护所承担的荷载是多变的；围岩分担的比重愈多，支护分担的比重将愈少。弹性变形区的围岩具有较大承载能力，处于塑性状态的围岩甚至破裂区的围岩也有一定的承载能力。

忽视围岩具有自支承能力(简称"自承能力")是不符合实际的。

**2. 合理的支护方式应充分利用围岩的自承力**

围岩的自承能力是天然的、无代价的,应尽量利用,这符合经济原则,能充分利用围岩自支承能力的施工方法和支护方式才是先进的、合理的施工方法和支护方式。光面爆破优于普通爆破;主动支护优于被动支护。

**3. 支护的性能**

支护应具有合理的刚度,见图 5-17,支护 1 的刚度过大,导致支护承受过大应力,而支护 2 的刚度则合理。

**4. 支护施作的时间**

如图 5-18,围岩开挖后应及时施作锚喷支护,这是提高围岩承载力的重要方法,过多地释放围岩应力,寻找所谓的"最佳支护点"的做法存在风险。围岩开挖后,围岩承载力迅速下降,反映在围岩特征曲线上即 $P_0 > P_1 > P_2$,所以尽快支护是围岩特性所决定的客观规律。

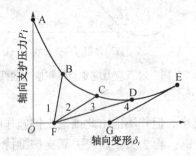

图 5-17　围岩和支护相互作用曲线

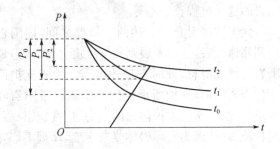

图 5-18　支护时机与围岩特性曲线

## 第四节　围岩压力与计算

假如不考虑不同地质和覆盖层条件,也不考虑支护类型和施做时间的影响,地层反应曲线和支护受力可以分为 4 个阶段,见图 5-19。

第一阶段:弹性状态阶段。支护只承受形变压力,支护越弱,施作越晚,平衡时的压力越小。

第二阶段:地层开始产生松动。支护将要承受"松弛"压力(松动压力);结果,由于应力释放使接触压力减小,而由于松动压力又使压力有所增大;两者相等时,地层反应曲线达到最小值。

第三阶段:松动压力越来越大。

第四阶段:剪切区已完全不能承载。

图 5-19　地层反应曲线

在共同作用理论未出现之前,早在 1907 年前苏联学者普氏就创立了一套散体地压学说,1942 年著名动力学专家太沙基(K. Terzaghi)也提出了一套基于土力学的理论松散体地压学说。以上两种学说可称为古典地压学说。

在 20 世纪 60 年代共同作用理论提出以后,弹塑性力学的研究在岩石力学研究中一直占据主导地位,古典地压学说则被冷落一旁。但是,几十年的实践证明,基于小变形理论的弹塑性力学方法解决岩石力学的能力是十分有限的,至今也远远达不到指导支护设计的地步。

需要支护的围岩一般都有一定程度的破裂区,破裂区围岩处于峰后区,其变形实质上是刚体滑移和裂隙扩张,已不符合小变形理论的基本假设条件,所以,用基于小变形理论的弹塑性力学去研究是不符合实际的。

从工程实用角度出发,总是需要一种简便的方法,即使不能作精细的计算,但能对工程上所需要的主要数据指标给出其估计值也好。

对支护来说,最主要的数据有:

1. 支护压力,即通常所谓的"地压"(ground pressure 或 rock pressure)的大小。

2. 支护在地压作用下的变形,如顶底板之间或两侧边墙之间的收敛量(convergence)以及底鼓量(floor heaving)的大小等。

## 一、围岩压力及其分类

1. 围岩压力(surrounding rock pressure)

隧道开挖后,因围岩变形或松散等原因,作用于支护或衬砌结构上的压力称为围岩压力。

狭义的围岩压力是指围岩作用在支护结构上的压力。在工程中一般研究狭义的围岩压力。

2. 围岩压力分类

根据发生的原因,围岩压力一般分为以下几种类型:

(1)松弛压力(loosening pressure)

由于开挖而松动或坍塌的岩体以重力形式直接作用在支护结构上的压力称松弛压力。

松弛压力按作用在支护上的位置不同分为竖向压力、侧向压力、底压力。

松弛压力通常在三种情况下发生:

①松散软弱围岩(开挖后不能保持自身稳定而松动、坍塌),坑道顶部和两侧片帮冒落;

②节理发育的裂隙岩体中,围岩某些部位沿软弱面发生剪切破坏或拉坏等局部塌落;

③支护结构与围岩间不密贴,导致隧道围岩松动坍塌。

(2)形变压力(clastic pressure)

形变压力指由围岩变形所引起的作用在支护上的挤压力(接触压力)。由于围岩—支护存在共同作用,形变压力与支护性能、施作时间有关。

引发形变压力的围岩变形包括塑性变形和流变变形。

(3)膨胀压力

当岩体具有吸水膨胀崩解的特征时,由于围岩吸水而膨胀崩解所引起的压力称为膨胀压力。它与形变压力的基本区别在于它是由吸水膨胀引起的。

(4)冲击地压

岩爆(rock burst)是在高地应力岩层中开挖隧道时,因围岩压力突然释放而引起的岩块爆裂向外抛射的现象,由"岩爆"引起的围岩压力成为冲击地压。

3.《铁路隧道设计规范》(TB 10003—2005)的荷载分类

《铁路隧道设计规范》给出了下列荷载(作用)定义与分类。

```
                              ┌ 围岩压力
                              │ 土压力
                        ┌ 恒载┤ 结构自重
                        │    │ 结构附加恒载
                        │    └ 混凝土收缩和徐变的影响
                 ┌ 主要荷载┤
                 │      │    ┌ 列车活载
                 │      │    │ 活载所产生的土压力
                 │      └ 活载┤ 公路车辆荷载
                 │           │ 冲击力
                 │           └ 渡槽流水压力(设计渡槽明洞时)
         荷载分类┤           ┌ 制动力
                 │           │ 温度变化的影响
                 │     附加荷载┤ 灌浆压力
                 │           └ 冻胀力
                 │           ┌ 施工荷载(施工阶段的某些外加力)
                 └     特殊荷载┤ 地震力
```

**二、围岩松散压力的形成**

**1. 工程现象**

开挖隧道所引起的围岩松动和破坏范围有大有小,对于一般裂隙岩体中的深埋隧道,普遍存在"成拱作用"——即坑道上方围岩经过变形、破坏、冒落后会形成相对稳定的自然平衡拱,见图 5-20。

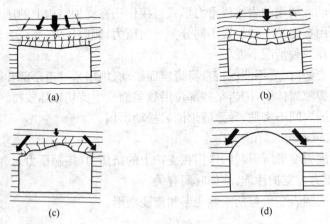

图 5-20    隧道自然平衡拱的形成

**2. 普氏的试验**

普氏在干砂($c=0$)箱底开孔,设门。打开门后,并不是箱中之砂全部流失,而只会流落一部分砂,最后形成穹窿形(图 5-21),穹窿以上的砂不再掉落。这是因为沿着穹窿周边的砂粒互相挤压自相平衡的结果。这种现象称为拱效应(arching effect)。

**3. 实际中的"拱效应"**

实际中有许多"拱效应"的例子,如黄土高原的窑洞(图 5-22)、岩溶洞穴、石窟等等。

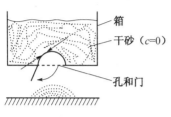

图 5-21　普氏拱效应实验示意图　　　　图 5-22　黄土高原的窑洞

### 三、深埋隧道围岩松散压力的确定方法

围岩破坏规律的直接表现形式是施工中产生的坍方,因此,可根据大量隧道坍方资料的统计分析,找出适用于隧道围岩破坏范围形状和大小的规律性,以此作为计算围岩松散压力的依据,见表 5-3。由于所统计的坍方资料是有限的,加上资料的可靠性也是相对的,所以由此得到的统计公式也只能在一定程度上反映围岩松动压力的真实情况。

表 5-3　围岩六级分类分析坍方值

| 规范名称 | 分类(级)名称 | 各分类级别下的坍方高度(m) | | | | | |
|---|---|---|---|---|---|---|---|
| | | Ⅰ | Ⅱ | Ⅲ | Ⅳ | Ⅴ | Ⅵ |
| TB 10003—2001<br>TB 10003—99<br>1 046 个样本 | 坍方高度统计标准值 | 0.58 | 1.59 | 2.68 | 3.98 | 8.53 | 11.36 |
| | 回归公式计算标准值 | 0.73 | 1.31 | 2.34 | 4.19 | 7.49 | 13.39 |
| TBJ 3—85<br>417 样本 | 坍方高度值 | 0.45 | 0.90 | 1.80 | 3.60 | 7.20 | 14.40 |
| | 回归计算标准值 | 0.6 | 1.2 | 2.3 | 4.7 | 10.0 | 19.0 |
| | 原围岩类别 | Ⅵ | Ⅴ | Ⅳ | Ⅲ | Ⅱ | Ⅰ |

注:统计资料为单线铁路隧道,开挖跨度约在 5.0～8.2 m 范围内变化。

**1. 垂直均布压力**

单线铁路隧道按概率极限状态设计时的垂直压力公式为

$$q=\gamma h=\gamma\times 0.41\times 1.79^s \tag{5-14a}$$

单线、双线及多线铁路隧道按破损阶段设计时的垂直压力公式为

$$q=\gamma h=\gamma\times 0.45\times 2^{s-1}w \tag{5-14b}$$

式中　$q$——围岩垂直均布压力(kPa);

$\gamma$——围岩重度(kN/m³);

$h$——围岩压力计算高度(m);

$s$——围岩级别;

$w$——宽度影响系数,$w=1+i(B-5)$,其中 $B$ 为坑道宽度(m),$i$ 为 $B$ 每增减 1 m 时的围岩压力增减率。当 $B<5$ m 时,取 $i=0.2$;$B=5$～15 m 时,取 $i=0.1$;$B>15$ m 时,可取 $i=0.1$。

## 2.水平均布压力
围岩水平均布压力见表 5-4。

表 5-4　围岩水平均布压力

| 围岩级别 | Ⅰ～Ⅱ | Ⅲ | Ⅳ | Ⅴ | Ⅵ |
|---|---|---|---|---|---|
| 水平均布压力 | 0 | $<0.15q$ | $(0.15\sim0.30)q$ | $(0.30\sim0.50)q$ | $(0.50\sim1.00)q$ |

表 5-4 的适用条件为：①$H_t/B<1.7$（$H_t$ 为坑道净高度,m）；

　　　　　　　　　　②深埋隧道；

　　　　　　　　　　③不产生显著偏压力及膨胀力的一般围岩；

　　　　　　　　　　④采用钻爆法施工的隧道。

## 3.围岩压力分布图形
当拟定支护结构尺寸和类型时,除考虑围岩压力的大小外,还必须考虑围岩压力的分布（即荷载图式）对支护结构的影响,在某些情况下,支护结构设计受后者控制。

工程实践和量测结果表明,压力的均布分布图式与实际情况有很大出入,不能完全反映衬砌的实际受力状态。这是因为：

（1）在Ⅰ级、Ⅱ级围岩中,局部坍方是主要的；在其他类别的围岩中,岩体破坏范围的大小和形状受岩体结构、施工方法等因素的控制,是极不规则的。

（2）中等坚硬岩层中,采用先拱后墙法施工时,拱腰 45°处的围岩压力为拱顶处的 1.6 倍左右；拱脚处的围岩压力为拱顶处的 1.3 倍左右,围岩压力的分布类似马鞍形。

（3）根据对运营隧道衬砌裂纹所进行的调查,按垂直分布荷载设计的三心圆尖拱衬砌,拱腰开裂现象多于拱顶。

（4）傍山隧道,靠山一侧拱腰纵向开裂比靠河一侧多。

不管从施工状况,还是从地质条件分析,多裂隙岩石所产生的荷载不可能是理想均布的,因此,用单一的均布荷载图式来确定衬砌应力是不够全面的。

在通用的隧道衬砌设计中,应按多种图式分布的围岩垂直压力进行验算,使之较符合实际情况。

根据统计资料,围岩垂直松动压力的分布图大致可概括为均匀分布、马鞍形（两侧大,中间小）、局部集中和梯形（有一定程度偏载）四种,见图 5-23。

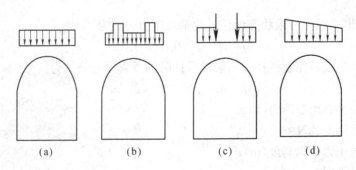

图 5-23　围岩垂直松动压力的分布图式

需要说明,各种非均匀分布的荷载在衬砌全宽上的总值,应与《铁路隧道设计规范》规定的围岩垂直均布荷载的总值（大致）相等。围岩水平主动侧压力的分布图式,通常简化为均匀分布。

### 四、浅埋隧道围岩压力的确定方法

上述松动压力的确定方法都是建立在洞室上方岩体形成天然拱的假设基础上。但是要形成天然拱,需要足够的埋置深度。大于这一深度的称深埋隧道(上述松动荷载计算公式仅适用于深埋隧道);否则为浅埋隧道。隧道进出洞口段常为浅埋。浅埋隧道计算松动压力时,认为岩体松动范围将会扩展到地面,整个覆盖厚度的岩体重量作用在支护结构上。上述深浅埋的分界深度大致等于$(2\sim2.5)h$,$h$ 是天然拱厚度,可依深埋条件算出。

浅埋隧道围岩松动压力计算方法如下。

1. 基本假设(图 5-24)

(1)洞室上方覆盖岩体重量$W_1$ 全部作用在结构上,但要扣除其下移时两侧岩土给它的摩擦力。

$$P=W_1-2T_1\sin\theta \tag{5-15}$$

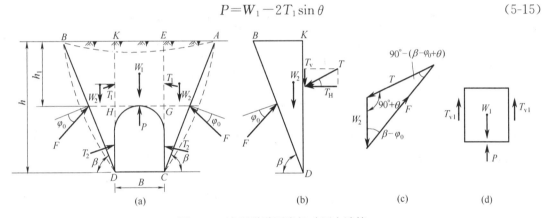

图 5-24　浅埋隧道围岩松动压力计算

(2)根据观察,岩土下沉出现的破裂线不在 $KH$,而多呈如图 $BD$ 的弧线,于是认为岩体 $W_1$ 下移,牵动 $BKD$ 棱体最终在 $BD$ 处破裂。计算时据此假设有两个摩擦角 $\varphi_0$ 及 $\theta$,$\varphi_0$ 为岩体实在的物性指标,$\theta$ 值在无实测资料时,可根据具体情况参考表 5-5 选用。

表 5-5　各级围岩的 $\theta$、$\varphi_0$ 值

| 围岩级别 | I | II | III | IV | V | VI |
|---|---|---|---|---|---|---|
| $\theta$ | $0.9\varphi_0$ | $0.9\varphi_0$ | $0.9\varphi_0$ | $(0.7\sim0.9)\varphi_0$ | $(0.5\sim0.7)\varphi_0$ | $(0.3\sim0.5)\varphi_0$ |
| $\varphi_0$ | $>78°$ | $70°\sim78°$ | $60°\sim70°$ | $50°\sim60°$ | $40°\sim50°$ | $30°\sim40°$ |

(3)为求式(5-15)中的 $T_1$ 值,使用棱体 $BDK$ 的力平衡条件,建立公式:

$$\frac{T}{\sin(\beta-\varphi_0)}=\frac{W_2}{\sin[90°-(\beta-\varphi_0+\theta)]} \tag{5-16}$$

由图 5-24 知:

$$T=T_1+T_2$$

$$W=\frac{1}{2}\gamma h^2\frac{1}{\tan\beta}$$

$$T=\frac{1}{2}\gamma h^2\frac{1}{\tan\beta}\frac{\sin(\beta-\varphi_0)}{\cos(\beta-\varphi_0+\theta)} \tag{5-17}$$

将式(5-17)整理,作三角变换运算,可变为

$$T=\frac{1}{2}\gamma h^{2}\frac{\tan\beta-\tan\varphi_{0}}{\tan\beta\cos\theta[1+\tan\beta(\tan\varphi_{0}-\tan\theta)+\tan\varphi_{0}\ \tan\theta]} \tag{5-18}$$

令

$$\lambda=\frac{\tan\beta-\tan\varphi_{0}}{\tan\beta[1+\tan\beta(\tan\varphi_{0}-\tan\theta)+\tan\varphi_{0}\ \tan\theta]} \tag{5-19}$$

则

$$T=\frac{1}{2}\gamma h^{2}\frac{\lambda}{\cos\theta}$$

式(5-19)右端各参数中,在工程具体条件下,仅 $\beta$ 有变化,即 $\lambda$(对应 $T$)为 $\beta$ 的函数。令 $\frac{\mathrm{d}\lambda}{\mathrm{d}\beta}=0$,最后化得

$$\tan\beta=\tan\varphi_{0}+\sqrt{\frac{\tan\varphi_{0}(\tan^{2}\varphi_{0}+1)}{\tan\varphi_{0}-\tan\theta}} \tag{5-20}$$

式右端均已知,算出 $\beta$ 后,进而继续可求松动压力值。

2. 垂直土压力集度 $q$

$$P=W_{1}-2T_{1}\sin\theta=\gamma h_{1}B-2\times\frac{1}{2}\gamma h_{1}^{2}\frac{\lambda}{\cos\theta}\sin\theta=\gamma Bh_{1}-\gamma h_{1}^{2}\lambda\tan\theta \tag{5-21}$$

$$q=\frac{P}{B}=\gamma h_{1}\left(1-\frac{h_{1}\lambda\tan\theta}{B}\right) \tag{5-22}$$

3. 侧向岩土压力 $e$

假定侧向压力 $e$ 呈梯形分布,从图 5-25 可知,其相当于 $T_2$ 的水平分量。

$$E=T_{2}\cos\theta=(T-T_{1})\cos\theta=\left(\frac{1}{2}\gamma h^{2}\frac{\lambda}{\cos\theta}-\frac{1}{2}\gamma h_{1}^{2}\frac{\gamma}{\cos\theta}\right)\cos\theta=\frac{1}{2}\gamma\lambda(h+h_{1})(h-h_{1})$$

从图 5-24 可知,侧压力合力

$$E=\frac{1}{2}(e_{1}+e_{2})(h-h_{1})$$

于是

$$e_{1}=\gamma\lambda h_{1} \tag{5-23}$$

$$e_{2}=\gamma\lambda h \tag{5-24}$$

这样,上述为简化算式而引入的符号 $\lambda$,也有了物理意义,即围岩的侧压力系数。

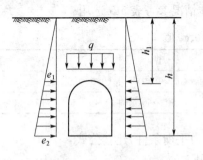

图 5-25  侧向松动压力

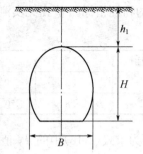

图 5-26  松动压力计算示例

**例 5-1** 围岩松动压力的计算示例。

如图 5-26 所示,单线隧道处在Ⅳ级围岩中,埋深 $h_{1}=20$ m,$B=7.4$ m,$H=8.8$ m。岩体重度 $\gamma=21.5$ kN/m$^3$,计算时取纵向单位长度。

由式(5-14a)得        $h=0.41\times1.79^{s}=0.41\times1.79^{4}=4.21$ m

$$q=21.5\times4.21=90.5 \text{ kN/m}$$

由表 5-4 知，水平压力 $e=(0.15\sim0.3)q=13.5\sim27.15$ kN/m

检算 $h_1=20$ m$>(2\sim2.5)h$ 属深埋条件，正确。

如果 $h_1=8$ m，$h_1<2h$，为浅埋隧道，应按式(5-22)计算。

查表 5-5 取 $\varphi_0=55°$，$\theta=0.8\varphi_0=44°$，则 $\tan\varphi_0=1.428$，$\tan\theta=0.966$。

$$\tan\beta=\tan\varphi_0+\sqrt{\frac{\tan\varphi_0(\tan^2\varphi_0+1)}{\tan\varphi_0-\tan\theta}}=1.428+\sqrt{\frac{1.428(1.428^2+1)}{1.428-0.966}}=4.493$$

$$\lambda=\frac{\tan\beta-\tan\varphi_0}{\tan\beta[1+\tan\beta(\tan\varphi_0-\tan\theta)+\tan\varphi_0\tan\theta]}=0.153$$

$$q=\gamma\left(h_1-\frac{\gamma h_1^2\tan\theta}{B}\right)=144.52 \text{ kN/m}$$

$$e_1=\gamma h_1\lambda=26.32 \text{ kN/m}$$

$$e_2=\gamma h\lambda=55.26 \text{ kN/m}$$

可知浅埋隧道所受围岩松动压力比深埋隧道要大，因而靠近洞口段的洞身衬砌需要加强。

求取围岩压力还可采用现场量测的方法，一种是将测压元件(通用压力盒)置于围岩和支护的交界面，直接量出该处的压力。另一种是用各种应变计测得支护结构的应变，间接推算出围岩压力。原理上说，应该是很准确的，但由于不同场合实际量测条件很难一致，因此所得数据往往也很离散。

# 第五节　铁路隧道衬砌设计

## 一、隧道结构计算理论的发展

隧道结构计算理论随着隧道开挖、支护技术、土力学、岩石力学、计算技术等项关学科的发展而发展。土力学的松散地层围岩稳定和围岩压力理论、岩石力学的围岩压力和地下工程支护结构理论、新奥法、测试技术、计算机技术和数值分析方法等促使隧道结构计算理论逐渐完善，成为一门区别于地面结构的学科。

隧道结构计算理论的发展大概可分为 4 个阶段。

1. 刚性结构阶段

以砖石材料砌筑的地下结构截面尺寸设计得很大，结构受力后产生的弹性变形较小，因而最先出现的计算理论是将地下结构视为刚性结构。

2. 弹性结构阶段

19 世纪后期，混凝土和钢筋混凝土材料陆续用于隧道工程，因其有较好的整体性，所以开始将地下结构弹性连续拱形框架按超静定结构力学方法计算结构内力，荷载为地层压力，并考虑了地层对结构产生的弹性反力的约束作用。

3. 连续介质阶段

由于人们认识到地下支护结构与围岩结构是一个受力整体，便开始用连续介质力学理论计算隧道结构内力。这种计算方法的重要特征是把支护结构与岩体作为一个统一的力学体系来考虑。两者之间的相互作用则与岩体的初始应力状态、岩体的特性、支护结构的特性、支护结构与围岩的接触条件以及参与工作的时间等一系列因素有关，其中也包括施工技术的影响。

但是,这种计算方法将围岩假定为理想的连续介质、各向同性体,使计算结果与实际有较大的出入。

**4.数值分析与信息反馈阶段**

随着计算机技术的推广和岩土介质本构关系研究的进步,隧道结构的数值计算方法有了很大发展。有限元法、边界元法及离散元法等数值解法迅速发展,模拟围岩弹塑性、黏弹塑性及岩体节理面等大型程序已经很多,使得连续介质力学的计算应用范围得到扩大;这些理论都是以支护与围岩共同作用和需得知地应力及施工条件为前提的,比较符合地下工程的力学原理。然而,计算参数还难以准确获得,如原岩应力、岩体力学参数等。另外,人们对岩土材料的本构模型与围岩的破坏失稳准则还认识不足。因此,目前根据共同作用所得的计算结果,一般也只能作为设计参考依据。

与此同时,以新奥法理论为基础,采用锚杆与喷射混凝土支护工艺、控制爆破和监控量测技术,将支护与围岩共同作用、信息反馈原理应用在地下工程中,形成现代信息化支护理论与技术。信息化设计与施工理论是今后隧道工程的发展方向。

目前,工程中主要采用的工程类比设计法,也正在向着定量化、精确化和科学化的方向发展。

应该指出,隧道结构计算理论的上述几个发展阶段在时间上并没有截然的先后之分,后期提出的计算方法一般也并不否定前期的研究成果,鉴于岩土介质的复杂多变,这些计算方法都各有其比较适用的一面,又各自带有一定的局限性。但是,各种新方法的不断出现,意味着隧道结构的计算理论将日益趋于完善。

**二、铁路隧道衬砌设计的一般原则**

隧道衬砌结构和洞门的设计,要在满足铁路运营要求,保证结构的强度和稳定性的条件下,尽可能地降低造价,达到既安全又经济的目的。

《铁路隧道设计规范》规定:衬砌结构的形式及尺寸,可根据围岩级别、水文地质条件、埋置深度、结构工作特点,结合施工条件等,通过工程类比和结构计算确定,必要时还应经过试验论证。

隧道衬砌是一种超静定结构,设计隧道衬砌断面时,通常要参考以往设计、施工和运营的经验,定出衬砌轴线和厚度,经过静力计算和修改,得到最后要采用的衬砌断面。《铁路隧道设计规范》总结了长期工程实践经验,规定了适合于各种围岩类别的单线铁路隧道衬砌类型及主要构造尺寸,可作为设计时的依据。

铁路隧道设计过程见图 5-27。

**三、可靠度设计概念**

可靠度设计是隧道支护结构设计理念的进步,虽然可靠度设计本身尚有待完善,但实践和探索是非常必要的。

规范中将可靠度设计称为概率极限状态设计法,比较完整的表述可以是以概率论为基础的极限状态设计法,以可靠指标度量结构构件的可靠度,采用以分项系数的设计表达式进行设计。

在此以前,我们长期应用的是安全系数设计法,具体还可分为破损阶段法及容许应力法。

在本章第一节中,设计过程用数学式表达为 $Z=R-S$,$Z$ 值为判断结构合格与否的根据。

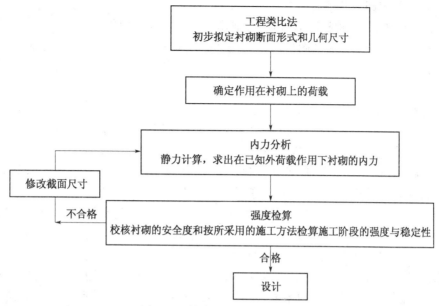

图 5-27　铁路隧道设计过程框图

对 $R$ 和 $S$ 进行比较判别时,人们很早就意识到,由于原始参数、荷载、材料强度值等的不稳定,计算公式不能完全反映实际,再加上其他没有考虑到的因素,因而对比较结果要打个折扣亦即附加一个安全系数。

$$S \leqslant R/K = [\sigma] \quad 或 \quad R/S \geqslant K$$

前式为容许应力法的表达式,后式为破损阶段法的表达式。两式的共同点是引入了一个量值大于 1 的安全系数 $K$。式中 $S$、$R$ 仍为广义的作用效应及抗力,它可以是力、应力、变形等。

老的铁路隧道设计规范规定大部分结构使用破损阶段设计法,对某些梁式构件,使用桥梁规范,采用容许应力法。

长期使用的一个安全系数固定值的这种检算或设计方法存在着很大的缺陷,其一,是概念上容易误导,给人的结论是只要 $K$ 大于规定值或截面应力小于容许应力,结构就是完全安全的,反之就不安全,实际并非如此简单和绝对。其二,安全系数 $K$ 值由人为笼统确定,并没有理论及计算依据,这样做的结果,实际上是损伤了 $R$ 和 $S$ 计算的准确度。鉴于众多参数的不确定和不清晰,比较式中引进安全因素是完全必要的,但最好不要用一个固定的系数值。

所谓概率极限状态,就是把许多模糊、波动的因素而导致的结构不安全程度,用概率理论处理的方法加以量化,得出安全(或不安全)的程度值,也即是可靠度的概念。

荷载、材料强度等值为随机变量,可用概率分布的形式表述。按其数据的实际特性,也为了便于运算,大多用正态分布图形。图 5-28 为荷载的概率分布图。

如果设计中荷载取平均值 $q_{av}$,那么从图5-28可知,出现实际荷载 $q$ 大于 $q_{av}$ 的机会将有 50%,仅这一因素导致结构不安全的程度概率也是50%,当然这量值也可用另一角度如安全的程度

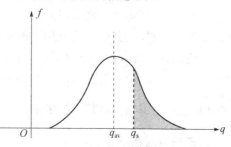

图 5-28　荷载的概率分布示意

（概率）来表述，其值即为其补数。

如果设计中取 $q_s$ 值，根据图形可知，可能出现大于它而导致结构不安全的 $q$ 值的几率要小一些（具体值等于该点以右的图形面积和整个曲线包围面积之比）。$q_s$ 和 $q_{av}$ 的关系可用下式表示：

$$q_s = \sigma q_{av} \tag{5-25}$$

式中，$\sigma$ 称取值系数，$q_s$ 称为对应 $q$ 多少几率的分位值。

反之，可按所允许的不安全程度（概率），反推出应取的荷载值 $q_s$ 及系数 $\sigma$。

以上是对单一参数的简化分析，把它推广到整个结构，当然要复杂得多，但道理一样。即分别分析结构设计的主要参数，如各种荷载、结构尺寸、材料强度等，画出各概率分布图形，各取分位值，再组合到结构整体，作概率运算。

在可靠度设计理论中，把上述不同取值设计出来的结构，在规定使用期（称设计基准期）内能够安全的程度，称为可靠概率（$P_s$）。相对应不安全的程度，称为失效概率（$P_f$），两者互补。

实际工作中是先按照建筑物的重要性及损坏将造成的后果，确定一允许的失效概率 $P_f$（比如万分之一），通过运算，把它反映到各参数的取值（如 $q_s$ 上），再反推到参数的 $\sigma$ 值上，$\sigma$ 是对各项参数都要算定的，故称分项系数，即前述的："采用以分项系数的设计表达式进行设计"。规范中表面反映出来的，是在通常的检算公式中增加了一些分项系数，其实它们是经过相当复杂的计算才得到的。

还要说明一点，现实计算中并不直接使用失效概率 $P_f$ 这一物理量，而是再引进一个新的物理量 $\beta$，称可靠指标，它和 $P_f$ 一一对应，有了 $P_f$，即可转化为 $\beta$，见表 5-6。规范所说的"以可靠指标度量结构构件的可靠度"，即指此。$\beta$ 是概率正态分布图形中的一个特征值，利用它可大大方便众多的运算和推演工作。

表 5-6　可靠指标 $\beta$ 和失效概率 $P_f$ 的关系表

| $\beta$ | 1.00 | 1.64 | 2.00 | 2.70 | 3.00 | 3.09 |
|---|---|---|---|---|---|---|
| $P_f$ | $15.87 \times 10^{-2}$ | $5.05 \times 10^{-2}$ | $2.27 \times 10^{-2}$ | $3.47 \times 10^{-3}$ | $1.36 \times 10^{-3}$ | $1.00 \times 10^{-3}$ |
| $\beta$ | 3.20 | 3.70 | 4.00 | 4.26 | 4.50 | 5.00 |
| $P_f$ | $6.87 \times 10^{-4}$ | $1.08 \times 10^{-4}$ | $3.16 \times 10^{-5}$ | $1.02 \times 10^{-5}$ | $3.40 \times 10^{-6}$ | $2.90 \times 10^{-7}$ |

可靠度设计的优点是把诸多影响建筑物安全的设计参数的不确定因素，运用概率理论逐个分析量化，再按允许建筑物出现不安全的程度，计算相应分项系数值，从而使设计更趋合理。它的准确性建立在各参数的概率分布图形准确与否上，这就需要大量数据资料作为基础，我国铁路有关部门作了许多调查研究工作，使得 2005 年实行的《铁路隧道设计规范》有可能采用这一方法。规范规定，一般地区单线隧道整体式衬砌及洞门、单线隧道偏压衬砌及洞门、单线拱形明洞及洞门，都可采用概率极限状态法进行设计，具体检算公式将在下节介绍。由于基础工作尚不够，规范规定其余结构仍用破损阶段法或容许应力法设计。

隧道结构设计采用动态可靠度分析法，即利用现场监测信息预测地下工程的稳定可靠度，从而对支护结构进行优化设计，是改善地下工程支护结构设计的有效途径。

### 四、铁路隧道结构计算方法的规定

1. 概率极限状态法

概率极限状态法适用于旅客列车行车速度小于或等于 140 km/h、货物列车行车速度小于或等于 80 km/h 且不运行双层集装箱列车的一般地区单线隧道整体式衬砌及洞门、单线隧道偏压衬砌及洞门，单线拱形明洞及洞门。

隧道结构应根据承载能力极限状态及正常使用极限状态的要求，分别按下列规定进行计算和验算：

(1)承载力与稳定。结构构件均应进行承载能力(包括压屈失稳)的计算，必要时尚应进行结构整体稳定性计算。

(2)变形。对使用上需控制变形值的结构构件，应进行变形验算。

(3)抗裂及裂缝宽度。对使用上要求不出现裂缝的混凝土构件，应进行混凝土抗裂验算；对钢筋混凝土构件，应验算其裂缝宽度。

隧道结构的设计、施工、运营及养护应实行有效的质量管理和控制，以使结构达到并保持规定的结构可靠性或安全度。

2.破损阶段法和容许应力法

隧道和明洞衬砌按破损阶段检算构件截面强度时，根据结构所受的不同荷载组合，在计算中应分别选用不同的安全系数，并不应小于表 5-7 和表 5-8 所列数值。按所采用的施工方法检算施工阶段强度时，安全系数可采用表列"主要荷载＋附加荷载"栏内数值乘以折减系数 0.9。

表 5-7　混凝土和砌体结构的强度安全系数

| 材 料 类 型 | | 混　凝　土 | | 砌　　体 | |
|---|---|---|---|---|---|
| | 荷载组合 | 主要荷载 | 主要荷载＋附加荷载 | 主要荷载 | 主要荷载＋附加荷载 |
| 破坏原因 | 混凝土和砌体达到抗压极限强度 | 2.4 | 2.0 | 2.7 | 2.3 |
| | 混凝土和砌体达到抗拉极限强度 | 3.6 | 3.0 | — | — |

表 5-8　混凝土和砌体结构的强度安全系数

| 荷　载　组　合 | | 主要荷载 | 主要荷载＋附加荷载 |
|---|---|---|---|
| 破坏原因 | 钢筋达到计算强度或混凝土达到抗压或抗剪极限强度 | 2.0 | 1.7 |
| | 混凝土达到抗拉极限强度 | 2.4 | 2.0 |

喷锚衬砌和复合式衬砌的初期支护，宜按工程类比法确定衬砌设计参数；施工期间应通过监控量测进行修正。对地质复杂、大跨度、多跨度和有特殊要求的隧道，除采用工程类比法外，还应结合数值解法或近似解法进行分析确定。

计算复合式衬砌时，初期支护应按主要承载结构计算。二次衬砌在Ⅰ～Ⅲ级围岩中可作为安全储备，按构造要求设计；在Ⅳ～Ⅵ级围岩，应按承载结构设计。

喷锚衬砌和复合式衬砌初期支护的稳定性，应按监控量测得到的总位移量与极限位移量比较和位移变化趋势进行判别。极限位移应根据围岩地质条件、断面特征及施工方法等因素分析确定，采用表 2-10 和表 2-11 中参数设计的初期支护，其极限相对位移可参照《铁路隧道设计规范》中的附录 F 选用。

隧道和明洞衬砌的混凝土偏心受压构件，其轴向力的偏心距不宜大于截面厚度的 0.45 倍；对于半路堑式明洞外墙、棚式明洞边墙和砌体偏心受压构件，不应大于截面厚度的 0.30 倍。

## 第六节　结构力学方法

### 一、荷载结构模型的特点

这种模型是把荷载和结构明确分开，以修筑的支护结构为主体，承受主要由围岩形成的压力（荷载），但围岩仍对结构变形施以约束。它可用传统的结构力学法求解，其图式如图5-29所示。

模型计算的关键，在于如何确定支护结构受到的荷载以及如何反映或模拟围岩对结构变形的约束作用。

荷载是一切结构分析的主要因素，在可靠度设计方法中，将荷载的概念称其为作用，它的意思是指使结构产生内力和变形的原因。其中，一类是重力荷载直接传递所引起的；另一类是强迫结构作某种变形而引起的。过去将后者也称为荷载是不够确切的。相应的，由直接、间接作用引起的结构内力、变形，统称为"作用效应"。《铁路隧道设计规范》（TB 10003—2005）还规定结构所受作用分为永久作用、可变作用及偶然作用。

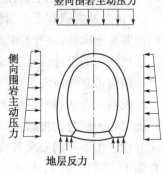

图5-29　荷载结构模型

永久作用是指在规定作用期内（也称设计基准期）量值不随时间变化或其变化量和平均值相比可以忽略的作用，如结构的自重、围岩压力等。

可变作用是指在设计基准期内随时间变化，且其变化量与平均值相比不可忽略的作用，如特殊施工方法中出现的施工荷载。

偶然作用是指在设计基准期内不一定出现，而一旦出现其量值很大且持续时间很短的作用，如地震作用。

可见，一般只计入围岩压力及结构自重。

如图5-29所示，当结构受到竖向围岩压力时，两侧将向围岩方向位移，支护结构对这种位移（变形）的约束，相当于沿岩面添加了大量弹性支承，由此而引起的围岩对支护结构的约束反力，称为弹性抗力。

弹性抗力的大小，目前多用文克尔（Winkler）的局部变形理论计算。局部变形理论把围岩简化为一组彼此独立的弹簧（弹性支承），某一弹簧受压缩时产生的反力值，只和其自身压缩量成正比，和其他弹簧无关，如图5-30所示。

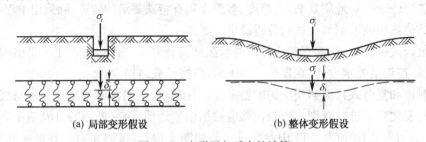

(a) 局部变形假设　　　　　　　　　(b) 整体变形假设

图5-30　变形引起反力的计算

$$\sigma_i = K\delta_i \qquad (5\text{-}26)$$

式中　$\delta_i$——支护结构表面某点 $i$ 的位移（即对应的围岩表面某点的压缩变形）；

$\sigma_i$——在该点处围岩和结构相互作用的反力；

$K$——围岩的弹性反力系数。

这样假设和实际情况有出入,但简单,便于应用,也可满足一般工程设计的精度要求,故广为使用。

围岩的约束作用是地下结构的一大特点,它有利于结构的稳定,提高了结构的承载力。

### 二、围岩松动压力的确定方法

见本章第四节"围岩压力与计算"。

### 三、弹性支承图式的数值求解

了解结构所受的荷载以及围岩约束作用的处理方法后,就可以按传统的结构力学方法求解。数值方法则多把这种约束作用表达为设置许多弹性支承,如图 5-31 所示。现行铁路隧道衬砌标准图就是按这一图式计算出结构内力的。

### 四、衬砌截面检算

按荷载结构模型进行设计,最后要作截面检算,这种传统的步骤和目前的构造设计、施工方法,即主要使用现浇衬砌作永久性支护结构,互相对应。

对支护结构(本模型中即现浇衬砌)内力计算的结果,可得到衬砌任一截面所受弯矩、轴力及剪力(图 5-32)。其中弯矩和轴力是主要的。

如图 5-32 可知:
$$e_0 = M/N$$

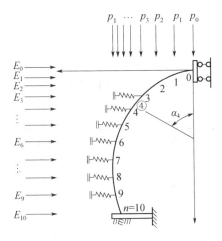

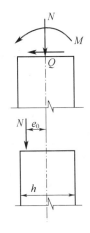

图 5-31　弹性支承的计算图式　　　　　　　图 5-32　截面内力

(一)概率极限状态法

现行铁路隧道设计规范规定单线隧道和明洞的整体式衬砌均采用概率极限状态设计(可靠度设计)。在可靠度设计中,要作两种极限状态的截面检算。

1. 承载能力极限状态计算

承载能力极限状态指截面受力达到了构件强度或即将使整个结构丧失稳定的情况,对隧道衬砌具体结构来说主要是面临压坏。规范规定的检算公式如下:

$$\gamma_{sc} N_k \leqslant \varphi \alpha b h f_{ck} / \gamma_{Rc} \tag{5-27}$$

式中　$N_k$——轴力标准值(MN),由各种作用标准值计算得到;

$\gamma_{sc}$——混凝土衬砌构件抗压检算时的作用效应分项系数,按表 5-9 选用;

$\gamma_{Rc}$——混凝土衬砌构件抗压检算时的抗力分项系数,按表 5-9 选用;

**表 5-9    混凝土衬砌构件抗压检算各分项系数**

| 分项系数 | 单线偏压隧道衬砌 | 单线明洞混凝土衬砌 | 单线深埋隧道衬砌 |
|---|---|---|---|
| 作用效应分项系数 $\gamma_{sc}$ | 3.95 | 1.60 | 2.67 |
| 抗力分项系数 $\gamma_{Rc}$ | 1.85 | 1.83 | 1.35 |

$\varphi$——构件纵向弯曲系数,对于隧道衬砌、明洞拱圈及回填紧密的边墙,可取 $\varphi=1.0$,对于其他构件,应根据其长细比查得;

$f_{ck}$——混凝土轴心抗压强度标准值(MPa);

$b$——截面宽度(m);

$h$——截面高度(m);

$\alpha$——轴向力偏心系数,可由 $e_0/h$ 值查得。

式(5-27)的物理意义是:在考虑各种因素的概率影响之后的作用效应下,构件将出现的轴力设计值应小于或等于同样考虑相关概率影响之后求得的截面极限抗压能力。

2. 正常使用极限状态

正常使用极限状态即构件的变形(裂缝)位移等,达到建筑物长期正常使用所规定的限值。

(1)从抗裂要求出发,衬砌混凝土矩形截面偏心受压构件的抗裂承载能力应按下式检算:

$$\gamma_{st} N_k (6e_0 - h) \leqslant 1.75 \varphi b h^2 \frac{f_{ctk}}{\gamma_{Rt}} \tag{5-28}$$

式中    $N_k$——轴力标准值(MN),由各种作用标准值计算得到;

$\gamma_{st}$——混凝土衬砌构件抗裂检算时的作用效应分项系数,按结构类型由表 5-10 选用;

**表 5-10    混凝土衬砌构件抗裂检算各分项系数**

| 分项系数 | 单线偏压隧道衬砌 | 单线明洞混凝土衬砌 | 单线深埋隧道衬砌 |
|---|---|---|---|
| 作用效应分项系数 $\gamma_{st}$ | 3.10 | 1.40 | 1.52 |
| 抗力分项系数 $\gamma_{Rt}$ | 1.45 | 2.51 | 2.70 |

注:当 $e/h < 1/6$ 时可不进行抗裂检算。

$\gamma_{Rt}$——混凝土衬砌抗裂检算时的抗力分项系数,按结构类型由表 5-10 选用;

$e_0$——检算截面偏心距(m);

$b$——截面宽度(m);

$h$——截面高度(m);

$\varphi$——构件纵向稳定系数,对于隧道衬砌、明洞拱圈及回填紧密的边墙,取 $\varphi=1.0$;

$f_{ctk}$——混凝土轴心抗压强度标准值。

(2)钢筋混凝土偏心受压构件最大裂缝宽度可按下式计算(对 $e_0 \leqslant 0.55h_0$ 的偏压构件可不检算):

$$w_{max} = \alpha \psi \gamma (1.9 C_s + 0.08 d / \rho_{te}) \sigma_s / E_s \tag{5-29}$$

式中    $w_{max}$——最大裂缝宽度(mm);

$\alpha$——构件受力特征系数,偏心受压构件取 $\alpha=2.7$;

$\psi$——裂缝间纵向受拉钢筋应变不均匀系数;

$\gamma$——纵向受拉钢筋表面特征系数;

$C_s$——最外层纵向受拉钢筋外缘至受拉区底边的距离(mm);

$d$——钢筋直径(mm);

$\rho_{te}$——按有效受拉混凝土面积计算的纵向受拉钢筋配筋率;

$\sigma_s$——环向受拉钢筋的应力(MPa);

$E_s$——钢筋的弹性模量(MPa)。

其他符号含义同前,具体可参考《铁路隧道设计规范》(TB 10003—2005)。

**(二)破损阶段法和容许应力法**

1. 衬砌结构强度计算

对钢筋混凝土矩形截面的大偏心受压构件,其截面强度应按下列公式计算:

$$KN \leqslant R_w bx + R_g(A_s - A_s') \tag{5-30a}$$

或

$$KM = KNe \leqslant R_w bx\left(h_0 - \frac{x}{2}\right) + R_g A_s'(h_0 - a_s') \tag{5-30b}$$

式中　$N$——轴力标准值;

$K$——安全系数;

$M$——弯矩标准值;

$R_w$——混凝土弯曲抗压极限强度;

$R_g$——钢筋的抗拉或抗压计算强度。

其他符号含义同前。

对钢筋混凝土矩形截面的小偏心受压构件,其截面强度应按下列公式计算:

$$KNe \leqslant 0.5R_a bh_0^2 + R_g A_s'(h_0 - a_s') \tag{5-31}$$

当轴力 $N$ 作用于钢筋 $A_s$ 与 $A_s'$ 的重心之间时,尚应符合下列要求:

$$KNe' \leqslant 0.5R_a bh_0'^2 + R_g A_s(h_0' - a_s) \tag{5-32}$$

式中　$e'$——压力作用点至受压钢筋合力点的距离。

其他符号含义同前,具体可参考《铁路隧道设计规范》(TB 10003—2005)。

2. 钢筋混凝土结构抗压强度检算($e_0 \leqslant 0.2h$)

对混凝土矩形截面中心及偏心受压构件,抗压强度按下式计算:

$$KN \leqslant \varphi \alpha R_a bh \tag{5-33}$$

式中　$N$——轴向力;

$K$——安全系数;

$\alpha$——轴向力的偏心影响系数;

$R_a$——混凝土抗压极限强度。

其他符号含义同前,具体可参考《铁路隧道设计规范》(TB 10003—2005)。

3. 混凝土结构抗拉强度检算($e_0 > 0.2h$)

从抗裂要求出发,混凝土矩形截面偏心受压构件的抗拉强度按下式计算:

$$KN(6e_0 - h) \leqslant 1.75\varphi bh^2 R_l \tag{5-34}$$

式中 $R_l$——混凝土抗拉极限强度;

$e_0$——检算截面偏心距(m)。

其他符号含义同前,具体可参考《铁路隧道设计规范》(TB 10003—2005)。

## 第七节　岩体力学方法

### 一、用岩体力学进行分析的思路及基础知识

**(一)分析思路**

岩体力学方法系把围岩和支护结构看作一个支承体系,分析在洞室开挖以后,支护设置前后这个体系中的应力(相应的位移)变化情况,并据以判断是否稳定。前已述及这样的计算模型着眼于地层和结构的共同作用,故称为地层结构模型。

在洞室开挖以前,围岩处于初始应力状态,也称初始应力场$\{\sigma\}^0$,它通常总是稳定的。开挖以后,地应力自我调整,且出现相应位移,称二次应力场及位移场($\{\sigma\}^2$ 及$\{u\}^2$),这时,如果其应力水平及位移小于岩体的强度及允许值,那么岩体仍处于弹性状态,仍是稳定的。一般说,无须施作支护结构来增加整个体系的支撑能力。反之,围岩的一部分出现塑性以至松弛,就要适时修筑支护,给围岩以反力并约束其自由位移,这样两者结合成一个体系,应力再次调整,围岩出现三次应力场及位移场($\{\sigma\}^3$,$\{u\}^3$),支护结构中相应出现了内力及位移($\{M\}$,$\{\delta\}$),此时则据($\{M\}$,$\{\delta\}$),判断结构的安全状况。

岩体力学完整分析流程如图 5-33 所示。

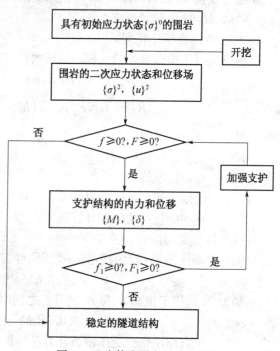

图 5-33　岩体力学方法分析流程

**(二)弹性阶段围岩二次应力场及位移场的计算**

由于围岩性质十分复杂多变,洞室开挖引起的应力调整也是十分复杂的,加上不同的洞室尺寸及开挖方法的影响,使得理论分析计算十分困难,不得不借助一些简化假设,虽然简化后和工程实际有所差异,但仍可定性地反映其变化规律,目前所用假设大多有:

(1)围岩为均质、各向同性的连续介质;

(2)只考虑自重形成的初始应力场;

(3)隧道形状以规则的圆形为主;

(4)隧道埋设于相当深度,可看作无限平面中的孔洞问题。

在这样假设下,计算模型如图 5-34 所示,这在弹性理论中有现成的解答,即基尔西(G. Kirsch)公式。

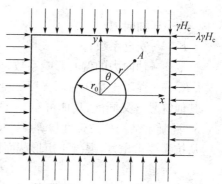

图 5-34　岩体力学方法的计算模型

径向应力　　　　$\sigma_r = \dfrac{\gamma H_c}{2}\left[(1+\lambda)\left(1-\dfrac{r_0^2}{r^2}\right) + (1-\lambda)\left(1-\dfrac{4r_0^2}{r^2}+\dfrac{3r_0^4}{r^4}\right)\cos 2\theta\right]$

切向应力　　　　$\sigma_\theta = \dfrac{\gamma H_c}{2}\left[(1+\lambda)\left(1+\dfrac{r_0^2}{r^2}\right) - (1-\lambda)\left(1+\dfrac{3r_0^4}{r^4}\right)\cos 2\theta\right]$

剪应力　　　　　$\tau_{r\theta} = \dfrac{\gamma H_c}{2}(1-\lambda)\left(1+\dfrac{2r_0^2}{r^2}-\dfrac{3r_0^4}{r^4}\right)\sin 2\theta$　　　　　(5-35)

径向位移　　　　$u = \dfrac{\gamma H_c r_0^2}{4Gr}\left\{(1+\lambda) + (1-\lambda)\left[(K+1)-\dfrac{r_0^2}{r^2}\right]\cos 2\theta\right\}$

切向位移　　　　$v = \dfrac{\gamma H_c r_0^2}{4Gr}(1-\lambda)\left[(K-1)+\dfrac{r_0^2}{r^2}\right]\sin 2\theta$

式中符号意义见图 5-34。

$$G = E/2(1+\mu)$$
$$K = 3-4\mu$$

式中　$E$——岩体弹性模量；

　　　$\mu$——岩体泊松比；

　　　$\lambda$——侧压力系数。

如把初始应力进一步简化，$\lambda=1$，则成为拉梅(G. Lame)解：

$$\left.\begin{aligned}\sigma_r &= \gamma H_c\left(1-\dfrac{r_0^2}{r^2}\right)\\[4pt]\sigma_\theta &= \gamma H_c\left(1+\dfrac{r_0^2}{r^2}\right)\\[4pt]\tau_{r\theta} &= 0\\[4pt]u &= \dfrac{\gamma H_c r_0^2}{2Gr}\\[4pt]v &= 0\end{aligned}\right\}\qquad(5\text{-}36)$$

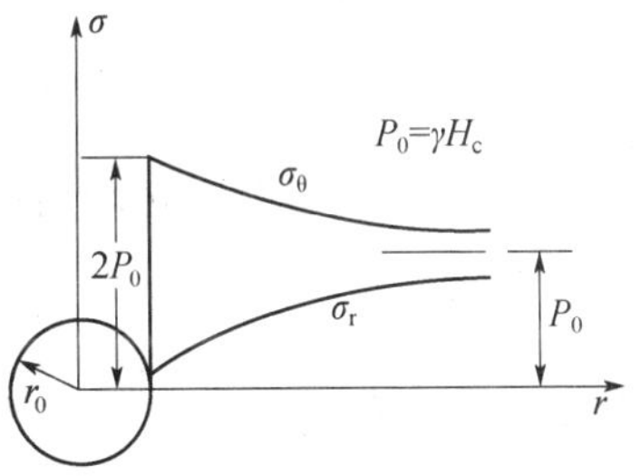

图 5-35　岩体挖开后的二次应力状态

公式及曲线清楚地显示了其二次应力分布的特性
(图 5-35)。

(1)随着深入岩体内部，应力变化幅度减小，回复到初始应力状态，如 $r=6r_0$ 处，其变化只有 3% 左右，因此可以大致认为在此范围以外的岩体不受工程的影响。

(2)变化最大的部位在孔壁，法向正应力 $\sigma_r$ 从 $\gamma H$ 变到 0，而切向正应力 $\sigma_\theta$ 从 $\gamma H$ 变到 $2\gamma H$，而且呈单向受压状态。当该值大于岩体的单轴抗压强度 $R_c$ 时，就可能出现破坏。$\gamma H/R_c$ 遂成为反映岩体状态的一个指标。

（三）塑性状态下的应力、位移计算

岩体内应力增大到某一程度时，会出现塑性性质，使应力及位移的计算更加复杂。首先要判断，应力达到哪一水平，岩体将出现塑性，这称为塑性判据或称屈服准则，这在前一章已进行过讨论。

利用材料力学中莫尔圆内应力关系式：

$$\left.\begin{aligned}\sigma_n &= \dfrac{1}{2}(\sigma_1+\sigma_3) + \dfrac{1}{2}(\sigma_1-\sigma_3)\cos 2\theta\\[4pt]\tau &= \dfrac{1}{2}(\sigma_1-\sigma_3)\sin 2\theta\end{aligned}\right\}\qquad(5\text{-}37)$$

把上式化为(注意：$2\theta=90°+\varphi$)

$$f=\sigma_1-\frac{1+\sin\varphi}{1-\sin\varphi}\sigma_3-\frac{2\cos\varphi}{1-\sin\varphi}C=0 \tag{5-38}$$

再化成

$$\sigma_1-\sigma_3=\frac{2\sin\varphi}{1-\sin\varphi}(\sigma_3+C\cot\varphi) \tag{5-39}$$

式中，$\sigma_1$，$\sigma_3$ 为最大、最小主应力。

要推导塑性区的应力计算公式，除应用塑性判据的表达式外，还要增加塑性区内单元体的受力平衡条件。

仍用上述圆形洞室双向受压的条件，用极坐标系表达单元体受力状态如图 5-36 所示。

以 $\sum F_r=0$，得方程

$$\sigma_{rp}r\mathrm{d}\theta-(\sigma_{rp}+\mathrm{d}\sigma_{rp})(r+\mathrm{d}r)\mathrm{d}\theta+2\sigma_{\theta p}\mathrm{d}r\sin\frac{\mathrm{d}\theta}{2}=0 \quad (5\text{-}40)$$

整理，令 $\sin\dfrac{\mathrm{d}\theta}{2}=\dfrac{\mathrm{d}\theta}{2}$，消去高阶微量可得

$$\sigma_{\theta p}-\sigma_{rp}=r\frac{\mathrm{d}\sigma_{rp}}{\mathrm{d}r} \tag{5-41}$$

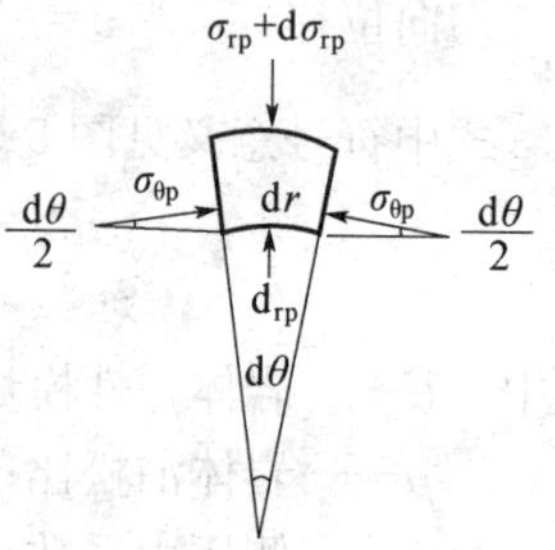

显然，式(5-41)中的 $\sigma_{\theta p}$ 相当于该质点上的大主应力，$\sigma_{rp}$ 为小主应力。再看上述从塑性判据导出的公式(5-39)，用一致的符号，改写成式：

图 5-36　单元体受力平衡图

$$\sigma_{\theta p}-\sigma_{rp}=\frac{2\sin\varphi}{1-\sin\varphi}(\sigma_{rp}+C\cot\varphi) \tag{5-42}$$

把式(5-41)及式(5-42)联立，稍加变化，化为一个 $\sigma_{rp}$ 随半径 $r$ 变化的微分方程：

$$r\frac{\mathrm{d}\sigma_{rp}}{\mathrm{d}r}=\frac{2\sin\varphi}{1-\sin\varphi}(\sigma_{rp}+C\cot\varphi) \tag{5-43}$$

整理求解，得通解

$$\sigma_{rp}+C\cot\varphi=c_1\times r^{\frac{2\sin\varphi}{1-\sin\varphi}} \tag{5-44}$$

式中 $c_1$ 为积分系数。

利用边界条件，当 $r=r_0$，$\sigma_{rp}=0$，代入式(5-44)求出：

$$c_1=\frac{C\cot\varphi}{r_0^{\frac{2\sin\varphi}{1-\sin\varphi}}}$$

再代回式(5-44)，则

$$\sigma_{rp}=C\cot\left[\left(\frac{r}{r_0}\right)^{\frac{2\sin\varphi}{1-\sin\varphi}}-1\right] \tag{5-45}$$

将式(5-45)代入式(5-42)得

$$\sigma_{\theta p}=C\cot\varphi\left[\frac{1+\sin\varphi}{1-\sin\varphi}\left(\frac{r}{r_0}\right)^{\frac{2\sin\varphi}{1-\sin\varphi}}-1\right] \tag{5-46}$$

注意，在此推导过程的边界条件是 $r=r_0$，$\sigma_{rp}=0$，即孔壁无抗力即无支护的情况，如果 $\sigma_{rp}$ 不等于 0，则相当于修筑了支护，将出现三次应力。

塑性多出现在靠近洞壁、应力变化大的区域内，往岩体深部，仍保持弹性。实际工作中，我们希望知道这一范围，如仍以简单的圆形洞室双向等压的假设，则即为求解一个同心圆的半径，称塑性区半径 $R_p$。

如图 5-37 所示，在弹塑性两区域的界面上，按弹性区的应力计算公式为

$$\sigma_{re}+\sigma_{\theta e}=2\gamma H_c \tag{5-47}$$

按塑性区的应力计算公式为[见式(5-38)]

$$\sigma_{\theta p}-\frac{1+\sin\varphi}{1-\sin\varphi}\sigma_{rp}-\frac{2\cos\varphi}{1-\sin\varphi}C=0$$

在弹塑性两区域的界面上 $\sigma_r$、$\sigma_\theta$ 应分别相等。

利用 $\sigma_{\theta p}=\sigma_{\theta e}$ 的关系,再将 $\sigma_{\theta p}$ 代入式(5-47),最后可导出:

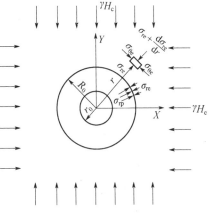

$$R_p=r_0\left[(1-\sin\varphi)\frac{\gamma H_c+C\cot\varphi}{C\cot\varphi}\right]^{\frac{1-\sin\varphi}{2\sin\varphi}} \tag{5-48}$$

除此以外,还可以导出塑性区内某点处的径向位移(推导过程从略):

$$u_p=\frac{R_p^2}{2Gr}\gamma H_c-\frac{R_p^2}{2Gr}\cdot\frac{R_c}{\xi-1}\left[\left(\frac{R_p}{r_0}\right)^{\xi-1}-1\right] \tag{5-49}$$

式中　$G$——围岩剪切模量,$G=\dfrac{F}{2(1+\mu)}$；

图 5-37　弹塑性区交面的应力平衡

$\xi=\dfrac{1+\sin\varphi}{1-\sin\varphi}$。

## 二、用数值法求解

运用岩体力学理论定量分析地下结构也有其理论解析法,并已经推出一系列数学上严密的计算公式,但其使用条件十分严格(如前述的许多简化假设),使得绝大部分实际工程差之甚远,因而用得不多,本教材也不作介绍。

普遍使用的数值法仍是有限单元法中的位移法,其解题步骤和荷载结构模型中的步骤一样,如图 5-38 所示。

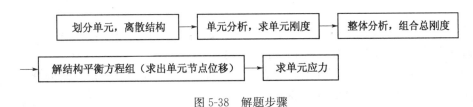

图 5-38　解题步骤

显然,把岩体与结构整体作为平面结构问题(以至空间问题)分析比之荷载结构模型中的杆系问题要复杂的多,计算工作量也要大得多。

完整的分析过程涉及问题甚多,而且大多为力学教程的内容,这里只介绍地下结构在应用中的一些特点。

(一)单元划分及类型选用

把因洞室开挖对周围岩体影响的区域作为计算范围,通常不计空间影响。这是一个平面问题,因而单元也需划为二维平面形状,一是三角形,一是四边形。前者的计算结果相对比较粗糙,但计算过程简单。

图 5-39 中(a)是计算范围,(b)是大致单元划分,(c)显示三角形单元节点处的内力、位移分量。要注意的是因假设相邻单元互相铰接,因此不传递弯矩,也不出现转角位移。

支护结构中的喷混凝土层或者模筑混凝土衬砌,如果划分成和围岩相同形状的单元,则两者单元正常连接,程序处理大大简化,但混凝土层通常较薄,不易划分成和岩体相接、形状合理的三角形,而且计算结果得不到结构中的弯矩值,难以和我们传统的结构强度检算方法相衔接。

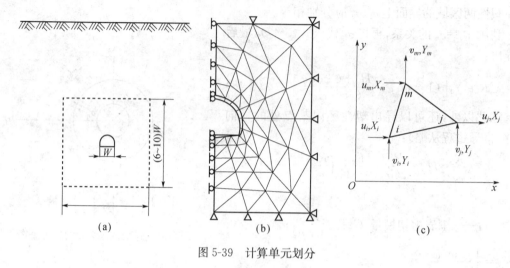

图 5-39　计算单元划分

另一处理方法是把混凝土层仍处理为承受轴力的直梁单元,那么可以解决上述矛盾,但由于出现了转角,不能和平面单元的节点位移相协调,必须再作特殊处理,比如在其中加一杆单元(模拟回填层)等等。

(二)开挖效果的模拟

岩体在开挖洞室之前都具有初始应力,开挖以后,在洞壁处应力解除。如果在开挖的同时,设置一能与围岩密贴结合、共同作用的支护结构,那么这一结构可等同于那部分刚挖去的岩体,约束周围岩体因应力场调整而产生的位移,而自己也产生相应位移及应力。这种效果称为开挖效果,在作整体有限元分析时应反映出来。反映的方法常是在洞室支护结构周边各节点加上"等效释放荷载"。它是由地层初始应力产生的,经过推算,其值等于初始应力的合成(转置到各单元节点),而方向则作用在支护结构上。

如果分部开挖,则要把前部开挖后的应力重分布状态作为初始应力,再用同样方法,计算后部开挖造成的"等效释放荷载"(图5-40)。

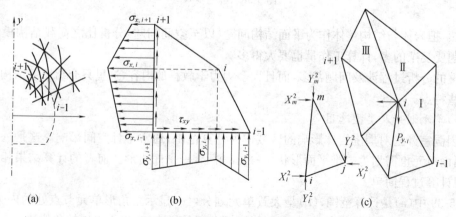

图 5-40　开挖过程中释放荷载假设

## 第八节　监控设计、收敛约束曲线法

鉴于岩体状态的复杂性及不确定、不确知性,地下结构的力学分析不像地面结构那样准确可信。有时使用严密的力学数学方法进行大量计算,但结果仍不足以作为结构设计的根据。因此人们设想突破原有思路,而在施工过程中对围岩及支护的动态进行严格监测,用它来判断围岩稳定与否,核对原有的设计并指导施工,这就是监控设计,也称为信息设计。新奥法创始人之一,著名岩体力学专家米勒(L. Muller)说过,"对岩土结构,特别是对隧道的形态所进行的量测被证明,其重要性犹如对钢结构和混凝土结构所进行的静力计算一样"。可以量测的项目很多,如何进行切实有效的量测,也需要理论的引导。目前普遍应用的理论就是收敛约束曲线法。

### 一、收敛约束曲线法

地下洞室开挖后,由于岩体内应力调整而产生位移,即前面所讲的二次应力场和位移场,这种岩体向洞内的位移,称之为收敛(convergence)。如果围岩位移不能自行停止而可能失稳时,就需要修筑支护结构,支护结构和围岩形成一体,共同变形和参与应力调整,这就是岩体力学或新奥法中强调的两者共同作用。其中支护对围岩位移的控制,称为约束(confinement)。

围岩收敛和支护约束的结果,都可以用算式及曲线表达,又称为围岩和支护的特性曲线。收敛曲线的计算如下。

前节讲过,在围岩出现塑性后,可以导出塑性区应力及位移的公式。但要注意,上述公式导出的边界条件为 $r=r_0, \sigma_r=0$,即洞室岩壁不受抗力,也即尚未修筑支护,岩壁可以自由变形的毛洞状态。如果设置了支护,支护和岩体共同变形,支护产生抗力,作用于岩壁,这时边界条件就是 $r=r_0, \sigma_r=P_a$,上面公式相应变为

$$\sigma_{rp}=(P_a+C\cot\varphi)\left(\frac{r}{r_0}\right)^{\frac{2\sin\varphi}{1-\sin\varphi}}-C\cot\varphi \tag{5-50}$$

$$\sigma_{\theta p}=(P_a+C\cot\varphi)\left(\frac{1+\sin\varphi}{1-\sin\varphi}\right)\left(\frac{r}{r_0}\right)^{\frac{2\sin\varphi}{1-\sin\varphi}}-C\cot\varphi \tag{5-51}$$

塑性区位移,设只考察孔壁,即 $r=r_0$ 处的情况:

$$u_p\big|_{r=r_0}=\frac{r_0}{2G}(\gamma H_c\sin\varphi+C\cos\varphi)\left[(1-\sin\varphi)\frac{\gamma H_c+C\cot\varphi}{P_a+C\cot\varphi}\right]^{\frac{1-\sin\varphi}{2\sin\varphi}} \tag{5-52}$$

算式中都包含 $P_a$ 的因素, $P_a$ 的出现,改善了岩体应力变化状况,减小洞壁的位移,对围岩稳定有利。图 5-41 为 $u$ 和 $P_a$ 的关系曲线,也称收敛曲线或围岩特性曲线。随着施加的抗力 $P_a$ 的增大,洞壁位移将减小。从另一个角度说,如果位移相对大些,让围岩适度位移后再加抗力,则为了达到最终平衡所需的抗力就小些,这是一个十分重要的工程概念。但是围岩如位移过度,则将会松弛乃至松散分离、坍落。那时为达到平衡需要的支撑力反而增大,而且性质也不是二者共同作用了。因此,实际上曲线到了临界点后,将向上弯曲。

施加抗力是靠构筑支护实现的,支护和围岩共同变形,从而产生抗力,就是刚度的概念,其曲线如图 5-42 所示,称为约束曲线或支护特性曲线,直线斜率表示了该支护体系的刚度。

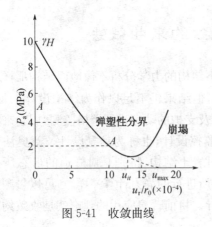

图 5-41　收敛曲线

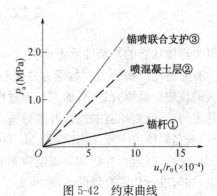

图 5-42　约束曲线

约束曲线的计算也假设结构为圆形,其通式为

$$P_i = K_s \frac{u}{r_0} \tag{5-53}$$

式中 $K_s$ 为不同支护体系的刚度。

将收敛曲线和约束曲线置于同一坐标系中(图 5-43),可说明围岩和支护的共同作用。先以收敛曲线及约束曲线②为例说明。开挖后,架设支护并使之发挥承力作用总要一定时间,在这段时间内,围岩产生初位移 $u_0$,之后,围岩继续位移,并压缩支护结构,在这过程中,围岩因位移增大而需求的抗力减小,而支护因变形产生抗力并逐渐增大。到达相交点后,两者平衡。支护结构提供给围岩的抗力,数值上即是围岩给支护的压力,这种压力由强制变形引起,称为围岩形变压力。理论上说,这一压力就是支护结构使用期间的承载,意义十分重要。我们希望围岩有一定程度位移后,支护结构再发挥作用,那么它承受的围岩压力可以小一点,或者说,应力调整中可能通过适度位移把大部分压力由岩体自身承受,传递给支护的只是少部分。新奥法的理论基础及经济意义就在于此。

如何实现并控制围岩的适度位移,这就需要支护结构是柔性的,喷锚结构的出现使其成为可能。如何把握围岩及支护结构的动态,就须实施施工过程中的监控量测。因此柔性支护及施工量测成为新奥法的构成要素。

再看图 5-43 中另外两条支护曲线,曲线③刚度较曲线②大,平衡时其所受围岩压力要大些。曲线①刚度很小,抗不住围岩变形,结果岩体松动失稳,因此要求使用柔性支护,且刚度适当,修筑适时。喷锚结构正是具备了这种优点。

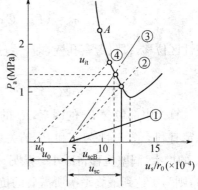

图 5-43　围岩及支护的共同作用

收敛约束的概念及其共同作用理论是科学的、明确的,在新奥法中的实际应用中取得了成功,已得到公认。但其量化计算,包括上述的算式,由于模型的简化、假设以及提供的岩体参数难以准确,因此,至今也只能在设计中作为辅助工具,更多的是靠工程类比,用大量实测数据的整理结果,来确定某类工程的允许位移值。

## 二、施工中现场量测及对信息的处理

从工程界认识到现场量测对地下工程的重要性以来，国内外进行了大量量测，其项目主要集中在围岩和支护结构之间的接触应力，围岩体内的应力、应变以及洞室周边的位移。为此研制出各种各样的器械，积累了大量的数据。由于施工量测都在以新奥法原理进行的施工中实施，这部分内容将在第 8 章介绍。

## 思　考　题

1. 名词解释：初始地应力场、二次应力场、围岩压力、松散压力、形变压力、作用、冒落拱、拱效应、围岩自稳时间、围岩自承能力、收敛、约束、弹性抗力。

2. 地下工程设计与地面建筑设计过程有何区别？

3. 计算隧道围岩的二次应力场和位移场可采用哪些方法？

4. 试分析隧道周边的应力及其分布。

5. 试分析围岩应力沿隧道水平向和沿隧道轴向的分布。

6. 无支护坑道围岩的失稳破坏形式有哪些？

7. 论述隧道开挖后的稳定形态？

8. 解释隧道围岩松散压力和冒落拱，并说明两者之间的关系。

9. 简述围岩松动压力的形成过程。

10. 结合围岩特性曲线，论述隧道围岩与支护相互作用原理。

11. 结构力学法和岩体力学法是隧道结构设计的两种主要方法，请说明这两种方法的力学原理，并绘制其力学模型。

12. 南昆线家竹箐隧道地处煤系地层，Ⅴ级围岩（$\gamma = 18.5 \text{ kN/m}^3$），埋深 320 m，隧道掘进断面高 8.68 m，宽 6.56 m。请按隧规计算其所受围岩松动压力，垂直压力和水平压力都按均布压力考虑。实际施工中，测得地应力为 $\sigma_v = 8.57 \text{ MPa}$，$\sigma_{h平均} = 16.09 \text{ MPa}$，为何可判断有相当大的构造应力，并预测施工中将会出现什么困难？

13. 根据围岩特性曲线和支护特性曲线，说明支护刚度和支护时间对围岩稳定性的影响。

14. 简述支护结构的类型、基本要求和作用是什么？

15. 简述地下结构设计计算的主要模型及其区别。

16. 简述用位移法求解衬砌内力的基本步骤。

17. 简述隧道概率极限状态设计的概念及主要内容。

18. 简述深埋隧道与浅埋隧道围岩松动压力的计算方法。

19. 说明深、浅埋隧道的判定方法。

# 第二篇 铁路隧道施工

本篇包括第六～十章。第六章讲述普通地质条件下采用钻爆法施工隧道;第七章讲述特殊岩土与不良地质隧道施工;第八章讲述新奥法和新意法;第九章讲述铁道隧道采用掘进机施工;第十章讲述水下隧道施工。

由于在客运专线、高速铁路建设中有大量隧道工程,遇到多种多样的水文地质条件,长大隧道越来越多,隧道断面也不断扩大,工程实践推动了隧道施工工法、工艺、设备、新技术、新材料等方面的快速发展与进步。

常规钻爆法隧道施工中,多种分部开挖法(如三台阶七步法)得到实践应用;光面爆破和喷锚支护已趋成熟;管棚等超前支护在洞口段、下穿工程中普遍应用;大断面隧道施工为无轨运输、大型装运机械的普遍应用创造了条件;钻、装、支三条机械化作业线的协调配合保障了隧道的快速掘进。

特殊岩土与不良地质是隧道施工中的难点,经过多年的工程实践已积累了较多经验,第七章对铁路隧道常见的8种特殊岩土与不良地质的施工关键技术、工艺、工法分别论述。

新奥法虽已推广应用多年,但一方面由于其本身的局限,另一方面由于认识的偏差,其在实践应用中仍存在一些问题。第八章阐述了对新奥法的争论及其缘由,并试图更全面、准确地阐述新奥法原理,以指导其应用。新意法深化了对围岩变形的认识,给出了控制隧道变形的新措施和途径。新意法在国内的推广应用尚处于起步阶段,该法本身也有其适用范围,本章辟出一定篇幅对新意法进行论述,其目的是较为全面地阐述其原理,以利于其推广应用。

掘进机依靠集钻、装、运、支等工序为一体的综合机械化设备,其施工与钻爆法掘进工艺完全不同,长大、特殊隧道采用掘进机施工是未来发展趋势,代表着现代隧道快速施工的发展方向。掘进机施工对掘进机、掘进技术和施工管理等都提出很高要求。第九章论述了全断面岩石掘进机和盾构及其掘进关键技术,并给出部分工程实例。

水下隧道穿越江河湖海具有综合优势,近几十年来,得到了长足发展,优先考虑采用水下隧道作为跨越江河湖海的方案已成为趋势。第十章讨论了水下隧道地质勘探、设计和修建方法,也给出部分工程实例。

# 第六章

# 隧道施工

隧道修建方法可分为钻爆法（旧称矿山法）、沉管法、盾构法、掘进机（TBM）法和明挖法。沉管法只在隧道通过江河时采用，盾构法适用于淤泥质黏土、含水土层、含水砂层等土质隧道，掘进机法只在石质条件下的长或特长隧道掘进时采用；钻爆法适用范围广，是铁路隧道修建通常采用的施工方法。

本章主要讨论钻爆法的施工、主要作业工序与辅助作业，按照钻爆法主要作业工序的顺序分节论述。特殊岩土和不良地质地段的隧道施工见第七章，掘进机法将在第九章讨论，水下隧道施工将在第十章讨论。

## 第一节 隧道施工方法

钻爆法开挖隧道分为全断面法、台阶法（两台阶、三台阶、三台阶七步开挖法）、环形开挖预留核心土法、中隔壁法（中隔壁法、交叉中隔壁法）、双侧壁导坑法，见表 6-1。

表 6-1 铁路隧道施工方法及其适用条件

| 开挖方法 | 适用围岩级别及说明 | 说 明 |
|---|---|---|
| 全断面法 | 1. 单线隧道 Ⅰ、Ⅱ、Ⅲ 级围岩；<br>2. 双线隧道 Ⅰ、Ⅱ 级围岩；<br>3. 地下水状态：干燥或潮湿 | 循环进尺宜控制在 3～4 m |
| 下导洞超前法 | 1. 单线隧道 Ⅲ、Ⅳ 级围岩；<br>2. 双线隧道 Ⅱ、Ⅲ 级围岩；<br>3. 地下水状态：有渗水或股水 | |
| 台 阶 法 | 1. 单线 Ⅲ 级、Ⅳ 级围岩；<br>2. 双线隧道 Ⅲ 级围岩；<br>3. 地下水状态：干燥或潮湿 | 台阶长度应有利于施工操作和机械设备效率的发挥，同时应利于支护尽早封闭成环 |
| 环形开挖预留核心土法 | 1. 单线 Ⅳ、Ⅴ、Ⅵ 级围岩；<br>2. 双线隧道 Ⅲ、Ⅳ 级围岩；<br>3. 地下水状态：有渗水或股水 | 施工中应尽量减少开挖分部，采用大断面分部 |
| 双侧壁导坑法 | 1. 单线 Ⅴ、Ⅵ 级围岩；<br>2. 双线隧道 Ⅳ、Ⅴ 级围岩；<br>3. 地下水状态：有渗水或股水 | |
| 中洞法双联拱隧道 | 中洞法双联拱隧道 | |
| 中隔壁法（CD 法） | 单、双线隧道 Ⅴ 级围岩，浅埋隧道、三线隧道 | |
| 交叉中隔壁法（CRD 法） | 双线、三线隧道 Ⅴ、Ⅵ 级围岩，浅埋隧道 | |

环形开挖留核心土法、双侧壁导坑法、中隔壁法和交叉中隔壁法施工时,将全断面划分为若干小断面,采用多步骤、多工序的方法进行开挖,因此,又统称为分部开挖法。我国铁路客运专线建设高潮前,分部开挖法较少采用。随着高速铁路、客运专线建设的发展及城市地铁暗挖法的普遍应用,分部开挖法大量采用,逐渐形成了独立的隧道施工方法。

隧道施工方法应根据环境条件、地质条件、断面大小、埋深、结构形式、隧道长度、设备配置、工期要求、经济效益以及环境保护等因素综合确定,表 6-1 给出了铁路隧道施工方法的适用条件。

### 一、全断面法

全断面法就是按设计断面一次基本成形的施工方法,图 6-1 所示为全断面施工工序示意图,图 6-2 所示为全断面法实例。

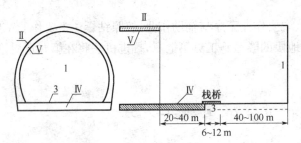

I—全断面开挖;
II—初期支护;
3—隧道底部开挖(捡底);
IV—底板(仰拱)浇筑;
V—拱墙二次衬砌

图 6-1　全断面法施工工序示意图

图 6-2　全断面开挖法现场实例

(一)施工顺序

图 6-3 为隧道掘进正规循环作业横道图。

(二)适用条件

1. I～IV级围岩

用于IV级围岩时,围岩应具备从全断面开挖到初期支护前这段时间内保持其自身稳定的能力。

2. 有钻孔台车或自制作业台架及高效率装运机械设备。

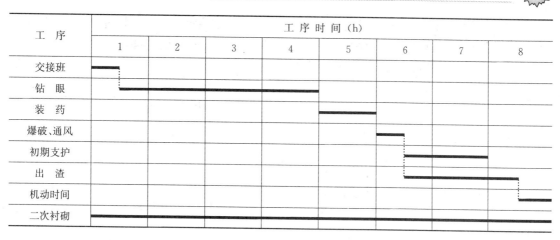

| 工 序 | 工 序 时 间（h） | | | | | | | |
|---|---|---|---|---|---|---|---|---|
| | 1 | 2 | 3 | 4 | 5 | 6 | 7 | 8 |
| 交接班 | | | | | | | | |
| 钻 眼 | | | | | | | | |
| 装 药 | | | | | | | | |
| 爆破、通风 | | | | | | | | |
| 初期支护 | | | | | | | | |
| 出 渣 | | | | | | | | |
| 机动时间 | | | | | | | | |
| 二次衬砌 | | | | | | | | |

图 6-3 隧道掘进正规循环作业图表

3. 隧道长度或施工区段长度不宜太短，根据经验一般不应小于 1 km，否则采用大型机械化施工的经济性较差。

全断面法开挖空间大，工序少，应采用大型配套机械化作业，各道工序尽可能平行交叉作业，缩短循环时间。

采用全断面一次开挖法，必须注意机械设备的配套，以充分发挥机械设备的效率。隧道机械化施工，有三条主要作业线，见表 6-2。

表 6-2 隧道机械化施工作业线

| 作 业 线 | 采用的大型机械设备 |
|---|---|
| 开挖作业线 | 钻孔台车、装载机配合自卸汽车（无轨运输时）、装渣机配合矿车及电瓶车或内燃机车（有轨运输时） |
| 喷锚作业线 | 混凝土喷射机、混凝土喷射机械手、喷锚作业平台、进料运输设备及锚杆灌浆设备 |
| 模筑衬砌作业线 | 混凝土拌和作业厂、混凝土输送车及输送泵、施作防水层作业平台、衬砌钢模台车 |

（三）全断面法施工特点

1. 开挖断面与作业空间大，干扰小；

2. 有条件充分使用机械，减少人力；

3. 工序少，便于施工组织与施工管理，改善劳动条件；

4. 开挖一次成形，对围岩扰动少，有利于围岩稳定。

**二、下导洞超前法**

下导洞超前法是下导洞适度超前全断面开挖方法的简称，下导洞一般超前全断面 5～10 m，其循环进尺为 2～3 m，见图 6-4。其优点有以下几点：

1. 下导洞能起到超前地质预报作用，便于采取应急措施，防患于未然。

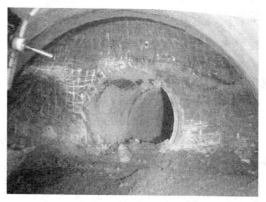

图 6-4 下导洞超前法

2. 当地下水较丰富时,利用超前下导洞降低地下水位效果好,对于大断面隧道尤为适用。

3. 下导洞超前法可将爆破对围岩的扰动显著减小,扩挖时爆破临空面大,对围岩扰动也相对较小,从而控制超挖,减少混凝土等支护材料的消耗。

4. 隧道下导洞进行作业,没有二次倒运,便于大型机械出渣、运料。

下导洞超前法是一种新的工法,在重视环保和节约的形势下,其经济效益显著,应用前景看好。

### 三、台 阶 法

台阶法有多种开挖方式,可根据地层条件、断面大小和机械配各情况合理选用。台阶法可分上、下两部或上、中、下三部开挖,其演变的有三台阶七步开挖法、弧形导坑预留核心土法等。

台阶法施工工序示意见图 6-5,实例见图 6-6。弧形导坑预留核心土施工工序示意见图 6-7。

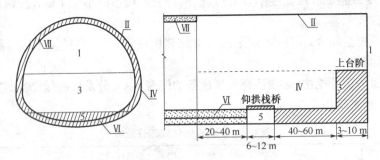

图 6-5 台阶法施工工序示意图
1—上部开挖;Ⅱ—上部初期支护;3—下部开挖;Ⅳ—下部初期支护;
5—底部开挖;Ⅵ—仰拱及混凝土填充;Ⅶ—二次衬砌

#### 1. 台阶长度

采用台阶法开挖时,应根据围岩条件和施工机械配备情况合理确定台阶长度、台阶高度及台阶数量,其各部形状应在有利于保持围岩稳定的前提下尽量便于机械作业。从目前隧道施工机械化程度和施工技术水平的逐步提高趋势看,台阶长度应以维持围岩的稳定和方便施工为原则,没有必要对台阶长短做出明确的界定。

#### 2. 支护措施

上部断面使用钢架时,可采用扩大拱脚和施作锁脚锚杆(管)等措施,防止拱部下沉变形。上下断面初期支护钢架连接应平顺,螺栓连接应牢固。

#### 3. 围岩稳定性较差时的技术措施

围岩整体性较差时,施工中应采取措施减少下部开挖时对上部围岩和支护的扰动,下部断面开挖

图 6-6 台阶法施工实例

应两侧交错进行,下部断面应在上部断面喷混凝土达到一定强度后开挖。

当围岩不稳定时进尺宜为 1.5 m,落底后应立即施作初期支护。

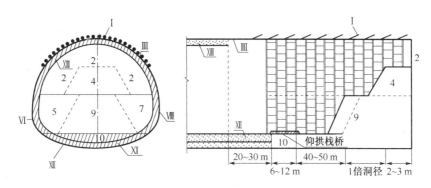

图 6-7　弧形导坑预留核心土施工工序示意图

Ⅰ—超前支护；2—上部弧形导坑开挖；Ⅲ—上部初期支护；4—上部核心土开挖；

5、7—两侧开挖；Ⅵ、Ⅷ—两侧初期支护；9—下部核心土开挖；10—仰拱开挖；

Ⅺ—仰拱初期支护；Ⅻ—仰拱及填充混凝土；ⅩⅢ—拱墙二次衬砌

**4. 仰拱**

仰拱应及时施作，使支护及早闭合成环。

### 四、三台阶七步开挖法

三台阶七步开挖法是以弧形导坑预留核心土法为基本模式，分上、中、下三个台阶七个开挖面，各部位的开挖与支护沿隧道纵向错开，平行推进的施工方法。三台阶七步开挖法施工工序示意见图 6-8，施工工序透视图见图 6-9。

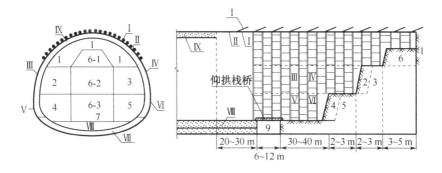

图 6-8　三台阶七步开挖法施工工序示意图

Ⅰ—超前支护；1—上部弧形导坑开挖；Ⅱ—上部初期支护；2、3—中部两侧开挖；Ⅲ、Ⅳ—中部两侧初期支护；

4、5—下部两侧开挖；Ⅴ、Ⅵ—下部两侧初期支护；6-1、6-2、6-3—上、中、下部核心土开挖；

7—仰拱开挖；Ⅶ—仰拱初期支护；Ⅷ—仰拱及填充混凝土；Ⅸ—拱墙二次衬砌

三台阶七步开挖法应符合下列规定：

1. 三台阶七步开挖法应以机械开挖为主，必要时辅以弱爆破，各分步平行作业，平行施作初期支护，各分部初期支护应衔接紧密，及时封闭成环。

2. 仰拱应紧跟下台阶施作，及时闭合构成稳固支护体系。

3. 施工过程中应通过监控量测掌握围岩和支护的变形情况，及时调整支护参数和预留变形量，保证施工安全。

4. 应完善洞内临时防排水系统，防止地下水浸泡拱墙脚基础。

拱部超前支护完成后,环向开挖上台阶弧形导坑,预留核心土长度宜为 3~5 m,宽度宜为隧道开挖宽度的 1/3~1/2。

5.开挖循环进尺应根据初期支护钢架间距确定,最大不得超过 1.5 m,上台阶开挖矢跨比应大于 0.3。

6.中台阶及下台阶左、右侧开挖进尺应根据初期支护钢架间距确定,最大不得超过1.5 m,开挖高度宜为 3~3.5 m,左、右侧台阶错开 2~3 m。

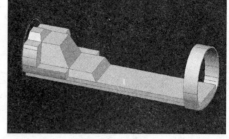

图 6-9 三台阶七步开挖法施工工序透视图

7.上、中、下台阶预留核心土开挖进尺与各台阶循环进尺一致。

8.仰拱循环开挖长度宜为 2~3 m,开挖后及时施作仰拱初期支护,完成两个隧底开挖、支护循环后,及时施作仰拱,仰拱分段长度宜为 4~6 m。

### 五、中隔壁法(CD)

中隔壁法在近年来的铁路隧道和城市地下工程实践中,被证明是适用于软弱、浅埋、大跨度隧道开挖的有效方法,它可用于 Ⅴ~Ⅵ 级围岩的浅埋双线隧道。

中隔壁法(CD 法)是将隧道分为左右两大部分进行开挖,先在隧道一侧采用台阶法自上而下分层开挖,待该侧初期支护完成,且喷射混凝土达到设计强度 70% 以上时,再分层开挖隧道的另一侧,其分部次数及支护形式与先开挖的一侧相同。

中隔壁法施工工序示意图见图 6-10。

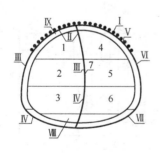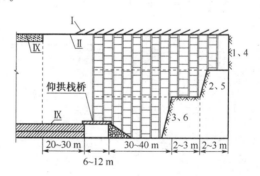

图 6-10 中隔壁(CD)法施工工序示意图

Ⅰ—超前支护;1—左侧上部开挖;Ⅱ—左侧上部初期支护;2—左侧中部开挖;Ⅲ—左侧中部初期支护;
3—左侧下部开挖;Ⅳ—左侧下部初期支护;4—右侧上部开挖;Ⅴ—右侧上部初期支护;5—右侧中部开挖;
Ⅵ—右侧中部初期支护;6—右侧下部开挖;Ⅶ—右侧下部初期支护;7—拆除中隔墙;
Ⅷ—仰拱及填充混凝土;Ⅸ—拱墙二次衬砌

中隔壁法左右部的台阶高度应根据地质情况、隧道断面大小和施工设备确定。每侧按两部或三部分台阶开挖,开挖后应及时施作初期支护、中隔壁;两侧先后距离宜保持 10~20 m,上下断面的距离宜保持 3~5 m。

各部开挖时,相邻部位的喷混凝土强度应达设计强度的 70% 以上。

先行侧的中隔壁应设置为向外鼓的弧形。

中隔壁在浇筑仰拱前逐段拆除。中隔壁一次拆除长度应根据量测结果确定,不宜大于15 m。临时支护拆除后应及时施作仰拱和二次衬砌。

特殊情况下可将中隔壁浇筑在仰拱中,待铺设防水板时再割断。

### 六、交叉中隔壁法(CRD)

交叉中隔壁法是将隧道分侧分层进行开挖,分部封闭成环的施工方法。每开挖一部均及时施做锚喷支护、安设钢架、施做中隔壁、安装底部临时仰拱,一侧超前的上、中部初期支护完成,且喷射混凝土达到设计强度70%以上时,再开挖隧道另一侧的上、中部,然后开挖一侧的下部,最后开挖另一侧的下部。形成左右两侧开挖及支护相互交叉的情形,交叉中隔壁法施工工序示意图见图6-11。

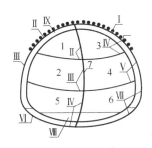
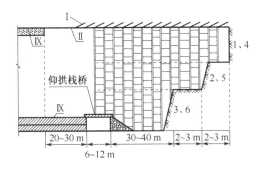

图 6-11　交叉中隔壁法施工工序示意图

Ⅰ—超前支护;1—左侧上部开挖;Ⅱ—左侧上部初期支护成环;2—左侧中部开挖;
Ⅲ—左侧中部初期支护成环;3—右侧上部开挖;Ⅳ—右侧上部初期支护成环;4—右侧中部开挖;
Ⅴ—右侧中部初期支护成环;5—左侧下部开挖;Ⅵ—左侧下部初期支护成环;6—右侧下部开挖;
Ⅶ—右侧下部初期支护成环;7—拆除中隔墙及临时仰拱;Ⅷ—仰拱及填充混凝土;Ⅸ—拱墙二次衬砌

采用交叉中隔壁法施工,除满足中隔壁法的要求外,尚应满足如下要求:设置临时仰拱,步步成环;自上而下,交叉进行;中隔壁及交叉临时支护,在灌注二次衬砌时,应逐段拆除。

交叉中隔壁法(CRD法)是分部开挖、支护,分部闭合成小环,最后全断面闭合成大环。每开挖一部均应及时施作初期支护、中隔壁及临时仰拱。

交叉中隔壁法施工应符合下列规定:

(1)根据地质条件和隧道断面的分部,以初期支护受力均匀,便于发挥人力、机械效率为原则,一般水平方向分两部,上下分二至三层开挖。

(2)先行施工部位的临时支撑(中隔壁、临时仰拱)均应有向外(下)鼓的弧度。

(3)各部开挖及支护应自上而下,开挖后及时施作初期支护、中隔壁、临时仰拱,步步成环。

(4)同一层左右两部开挖工作面相距不宜大于15 m,上下层开挖工作面相距宜保持3～4 m,待喷混凝土强度达到设计强度的70%后再开挖相邻部位。

(5)宜缩短各部开挖工作面的间距,使初期支护尽早封闭成环。

(6)根据监控量测结果,中隔壁及临时仰拱在仰拱浇筑前逐段拆除,每段拆除长度不宜大于15 m。

### 七、双侧壁导坑法

双侧壁导坑法是采用先开挖隧道两侧导坑,及时施作导坑四周初期支护及临时支护,必要时施做边墙衬砌,然后再根据地质条件、断面大小,对剩余部分采用二台阶或三台阶开挖的方法。

双侧壁导坑法施工工序示意图见图6-12,实例见图6-13。

双侧壁导坑法施工应符合下列规定：

（1）侧壁导坑形状宜近于椭圆形断面，导坑断面宽度宜为整个断面宽度的1/3。

（2）侧壁导坑、中槽部位宜采用短台阶法开挖，各部距离应根据隧道埋深、断面大小、结构类型等选取。各部开挖后应及时进行初期支护及临时支护，并尽早封闭成环。

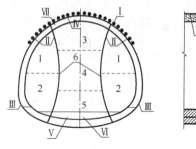
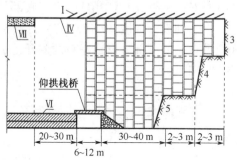

图 6-12　双侧壁导坑法施工工序示意图

Ⅰ—超前支护；1—左（右）侧导坑上部开挖；Ⅱ—左（右）侧导坑上部支护；2—左（右）侧导坑下部开挖；

Ⅲ—左（右）侧导坑下部支护成环；3—中槽拱部开挖；Ⅳ—中槽拱部初期支护与左右Ⅱ闭合；

4—中槽中部开挖；5—中槽下部开挖；Ⅴ—中槽下部初期支护与左右Ⅲ闭合；6—拆除临时支护；

Ⅵ—仰拱及填充混凝土；Ⅶ—拱墙二次衬砌

（3）两侧壁导坑超前中槽部位10～15 m，可独立同步开挖和支护；中槽部位采用台阶法开挖，并保持平行作业。

（4）中槽开挖后，拱部钢架与两侧壁钢架的连接是难点，在两侧壁导坑施工中，钢架的位置应准确定位，确保各部架设钢架连接后在同一个垂直面内，避免钢架发生扭曲。

（5）根据监控量测信息，初期支护稳定后拆除临时支护，一次拆除长度不得大于15 m，并加强监控量测。

（6）临时支护拆除完成后，应及时施作仰拱及二次衬砌。

图 6-13　双侧壁导坑法实例

双侧壁导坑法适用于Ⅴ～Ⅵ级围岩双线或多线隧道掘进。由于跨度较大（一般开挖宽度达11 m左右），无法采用全断面或台阶法开挖，先开挖隧道两侧导坑，相当于先开挖2个小跨度的隧道，并及时施作导坑四周初期支护及边墙衬砌，再根据地质条件、断面大小，对剩余部分断面进行一次或二次开挖。

双侧壁导坑法具有控制地表沉陷好（仅为短台阶法的1/2），施工安全等优点；但进度慢，成本高。因此，适用于断面跨度大，地表沉陷要求严格，围岩条件特别差的隧道。在衡广复线香炉坑隧道、大秦线西坪隧道通过塌方体时曾用过双侧壁导坑法，北京地铁西单车站施工时也曾应用过该方法。

## 第二节　钻 眼 爆 破

钻眼爆破是隧道矿山法施工最主要的工序，决定着循环进尺和隧道周边的成型，而周边成型与支护密切相关，爆破效果还直接影响到爆破渣石的块度和渣堆的形状，这又影响到装渣和出渣的效率。所以说,钻眼爆破是钻爆法施工的关键与核心。

钻眼爆破应在开挖方法的基础上,确定合理循环进尺及施工速度,保持各工序相互协调,确保施工安全和工程质量,满足施工进度要求。

钻爆开挖要进行钻爆设计,钻爆设计要在了解钻爆原理、爆破材料的基础上,根据工程地质条件、开挖断面、开挖方法、掘进循环进尺、钻眼机具等因素确定,还要根据爆破效果调整爆破参数。

## 一、爆破原理

(一)炸药爆炸的基本特征

1. 放出热量

炸药爆炸就是将蕴藏的大量化学能(潜能)以热量的形式迅速释放出来的过程。

炸药在能量方面的特点是,微小容积中蕴藏着大量的能量,即炸药的能量密度很高,表 6-3 是炸药和普通燃料放热量比较。

表 6-3 炸药、煤和石油的放热量比较

| 物质名称 | 单位质量物质的放热量 ($10^3$ kJ/kg) | 单位体积炸药或燃料空气混和物的能量密度 (kJ/kg) |
| --- | --- | --- |
| 煤 | 32.66 | 3.6 |
| 石 油 | 41.87 | 3.68 |
| 黑火药 | 2.93 | 2 805 |
| TNT | 4.19 | 6 700 |
| 黑索金(RDX,环三次硝酸铵) | 5.86 | 10 467 |

2. 生成气体产物

爆炸瞬间炸药定容地转化为气体产物,其密度要比正常条件下气体的密度大几百倍到几千倍。也就是说,正常情况下这样多体积的气体被强烈压缩在炸药爆炸前所占据的体积内,产生 $10^9 \sim 10^{10}$ Pa 以上的高压。同时,由于反应的放热性,处于高温、高压下的气体产物必然急剧膨胀,将炸药的位能变成气体运动的动能,对周围介质做功。在这个过程中,气体产物既是造成高压的原因,又是对外界做功的介质。

3. 爆炸过程的高速度

炸药爆炸的爆速达每秒数千米,反应区在几十微秒(甚至不到 1 μm)内,瞬间释放出大量能量,即炸药在单位时间内的做功能力很强。

炸药爆炸对周围介质的破坏,主要靠两种作用,即动作用和静作用,动作用是指爆炸产生的冲击波、应力波形成的破坏;静作用是指爆炸气体产物的流体静压或膨胀功形成的破坏和抛掷,图 6-14 表示了爆炸过程中应力波和气体压力的作用。

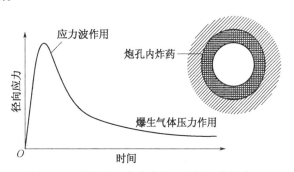

图 6-14 爆炸过程中应力波和气体压力的作用

炸药的爆炸过程是爆轰波的传播过程,也是爆炸生产气体和初始做功的过程。当炸药在岩(土)体中爆炸时,爆轰波轰击岩面,以冲击波形式向岩体内部传播,形成动态应力场。冲击波作用时间极短,能量密度很高,使炮孔周围岩石产生粉碎性破坏。爆生气体静压和膨胀做功,有使岩石质点作远离药包中心运动的倾向,岩体受切向拉力,其强度达到岩石抗拉强度时,则岩石破坏,产生径向裂缝。在爆炸结束的瞬间,随着温度下降,气体逸散,介质又为释放压缩能而回弹,从而又可能产生环向裂缝。在爆炸力作用下,在偏离径向 45°方向上还可能产生剪切裂缝。

在这些裂缝的交错切割和剩余爆破力的作用下,岩石即被破碎和移位。

(二)爆破对固体介质的破坏作用

1. 无限介质中的爆破作用

假定将药包埋置在无限介质中进行爆破,则在远离药包中心不同的位置上,其爆破作用是不同的,大致可划分位 4 个区域,见图 6-15 及表 6-4。

表 6-4  爆破作用分区

| 分　区 | 范　围 | 特　　　征 |
|---|---|---|
| 压缩粉碎区 | $R_1$ | 土或软岩中为环形体空腔,硬岩则为粉碎性破坏,半径约为药包半径的 1.28～1.75 倍 |
| 抛掷区 | $R_1 \sim R_2$ | 岩石破坏成碎块,尚有多余能量使被破坏的碎块获得运动速度,若有临空区,则向临空面抛掷运动 |
| 破坏区 | $R_2 \sim R_3$ | 岩石破裂松动,半径约为药包半径的 70～120 倍 |
| 震动区 | $R_3 \sim R_4$ | 岩石发生弹性变形,不破坏 |

2. 临空面和爆破漏斗

临空面:指暴露在大气中的开挖面,即自由面。

爆破漏斗:有临空面存在情况下,足够的炸药爆炸能量就会将阻力较小的临空面部分岩石破碎、炸飞,脱离岩体,形成一个圆锥形的爆破凹坑,这个凹坑就叫爆破漏斗,见图 6-16。

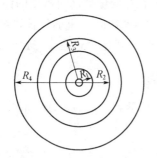

图 6-15  无限介质中的爆破作用

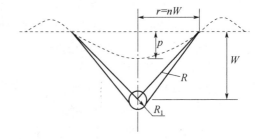

图 6-16  爆破漏斗

爆破漏斗的几何要素:

最小抵抗线 $W$:药包距自由面的垂直距离。

临界抵抗线 $W_C$:当 $W = W_C$ 时,自由面上刚好看不到爆炸迹象。

爆破漏斗半径 $r$:最小抵抗线与自由面交点到爆破漏斗边沿的距离。

爆破作用半径 $R$:药包到爆破漏斗边沿的距离。

爆破漏斗可见深度 $p$。

爆破作用指数 $n = r/W$,爆破作用指数与爆破漏斗的形状之间有直接关系,根据 $n$ 的大小不同,爆破漏斗分为:

$n=1$,标准抛掷漏斗;

$n>1$,加强抛掷漏斗或扬弃爆破;

$0.75<n<1$,减弱抛掷漏斗或加强松动爆破;

$n\leqslant 0.75$,松动爆破,在自由面上只看到岩石松动和突起。

图 6-17 为几种爆破漏斗示意图。

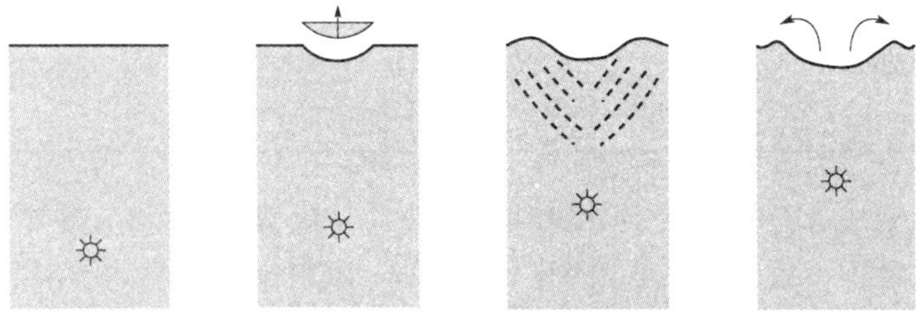

(a)无爆破漏斗　　(b)松动爆破　　(c)减弱抛掷漏斗　　(d)加强抛掷漏斗

图 6-17　几种爆破漏斗示意图

### 3. 柱状药包爆破特点

爆炸应力波的传播方向,以药包轴线为轴线,沿着垂直药包表面的平面向四周传播。大多数爆炸作用力的作用方向平行于临空面而指向岩体内部,使炮孔周围岩体压缩、变形和破碎,只有靠近孔口的少量炸药爆炸力将孔口附近部分渣石掷出。

### 二、爆破器材

爆破器材主要包括炸药、起爆和传爆材料。

#### (一)炸　　药

炸药是一种不稳定的化合物或混合物,在一定的外力作用下,能在极短时间内以极大的速度分解,变成新的稳定的化合物,在分解过程中产生大量气体和热量。

炸药的种类很多,地下工程开挖中主要采用工业炸药,其主要特点是:具有良好的爆炸性能和适当的敏感度,安全性好,起爆方便可靠,爆破效果良好,原材料来源广泛,成本低,制造工艺简单和生产操作安全等。

目前,隧道爆破主要采用铵梯炸药(硝铵类炸药)、乳化炸药和胶质炸药(硝化甘油类炸药),见表 6-5。

表 6-5　隧道爆破常用炸药

| 炸药种类 | 适用范围 | 主　要　特　征 |
|---|---|---|
| 岩石硝铵炸药 | 无瓦斯和无矿尘爆炸的隧道 | 对撞击摩擦较敏感但明火不易点燃,容许含水率不大于 0.3%;密度 0.95～1.1 g/mL;猛度 12～14 mm;爆力 280～360 mL;浸水前殉爆距离 4～8 cm;浸水后殉爆距离 2～4 cm;爆速 3 600～3 750 m/s |
| 乳化炸药 | 无瓦斯和无矿尘爆炸的坚硬岩石、有水孔 | 抗水性极好,爆炸威力大,爆破产生的有毒气体少;密度 1.05～135 g/mL;猛度 12～20 mm;殉爆距离 5～12 cm;爆速 3 100～5 800 m/s |
| 水胶炸药 | 无瓦斯和无矿尘爆炸的坚硬岩石、有水孔 | 抗水性能强,爆炸威力大,但感度较浆状炸药高;密度 11～1.5 g/mL;猛度 12～20 mm;爆力 330～350 mL;殉爆距离 6～25 cm;爆速 3 500～4 600 m/s |
| 浆状炸药 | 无瓦斯和无矿尘爆炸的坚硬岩石、有水孔 | 抗水性能强,密度大,爆炸威力大,但感度较低;密度 11～1.5 g/mL;猛度 15.2～20.1 mm;爆力 326～356 mL;殉爆距离 10～20 cm;爆速 3 200～5 600 m/s |

续上表

| 炸药种类 | 适用范围 | 主 要 特 征 |
|---|---|---|
| 铵油炸药 | 无瓦斯和无矿尘爆炸的坚硬岩石、有水孔 | 抗水性能好,不易结块,爆轰稳定,但保存期短。密度 $0.8\sim1.0$ g/mL;猛度 $12\sim18$ mm;爆力 $250\sim300$ mL;殉爆距离 5 cm;爆速 $3\ 300\sim3\ 800$ m/s |
| 煤矿许用炸药 | 有瓦斯和矿尘爆炸危险的隧道 | 爆炸产生的爆热、爆温、爆压相对较低;有较好的起爆感度和传爆能力;排放的有毒气体量符合国家标准;炸药成分中不含金属粉末,容许含水率不大于 $0.3\%$;密度 $0.85\sim1.1$ g/mL;猛度 $8\sim12$ mm;爆力 $230\sim290$ mL;浸水前殉爆距离 $3\sim6$ cm;浸水后殉爆距离 $2\sim4$ cm;爆速 $3\ 262\sim3\ 675$ m/s |

　　铵梯炸药的主要成分是硝酸铵、木粉和梯恩梯,具有化学安定性好,爆炸后无固体残渣,有毒气体少,对震动、摩擦不敏感等特点,而且制造简单,原料来源丰富,价格便宜,使用安全,并可通过调整配料比例即能制成威力、性能各异的多种混合炸药,以满足多种爆破需要。铵梯炸药的缺点是抗水性能差,容易吸潮结块,结块后将会影响其爆炸性能,降低爆炸威力等。目前在一般隧道中多使用 2 号岩石硝铵炸药,在有瓦斯的隧道中则使用煤矿硝铵炸药。其成分及性能参数见表 6-6。

表 6-6　硝铵炸药参数

| | 组成性能及爆破参数 | 炸 药 名 称 | | | |
|---|---|---|---|---|---|
| | | 2 号岩石硝酸铵 | 2 号岩石抗水硝酸铵 | 2 号煤矿硝酸铵 | 2 号抗水煤矿硝酸铵 |
| 组成(%) | 硝酸铵 | $85\pm1.5$ | $84\pm1.5$ | $71\pm1.5$ | $72\pm0.5$ |
| | 梯恩梯 | $11\pm1.0$ | $11\pm1.0$ | $10\pm0.5$ | $10\pm0.5$ |
| | 木 粉 | $4\pm0.5$ | $4.2\pm0.5$ | $4\pm0.5$ | $22\pm0.5$ |
| | 沥 青 | | $0.4\pm0.1$ | | $0.4\pm0.5$ |
| | 石 蜡 | | $0.4\pm0.1$ | | $0.4\pm0.1$ |
| | 食 盐 | | | $15\pm1.5$ | $15\pm1.0$ |
| 性能 | 密度(g/cm³) | $0.95\sim1.10$ | $0.95\sim1.10$ | $0.95\sim1.10$ | $0.95\sim1.10$ |
| | 猛度(mm)不小于 | 12 | 12 | 10 | 10 |
| | 爆速(m/s) | 3 600 | 3 750 | 3 600 | 3 600 |
| 爆破参数 | 氧平衡(%) | 3.38 | 0.37 | 1.28 | 1.48 |
| | 爆热(kJ/kg) | 3 684 | 4 011 | 3 312 | 3 316 |
| | 爆温(℃) | 2 514 | 2 654 | 2 230 | 2 244 |

　　炸药品种和型号应根据地质、水文条件和炮眼进行选择,掏槽眼宜选用高猛度的炸药;周边眼宜选用低密度、低爆速、低猛度或高爆力的炸药。

　　(二)起爆和传爆材料

　　起爆和传爆材料是能够提供和传递起爆能量,使炸药发生爆炸的材料,常用的起爆和传爆材料有雷管、导爆管、导火索和传爆线。

　　1. 雷管

　　雷管的类型见图 6-18。各种类型雷管示意图见图 6-19～图 6-22。

　　秒延期雷管的延期材料为缓燃导火索或缓燃剂,延期时间较长,精确度不高。

　　毫秒延期雷管的延期材料是铅丹或硅铁,延期时间精确,可实现微差爆破。毫秒延期雷管的延期时间由铅丹或硅铁的性质和数量决定,根据延期时间长短不同分为1~20段,其中1~10段采用脚线颜色进行区分,11~20段采用标牌区分。

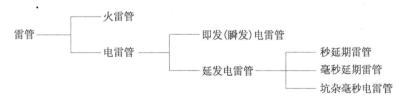

图 6-18　雷管的类型

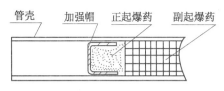

图 6-19　火雷管构造图

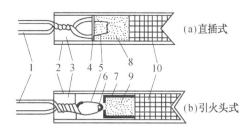

图 6-20　瞬发电雷管

1—脚线;2—管壳;3—密封塞;4—垫纸;6—桥丝;
6—引火头;7—加强帽;8,9—正起爆药;10—副起爆药

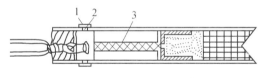

图 6-21　秒延期电雷管

1—蜡纸;2—排气孔;3—精制导火索段

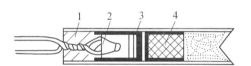

图 6-22　毫秒延期电雷管

1—塑料塞;2—延期内管;3—延期药;4—加强帽

　　采用毫秒延期雷管实现微差爆破,可以充分利用自由面,提高炮孔利用率,减弱围岩震动,实现全断面一次爆破,前后两炮叠加作用,有利于增强破岩效果。

　　2. 塑料导爆管——非电起爆法

　　采用高压聚乙烯塑料制成外径3.0 mm、内径1.5 mm的半透明塑料管,内壁涂有薄层状高能炸药,见图6-23,其传爆速度可达1 900~2 000 m/s。塑料导爆管本身须用非电雷管起爆。

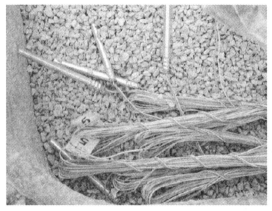

图 6-23　塑料导爆管

**3. 导火索(导火线)**

采用黑火药为药芯,外面包裹棉线、纤维层和防潮层制成外径 5.2～5.8 mm 的索状。导火索一般用来传递火焰给火雷管,配合火花起爆法使用。

**4. 导爆索(传爆线)**

采用高级烈性炸药为索芯,可直接引爆炸药。但本身须用雷管起爆。

### 三、隧道开挖钻爆设计

隧道开挖应根据工程地质条件、开挖断面、开挖方法、掘进循环进尺、钻眼机具和爆破器材等结合爆破震动要求进行钻爆设计。

钻爆设计的目的在于避免超、欠挖,达到预期的断面轮廓和循环进尺,并尽可能减小对围岩的震动,节省工料消耗。每次爆破后都应与爆破设计进行对照比较,及时修正爆破参数,提高爆破效果,改善技术经济指标。

**(一)钻爆设计的内容**

钻爆设计的内容主要包括炮眼(掏槽眼、辅助眼、周边眼、底板眼)的布置、深度、斜率和数量,爆破器材、装药量和装药结构,起爆方法和爆破顺序,钻眼机具和钻眼要求、主要技术经济指标及必要的说明等。

施工中应根据爆破效果不断调整爆破参数,如爆破后石渣过小,说明辅助眼布置偏密或用药量偏大;如石渣过大,说明炮眼布置偏疏或药量偏小。这些情况均应通过调整爆破参数进行改善。

**(二)炮眼种类和作用**

一个开挖爆破断面多达几十到 100 多个炮眼,这些炮眼的位置和作用大体可分为以下几种:

(1)周边眼——沿隧道周边布置的炮眼。

(2)掏槽眼——位于开挖断面的中部,其作用是创造临空面,先起爆,提高爆破效果。

(3)辅助眼——位于掏槽眼和周边之间的炮眼,其作用是扩大掏槽眼炸出的槽口,为周边眼爆破创造临空面。

**(三)掏槽形式**

掏槽质量的好坏直接影响整个隧道爆破的成败。掏槽方式根据施工方法、隧道断面大小、围岩状况以及爆破震动等要求选定。

(1)直眼掏槽:所有掏槽眼均垂直于开挖面。直眼掏槽又分为柱状掏槽和螺旋形掏槽,见图 6-24。

(2)斜眼掏槽:掏槽眼与开挖面有一定倾角。斜眼掏槽又分为垂直楔形掏槽和锥形掏槽,见图 6-25。

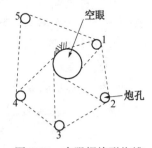

图 6-24 直眼螺旋形掏槽

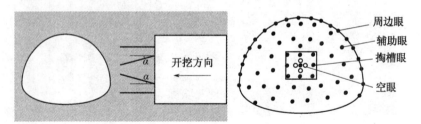

图 6-25 楔形掏槽

（四）周边眼的控制爆破

周边眼的爆破效果,决定着隧道周边的成型效果。实践表明,采用一般方法进行爆破,不仅对围岩扰动大,而且难以爆破出理想的开挖轮廓,所以隧道施工应采用控制爆破技术已是共识,隧道控制爆破主要有光面爆破和预留光爆层爆破。

1. 光面爆破

光面爆破和预留光爆层爆破通过正确确定爆破参数和施工方法,使爆破后的围岩断面轮廓整齐,并最大限度地减轻爆破对围岩的震动和破坏,从而保持围岩原有的完整和稳定。光面爆破和预留光爆层爆破具有保持围岩自承能力,增加安全度和减低支护成本等优点。

光面爆破效果应符合以下要求：

（1）超挖和欠挖符合规定要求,无危石；

（2）光面爆破要求轮廓圆顺,开挖面整齐,无明显的爆破裂缝；

（3）炮眼痕迹保存率〔(残留有痕迹的炮眼数/周边眼总数)×100%〕,硬岩≥80%,中硬岩≥60%,并在开挖轮廓面上均匀分布成形；

（4）两次爆破的衔接台阶尺寸不大于15 cm。

2. 光面爆破的实现——周边眼爆破参数

周边眼爆破参数包括周边眼间距 $E$、周边眼最小抵抗线 $W$、装药量和装药结构。

周边眼爆破参数一般采用简单计算和工程类比确定,再通过现场试爆加以修正。表 6-7 是《铁路隧道钻爆法施工工序及作业指南》(TZ 231—2007)给出的光面爆破经验参数。

表 6-7　光面爆破参数

| 岩石类别 | 周边眼间距 $E$(cm) | 周边眼抵抗线 $W$(cm) | 相对距离 $E/W$ | 炸药集中度 $q$(km/m) |
| --- | --- | --- | --- | --- |
| 极硬岩 | 50~60 | 55~75 | 0.8~0.85 | 0.25~0.30 |
| 硬 岩 | 40~50 | 50~60 | 0.8~0.85 | 0.15~0.25 |
| 软质岩 | 35~45 | 45~60 | 0.75~0.8 | 0.07~0.12 |

注：1. 表列参数适用于炮眼深度 1.0~4.0 m,炮眼直径 40~50 mm,药卷直径 20~25 mm。

2. 当断面较小或围岩软弱、破碎或对开挖成形要求较高时,周边眼间距 $E$ 应取较小值。

3. 周边眼抵抗线 $W$ 值在一般情况下应大于周边眼间距 $E$ 值。软岩取较小的 $E$ 值时,$W$ 值应适当增大。$E/W$:软岩取小值,硬岩及小断面取大值。

4. 表列装药集中度 $q$ 为 2 号岩石硝铵炸药,选用其他类型炸药时应修正。

周边眼的装药结构见图 6-26。不耦合装药可以显著降低应力波对孔壁的局部粉碎破坏,同时充分利用气压的作用,图 6-27 为耦合装药与非耦合装药的应力—时间曲线。

（五）钻爆设计

1. 炮眼深度

根据每一掘进循环所要求的进尺量和炮眼实际利用率来确定,即：

$$L=l/\eta \tag{6-1}$$

式中　$L$——炮眼深度,m；

　　　$l$——每掘进循环所要求的进尺量,m；

　　　$\eta$——炮眼实际利用率,一般要求不低于 85%。

炮眼深度应与装渣运输能力相适应,使每个作业班能完成整数个循环,而且使掘进每米隧道消耗的时间最少,炮眼利用率最高等。

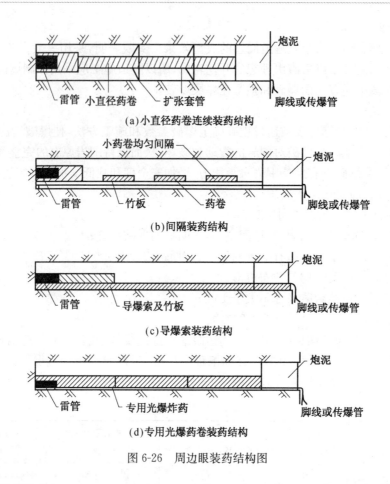

(a)小直径药卷连续装药结构

(b)间隔装药结构

(c)导爆索装药结构

(d)专用光爆药卷装药结构

图 6-26　周边眼装药结构图

2. 炮眼数目

炮眼数目主要与隧道断面、岩石性质和炸药性能有关。炮眼过少,石渣过大,不利于出渣;炮眼过多,凿岩工作量大,延长掘进时间。因此,应在保证合理爆破效果的条件下,尽量减少眼数。

炮眼数目计算公式为:

$$N=\frac{qs}{\alpha\gamma} \tag{6-2}$$

式中　$N$——炮眼数量;

$q$——单位用药量,$q=1.1\sim2.9\ \mathrm{kg/m^3}$,可参考表 6-8;

$s$——开挖断面,$\mathrm{m^2}$;

$\alpha$——装药系数,即装药长度与炮眼全长的比值,随围岩和炮眼类别不同而不同,一般取 $0.5\sim0.8$;

$\gamma$——每延米药卷的炸药重量($\mathrm{kg/m}$),见表 6-9。

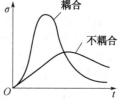

图 6-27　耦合装药与非耦合装药的应力—时间曲线

3. 炮眼布置

炮眼布置应遵循以下原则:

(1)掏槽眼。位于断面中部,深度比掘进眼深 15~20 cm。

(2)周边眼。严格按设计布置,外插斜率 0.5~0.05,并使前后两排炮眼的限界台阶高度

（即锯齿形的齿高）最小为佳,高度一般为 10 cm 左右,最大不应大于 15 cm。周边眼应沿隧道开挖轮廓线布置,保证开挖断面符合设计要求。底板和仰拱底面采用预留光爆层爆破,双线隧道Ⅰ、Ⅱ级围岩段的中心水沟应与隧底光爆层同时爆破成形。

表 6-8　爆破 1 m³ 岩石用药量

<table>
<tr><td colspan="2" rowspan="2">工程项目</td><td rowspan="2">炸药类型</td><td colspan="4">岩 石 级 别</td></tr>
<tr><td>特坚石Ⅰ</td><td>坚石Ⅱ～Ⅲ</td><td>次坚石Ⅲ～Ⅳ</td><td>软石Ⅴ</td></tr>
<tr><td rowspan="6">导坑</td><td rowspan="2">4～6 m²</td><td>硝铵炸药</td><td>2.9</td><td>2.3</td><td>1.8</td><td>1.5</td></tr>
<tr><td>62%胶质炸药</td><td>2.1</td><td>1.7</td><td>1.8</td><td>1.1</td></tr>
<tr><td rowspan="2">7～9 m²</td><td>硝铵炸药</td><td>2.5</td><td>2.0</td><td>1.6</td><td>1.3</td></tr>
<tr><td>62%胶质炸药</td><td>2.0</td><td>1.6</td><td>1.25</td><td>1.1</td></tr>
<tr><td rowspan="2">10～12 m²</td><td>硝铵炸药</td><td>2.25</td><td>1.8</td><td>1.5</td><td>1.2</td></tr>
<tr><td>62%胶质炸药</td><td>1.7</td><td>1.35</td><td>1.1</td><td>0.9</td></tr>
<tr><td colspan="2">扩大炮眼</td><td rowspan="3">硝铵炸药</td><td>1.10</td><td>0.85</td><td>0.7</td><td>0.6</td></tr>
<tr><td colspan="2">周边炮眼</td><td>0.90</td><td>0.75</td><td>0.65</td><td>0.55</td></tr>
<tr><td colspan="2">底部炮眼</td><td>1.4</td><td>1.2</td><td>1.1</td><td>1.0</td></tr>
<tr><td rowspan="2">半断面<br>(多台阶)</td><td>拱部</td><td rowspan="2">硝铵炸药</td><td colspan="4">1.0～1.1</td></tr>
<tr><td>底部</td><td colspan="4">0.5～0.6</td></tr>
<tr><td colspan="2">全断面</td><td>硝铵炸药</td><td colspan="4">1.4～1.6</td></tr>
</table>

表 6-9　国产光面爆破专用炸药药卷参数

| 炸药名称 | 药卷规格<br>直径×长度(mm×mm) | 爆 速<br>(m/s) | 密 度<br>(g/cm³) | 线装药密度<br>(kg/m) |
|---|---|---|---|---|
| 1号岩石硝胺炸药 | 20×(200～600) | 2 900～3 200 | 0.85～1.05 | 0.35 |
| 2号岩石硝胺炸药 | 20×(200～600) | 2 600～3 000 | 0.85～1.05 | 0.35 |
| 3号岩石硝胺炸药 | 20×(200～250) | 3 000～3 200 | 0.85～1.05 | 0.50 |
| 低爆速炸药 | 20×200 | 1 800 | | |
| 2号煤矿水胶炸药 | 20×200 | 1 800 | | |
| T-1水胶炸药 | 20×200 | 5 800 | | |

（3）辅助眼。辅助炮眼交错均匀布置在周边眼与掏槽眼之间,力求爆破出的石块块度适合装渣的需要。

周边炮眼与辅助炮眼的眼底应在同一垂直面上,掏槽炮眼应加深 10～20 cm。

炮眼布置一般采用直线形布孔、多边形布孔、弧形布孔、圆形布孔等布置方法。

4. 爆破图表

爆破图表包括:

（1）炮眼布置三视图:断面图、侧视图和俯视图。

（2）断面钻爆参数表。

（3）预期爆破效果:炮眼利用率、每循环进尺、每循环炸药消耗量、单位炸药消耗量、单位雷管消耗量、单位炮眼消耗量。

## 5. 实例

爆破图表设计示例见图 6-28 及表 6-10 和表 6-11。

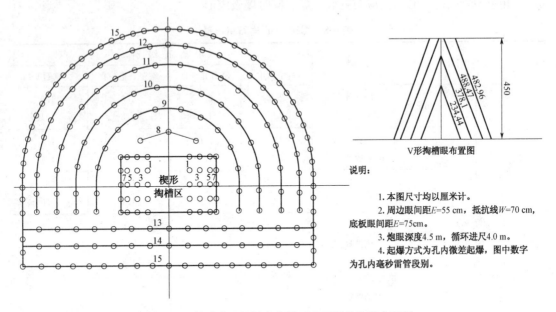

V形掏槽眼布置图

说明：

1. 本图尺寸均以厘米计。
2. 周边眼间距 $E$=55 cm，抵抗线 $W$=70 cm，底板眼间距 $E$=75cm。
3. 炮眼深度4.5 m，循环进尺4.0 m。
4. 起爆方式为孔内微差起爆，图中数字为孔内毫秒雷管段别。

图 6-28　某隧道Ⅱ级围岩全断面光面爆破炮眼布置图

### 表 6-10　某隧道Ⅱ级围岩全断面光面爆破炮眼药量分配表

| 序号 | 炮眼分类 | 炮眼数 | 雷管段数 | 炮眼长度 | 炮眼装药量 | | |
|---|---|---|---|---|---|---|---|
| | | | | | 每孔药卷数 | 单孔装药量 | 合计药量 |
| | | 个 | 段 | cm | 卷 | kg | kg |
| 1 | 掏槽眼 | 10 | 1 | 235 | 10 | 1.5 | 15 |
| 2 | | 10 | 3 | 378 | 14 | 2.1 | 21 |
| 3 | | 10 | 5 | 488 | 16 | 2.4 | 24 |
| 4 | | 10 | 7 | 482 | 14 | 2.1 | 21 |
| 5 | 辅助眼 | 3 | 8 | 450 | 14 | 2.1 | 6.3 |
| 6 | | 14 | 9 | 450 | 12 | 1.8 | 25.2 |
| 7 | | 16 | 10 | 450 | 12 | 1.8 | 28.8 |
| 8 | | 20 | 11 | 450 | 12 | 1.8 | 36 |
| 9 | | 15 | 13 | 450 | 14 | 2.1 | 31.5 |
| 10 | | 15 | 14 | 450 | 15 | 2.25 | 33.75 |
| 11 | 内圈眼 | 27 | 12 | 450 | 10 | 1.5 | 40.5 |
| 12 | 周边眼 | 51 | 15 | 450 | 5 | 0.75 | 38.25 |
| 13 | 底板眼 | 19 | 15 | 450 | 16 | 2.4 | 45.6 |
| 合　计 | | 220 | | | | | 366.9 |

表 6-11　某隧道Ⅱ级围岩全断面光面爆破主要经济技术指标

| 序号 | 项　目 | 单位 | 数量 | 序号 | 项　目 | 单位 | 数量 |
|---|---|---|---|---|---|---|---|
| 1 | 开挖断面积 | m² | 126.8 | 6 | 炸药用量 | kg | 366.9 |
| 2 | 预计每循环进尺 | m | 4.0 | 7 | 比钻眼数 | 个/m² | 1.73 |
| 3 | 每循环爆破石方 | m³ | 507.2 | 8 | 比装药量 | kg/m³ | 0.72 |
| 4 | 炮眼总数 | 个 | 220 | 9 | 单位体积岩体耗雷管量 | 发/m³ | 0.45 |
| 5 | 雷管用量 | 发 | 230 | 10 | 预计炮眼利用率 | % | 89 |

**四、钻爆作业**

（一）钻眼机具

1. 风动凿岩机

风动凿岩机的原理是冲击旋转式凿岩，其优点是结构简单，操作方便，作业安全，适应工作环境强；缺点是压缩空气供应系统复杂，能量利用率低，噪声大。

风动凿岩机的冲击频率一般小于 2 500 次/min，分为手持式、气腿伸缩式、导轨式三种类型。图 6-29 为常用的 YT23 气腿式凿岩机外貌。

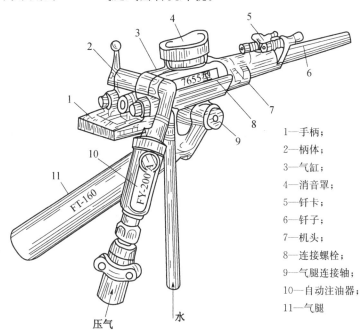

1—手柄；
2—柄体；
3—气缸；
4—消音罩；
5—钎卡；
6—钎子；
7—机头；
8—连接螺栓；
9—气腿连接轴；
10—自动注油器；
11—气腿

图 6-29　YT23 气腿式凿岩机

2. 液压凿岩机与液压凿岩台车

液压凿岩机与液压凿岩台车具有能量利用率高，可根据岩石软硬自动调节冲击频率，能同时多孔钻进等优点；也有重量大，系统复杂（液压系统、气控系统、电气系统和冲洗水系统），造价高等缺点。图 6-30 为轮胎式液压凿岩机。

液压凿岩台车根据其装备钻机的数量通常分为两臂或四臂，根据其行走方式分为窄轨式、履带式、门架式和轮胎式。

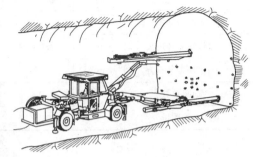

图 6-30　轮胎式液压凿岩机

（二）钻　　眼

钻眼作业须严格按照钻爆设计施工。首先,在工作面标出设计的炮眼位置;其次,钻眼时保证炮眼的深度和角度,掏槽眼眼口间距误差和眼底间距误差不得大于 5 cm,辅助眼眼口排距误差和行距误差不得大于 10 cm,周边眼眼口位置误差不得大于 5 cm,眼底不得超出开挖断面轮廓线 15 cm;当开挖面凸凹较大时,应按实际情况调整炮眼深度,使周边眼和辅助眼眼底在同一垂直面上。

（三）装　　药

装药前应将炮眼内的残渣、泥浆用高压风吹出。装药按自上而下顺序装填,雷管分段对号入孔。为取得良好的爆破效果,所有装药炮眼均应用炮泥堵塞,周边眼的堵塞长度不小于20 cm。周边眼采用小直径药卷间隔装药,辅助眼和掏槽眼采用连续装药。

（四）联网起爆

用联结元件将导爆管联结成复式起爆网络,在检查无误后,人员设备撤离至安全区域,由爆破工起爆。为安全计,宜采用非电毫秒雷管、导爆管或导爆索。当采用电力起爆时,除应符合现行国家标准《土方与爆破工程施工及验收规范》(GBJ 201)有关规定外,并应遵守:①装药前撤离电灯及电线路;②起爆主导线应敷设在电线和管道的对侧,当设在同侧时,与钢轨、管道、电线等导电体的间距须大于 1.0 m,并应悬空架设;③多工序掘进依次爆破时,必须检查主导线的连接,确认起爆顺序正确后方可起爆;④所有爆破材料应能防水或采取防水措施;⑤起爆电源应使用直流电或低电压大电流起爆器,起爆器应保持干燥,并不得用湿手操作。

五、超欠挖问题

（一）隧道允许超欠挖值

隧道允许超挖值应符合表 6-12 的规定。

隧道开挖要严格控制欠挖,当围岩完整、石质坚硬时,允许岩石个别突出部分侵入衬砌不大于 5 cm(每 1 m² 不大于 0.1 m²);拱脚和墙脚以上 1 m 范围内严禁欠挖。

（二）超欠挖的原因

1. 地质条件:岩性(主要包括岩石物理、力学特征等)、岩石结构(主要包括岩石成因演变过程特性,如节理裂隙等)。如果隧道方向垂直于岩层走向,则破裂是整体的,超挖一般较少;但当平行岩层走向时,则超挖较多。如遇软弱围岩或完整性差的地质情况,更易产生超挖。

2. 钻孔设备:大型钻机钻臂外插角构造及设备自动化程度。凿岩台车外插角大和钻孔深必然超挖量大,凿岩设备自动化程度低也会影响凿岩定位及钻进深度,从而产生向外或向上的超挖偏差。

表 6-12　隧道允许超挖值

| 开挖部位 \ 围岩级别 | | I | II～IV | V、VI |
|---|---|---|---|---|
| 拱　部 | 平均线形超挖 | 10 | 15 | 10 |
| | 最大超挖 | 20 | 25 | 15 |
| 边墙线形超挖 | | 10 | 10 | 10 |
| 仰拱、隧底 | 平均线形超挖 | 10 | | |
| | 最大超挖 | 25 | | |

注:1.本表适用于炮眼深度不大于 3.0 m 隧道的开挖。炮眼深度大于 3.0 m 时,可根据实际情况另作规定。

2.平均线形超挖值 $= \dfrac{\text{超挖横断面积}}{\text{爆破设计开挖断面周长(不包括隧底)}}$。

3.最大超挖值是指最大超挖处至设计开挖轮廓切线的垂直距离。

4.表列数值不包括测量贯通误差、施工误差。

5.测量方法可选用激光束测定、全站仪测定、激光隧道限界测量仪测定或用二次衬砌轮廓钢架作基准测定方法。

6.超过表 6-11 所列数值的部分按局部坍塌处理。

3. 炸药品种及装药结构:炸药与岩石声阻抗不相匹配(即炸药猛度过大对炮孔壁产生过量破坏),装药结构(或线装药密度)不合理也常常会造成对炮孔壁的局部或整孔超爆破坏。

4. 爆破设计不当:周边眼布置及周边眼间排距设计不当。

5. 施工操作:不放轮廓线、不准确放轮廓线、错误布置轮廓线和钻孔位置;施钻人员技术不精,钻孔定位或钻进角度偏差控制不好,少打眼以及试图争取缩短钻眼时间,擅自减少钻孔深度,采用过多装药量;手持风钻施钻时工作平台高度不够而使钻孔向上偏斜过大等。

(三)防止或减少超欠挖的措施

针对上述产生超挖的原因,实际中可采取以下技术和管理措施。

1. 优化每循环进尺,尽可能将钻孔深度设计在 4 m 以内。

2. 选择与岩石声阻抗相匹配的炸药品种。

3. 利用空孔导向,或在有条件时采用异型钻头钻凿有翼形缺口的炮孔。

4. 利用装药不偶合系数或相应的间隔装药方式。

5. 提高施工人员素质,加强岗位责任制。

第三节　装渣和运输

装渣和运输是隧道施工中的重要工序,占整个掘进循环作业时间的 35%～50%,控制着隧道施工速度。提高装渣与运输的效率是加快隧道施工进度的关键,尤其对长大隧道施工,为此,应该正确选择和准备足够的装渣机械和运输车辆,确定合理的装渣运输方案,并减少相互干扰。编制运输计划、统一指挥是文明施工的必要措施,同时也是施工安全的保证措施之一。

装渣运输需根据隧道断面大小、施工方法、机械设备及施工进度要求等因素,综合考虑,制定科学合理的装运作业方案,并在施工过程中根据地质变化、施工方法的改变不断调整和改进,提高出渣效率。装渣运输设备的选型应能满足高效作业的原则,使装渣能力、运输能力与开挖进尺相适应,并保证装运能力大于最大的开挖能力。

隧道施工装渣与运输系统分为有轨装运和无轨装运两种模式。无轨装运模式机动灵活,运输道路容易维修,目前使用较多,特别是高速铁路和客运专线隧道,其净空大,更适用无轨运输模式。

### 一、有轨运输

有轨运输系统采用轻型窄轨线路,专门的出渣车辆装渣,小型机车牵引,见图6-31。

有轨运输的优点是洞内空气污染较轻,设备构造简单,占用空间小且固定;缺点是轨道铺设较复杂,维修工作量大,调车作业复杂,延伸轨道影响其他作业。

(一)装渣机械和出渣车辆

装渣机械有翻斗式装渣机(铲斗后卸式装渣机)、铲斗式电动装渣机、蟹爪式装渣机、立爪式装渣机和耙斗式装渣机。

出渣车辆有普通矿车(斗车)、梭式矿车和槽式矿车。普通矿车断面为V形或U形,容积较小,一般 $0.5\sim1.1\ m^3$,具有轻便、灵活和周转方便等优点;梭式矿车和槽式矿车容积大,可达 $14\ m^3$ 以上,目前长隧道施工应用普遍。图6-32为一种底卸式矿车出渣系统。

图6-31 有轨运输系统

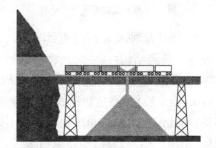

图6-32 底卸式矿车出渣系统

(二)牵引机车与线路

牵引机车有电动牵引车和内燃机车两种。电动牵引车一般为蓄电池电机车,它具有体积小、安全等优点,但需充电,牵引力不足,所以长大隧道施工时多建有接触式供电装置,采用接触式或接触—蓄电池混合供电式电动机车牵引。内燃机车具有较大的牵引动力,但废气排放量大。

有轨运输时,洞外应根据需要设调车、编组、卸渣、进料、设备维修等线路。洞内线路一般采用 $38\ kg/m$ 或 $38\ kg/m$ 以上的钢轨,轨距不大于 $0.7\ m$,道床厚度不小于 $0.2\ m$,坡度小于2%。

(三)调车设备和轨道延伸

调车设备一般采用简易道岔、平移调车器、水平移车器和浮放道岔。

轨道延伸采用扣轨、爬道和短轨节。

(四)轨道布置与调车方法

轨道布置采用单车道或双车道。设单道时,每间隔300 m设一个会车道。采用轨行式机械装渣时,轨道应紧跟开挖面;调车线路及时前移。

施工中应建立工程运输调度,根据施工进度编制运输计划,统一指挥,提高运输效率。

（五）道床与线路维修

在没有采用仰拱先行的局部地段，为了保持线路的平整度和稳定性，须铺设不小于 20 cm 厚的道砟。

为保证线路经常处于良好状态，运输线路必须经常进行维修和养护，线路两侧的岩渣和杂物需随时清除。

（六）列车限速

根据施工经验，为保证安全，在洞内施工地段、视线不良的弯道上以及通过道岔和洞口平交道等处时，列车应限速 10 km/h，直线地段限速 20 km/h，曲线地段可根据不同曲线半径适当减速。

## 二、无轨运输

无轨运输系统采用装渣机装渣和自卸汽车运输。

无轨运输的优点是运输效率高，车辆行驶灵活；缺点是噪声大、尾气污染大。柴油汽车尾气是主要的污染源，进洞车辆应安装净化装置，以减小污染，并严禁使用汽油的机械进洞。隧道采用无轨运输时，必须加强施工通风，改善作业环境，洞内环境应符合职业健康标准。

（一）装载机

装载机有履带式和轮胎式两种，见图 6-33。单线隧道采用无轨运输时，目前普遍采用轮式正铲侧卸装载机等小型装渣设备。当隧道开挖长度大于 500 m 时，洞内油烟浓度较高，可以采用立爪式轨行装岩机，此时，在距开挖工作面 70～80 m 范围内应铺设轨道，采用无轨运输和有轨装渣有机结合的方式。

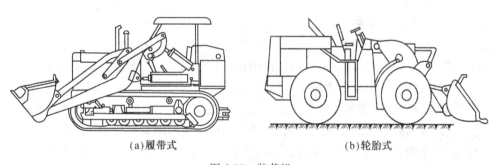

|(a)履带式|(b)轮胎式|

图 6-33　装载机

采用无轨运输时，可采用电动装渣机械（如铲装机、挖掘装岩机等），污染小、效率高，比内燃装载机有明显的优势。

（二）自卸汽车、翻斗车

运输通常采用带净化装置的柴油自卸汽车，见图 6-34。

无轨运输的运行速度比有轨运输快一些，主要是因为无轨运输的车辆行驶灵活，刹车方便，危险性小。在成洞地段的速度可以提高一些，但超过 25 km/h 后其危险性就大大增加。因此，施工作业地段的行车速度不得大于 15 km/h，成洞地段不得大于 25 km/h。

图 6-34　自卸汽车出渣

施工中采用仰拱先行的方法,不仅可大大提高运输效率和隧道施工进度,而且能够改善洞内作业环境,因此成为目前普遍采用的方法。

（三）调车作业

单线隧道采用无轨运输的一大困难就是会车问题,每隔150～300 m设一处会车点,可以满足要求。

（四）隧道底板与仰拱

根据近几年来的施工实践,仰拱先行有利于洞内运输,但应注意排水及路面维修。

客运专线单、双线隧道的净空均可以满足一般载重汽车的会车要求。洞内运输车辆无论是轨行还是轮胎式,在作业中都不得对尚未达到强度的仰拱（填充）、底板、水沟、电缆槽等造成破坏、损伤。所以,应该配备防干扰台架、架空栈桥、针梁式台车等设施,既要为各工序提供足够的作业空间,又要保证运输通畅。

## 第四节　初期支护——喷锚支护与支架

隧道开挖后,暴露的围岩极易受风化作用,强度降低,自承载能力丧失。因此,紧跟隧道开挖作业面及时施做初期支护是维护隧道稳定,保护其自承载能力的关键,也是在安全环境下开展隧道后续工序作业的需要。

隧道初期支护一般采用喷锚支护,根据围岩特点、断面大小和使用条件等选择喷射混凝土、锚杆、钢筋网和钢架等单一或组合的支护形式,必要时还应施做超前支护。

爆破后,首先清除浮渣和松石,然后立即初喷混凝土封闭围岩,以期充分发挥围岩的自稳能力。出渣结束后,再根据围岩条件施做锚杆、挂网、钢架及复喷混凝土。

地下工程支护除注浆加固外,一般还可通过提供支护作用力来改善围岩受力状态并控制围岩变形。各类支架和衬砌的支护作用力作用在围岩表面,一般情况下,支架、衬砌和围岩之间不同程度地存在空隙,围岩发生过大变形时支护才逐渐产生作用力,所以支护效果不好。

喷射混凝土通过高速喷射使水泥和集料反复连续撞击、压密,使它具有较高强度和耐久性,喷射后立即对加固对象产生密封作用,使混凝土很快与加固对象成为一个整体。

锚杆支护,作用力不但作用于围岩表面而且能作用于围岩内部,每根锚杆都在其周围形成一锚固体,使锚固体内围岩受力状态由单向、双向受压变为三向受压,改变了锚固体内岩体的受力变形,相对来讲提高了岩体强度。

据上分析,喷射混凝土和锚杆支护具有主动加固围岩的作用,已广泛应用于隧道支护,也是新奥法的主要支护手段。

### 一、喷射混凝土

喷射混凝土层具有提高隧道围岩强度,防止围岩强度恶化,改善围岩受力状态,增强支护系统的整体性等重要作用。喷射混凝土层将锚杆、钢筋网和围岩黏结在一起,构成一个共同作用的整体结构,从而提高支护的整体承载能力。

喷射混凝土的强度比同样强度等级的混凝土块高10％～15％,与围岩黏结力也较高,喷射完成3～6 h后就允许进行爆破作业。钢纤维或玻璃纤维是混凝土喷层的补强剂,它们可以显著增加喷射混凝土的抗挠性。喷射混凝土不仅使隧道及早支护,而且可用作隧道永久支护。

（一）喷层的力学性能

喷射混凝土的力学特性直接影响地下工程的加固效果，其主要力学特性包括强度和变形特性。

评价喷射混凝土质量的主要强度指标见表 6-13、表 6-14。由于采用喷射法施工，拌合料高速喷到岩面上且反复冲击压密，因此喷射混凝土一般都具有良好的密实性和较高抗压强度。

喷射混凝土的黏结强度包括抗拉黏结强度和抗剪黏结强度。前者用于衡量喷射混凝土在受到垂直于界面方向拉应力作用时的黏结能力，后者则反映抵抗平行于界面作用力的能力。

表 6-13　喷射混凝土的设计强度值（MPa）

| 强度种类 | 喷射混凝土强度等级 | | |
| --- | --- | --- | --- |
| | C20 | C25 | C30 |
| 轴心抗压 | 10 | 12.5 | 15 |
| 弯曲抗压 | 11 | 13.5 | 16 |
| 轴心抗拉 | 1.0 | 1.2 | 1.4 |

表 6-14　喷射混凝土的受压弹性模量 $E_c$（MPa）

| 喷射混凝土强度等级 | C20 | C25 | C30 |
| --- | --- | --- | --- |
| 受压弹性模量 $E_c$ | $2.1 \times 10^4$ | $2.3 \times 10^4$ | $2.5 \times 10^4$ |

喷射混凝土与岩石的黏结强度与待喷岩石性质、岩面条件、节理充填物等有密切关系，表 6-15 为喷射混凝土与各种岩石的黏结强度。新喷射混凝土与原喷混凝土的黏结强度一般为 0.7～2.85 MPa，与喷射混凝土界面的抗拉黏结强度是 1.47～3.49 MPa。喷射混凝土层与岩石之间的黏结力取决于岩石表面的清洁度，所以喷射前应清洗岩石表面。

表 6-15　岩石与水泥结石体之间的黏结强度值（MPa）

| 岩石种类 | 岩石单轴饱和抗压强度（MPa） | 岩石与水泥结石体之间黏结强度值（MPa） |
| --- | --- | --- |
| 硬　岩 | ＞60 | 1.5～3.0 |
| 中硬岩 | 30～60 | 1.0～1.5 |
| 软　岩 | 5～30 | 0.3～1.0 |

（二）喷层的变形机理

1. 喷层的变形破坏机理

由喷层变形和承载力的试验表明，喷层的受力变形分为三个阶段，如图 6-35 所示，第一阶段为黏着阶段，第二阶段为挠曲阶段，第三阶段为薄壳效应阶段。

在黏着阶段，喷层起黏结抵抗作用，黏结破坏取决于围岩表面矿物成分和喷层厚度，黏结抵抗效应主要取决于围岩质量（围岩表面矿物成份）及其表面清洁程度，并在一定程度上随喷层厚度增加而增强。

挠曲阶段中心的变形（挠度）为 5～10 mm，变形角为 1/100，此时喷层承载力最大，其承载力可用下式计算：

钢筋网增强喷射混凝土的承载力为

$$M_f = \frac{A}{c} \cdot 0.4 \cdot h \cdot \sigma_{ty} \qquad (6\text{-}3)$$

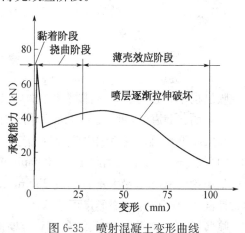

图 6-35　喷射混凝土变形曲线

钢纤维增强喷射混凝土承载力为

$$M_f = \frac{h^2}{6} \cdot \mu_s \cdot \sigma_{ty} \cdot \frac{1}{k} \tag{6-4}$$

以上两式中　$A$——钢筋截面积；

$c$——钢筋间距；

$h$——喷层厚度；

$\mu_s$——钢纤维含量（%）；

$k$——钢纤维作用效果的经验系数；

$\sigma_{ty}$——钢材抗拉强度。

2. 现场观测结果

隧道围岩开挖表面凸凹不平易使喷层产生应力集中，特别是凸出的围岩开挖面比凹进面更容易导致喷层破裂。作用在刚施工的喷层上的荷载受开挖方式的影响很大。若采用钻爆法掘进，喷射混凝土应在爆破后立即进行，以便喷射混凝土层在下一循环爆破作业时有足够的强度和刚度，且可及时防止风化。前苏联的经验表明，为使混凝土的初凝时间达到 2～15 min，应加入速凝剂和早强剂。添加剂有氯化钙、氯化铝、水玻璃、氯化铁、钠铝酸盐溶液、氯化钠等，添加剂通常为水泥质量的 2%～10%。

喷层在支护早期的卸载作用应受到足够重视，试验和模拟计算结果表明，喷层支护有明显的卸载作用，这对长期荷载有很大影响，所以，应特别重视使喷射混凝土材料在早期具有一定的柔性，可以选用金属网、钢纤维和钢杆等增加柔性。

3. 喷层厚度与柔性

厚度是喷射混凝土最重要的参数，喷层的柔性与厚度直接相关，图 6-36 为喷层相对厚度与相对破坏荷载的关系。

当相对厚度 $h/r_0 > 1/5$ 时，喷层为刚性厚层状态，其破坏形式为弯曲破坏；当 $h/r_0 < 1/15$ 时，喷层为柔性状态，其破坏形式为剪切破坏；当 $h/r_0 = 1/8～1/12$ 时，喷层支护能力最大，处于从剪切破坏到弯曲的过渡阶段。这表明，喷层愈厚，刚度愈大，约束了围岩变形，可引起更大荷载，反而容易发生破坏。所以喷层要具有柔性，必须控制其厚度，柔性较好且有足够抗力的喷层厚度应控制在：

$$h = (0.025～0.033)r \tag{6-5}$$

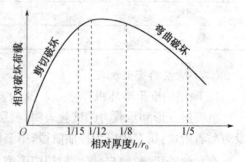

图 6-36　喷层相对厚度与相对破坏荷载

式中　$h$——喷层厚度；

$r$——隧道计算半径，非圆形隧道，近似取其外接圆半径或跨度之半。

喷层也不是越薄越好，否则支护抗力不足会引起压裂或压剪破坏，发生开裂剥落。国内外的经验表明，当喷层厚度小于 50 mm 时，由于材料的收缩而常常导致喷层渗水和结构破坏。

喷层厚度也可由隧道围岩收敛量确定。素喷混凝土的允许变形量为 20 mm 左右；钢筋网（钢筋直经 4～12 mm，网间距 150～300 mm）喷射混凝土的允许变形量可达 50 mm，这时，喷层厚度最小为 100 mm，最大不宜超过 250 mm；加入钢纤维（掺量为每 m³ 混凝土中 80～100 kg）的柔性混凝土喷层允许变形量可达 50～80 mm。

喷薄层和多次喷射，加入缓凝剂和定期速凝剂以延长喷层的塑性时间，在喷层中加入钢纤维或玻璃纤维及使用金属网等,都可增加混凝土喷层的柔性。试验表明,喷层厚度的增加与喷层强度的增加并不呈线性关系,喷层厚度每增加 50%,喷层强度只增加 10%～20%。

(三)纤维喷射混凝土

混凝土材料抗拉强度仅为抗压强度的 10%,属于刚性支护,抗拉性能差。常规的无筋喷射混凝土一般都不能抑制高应力隧道的围岩变形。掺入钢纤维或聚合物纤维的纤维喷射混凝土可以提高混凝土的强度、抗裂性能、抗拉强度和抗冲击性能,增加喷层的柔性和抗裂性。纤维喷射混凝土的另一个特点是具有良好的韧性,即在基体混凝土开裂产生较大塑性变形时能保持承载力不明显降低,可适应岩爆和大变形情况下的应力释放,具有吸收变形的能力;钢纤维混凝土的韧性可以有效地适应和控制围岩的变形。

1.纤维类型

(1)钢纤维

钢纤维宜用普通碳素钢制成。考虑喷射工艺特点,断面直径(或等效直径)宜为 0.3～0.8 mm;钢纤维长度 20～35 mm,并不得大于输料软管以及喷嘴内径的 0.7 倍,长径比 30～80。钢纤维抗拉强度要大于 600 N/mm²。

(2)合成纤维

喷射合成纤维混凝土中的纤维主要有聚丙烯纤维、聚乙烯纤维、尼龙纤维、玻璃纤维、碳纤维等,其品种、规格较多,但施工中以聚丙烯纤维为主。

聚丙烯纤维是直接拉丝制成的聚丙烯单丝纤维的束状集合体,每一束中有许多根纤维单丝,在投入搅拌时能自动分散开来,增加了纤维与混凝土的表面结合力以及纤维单丝之间的互斥力(分散性)。聚丙烯不溶于水,耐热性能良好,熔点为 165～170 ℃,是一种非极性的聚合物,有良好的电绝缘性能,介电常数为 2.25,有较好的化学稳定性,与大多数化学品,如酸、碱和有机溶剂接触不发生作用。其物理性能良好,抗拉强度 $3.3×10^7$～$4.14×10^7$(Pa),抗压强度 $4.10×10^7$～$5.51×10^7$(Pa),伸长率 200%～700%,洛氏硬度 R85～R110,因此聚丙烯有较好的加工性能,其热加工体积收缩率为 1.6%～2.0%。聚丙烯纤维混凝土所用的长度一般在5～50 mm 范围内,因此可称为丙纶短丝。

聚丙烯纤维是非腐蚀的化学填充物,它对矿质、酸碱基质和无机盐有很好的化学阻抗作用,故聚丙烯纤维能有效地阻止混凝土的塑性收缩和龟裂。

聚丙烯纤维加强混凝土是机械作用而不是化学作用,它的加入不需要附加水和改变原来的混凝土配合比,也不影响其他掺合料或外加剂的加入。

聚乙烯纤维因为弹性模量低,受荷分担的应力也小,至今还很少用于复合材料。玻璃纤维混凝土暴露大气中一段时间后,其强度和韧性会有大幅度下降,即由早期的高强度、高韧性向普通混凝土退化,加之其耐碱性不过关,现主要用于结构加固。

碳纤维具有抗拉强度和弹性模量很高、化学性质稳定、与混凝土黏结良好的优点,但由于碳纤维生产成本高,应用受到一定限制。

尼龙纤维(聚酰胺)混凝土的施工性能优于普通混凝土,掺入尼龙纤维可显著地降低混凝土的干缩值,虽然其抗折、抗压、轴压及应力应变性能与普通混凝土无明显差别,但抗渗、阻锈性能有显著改善,从而提高了混凝土的耐久性,因为它与聚丙烯纤维相比价格昂贵,所以推广与应用受到限制。

延长搅拌时间不会影响纤维的分布和强度。

2.纤维喷射混凝土性能

钢纤维喷射混凝土是混凝土和纤维的复合材料,它大大改善了喷射混凝土的力学性能,具有高强度、大变形、残余强度高等特点,在松软、破碎围岩和特殊地下工程中得到广泛应用。根据水电工程的经验,采用规格为 0.3 mm×0.6 mm×18 mm 和 0.35 mm×0.6 mm×25 mm 的两种钢纤维,当掺量为 50~70 kg/m³ 时,喷射混凝土的抗拉、抗剪强度可提高 1~2 倍,韧性提高几十倍,并可减少回弹,而价格并不比使用钢筋网高。同在喷层中设置钢筋网相比,采用钢纤维喷射混凝土可以简化工序,加快施工速度。

钢纤维的掺入量、形状、长径比等都对钢纤维混凝土强度产生重要影响。钢纤维的掺入量越高、钢纤维直径越小,强度指标越好。一般条件下,钢纤维喷射混凝土的抗压强度提高 50%左右,则抗拉强度提高 50%~80%,抗弯强度提高 40%~100%。

良好的韧性是钢纤维喷射混凝土的重要特性,它是指从加载开始到试件完全破坏时所做的总功。国外采用规格为 100 mm×100 mm×350 mm 的梁进行模拟试验表明,钢纤维喷射混凝土的韧性比素混凝土提高 10~15 倍,国内冶金部建筑研究总院采用规格为 70 mm×70 mm×300 mm 的梁进行模拟试验表明,韧性可提高 20~50 倍。此外,钢纤维还能阻止混凝土中微裂的扩展。

3. 纤维喷射混凝土施工要点

喷射合成纤维混凝土施工应符合以下要求:

(1)喷射混凝土中的合成纤维宜采用聚丙烯纤维。

(2)喷射混凝土中所使用合成纤维长度宜为 19 mm。

(3)合成纤维掺入量应通过试验确定,或以 1.2 kg/m³ 作为参考。

(4)搅拌时间宜为 4~5 min。搅拌完成后随机取样,如纤维已均匀分散成单丝,则混凝土可投入使用,若仍有成束纤维,则至少延长搅拌时间 30 s 才可使用。

(5)合成纤维喷射混凝土的强度等级不应低于 CF20,粗骨料粒径不宜大于 20 mm。

(6)喷射合成纤维混凝土的拌和水灰比宜为 0.35~0.45。

(四)喷射混凝土的材料与组成

隧道设计规范规定,喷射混凝土应采用 C20 混凝土,其材料组成有水泥、砂子、石子、速凝剂和水。

1. 水泥

优先采用硅酸盐水泥或普通硅酸盐水泥,也可采用矿渣硅酸盐水泥。普通硅酸盐含有较多的 $C_3A$ 和 $C_3S$,凝结速度较快,特别是与速凝剂有良好的相容性。

2. 砂子——细骨料

砂子应采用坚硬耐久的中砂或粗砂,细度模数宜大于 2.5,目的是有足够的水泥包裹细骨料,有利于获得足够的混凝土强度,同时可减少粉尘和硬化后混凝土的收缩。砂子的含水率宜控制在 5%~7%,砂中小于 0.075 mm 的颗粒不应大于 20%。

3. 石子——粗骨料

石子应采用坚硬耐久的碎石或卵石,不得使用碱活性骨料。为了减少回弹和防止管路堵塞,规定粒径不宜大于 16 mm,喷射钢纤维混凝土中石子粒径不宜大于 10 mm。

4. 速凝剂

为了促进喷射混凝土速凝,可使用速凝剂;为了减少回弹与粉尘,可使用增黏剂。但选用的添加剂必须是通过鉴定的产品。

添加剂的合理组合与掺量,应结合工程实际试验确定。要求其对混凝土强度及其与围岩黏结力基本无影响,对混凝土、钢材无腐蚀作用,对混凝土凝结时间影响不大,不易吸湿,易于保存,不污染环境,对人体无害。

5. 水

与普通混凝土用水一样,不应含有影响水泥正常凝结与硬化的有害杂质,不得使用污水。

6. 配合比和水灰比

配合比(质量比)为水泥:砂:石子=1:(2~2.5):2~2.5(边墙)或1:2:(1.5~2.0)(拱部)。

水灰比为0.4~0.5。

要求喷射混凝土表面平整,呈湿润光泽,无干斑或滑移流淌现象,粗骨料分布均匀,回弹量小。

(五)喷射混凝土施工与机具

1. 工艺

喷射混凝土分干喷、潮喷和湿喷。喷射混凝土现场施工见图6-37。

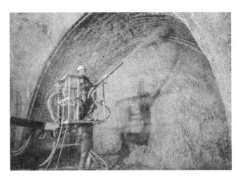

图6-37　喷射混凝土现场施工

2. 机具设备

喷射混凝土机具主要有混凝土喷射机、上料机、搅拌机、机械手、混凝土运送搅拌车、混凝土喷射三联机。

混凝土喷射机类型有:双罐式、转体式、螺旋式、转盘式混凝土喷射机。搅拌机有:涡轮浆强制式混凝土搅拌机。压缩空气机为喷射混凝土的动力设备。混凝土喷射三联机是由料仓、喷射机和机械手组成的联合体。

3. 喷射作业

风压:喷嘴处风压应稳定在0.1~0.25 MPa。

水压:喷嘴处水压应稳定在0.4 MPa。

喷嘴与受喷岩面之间距离为0.8~1.2 m,喷射角度应垂直或向上倾斜(<10°)。

喷射分区与喷射顺序:喷射作业应遵循分段、分部、分块,由下而上,先边墙后拱脚和拱腰,最后喷拱部的原则。

**二、锚杆支护**

锚固技术是岩土加固技术之一,它利用锚杆(索)作为主要构件,将工程结构物所受压力传递到岩(土)体内部稳定地层内,协调地层内外变形,并加固岩土体。锚杆的锚固机理大多数情况下可以用图6-38~图6-40的加固原理得到合理解释。

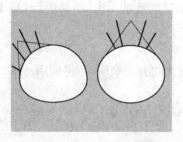

图 6-38　锚杆悬吊原理图

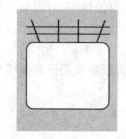

图 6-39　锚杆组合梁原理图

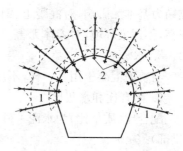

图 6-40　锚杆加固拱原理图
1—组合拱；2—锚杆

**（一）锚固方式与锚杆类型**

隧道工程常用的锚杆类型有水泥砂浆锚杆、树脂卷锚固锚杆、自钻式锚杆、中空注浆锚杆和摩擦式锚杆等。

根据锚固方式可将锚杆分为端部锚固锚杆（端锚锚杆）、全长锚固锚杆（全锚锚杆）及能提供径向挤胀力的管缝式和水胀式锚杆。

**1. 端锚锚杆**

端锚与全锚锚杆的区别在于锚固长度的不同。端锚锚杆只在内端头用黏结卷或机械锚头锚固，外端加预紧力，故端锚锚杆只有托锚力，存在以下缺点：

（1）锚杆只提供托锚力，载荷集中在一个小的区域，在服务期内容易松动，一旦松动，锚杆立即丧失承载能力，所以锚杆的失效率高；

（2）当岩石从托板周围冒落时，锚杆就失去支护作用；

（3）锚杆托板施加的应力会压碎岩石，托板也会发生蠕变和松弛，托板的允许载荷低；

（4）爆破震动会使锚杆松动。

**2. 全锚锚杆**

带托板的全长锚固锚杆对围岩的锚固力主要有两部分，如图 6-41 所示。一部分是托板对锚杆孔口及外段附近围岩的挤压作用力，称之为托锚力。托锚力在锚杆安设上紧托板后就存在，此时称为初始托锚力，随着围岩变形，托板约束隧道围岩表面，托锚力逐渐增大。另一部分是锚杆对围岩的剪切作用力，称为剪锚力。剪切锚固力在锚杆刚安设时较小，随着围岩变形，围岩与锚杆之间产生位移差而逐渐增大。剪切锚固力的传递介质是黏结材料（砂浆、水泥卷、树脂卷等）或与围岩的摩擦。

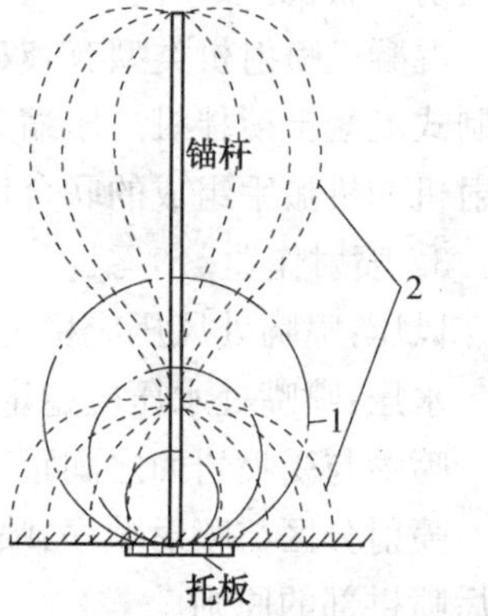

全锚锚杆既能提供比端锚锚杆要大的托锚力，又能提供剪锚力，所以全锚锚杆的锚固力比端锚锚杆大得多。又由于树脂黏结剂黏结强度高，所以，全长黏结树脂锚杆是目前最有效的锚杆支护系统，树脂快速凝结可提供即时支护，全长黏结产生高承载力。

隧道围岩一般为成层状，层理面之间容易产生离层，全锚锚杆的剪锚力和托锚力对各分层产生挤压力，而且剪锚力的作用限制了层理面的变形。

**3. 管缝式锚杆和膨胀管锚杆**

管缝式锚杆（图 6-42）和膨胀式锚杆（图 6-43）是两种特殊的全长锚固锚杆。管缝式锚杆

图 6-41　全长锚杆锚固力示意图
1—托锚力作用区；2—剪锚力作用区

的锚固力包括三部分,除托锚力和与围岩的相互摩擦产生的剪锚力外,还有沿锚杆全长对围岩挤压产生的环柱状压力。膨胀式锚杆的锚固力与管缝锚杆类似,也包括三部分,只是其沿锚杆全长的环柱状压力很高,起主要锚固力作用,剪锚力相对较小。

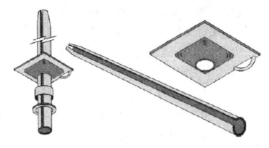

图 6-42　管缝式锚杆

因为管缝锚杆主要通过锚杆和围岩之间的挤压和相互摩擦作用产生剪锚力,而软岩隧道变形量大,使锚杆和围岩之间的挤压作用力显著降低,导致锚杆剪锚力丧失。管缝锚杆容易锈蚀,用镀锌防锈时成本约增加 30%。

图 6-43　膨胀式锚杆

膨胀管锚杆沿全长的环柱状压力很高,在严重破碎的岩石和土类材料中,膨胀会产生一定的压实作用,提高岩体强度,从而使锚杆获得较大的锚固力,使膨胀管锚杆能成功地应用于黏土、密实砂、软岩地层。

(二)锚杆材质及杆径

锚杆是产生锚固力最基本的条件,要提高锚杆的锚固力,首先要提高锚杆杆体的强度。成本低、易加工且抗拉性能好的材料均可用作锚杆杆材,最常用的锚杆材料是钢筋,玻璃纤维、增强塑料等材料具有高强、轻质和易切割等特点,是新型锚杆材料。

钢材是应用最广泛的锚杆材料,我国的锚杆大多采用 Q235 钢筋,其屈服强度为 235 MPa。$\phi14\sim16$ mm 的 Q235 钢筋锚杆抗拉强度只有 $50\sim60$ kN,尾部车丝后强度还要损失 25% 左右,因此只能提供较小的锚固力。提高钢锚杆杆体强度主要有以下途径。

1. 增加锚杆杆体直径

增加锚杆杆体直径是提高杆体强度最简便也是最常用的方法。以澳大利亚、美国、英国等为代表的锚杆技术先进的国家,其锚杆直径一般为 $20\sim28$ mm,锚杆的屈服强度为 $450\sim630$ MPa,我国目前采用的锚杆直径偏小,随着锚固药卷质量的提高,锚杆的预紧力可以加大,以提高托锚力,同时剪锚力也会增大,这都要求提高锚杆杆体强度,普遍认为钢筋锚杆直径增大到 $20\sim24$ mm 是合理的。

2. 采用高强度级别的钢筋

Q235 钢属低碳钢,在低碳钢的基础上,加入少量既能提高钢材强度、又能改善钢材其他性能的合金元素(锰、硅、钒、钛等)就形成了低合金钢,如 16Mn、20MnSi 钢的屈服强度可达 330 MPa,抗拉强度为 510 MPa,是 Q235 钢的 1.4 倍。在成本增加不多的情况下,采用较高强度级别的钢筋是提高锚杆强度的主要途径。规范推荐采用 20MnSi 钢筋。

3. 锚杆尾部螺纹热处理或杆体整体调质处理

锚杆尾部螺纹热处理或杆体整体调质处理是一种提高锚杆杆体强度而成本较低的方法。

锚尾加工后,锚尾的实际直径较杆体直径要减少 25% 左右,其承载能力也将减小 20%～25%,使用中锚杆常在此处发生拉断破坏,致使杆体的强度和塑性不能充分发挥。如果对锚杆尾部螺纹进行热处理甚至对杆体进行整体调质处理,将会大大提高锚杆的承载能力。

4. 螺纹钢锚杆

这种锚杆用表面有连续的标准螺纹的螺纹钢制成,使安装锚头、托板、螺母极为方便,同时通过使用联结套,可以在现场任意切割加长。这种锚杆具有全长等强度、材料利用率高、结构简单、加工和安装方便等优点。

全螺纹锚杆的另一种形式为自进式锚杆,该锚杆由中空无缝钢管经特殊加工而成,并配备兼有钻头功能的锚头,使钻孔、灌浆和锚固有机结合,具有锚杆体即为钻杆、锚杆中空作为注浆通道、联结套可加长锚杆等优点。这种全螺纹灌浆锚杆比传统的普通砂浆锚杆施工更方便,在铁路隧道工程中已有应用,但成本偏高。

(三)黏结材料及其厚度

锚杆体与锚杆孔之间的黏结体是传递锚固力的媒介,其性能对锚固力有重要影响。常用的黏结材料有树脂、快硬水泥和砂浆,树脂由于强度高、刚度小,所以性能最好。

国内外试验表明,锚杆锚固力与黏结体环向厚度有关,对一定直径的锚杆存在着锚固力达到最大的最佳黏结体厚度值,该值随锚杆直径、孔径和黏结体性质而变化,可用试验方法确定。

对水泥卷的试验研究表明,锚杆孔的直径应比水泥卷的直径大 3～4 mm。锚杆孔直径过小,难以送进水泥卷;但锚杆孔直径太大,水泥卷可能与孔壁接触不紧而降低锚固力。

(四)锚杆长度的确定

锚杆长度、间排距是锚杆工程设计必须确定的主要参数。一般应首先确定锚杆长度,然后确定间排距。

国内外对锚杆长度进行过大量研究,各国、各行业都有选择锚杆长度的规定。

虎克和布朗、美国工程师协会及美国矿山局等提出了用于检验锚杆长度的一般经验准则,认为锚杆最小长度至少为:①两倍锚杆间距;②岩体断裂面平均间距所确定的临界潜在不稳定岩块宽度的 3 倍;③隧道跨度之半(跨度小于 6 m)。

我国《铁路隧道喷锚构筑法技术规范》规定:确定锚杆长度时,主要应考虑地质条件。在成块和成层的岩层中,欲获得悬吊或梁的效应时,锚杆的长度应大于围岩松弛范围。如果是为了获得拱效应或为了加固、改良围岩时,应使锚杆与围岩组成统一结构,共同作用,此时,锚杆的端头亦可锚固在非稳定岩层中,但锚固应具有足够的抗拔力。为了提高锚杆施工的作业效率,不宜使用太长的锚杆。但锚杆过短又起不到加固或改良围岩的作用。局部锚杆的长度一般应比系统锚杆的长度大。

《铁路隧道喷锚构筑法技术规范》规定,在围岩条件较好的Ⅰ～Ⅲ级岩层,可以采用喷锚支护,锚杆长度为 1.5～3.0 m;在围岩条件中等和较差的Ⅲ～Ⅵ级岩层中,作为复合衬砌中初期支护的锚杆,净跨 5 m,净高 6 m 的单线隧道锚杆长度为 2.0～3.0 m,净跨 9 m,净高 6 m 的双线隧道锚杆长度为 2.0～3.5 m。

新奥法对锚杆长度的设计,基于支护要促使围岩形成自承拱的思路,锚杆主要是给隧道围岩松动圈内的岩体提供支护力使其形成拱的效应,所以锚杆要穿过松动圈并深入围岩一定深度,而隧道围岩松动范围与岩层条件和隧道跨度有关,因此要求锚杆长度:①对于岩质条件较好的硬岩,锚杆长度取 1.0~1.2 m;②对于岩质条件稍差的中硬岩,锚杆长度取为隧道宽度的 1/3~1/4,通常为 2.0~3.0 m;③对于软岩、破碎岩体和土砂质地层,锚杆长度取为隧道宽度的 1/2~2/3,通常为 4.0~6.0 m;④对于膨胀性地层,锚杆长度取为隧道宽度的 1/2~2/3,通常为 4.0~6.0 m。

表 6-16 为砂浆锚杆长度经验数据。

综上所述,锚杆长度主要与隧道跨度和围岩性质有关,在不同的隧道断面形状和尺寸条件下,不管采用悬吊理论、组合梁理论还是组合拱理论,都需要首先确定锚杆要支护的围岩范围(特别是松动范围)及所需的

**表 6-16　砂浆锚杆长度经验数据**

| 部位 | 国　内 | 国　外 |
|---|---|---|
| 顶拱 | $(0.1~0.5)B$ | $(0.23~0.35)B$ |
| 边墙 | $(0.05~0.2)B$ | $(0.1~0.5)B$ |

支护强度,而围岩的松动范围及隧道支护所需的支护强度主要受隧道跨度和围岩性质决定。

(五)锚杆间距和布置

虎克和布朗、美国工程师协会及美国矿山局等提出了用于检验锚杆间距的经验准则为:锚杆最大间距不应超过锚杆长度之半;不应超过隧道跨度之半(跨度小于 6 m);不应超过岩体中平均断裂面间距所确定的不稳定岩块宽度的 1.5 倍。

我国《铁路隧道喷锚构筑法技术规范》规定,锚杆的间距不宜大于锚杆长度的 1/2,以有利于相邻锚杆共同作用。

新奥法对锚杆布置的设计,从支护应使围岩形成自承拱出发,锚杆间距规定为:硬岩的锚杆间距取 1.5 m;中硬岩的锚杆间距取 2.0~3.0 m;软岩、破碎岩体和土砂质地层的锚杆间距取 1.0~0.8 m;膨胀性地层的锚杆间距取 1.0~0.8 m。

综上所述,每根锚杆都有其影响范围,将各个锚杆相互连接起来才能形成连续的拱结构或梁结构。锚杆的间排距对形成锚固围岩的梁效应、拱效应或加固层效应具有重要作用,锚杆间排距与锚杆长度应有一定比值。

### 三、支架——构件支撑

在围岩松软、地压较大和浅埋等条件下,为了防止围岩变形过大造成坍塌,有时需要采用支架支撑。

支架主要有钢支架和木支架。木支架选用坚硬、富有弹性的松衫等优质木材,木支架主要用于导坑支撑、漏斗孔支撑、拱部扩大扇形支撑、先拱后墙法下部支撑和洞口段支撑。在钢材缺乏的年代,我国较多地采用木支架,现在已经很少采用,所以,下面主要介绍钢支架。

(一)钢支架的类型

钢支架一般选用钢筋、型钢、钢轨等材料,按设计要求预先制成构件,使用时焊接或栓接成整体。支架的结构形式要简单牢固,力求定型化,有利于多次倒用;各个杆件应结合紧密,受力均匀,并要求易于架立和拆除。

1.格栅钢架

格栅钢架用钢筋焊成,见图 6-44。与型钢相比,它有受力好、质量轻、刚度可调节、省钢材、易制造、易安装等优点,铁路隧道应用较多。

格栅钢架的主筋直径要大于 18 mm,采用胎膜焊接,并以 1:1 大样控制尺寸。

2.型钢支架

型钢支架采用冷弯成型,型钢支架的刚度和强度都较大,适宜于以下情况:

图 6-44　格栅钢架及其架设

（1）软弱破碎带围岩及处理塌方时；

（2）黄土隧道、未胶结的松散岩体或人工堆积碎石土；

（3）洞口浅埋段，浅埋但不宜明挖地段；

（4）膨胀性岩体或含有膨胀因子、节理发育、较松散岩体；

（5）地下水活动较强，造成大面积淋水地段。

在膨胀性或地应力大的地层中，应采用接头能滑移的可缩式钢架，见图 6-45。

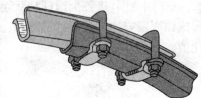

图 6-45　可缩式钢架

型钢支架的缺点是与混凝土黏结不好，与围岩的空隙难于用喷射混凝土紧密充填，导致钢架附近喷射混凝土出现裂缝。

（二）钢支架安设的要点

1. 安设原则

支架应本着随挖随支的原则，以使其能起到立即支护的作用，且有较大的承载能力，钢支架可以在喷射混凝土施作之前或施作后但早期强度形成以前使用。

2. 安设要求

（1）位置与空间尺寸

支架应按要求的位置中线、水平和隧道断面尺寸架设；支架面应与纵轴线方向垂直，与开挖面的距离，应视围岩稳定情况而定，一般不得大于 4 m，如围岩破碎，应缩短与工作面的距离。

（2）间距与纵向连接

支架间的距离一般为 0.8～1.2 m,在松软破碎地段应予加密。钢架拼装可在工作面进行,各节钢架间以连接螺栓连接。各排支架要用纵向联结横撑联结牢固,构成整体。

(3)与围岩和其他支护的接合

支架底脚下的虚渣及杂物必须清除。支架与围岩之间的空隙应用木楔背柴填塞密实。

支架应与喷射混凝土形成一体,为确保钢支架的支护效果,要求钢架与围岩间的间隙用喷射混凝土充填密实,尤其是格栅钢架本身刚度不大,如若不被喷射混凝土包裹,则起不到应有的作用。各种形式的钢架应全部被喷射混凝土覆盖,保护层厚度不得小于 40 mm。

支架作为混凝土衬砌骨架时,接头应采用焊接,其架立位置应于衬砌断面之中,并留有足够的混凝土保护层。钢架下端应加设底板,如基底松软,为防止承受荷载后下沉,也可用混凝土加固基底。各排支撑间应用纵向拉杆联成整体,如可能产生纵向荷载,应加设纵向斜撑。钢支架的外围应用背板、填塞木、预制混凝土板等塞紧背严。

对半断面或全断面开挖所架设的钢架支撑已受力者不得拆除倒用,应作为混凝土衬砌的组成部分。对不受力的钢架支撑,应先经现场检查核实,并制订拆除方案后方可进行拆除,以保证施工安全。

用钢管作为不拆除的支撑时,应在架设后给管内灌满水泥砂浆,以增强结构的稳定性和承载能力。

采用分部开挖法施工时,钢架拱脚应打设锁脚锚杆或锚管,长度不小于 3.5 m,每侧数量为 2～3 组(每组 2 根)。下半部开挖后钢架应及时落底。

(三)应用实例——朔黄线东风隧道

东风隧道位于朔黄线龙富—北大牛之间,全长 3 290 m,最大埋深 465 m。东风隧道穿过的软弱围岩多为泥质灰岩、页岩、节理、裂隙发育,含少量基岩裂隙水,围岩破碎,岩体呈碎屑状,用铁锹即可开挖。

在 V 级围岩中施工时采取了短台阶法,重点是采用加强的初期支护,循环进尺 0.6～0.8 m,每天 3 个循环。

V、VI 级围岩的隧道衬砌设计为复合式衬砌,初期支护和二次衬砌均为隧道衬砌结构的组成部分,共同承载。初期支护成为隧道施工安全和永久结构物安全的有力保障,设计为系统锚杆、钢格栅、C20 喷混凝土支护。锚杆长 3.0 m,环向间距 1.0 m。锚杆呈梅花状布置,格栅间距每 1 榀/1 m(IV 级仅在拱部设格栅,每 1 榀/1 m),网喷混凝土厚 25 cm。施工中,开挖后先清理断面轮廓,施作锚杆,架立格栅,挂网喷混凝土,喷混凝土时格栅处喷足 25 cm。支护施作完成后,在格栅环向和拱顶 15°范围内多次发生初期支护开裂。其中 DK46+916～DK46+930 左例墙部变形收敛 300 mm,DK46+938.8～DK46+960 拱顶多处开裂,拱顶最大积累下沉量 180 mm,拱脚收敛 60 mm,虽经多次(5 次)复喷,厚度达 35 cm,仍收效不大,已严重危及结构安全。

为此,依照初期支护"宁强毋弱"的原则,将拱部格栅加密为 1 榀/0.5 m,在拱部 90°角范围内增设小导管支护,小导管采用 ф42 mm、长 3.5 m 钢管,环向间距 30 cm,纵向环距 1.0 m;拱脚增设 ф22 mm 锁脚锚杆,长 3.0 m,4 根/m(每侧各 2 根),拱脚处采用施喷 20 cm 厚、宽 10 mm 的混凝土挡脚或扩大拱脚两种方式,有效地抵抗了泥岩隧道巨大地应力造成的变形。

DK46+960～DK46+980 及 DK46+980～DK47+005 段经加固后实际效果良好,仅在环向格栅处出现少量裂纹。

下部格栅的接续:墙格栅的接续一定要尽早完成,喷混凝土要及时封闭。墙脚处施喷宽

150 mm、厚 20 mm 的墙趾。墙趾作为仰拱的一部分应提前施作,否则当机械化施工时,仰拱将不能及时施作。

施工经验有:

1. 开挖程序是否合理与围岩变形有密切关系。对采用新奥法施工的软岩隧道来说,及时封闭成环是减小围岩变形的有效措施。

2. Ⅳ级围岩中复合式结构,一般可先施作锚杆,再喷施混凝土;Ⅴ级围岩则先施作刚度大、强度大的格栅钢架,再施作系统锚杆,以有效控制围岩变形。

3. 架立格栅前应及时施喷薄层混凝土封闭围岩,这样可以增加围岩的自稳能力,又可增加对格栅钢筋的握裹力。

4. 初期支护一定要严格规范,架立格栅时应严格控制间距,喷混凝土要喷平、喷实,厚度要严格控制,不得填塞杂物,不要留凹槽。

5. 加强格栅间的纵向连接,使其形成整体受力结构,或在格栅底部设梁。

6. 拱脚处锚杆加密,以提高拱脚处围岩的承载力。

# 第五节  二 次 衬 砌

模筑混凝土是构成隧道永久支护的主要方法,一般应在围岩和初期支护变形基本稳定后施做,达到隧道的长期稳定。

模筑混凝土衬砌施工质量的优劣,关系到隧道的使用状况和寿命,因此施工时必须严格按照设计要求和有关技术规则进行,满足设计强度、防水和耐久性的要求,且结构密实,坚固耐久,表面平整光滑,曲线圆顺。

二次衬砌除特殊断面外,应采用移动式模板台车。以前常用的就地架设拱墙架和模板灌筑混凝土构筑衬砌的方法已很少采用。

## 一、模板台车

### 1. 类型

移动式钢模台车是由钢板焊成的整体式模板、车架和动力操纵系统组成,用液压缸或丝杆千斤顶拆除和收拢模板,用轨行方式将台车整体移动到下一个灌注位置,再用液压缸或丝杆千斤顶张开,进行立模作业的一种机械化模板,见图 6-46。

移动式钢模台车按照台车与模板的相互关系,可分为平移式和穿行式两种类型,穿行式模板台车使用较多。

穿行式模板台车的车架与模板各为独立系统,灌注混凝土后,车架可与模板分离,由模板自身承受混凝土重量。若一部车架配备几套模板,车架即可到另一灌注段进行立模作业。拆模时,车架进入模板位置,借助油缸或千斤顶将模板收拢,穿过前面已安装好的模板下的空间,移到新的立模位置。

图 6-46  模板台车

穿行式模板台车的优点是可在配备几套模板的条件下,不受拆模时间的影响,连续地进行立模、拆模作业,使灌注混凝土能不间断施工,从

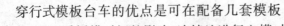

而加快衬砌进度。其缺点是对模板的稳定性和强度要求较高。

2.制造要求

模板台车的制造应满足以下要求。

(1)外轮廓尺寸。模板台车的外轮廓尺寸应比隧道净空大一些,一般加大 3~5 cm。其原因一是自重、混凝土荷载、附加荷载较大,整体的弹性变形较大;二是在使用中由于外荷载的不确定因素,使外轮廓容易变形;三是考虑施工误差,为确保隧道净空留有一定的富余量。

(2)荷载。模板台车设计应考虑的荷载有:自重、混凝土荷载及侧压力、拱部灌注时的泵送压力、震动压力等。

(3)长度。模板台车长度宜为 9~12 m。使用经验证明,台车长度短(有时为了适应曲线半径),生产效率低,接头多;台车太长,移动不方便,而且因混凝土的温度收缩、干燥收缩,易发生环状裂纹。

(4)作业窗设置。作业窗的设置应考虑混凝土的自由倾落高度,窗口净空应方便振捣作业和供作业人员出入处理应急情况。混凝土输送管重量大,移动困难,应设专用支架或吊架。

模板台车侧壁作业窗宜分层布置,层高不宜大于 1.5 m,每层宜设置 4~5 个窗口,其净空不宜小于 45 cm×45 cm,两端设检查孔,并设有相应的混凝土输送管支架或吊架。

(5)通风管留设。模板台车上应留有通风管的穿越通道或固定的硬风管,留有前后两端能与通风软管相连的接头,以便模板台车移动时不影响隧道施工通风。

(6)支撑。模板台车在浇筑混凝土期间,承受的荷载很大,除调整液压千斤顶外,还应设承重的竖向螺杆和模板径向螺杆,当台车就位后,应用螺杆将台车和模板锁定。

(7)模板台车拱顶宜设 2~3 个混凝土的灌注口,一般采用的形式有油缸活塞式、百页窗式、潜望镜式,以便灌注完成后封孔。拱顶的灌注口宜设在模板台车的两端,在坡道上灌注混凝土时有利于高端的灌满。检查孔在拱顶沿中线上每 3~4 m 设一孔。

(8)模板台车拱顶应在适当的位置设置混凝土的封堵装置和检查孔。

(9)模板台车上安装的附着式震动器应能单独启动。

(10)模板台车上应设有激光(点)接收靶。

(11)双线隧道模板台车的走行轨,在Ⅰ、Ⅱ级围岩段,宜铺设在底板垫层(10 cm 厚的 C25 钢筋混凝土)面上;在Ⅲ~Ⅵ级围岩段,宜铺设在填充混凝土面上。

## 二、施工工艺

模筑混凝土衬砌施工的工作内容包括:灌注前的准备工作,混凝土的制备与运送,灌注作业,养护与拆模。在围岩破碎含水的地段,还要在成洞后往衬砌背后压浆。

二次衬砌施工的顺序是仰拱超前,墙、拱整体浇筑。混凝土生产应采用具有自动计量装置的拌和站、拌和输送车、混凝土输送泵、插入式与附着式组合振捣的机械化作业线。

### (一)准备工作

准备工作主要有:中线、水平测量,开挖断面检查,模板台车就位,模板台车走行轨道的中线和轨面标高误差应不大于±10 mm,台车就位后启动微调机构,仪器校正模板外轮廓与设计净空相吻合后锁定台车。

灌注地点需彻底清理,并清除防水层表面灰粉,洒水润湿。

### (二)混凝土的制备与运送

混凝土生产应采用具有自动计量装置的拌和站,严格配比、供料和加水。国内外大量研究表明,孔隙率和碱含量是影响混凝土耐久性的两个关键因素。因此施工中必须严格控制混凝土的水胶比及材料含碱量。

运送采用拌和输送车或混凝土输送泵。掺加高效减水剂的混凝土随运输时间的延长,坍落度损失较大,再加上施工不可预见的因素较多,往往造成泵送困难或堵管的现象发生。成品混凝土到场(输送泵)后,应检测坍落度,若与要求不符,应调整配合比(由试验决定)。

(三)混凝土灌注施工

混凝土应对称、分层浇筑,分层捣固。捣固应采用插入式与附着式组合振捣。

(四)混凝土养护与拆模

一般情况下,混凝土灌筑后10~12 h即应开始浇水养护。养护延续时间和每天洒水次数,应根据灌筑地段的气温、相对湿度和所使用的水泥品种确定。普通硅酸盐水泥连续养护时间为7~14 d。

(五)压　浆

1. 拱部空穴及其成因

模筑混凝土施工,由于超挖回填不密实和混凝土坍落度的影响,往往在衬砌背后与围岩之间留有空隙,使衬砌与围岩不密贴,不能很好地控制围岩变形与地下水渗透,因此,多数情况下需进行压浆工作。

近年来用探地雷达对已竣工的隧道二次衬砌检测也表明,拱部存在空穴较多,其原因是二次衬砌拱顶部位混凝土若采用大压力泵送,则容易造成模板台车的损伤、变形,在拱顶往往形成月牙状空腔,特别是在线路标高较高的一端。若混凝土泵送压力小,则拱部(特别是高的一端)易造成空穴。流态混凝土是在预拌的坍落度为8~12 cm的基体混凝土中,在泵送浇筑之前掺入适量的流化剂(高效减水剂),经过1~5 min的搅拌(可用搅拌运输车搅拌),使混凝土的坍落度增大至20 cm,这样,泵送到拱部的混凝土就像水一样"流淌"灌满拱部。

采用在模板台车拱尖处设锥形堵头或预留注浆孔,实施衬砌背后注浆,已成为二次衬砌施工的一部分,每衬砌段拱顶部位应预留2~4个注浆孔。

2. 压浆施工

压浆工作宜在与衬砌作业区保持70~100 m距离范围内,同时向前推进,如隧道衬砌完成后再行压浆,则效果不好。

压浆作业参数:压浆压力0.4~0.5 MPa,浆液配比1∶1~1∶1.5,水灰比1∶1(浆液扩散范围20 cm),孔间距1.0~2.0 m。

压浆作业应分段进行,每段不小于20 m。压浆作业时应从下部开始,自上而下对称压注,下排孔压注时,上排孔出现冒浆,则表示已注好;或者持续15~20 min不再吸浆,则表示该孔已压满。

**三、二次衬砌的施作时机**

深埋隧道的二次衬砌施作一般情况下应在围岩和初期支护变形基本稳定后进行,变形基本稳定应符合:隧道周边变形速率明显下降并趋于缓和;或水平收敛(拱脚附近7 d平均值)小于0.2 mm/d,拱部下沉速率小于0.15 mm/d;或施作二次衬砌前的累计位移值已达极限相对位移值的80%以上;或初期支护表面裂隙(观察)不再继续发展。

浅埋隧道应及早施作二次衬砌,且二次衬砌应予以加强。

围岩及初期支护变形过大或变形不收敛,又难以及时补强时,可提前施作二次衬砌,以改善施工阶段结构的受力状态,此时二次衬砌应予以加强。

# 第六节 机械化配套

隧道工程施工是在地下有限空间内进行的,劳动条件差,环境恶劣,工作艰苦,提高工效的唯一出路是实现机械化,施工机械配套应坚持"技术先进、减少污染、合理配套"的原则。

加速隧道建设的根本出路也在于实现机械化,然而隧道施工技术和施工工艺是决定机械化的前提,同时机械化的发展必将把施工工艺推向一个新的高度,促进技术、工艺和设备的进一步完善。因此,在制定隧道施工方案时,必须将隧道施工工艺、施工技术和施工机械紧密结合起来,综合考虑,才能制定出充分利用隧道施工先进技术,且具有较强生产能力的机械配套方案。

施工机械配套应根据隧道长度、断面大小、辅助坑道设置、地质条件、施工方法、工期要求,同时考虑操作人员的安全、劳动强度和条件改善,减少作业场所环境污染。

## 一、施工机械配套模式和要求

隧道施工机械配套的模式按施工运输方式可分为有轨运输和无轨运输。按"有轨"和"无轨"两种模式选型配套,形成挖装运、衬砌、喷锚、辅助作业四条基本作业线。

施工机械化配套的基本要求是:组成基本作业线的不同机械设备,生产能力相匹配,工作状态相适应,配套合理,能满足施工要求。

生产能力相匹配,例如开挖能力与装运能力相匹配:凿岩台车钻孔效率高,就需要配大型的装渣机械、大容积的运输车辆和大吨位的牵引机车或自卸汽车,这样开挖出来的石渣才能及时运出去,满足施工进度的要求。

工作状态相适应,例如立爪装渣机械配梭式矿车,能将梭式矿车装满,装载机装汽车、矿车比较合适,用来装梭式矿车就显得不相适应。

总之,机械设备的配套,一方面要结合工程进度要求,强调它的先进性;另一方面要注意配套的合理性,否则,大马拉小车,设备能力高的受到低设备能力的限制,不能充分发挥每一种机械设备的作用,自然不能产生高效率。

## 二、施工机械的选型

(一)选型原则

单线隧道采用全断面法施工时,挖、装、运机械设备应协调配套,宜使用大容量装渣机械、大容量矿车或自卸汽车及其配套的转载、卸载设备。

双线或多线隧道采用全断面开挖或分部开挖时,宜采用大型装运机械设备出渣,无轨运输机械配套,能充分发挥无轨机械设备的效能。

断面较小的辅助坑道开挖时,由于受到隧道净空条件的限制,宜采用轻型钻孔机具、轨行式的装运机械、外形较小的机械配套。

(二)有轨运输施工机械选型

全断面法施工时,钻孔可采用臂式液压凿岩台车,单线隧道可采用门架式凿岩台车;中长和短隧道也可采用多功能台架或支架式风钻钻孔。装渣宜采用立爪、蟹爪式装岩机,也可采用内燃装载机、挖掘机。电瓶车或内燃机牵引梭式矿车出渣。

当采用正台阶法施工时,上台阶钻孔可用支架式风钻,下台阶钻孔宜用二臂台车;中长和短隧道也可采用多功能台架或支架式风钻钻孔。装渣宜采用立爪、蟹爪式装岩机,也可采用装载机。电瓶车牵引梭式矿车出渣。

仰拱开挖可采用带有浮放道岔的移动式仰拱作业平台,避免与洞内其他作业干扰。

(三)无轨运输施工机械选型

双线或多线隧道采用无轨施工机械设备时,全断面或大断面开挖适宜采用臂式液压凿岩台车钻孔。当采用上、下半断面等分部开挖时,宜用二臂台车钻眼;也可采用支架式风钻钻孔。装渣可用大斗容量的内燃装载机,清底及挖仰拱可用反铲挖掘机。运渣可采用内燃、大载重量、柴油带净化装置的自卸汽车。装运机械宜选用轮胎回转式装载机和双向行驶的翻斗车。在开挖装运作业中,可用"无轨"的装载机和"有轨"的侧卸矿车组成混合式的配套机械设备。

# 第七节　辅 助 坑 道

长大隧道为满足施工工期要求,有时需要设置横洞、斜井、竖井或平行导坑等辅助坑道,以增加工作面,加快施工速度。辅助坑道还可以改善施工条件,减少施工干扰,合理布置施工中的管路、线路。辅助坑道形式的选择,应根据隧道长度、施工工期、地形、地质、水文等条件,结合施工和运营期间通风、排水、防灾及弃渣的需要,通过技术经济比较确定。

## 一、横　　洞

傍山、沿河隧道侧向覆盖层较薄,当施工需要时,可采用横洞施工。其连接形式,根据地质、施工的主攻方向和进度要求及横洞的长短,采用单联或双联。横洞与隧道中线连接处的平面交角宜为 $40°\sim45°$。

横洞位置应选在地质条件和地形条件较好的地方。横洞长度一般不超过隧道长度的 $1/10\sim1/7$,否则就不经济。横洞断面与单线或双线导坑断面相同,为便于排水和运输,应有向洞外不小于 3‰ 的下坡。

横洞具有施工简单,不需要特殊机具设备,出渣运输方便,造价比较低廉等优点。但选用横洞方案,必须有合适的地形条件。

横洞应根据围岩条件、断面大小合理选用开挖方法,当横洞开挖工作面与正洞距离小于 10 m 时,应采用近距离控制爆破技术,降低爆破振速。

横洞与正洞交叉口的洞室跨度大,受力复杂,施工中应根据具体情况进行加固并加强变形监测。

## 二、平行导坑

平行导坑是修建在隧道一侧与隧道走向平行、掘进面总是超前于隧道正洞开挖作业面的导坑(一般超前横通道间距的 $1\sim3$ 倍)。实践证明,平行导坑对解决施工通风、排水、运输和减少施工干扰,以及增加正洞工作面都能起到一定的作用,对加快施工进度有利,并能起探明地质的作用。

平行导坑成本较高,一般约占隧道造价的 30% 左右,而隧道竣工后,除少数平导有运营排水作用外,一般均为废弃工程。因此,《铁路隧道设计规范》规定:"长度在 4 000 m 以上或确有特殊需要的隧道,当不宜采用其他类型辅助坑道时,可采用平行导坑。"

瓦斯隧道施工时,为防瓦斯爆炸,加强通风是最主要的安全措施,由于需要风量大,风管式通风往往不能满足需要,因此,应优先采用能形成全负压的巷道式通风平行导坑;另外,平导还可以增加行人安全出口。所以,瓦斯隧道宜优先采用平行导坑。例如,达万铁路分水隧道,设计全长 4 747 m。设计文件指出:分水隧道穿越煤系地层长 2 750 m,占隧道全长的 58%,中间穿越 $K_2$、$K_3$ 煤层,层厚 20~100 cm。煤层瓦斯涌出量大于 0.3 $m^3$/min,瓦斯压力达 0.96 MPa,具有瓦斯突出危险性。施工中,隧道出口端开挖了平行导坑,采用巷道式通风方式,其风流径路为:隧道口→主风机→风管→正洞→正洞开挖工作面→局扇风机→风管→横通道→平行导坑→平导洞口排入大气。南昆线家竹箐高瓦斯隧道也采用平行导坑加强通风。

平行导坑的位置宜设置在地下水来源的一侧,与隧道的净距为 15~20 m,坑底高程应低于隧道底面高程 0.2~0.6 m,在考虑兼顾运营隧道排水作用时,应加深平导内水沟的深度。

平行导坑横通道的间距应根据施工需要和工程进度而定,不宜小于 120 m,横通道的位置可结合隧道避车洞位置确定,避免通过断层、岩层破碎带等不良地质地段;横通道与隧道中线的交角宜为 40°。

### 三、斜井和竖井

长隧道需要增加工作面时,可在其洞身埋置不深且地质条件较好地段采用斜井或竖井。斜井和竖井井口位置的选择十分重要,在地质特别是水文地质条件差时,其施工难度大、进度慢、造价高且不安全。斜井和竖井的井口位置不得设在可能被洪水淹没处,井口应高出洪水频率为 1/100 的水位至少 0.5 m。

竖井施工需要一套专门的设施,如吊盘、抓岩机、吊桶、稳车等,且竖井施工进度慢,排水成本高,相对来讲,斜井的施工设备和施工技术较简单。因此,在不宜设置斜井时,再考虑采用竖井。

斜井提升方式根据提升量、斜井长度及井口地形,可选择箕斗提升、串车提升和胶带输送机提升,各种提升方式的斜井倾角规定为:箕斗提升不大于 35°,串车提升不大于 25°,胶带输送机提升不大于 15°。斜井井底车场与隧道中线连接处的平面交角宜为 40°~45°。井身纵断面不宜变坡。

竖井平面位置宜设在隧道中线的一侧,与隧道的净距宜为 15~20 m。竖井断面一般采用圆形,井筒内设置安全梯。竖井井筒与井底车场连接处(又称马头门)要能满足通过隧道内所需的材料和设备的要求。

斜井和竖井井底车场应根据地质条件、运量要求、提升方式、运输设备等因素,结合调车安全、作用方便等要求,合理布置。井底车场还应根据涌水量和施工组织安排选择地下水排出方式和相应的设施。

斜井井口段和地质较差的地段,宜作衬砌。竖井井口应设混凝土或钢筋混凝土井颈;马头门应作模筑混凝土衬砌,井口段、通过地质条件较差的井身段及马头门的上方宜设壁座,其形式、间距可根据地质条件、施工方法及衬砌类型确定。

斜井和竖井在建井和使用期间,必须有相应的安全措施,并在适当位置设置挡车设备,严防溜车。竖井还应设置可靠的防坠器。倾角在 15°以上的斜井应有轨道防滑措施。

### 四、工程实例

朔黄铁路长梁山双线铁路隧道,长 12.78 km,长梁山隧道设计了 4 个施工斜井,建成后除留 3 号斜井供运营通风外,其余 3 个斜井均封闭以利管理。长梁山隧道于 1999 年 12 月贯通,工期四年多。

西合线东秦岭双线隧道,长 12.268 km,该隧道设计有一条断面为 24～28 m² 的贯通大断面平行导洞,以加速正洞施工,且有利于通风、排水。平导与正洞中心距为 28 m,在隧道建成后永久保留,与间距为 420 m 的横通道一起构成服务隧道体系。原设计进口平导进洞 1.5 km 后设第一个横通道,切入角为 40°。在实践中,大型设备从平导进出正洞较困难,建议减小切入角或适当加宽横通道截面宽度。东秦岭隧道于 2000 年 1 月 1 日开工,不到 3 年就贯通并具备铺轨条件。

## 第八节　隧道防排水

修建隧道后破坏了山体原始的水系统平衡,隧道成为所穿过山体附近地下水集聚的通道。当隧道与含水地层连通,而衬砌的防水及排水设施、方法不完善时,就必然要发生隧道水害。

目前,我国大部分铁路隧道存在不同程度的水害。水害不仅本身对隧道结构产生危害,降低衬砌结构的可靠性,导致衬砌失稳破坏,而且还会引发其他病害,对隧道整体结构的稳定影响很大。

隧道渗漏水危害大,整治难度大,成本高,因此做好隧道防排水工作十分重要,隧道防排水可以做到“防患于未然”,收到事半功倍的效果。

### 一、防水原则

以往“以排为主”的防水观念带来一系列问题,如水害多,水害发展快,洞顶地表水枯竭,地表土坍塌、下沉等,著名的大瑶山隧道就是例证。

现行铁道隧道防水原则为:“防、排、截、堵结合,因地制宜,综合治理”。

“防”是指隧道衬砌应具有一定的防水能力,防止地下水渗入。

“截”是指在洞外和衬砌外侧采用工程措施,把流向隧道的水流拦截引排。如增设洞顶截水沟、防渗漏铺砌填补工程和修建截水泄水洞等。地表水应截流、汇集排除,防止积水下渗。隧道衬砌背后的地下水宜引排,减少衬砌的渗水压力和渗水量。

“堵”是指在隧道内对衬砌表面可见的渗漏处所,封堵归槽引排,如在衬砌坑工内采用压浆、喷浆、喷涂乳化沥青和抹面封闭等内贴式防水层。堵水应归槽,使地下水按预定路径排除。

“排”是指工程有自流排水条件或可采用机械排水时,可将地下水排走,为防水创造有利环境。

### 二、防水方案

隧道防水方案的确定原则是根据使用要求,全面考虑地形、地貌、水文地质、工程地质、地震烈度、冻结深度、环境条件、结构形式、施工工艺及材料来源等因素合理确定。

隧道常用的防水方法有防水混凝土自防水结构、设置附加防水层,采用注浆或其他防水措施;对施工缝、变形缝应采用可靠的堵、排、防水措施;对处于侵蚀性介质中的工程,应采用耐侵蚀的防水砂浆、混凝土、卷材或涂料等防水方案;铁路隧道电气化区段接触网支架、照明灯具支架等孔眼,应作防水处理;另外洞内要设置排水系统,洞顶地表水要设置截堵工程。

1.防水混凝土衬砌——衬砌自防水

衬砌自防水是指以衬砌结构本身的密实性实现防水功能的一种方法,是隧道防水的发展方向。

混凝土是一种微孔结构材料,其中的部分开放式毛细孔、各种缝隙及混凝土自身收缩形成的开裂是造成隧道渗漏水的主要原因。防水混凝土是通过加入少量外加剂或高分子聚合物材料并通过调整混凝土的配合比,抑制混凝土孔隙率,改善孔结构,提高自身密实度和抗渗性,达到防水的目的。

防水混凝土分为普通防水混凝土、外加剂防水混凝土和膨胀性防水混凝土。

防水混凝土是集支护与防水为一体的防水形式,它结构合理、工序简单、造价较低,国外倾向于大量采用防水混凝土作衬砌,实现结构自防水。

防水混凝土衬砌在大秦线大岭沟1号、桃园、大黑山、花果山、摩天岭等隧道中得到应用。

2.附加防水层

在高水压、腐蚀性水环境、存在很大的围岩压力和山体沉陷等条件下,需要采用附加防水层。附加防水层适用于需增强其防水能力、受侵蚀性介质作用或受震动作用的隧道和地下工程。

附加防水层是附加在围护结构上的防水层,既可作外防水层,又能作内防水层或夹层防水层,在工程上可以单独使用,又可以复合使用。

附加防水层的类型有水泥砂浆防水层、卷材防水层、涂料防水层和金属防水层,从国内外应用来看,防水层一般选择防水板(膜)等卷材。施作位置分为:外贴防水层、夹层防水层和内贴防水层。规范推荐:附加防水层宜设在迎水面或复合衬砌之间。在结构迎水面或复合衬砌之间作附加防水层,防水效果一般比作背水面好。目前,常用的防水卷材有:

(1)沥青卷材防水层。通常选用二毡三油,也可选用三毡四油、四毡五油做法,应根据地下水压大小和工程要求来确定。

(2)塑料卷材防水层。聚氯乙烯板。

(3)合成橡胶卷材防水层。氯丁橡胶、丁基橡胶和三元乙丙胶。

卷材种类应根据工程使用年限和重要性来选择,如使用年限长的重要工程,可选用三元乙丙胶(0.8~2 mm)等橡胶类卷材。

由于在地下使用,潮湿环境有利于微生物的生长,易造成腐蚀,因此应选用抗菌类卷材。

卷材接缝处理很关键,粘贴橡胶、塑料、沥青类的卷材必须采用与卷材相应的胶黏剂。

卷材施工应铺贴在平整、表面清洁干燥的基面上,阴阳角处均应做成圆弧。

卷材作夹层防水层时,基面宜平整、清洁,塑料卷材可用膨胀螺栓或射钉固定在基面上,用黏结或焊接法连接。

3.注浆与注浆防水

注浆技术是用液压、气压或电化学方法,把某些能凝固的浆液注入到围岩、衬砌裂隙或壁后空隙,达到堵塞裂缝、增强防水的目的。注浆具有防渗、堵水、加固的作用。注浆技术实用性很强,应用范围很广。

注浆应用包括预注浆、衬砌前围岩注浆、回填注浆、衬砌内注浆、衬砌后围岩注浆等,应根据工程水文地质条件按下列要求选择注浆方案。

(1)预注浆——工程开挖前加固地层

预注浆适用于富水地段和软弱地层,采用预注浆可以使开挖工作更加容易和安全。钢花管超前预注浆是铁路隧道常用的模式。

（2）衬砌前围岩注浆

衬砌前围岩注浆适用于开挖后有大股涌水或大面积渗漏水时的堵水，注浆形成帷幕，可以减少水流在地下流动，为工程后续施工创造条件。

（3）回填注浆——衬砌后

回填注浆适用于衬砌后渗漏水严重的地段或充填壁后的空隙地段。

（4）衬砌内注浆或衬砌后围岩注浆

衬砌后或回填注浆后仍有渗漏水时，宜采用衬砌内注浆或衬砌后围岩注浆。

4. 细部结构

隧道的施工缝、变形缝、沉降缝是整个工程防水的薄弱环节，地下工程的渗漏水，除结构本身缺陷外，大多是由于这些部位处理不当引起的，因此必须做好细部构造的设计和施工。

我国早期修建的铁路隧道对各种接缝（包括施工缝）均未作防水处理。因此接缝漏水占隧道漏水的绝大部分。尤其是早期施工的隧道衬砌，每环 3～6 m，环向接缝多，漏水严重。长期漏水的接缝处混凝土均变得质地疏松。

施工缝、变形缝、沉降缝多采用具有缓膨胀特性的橡胶条、橡胶带进行密封，但目前国产橡胶条、橡胶带性能尚不过关，国外产品如比利时 Deneef 公司的膨胀橡胶止水条、止水带具有膨胀倍率高、能反复胀缩等优点，在上海、北京地铁隧道衬砌防水中得到广泛应用，值得借鉴。

### 三、隧道排水

隧道排水是指采用各种排水措施，使地下水能顺着预设的各种管沟排出洞外，以降低地下水位，减少地下工程的渗水量。但应防止由于排水危及地面建筑物及农田水利设施。

1. 衬砌背后的排水系统

衬砌背后的排水系统由以下子系统组成完整的排水系统：

（1）竖向盲沟（管）。位于边墙衬砌背后，主要排边墙的围岩地下水，间距 10～30 m。

（2）环向盲沟（管）。位于拱部和边墙衬砌背后，排拱部和边墙围岩的地下水，间距一般不大于 10 m。

（3）排水管（槽）（衬砌外预埋管引排），排除某一集中漏水。

（4）集水钻孔。为扩大集水范围，在盲管（沟）内向围岩钻的集水钻孔。

（5）纵向盲管。当围岩裂隙水分布较广，单靠竖向盲管（沟）不能排除围岩裂隙水时，可在两道竖向盲管（沟）间设纵向盲管（沟）。

（6）隧底盲管（沟）。

2. 洞口排水

为防止地表水冲刷洞口及边、仰坡的水流入隧道，隧道、明洞和辅助坑道的洞口应设置截水沟和排水沟，设计沟槽截面时，其过水量按洪水频率1/25 设计。

3. 洞内排水

水沟坡度一般与线路坡度一致，不小于 3‰。

单线隧道一般采用双侧水沟；当地下水水量小，又采用碎石道床时，可采用单侧水沟，设于地下水来源一侧。双线隧道一般两侧及中心均设水沟，不得单独采用中心水沟。双线特长、长隧道的两侧及中心均设水沟，并增设各排水沟间横向联系水沟（间隔 200～500 m，视水量而定，为均匀各水沟水量）。

## 第九节　施工通风防尘、风水电供应与通信系统

在隧道施工中,开挖和支护称为基本作业。为基本作业提供必要的施工条件,并直接为其服务的作业称为辅助作业,包括施工通风与防尘、压缩空气供应、施工供水与排水及施工供电与照明。本书只介绍其中的施工通风与防尘。

### 一、施工通风的目的及有关规定

隧道施工中,由于凿岩、爆破、装运石渣、喷射混凝土等作业及内燃动力设备进洞,产生大量的粉尘和有害气体(如 $CO$、$CO_2$、$NO_2$、$SiO_2$、$H_2S$ 等),含煤地层的隧道还有瓦斯($CH_4$),致使洞内空气恶化。这不仅损害作业人员的身体健康,降低工作效率,而且因洞内缺氧,导致内燃设备工作条件变差,功率和效率降低,故障增加,废气排放量增多。通风的目的是不断地向洞内送入足够的新鲜空气,冲淡和置换有害气体,降低粉尘浓度和洞内温度。按《铁路隧道施工规范》要求,洞内作业环境应符合下列卫生标准:

(1)洞内空气中含氧量不得少于 20%,并保证洞内施工人员每人有 $3\ m^3/min$ 的新鲜空气。如洞内采用内燃机械作业时,1 kW 供风量不宜小于 $3\ m^3/min$。

(2)粉尘最高容许浓度,$1\ m^3$ 空气中含有 10% 以上的游离二氧化硅的粉尘为 2 mg,$1\ m^3$ 空气中含有 10% 以下的游离二氧化硅的粉尘为 4 mg。

(3)有害气体最高容许浓度为:一氧化碳最高容许浓度为 $30\ mg/m^3$。在特殊情况下,施工人员必须进入工作面时,浓度可为 $100\ mg/m^3$,但工作时间不得超过 30 min;二氧化碳按体积计浓度不得大于 0.5%;氮氧化物(换算成 $NO_2$)浓度为 $5\ mg/m^3$ 以下。

(4)洞内工作地点的气温不得超过 28 ℃,噪声不得大于 90 dB。

瓦斯隧道施工通风见第七章第八节。

### 二、通风方式

当隧道独头掘进长度不足 150 m 时,依靠洞内外温差(或高差)产生的空气对流,即可满足施工需要。但对于独头掘进长度大于 150 m 时,施工通风必须采取机械通风。通风设计根据独头通风长度、断面大小、施工方法、设备条件等综合确定。按照风道类型、通风机安装位置的不同,机械通风可分为风管式、巷道式及风墙式通风。通风方式宜采用压入式或混合式通风,有条件时采用巷道式通风。

(一)风管式通风

此种通风形式的风流经由管道输送,可分为三种形式:

(1)压入式通风,如图 6-47(a)所示。开动风机将洞外新鲜空气通过风管压送到工作面,而工作面的污浊空气沿巷道排出洞外,形成人为的空气对流,达到通风的目的。压入式通风的主风机应架设在距洞口大于 30 m、且有一定高度的支架上。

(2)抽出式通风,如图 6-47(b)所示。开动风机,将工作面的污浊空气经风管排出洞外,此时工作面处于低压状态,而洞外新鲜空气必然流向洞内,形成空气对流,达到通风的目的。这种通风方式的特点是:巷道内空气新鲜而工作面附近空气污浊;风机离工作面距离近(10 m 左右)爆破时易被石块砸坏。这种方式适用于长度在 400 m 以内的独头巷道,但一般不单独使用,常与压入式风机配合组成混合式通风。

（3）混合式通风，如图 6-47(c) 所示。布置两条风管，一条为压入式风管向工作面压送新鲜空气；另一条为抽出式风管，将污浊空气抽出洞。这种通风方式的特点是：整个坑道及工作面的空气新鲜，适用于长度 800～1 500 m 左右的独头巷道。

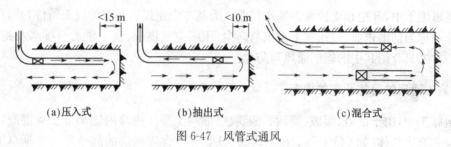

图 6-47　风管式通风

为了提高混合式通风效果，必须注意如下几个问题：

①压入和抽出两台风机必须同时开动；

②抽出风机的能力应大于压入风机能力的 20%～30%；

③抽出风机和压入风机的位置最小要错开 30 m，以免在洞形成风流短路；

④压入风机的风管端部与工作面间的距离应在风流有效射程之内，一般不大于$(4～5)\sqrt{A}$（$A$ 为隧洞断面积，$m^2$）；

⑤洞内辅助风机应安装在新鲜风流中。

风管式通风设备简单，灵活方便，易于拆装，但管道断面小，随着管道的加长，通风阻力随之增大，且由于接头处漏风，长距离独头通风效果较差。

（二）巷道式通风

设有平行导坑为辅助坑道的长隧道，可布置成巷道式通风。巷道式通风是由主风流循环系统和局部风流循环系统相互配合而达到通风目的，如图 6-48 所示。

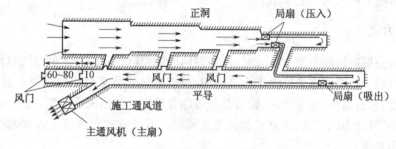

图 6-48　巷道式通风(单位：m)

1. 主风流循环系统

利用平行导坑与主隧道的横向联络通道作为风道，在平行导坑口部侧面的风道口处设置主风扇，通风时把平行导坑口部设置的两道挡风门关闭。当主风扇向外抽风时，平行导坑内空气产生负压，正洞外面新鲜空气即向洞内补充，污浊空气经由最前端横通道进入平行导坑再经施工通风道排出洞外，从而形成以坑道为通风道的主风流循环系统，凡处于主风流范围内的污浊空气很快被排出洞外。

挡风门是巷道式通风的关键之一，为此必须做到：

（1）平行导坑口设置两道风门，其间距为 1.2～1.5 倍出渣列车长度，一般为 60～80 m。设置两道风门的目的是，保证当列车通过平行导坑口时，始终有一道风门处于关闭状态，而不出现风流短路。

(2)不作为运输的横通道应及时关闭,以减少风流损失。

(3)设置的挡风门应顺风关,逆风开,要做到严密不漏风,应派专人看守和维修。

2.局部风流循环系统

正洞及平行导坑开挖作业区必须配置风扇,形成局部风流循环系统,如在图6-48中,正洞开挖作业区布置一台压入式风机,压入新鲜空气。工作面处的污浊气体即随主风流系统经横通道、平行导坑排出洞外。为了平行导坑开挖作业区通风,可布置成以抽出式风机为主、压入式风机为辅的混合式通风。主风流中部分新鲜空气由压入式风机压送到平行导坑工作面,而污浊气体由抽出式风机抽至平行导坑中排出洞外。

根据西康线、朔黄线、内昆线及达万线等隧道通风的设计及效果,不同长度隧道推荐采用以下三种通风形式:

(1)隧道独头掘进长度小于800 m时,可用1台37 kW或55 kW的轴流式通风机,风管直径宜为0.7~1.0 mm;

(2)隧道独头掘进长度在1 500 m左右时,可用2台55 kW的轴流式通风机或2×37 kW的变速多级通风机,风管直径宜为1.0 mm;

(3)隧道独头掘进长度在2 000 m以上时,可采用2台110 kW的轴流式通风机,风管直径宜为1.0~1.2 mm。

### 三、通风计算

通风计算的目的是选择通风机和通风管。通风机的功率大小和通风管的直径是由洞内所需的供风量和风压决定的。

(一)风量计算

供风量的大小除须保证作业人员所需新鲜空气外,尚须满足施工方面的其他要求。风量按下列4种方法分别计算后,取其中最大值$Q_{max}$,再考虑风管的损失率,即可确定洞内所需的总供风量,从而可以确定风机的功率和风管的直径。

1.按洞内同时工作的最高人数所需要的风量计算

$$Q=3mk \quad (\text{m}^3/\text{min}) \tag{6-6}$$

式中 $m$——洞内同时工作的最多人数;

$k$——风量备用系数,取1.1~1.25;

3——每人每分钟所需的新鲜空气量。

2.按冲淡洞内同时爆破采用的最多炸药量所产生的有害气体需要的风量计算

(1)巷道式通风

其计算原理是将通风过程看成单纯以新鲜空气冲淡、稀释烟尘的过程,供给的风量相当于在固定的空间中将爆破后生成的全部有害气体稀释到安全浓度以下,计算公式如下:

$$Q=500A/t \quad (\text{m}^3/\text{min}) \tag{6-7}$$

式中 $A$——洞内同时爆破的最多炸药,kg;

$t$——爆破后的通风时间,min。

(2)管道式通风

根据目前风流紊流传质过程的基本观点,认为烟尘的排出既有主风流的运移作用,又有风流紊流扩散的作用,是两者的综合过程。独头巷道的通风包括两个区段,一个为工作面区,即炮烟抛出带,一个为通风区段。伏格宁认为在独头巷道压入式通风过程中,工作面的烟尘排出过程为风流紊流扩散过程,巷道中的烟尘排出过程为紊流变形过程,并假定炮烟抛出带长度等于风筒末端距工作面的长度,利用通风衰减公式进行推导,即

①压入式通风

$$Q=\frac{7.8}{t}\sqrt[3]{AS^2L^2} \tag{6-8}$$

式中　　$t$——爆破后通风时间,min;

$A$——工作面同时爆破最多炸药用量,kg;

$S$——坑道开挖断面面积,m²;

$L$——坑道通风长度,m。

②抽出式通风

$$Q=\frac{18}{t}\sqrt{ASL_抛} \tag{6-9}$$

式中　　$L_抛$——爆破后炮烟的抛掷距离,m。采用火雷管起爆:$L_抛=15+A$;采用电雷管(或塑料导爆管)起爆:$L_抛=15+A/5$。其他符号同上。

③混合式通风

采用混合式通风时,要求抽出风机能力大于压入风机能力,即 $Q_抽 > Q_压$。所以只计算 $Q_压$ 即可,$Q_压$ 按式(6-8)计算,但式中 $L$ 改为 $L_{入口}$(抽出风机到工作面的距离)。

由于烟尘的排出过程不是单纯的稀释过程,在爆破后烟尘被稀释的同时有大量高浓度的烟尘被风流吹走。所以其计算值偏高,导致设备容量增加,造成能源浪费。

3. 按冲淡内燃机产生的有害气体所需风量计算

按洞内柴油机挥放的废气污染计算风量基本上都是采用稀释原理,计算的方法主要有按柴油机功率计算、按柴油机排出废气计算和综合危害法计算等。由于我国目前尚缺乏隧道内使用柴油机的成熟经验和数据,基本上均采用按柴油机功率计算风量。其计算公式为

$$Q=Q_0N \quad (\text{m}^3/\text{min}) \tag{6-10}$$

式中　　$Q_0$——单位功率所需风量指标,建议采用 3.8~4.0 m³/(min·kW);

$N$——洞内各种内燃机械设备按使用时间比例的总功率,其值为:

$$N=N_1K_1+N_2K_2+N_3K_3+\cdots \quad (\text{kW})$$

其中　　$N_1$、$N_2$、$N_3$——各种柴油机械额定功率,kW,

$K_1$、$K_2$、$K_3$——时间系数,即各类内燃机设备每1 h工作时间的百分率。

4. 按最小风速验算风量

$$Q \geqslant V_{min} \cdot S_{max} \quad (\text{m}^3/\text{min}) \tag{6-11}$$

式中　　$V_{min}$——保证洞内稳定风流之最小风速,全断面开挖时为 0.15 m/s,导坑开挖时为 0.25 m/s;

$S_{max}$——开挖最大断面积,m²。

按上述四种情况计算后,取其中最大者为计算风量。要求通风机提供的风量为

$$Q_供=PQ \quad (\text{m}^3/\text{s}) \tag{6-12}$$

式中　　$Q$——计算所需风量;

$P$——管道漏风系数。

$P$ 值与风管直径、长度、接头质量、风压、风管材料等因素有关,是个大于1的系数,可在有

关设计手册中查用。

（二）风压计算

为保证据将所需风量送达到工作面，并在出风口处保持一定的风速，要求通风机的风压足以克服沿途所有的阻力。

通风机应具备的风压为

$$h_{机} \geqslant \sum h_{摩} + \sum h_{局} + \sum h_{正} \tag{6-13}$$

式中　$h_{摩}$——气流沿程摩擦阻力，按下式计算：

$$h_{摩} = 9.8\alpha \frac{LUP}{S^3} Q^2 \tag{6-14}$$

其中　$\alpha$——风道摩擦阻力系数，管道式通风时，金属风管 $\alpha$ 取 $(3\sim5)\times10^{-4}$，胶皮风管 $\alpha$ 取 $(2.0\sim3.5)\times10^{-4}$，巷道式通风时，根据巷道特征，从有关设计手册查得；

　　　　$L$——风管长度，m；

　　　　$U$——风管周边长度，m；

　　　　$P$——风道漏风系数，巷道 $P=1.2\sim1.3$，管道 $P$ 值查有关设计手册；

　　　　$S$——风道断面积，$m^2$；

　　　　$Q$——计算风量，$m^3/s$。

　　　　$h_{局}$——沿程局部阻力，包括风道转弯和断面变化所产生的阻力，按下式计算：

$$h_{局} = 9.8\xi \frac{PQ^2}{2gS^2} \tag{6-15}$$

其中　$\xi$——局部阻力系数，从有关设计手册中查取；

　　　　$g$——重力加速度。

　　　　$h_{正}$——风流遇到的正面阻力，只有在计算巷道式通风时才需考虑，按下式计算：

$$h_{正} = 0.6\varphi \frac{S_m PQ^2}{(S-S_m)^3} \tag{6-16}$$

其中　$\varphi$——正面阻力系数，当一列车走行时 $\varphi=1.15$，当一列车或一辆斗车停放时 $\varphi=0.5$，如两列车（或斗车）停放，间距超过 1.0 m 时，则逐一相加；

　　　　$S_m$——阻塞物断面积，$m^2$。

上述计其中未考虑高原地区海拔高度对风压的影响，当隧道位于高原地区时应加大风量和风压。

### 四、通风机、风管的选择与安装

通风机的功率与通风管的直径应根据隧道独头掘进长度、运输方式、断面大小和通风方式等计算确定。

（一）通 风 机

根据所算得的风量 $Q_{供}$ 及风压 $h_{机}$，从通风机技术性能表或通风机"特性曲线"图中选取合适的通风机型号。

通风机有轴流式和离心式两种，在隧道施工通风中主要使用轴流式通风机，它具有风量大、效率高、结构紧凑、重量轻等优点。

对于风管式通风，当管道较长，需要较高风压时，可采用数台通风机进行串联。对于巷道式通风，当需要较大风量时，可将数台通风机并联使用。通风机应有适当的备用数量，一般为计算能力的 50%。

### (二)风　管

风管应优先采用高强、低阻、阻燃的软质风管,风管挂设应做到平、直,无扭曲和褶皱。

风管的直径应根据巷道断面、通风量和风管长度综合考虑确定。由于摩擦阻力与风管直径的五次方成反比,所以对于长大隧道在净空允许的情况应尽可能采用大直径的风管以减小阻力。在国外全断面开挖的长大隧道中,曾用到 $\phi 2\,000 \sim 2\,700$ mm 的风管。风管内的风速一般控制在 $10 \sim 15$ m/s。当风管阻力太大时,可采用风机串联解决,一般情况下宜采用集中串联。当风压过大风管可能胀破时,可采用间隔串联。

### (三)通风管理

隧道施工通风要取得良好的效果,除合理选择通风设备外,还必须加强通风管理,并要求做到以下几点:

1. 对通风系统应有全面规划和合理布局。使各种形式的"循环风"覆盖到各个工作面,以实现通风换气。要绘出详细的通风布置图,图中标明通风洞尺寸以及它与平行导坑的连接方式,主扇的型号和台数,局扇的型号及设置方法,各种材质风管的分布及安设三通的位置,风门的位置及开启方向,用箭头标明风流的循环路线等。

2. 管路安设要顺直、严密,布置要合理。

3. 在各个施工环节中应做到不破坏通风系统的正常工作条件。

4. 加强管理,注意通风设备的安装与维修。

## 五、防　尘

在隧道施工中,凿岩、装渣、喷射混凝土等作业都有粉尘产生,对人体危害最大的是粒径小于 10 $\mu$m 的粉尘,它在空气中长期浮游,最易吸入人体内。为了使坑道内的含尘量降低到 2 mg/m³ 以下,必须采取综合防尘除烟措施,归纳起来有如下几个方面:

(1)全断面开挖时,洞内风速不小于 0.15 m/s;分部开挖的坑道中风速不小于 0.25 m/s。但是,均不应大于 6 m/s。

(2)采用湿式凿岩,用高压水冲洗孔眼使岩粉变成浆液流出。放炮后进行喷雾、洒水,喷雾洒水不仅可以清除爆破、出渣所产生的粉尘,而且可溶解少量有害气体,并能降低坑道温度,净化空气。但不宜淋水的膨胀岩、土质隧道除外。喷射混凝土采用半湿式或湿式喷射作业,可减少或消除混合料在拌合、运送及喷射时所产生的粉尘。装渣前先行喷雾洒水,冲洗工作面附近的岩壁,防止粉尘扬起。

(3)内燃机械安装尾气净化装置。

(4)使用机械通风也是降低洞内粉尘浓度的重要手段。在主要作业内,应始终开动风机保持通风。

(5)工作人员应带防尘口罩,防止粉尘吸入体内,这也是有效防尘方法之一。

### 六、工程实例——西安安康铁路秦岭特长隧道

西安安康铁路秦岭特长隧道设计为两条单线隧道。Ⅰ线隧道采用两台敞开式 TBM 由两端洞口相向施工,TBM 未抵达工地前先用钻爆法在两端洞口提前施工预备隧道和出发隧道,进、出口钻爆法施工长度分别为 260 m 和 310 m;此外,F4 断层带及相邻地段 400 m 也由平导经横通道提前进入Ⅰ线隧道采用钻爆法完成。Ⅱ线隧道先期在隧道中线位置上修建平行导

坑,平导贯通后暂不进行扩挖,而辅助Ⅰ线隧道采用 TBM 进行施工,以解决施工排水、改善施工通风和其他作业条件。待Ⅰ线隧道主体工程完后,再将平导扩建为Ⅱ线隧道。

(一)施工通风方案选择

秦岭特长隧道埋深大,地形、地质条件十分复杂,交通不便,设置辅助坑道的条件较差,因此长管路压入式通风和Ⅰ线隧道与平导互为巷道式通风的方案就成为主要比较方案。

长管路通风方案的优点是,Ⅰ线线隧道和平行导坑的工作面均为洞外新鲜风送入,各自通风系统互不干扰,通风质量好;所需功率比巷道式混合通风少,运营管理费用少。缺点是平导独头通风长度大,无施工经验。

巷道式混合通风方案的优缺点:平导部分地段的污浊空气滞留时间长,同时Ⅰ线隧道和平导所需风为Ⅰ线施工运输车辆污染过的空气,通风质量差;消耗的功率较长管路通风方案大,远营管理费用较高;Ⅰ线隧道和平导为统一的通风系统,哪一个环节出现问题都直接影响通风质量,管理较困难。

经比较,长管路通风方案的技术经济条件较优,故设计采用长管路通风方案。

(二)通风计算

Ⅰ线隧道进、出口工区施工通风长度分别按 9 500 m 和 8 900 m 计算,用软风管,管节长100 m,百米漏风率1%,管道内和隧道内摩阻系数为 0.018 和 0.02,TBM 施工所需风量参考国外有关资料,按 22 m³/s,风管末端风量为 0.5A(A 为隧道开挖面积),即 30 m³/s。经计算,Ⅰ线隧道在 0~3 km 时,洞口处需一台风机,3~6 km 时洞口需二台风机串联,6~9 km 时除洞口需二台风机串联外,尚需在距洞口 3.25 km 的洞内设一台增压风机。TBM 自身装备集尘、局扇、冷却系统,其所需风量及功率参考值为:集尘装置 10 m³/s(90 kW);冷却系统 2×10 m³/s(约 60 kW)。

平行导坑采用钻爆法施工,其掌子面所需风量应按洞内要求最小风速、洞内人员和一次爆破后炮烟 30 min 内排出掌子面进行计算,另外还应考虑洞内内燃机设备的使用所需要的风量。平导进、出口施工通风长度分别按 9 500 m 和 8 900 m 计算,采用软风管,管节长 100 m,百米漏风率为 1.3%,管道内和隧道内摩阻系数分别为 0.019 和 0.024。平导钻爆法施工,一次开挖长度按 4 m 计,耗药量为 3~4 kg/m(秦岭隧道为硬质岩石,耗药量较大),洞内施工人员按 50 人计,并考虑一台 170 kW 内燃机车全时工作。经计算,平行导坑掌子面所需风量由排出一次爆破炮烟所需风量控制,为 6.75 m³/s。平行导坑 0~6 km 时,洞口处需一台风机,6~9 km 时,洞口需二台风机串联,进口工区超过 9 km 后,需三台风机。

秦岭特长隧道施工通风设计经过了近 5 年的施工考验,在施工中得到了很好的验证。Ⅰ线隧道出口按设计要求独头施工通风长度达到了 7.5 km,为国内当时最长的独头通风记录。

**七、供风、供水、供电、照明与通信**

(一)供 风

隧道掘进中,凿岩、喷射混凝土等作业均以高压空气为动力,因此,在洞口设空压机站,敷设钢制高压风管进洞,用分风器连接高压软风管,满足各用风点的需要。

空压机站设在洞口附近,当有多个洞口需集中供风时,可选靠近用风量最大的洞口。根据当地气候条件,空压机站应有防水、降温和保温设施,距离居民区较近时应采取降噪、防振措施。

开挖工作面风动凿岩机风压不小于 0.5 MPa,高压供风管的直径根据最大送风量、风管长度、闸阀数量等条件计算确定,独头供风长度大于 2 000 m 时应设增压风站。

高压供风管应敷设平顺,接头严密,不漏风。供风管前端至开挖面保持在 30 m 内,并用分风器连接高压软风管。当采用导坑或台阶法开挖时,软风管的长度不宜大于 50 m。

（二）供　　水

隧道施工供水方案应考虑水源与隧道所处自然条件确定。有高位自然水源时,建水池蓄水利用,水池高度要满足隧道掘进到最高点时能保持 0.3 MPa 的水压。采用低位抽水向水池供水时,抽水站水泵扬程选取取水点与水池高差的 1.5～2.0 倍,并配有备用水泵。无条件建高位水池的隧道,可采用增压泵供水。

供水量应满足工程和生活用水的需要,水池的容量应满足洞内外集中用水的需要。工程和生活用水使用前须经水质鉴定。

隧道开挖工作面凿岩机的工作水压不应小于 0.3 MPa,水管的直径根据最大供水量、管路长度、弯头数量、闸阀等条件计算确定。

水管管路敷设应平顺、接头严密,不漏水。洞内水管前端至开挖面的距离宜在 50 m 内,并用高压软管连接分水器。

（三）供　　电

1.用电组织设计

施工现场临时用电设备在 5 台及以上,或设备总容量在 50 kW 及以上时,要编制施工现场临时用电组织设计。根据现场需要和用电量的分布情况,合理布局供电线路和供电设备。确定电源进线、变电所或配电室、配电装置、用电设备的位置及线路走向。负荷计算要按用电设备同时工作时的最大负荷计算,合理选择变压器和电线的规格型号。

2.配电线路布置

隧道供电线路应采用 220/380 V 电压的三相五线系统。洞内架空线须采用绝缘导线,架空线设在专用电杆上,严禁设在脚手架及其他设施上。隧道内配线也须采用绝缘导线或电缆,且距地面高度大于 0.5 m。

涌水隧道的电动排水设备,瓦斯隧道的通风设备及斜井、竖井的电气装置应采用双回路输电,并设可靠的切换装置。

3.供电电压

动力设备采用 380 V,照明电压作业地段宜为 36 V,成洞或未作业地段可采用 220 V。

隧道内 220/380 V 供电距离不宜大于 500 m,应采取升压措施或高压进洞。否则设洞内变压器时应在一定距离内设分离开关。

（四）照　　明

隧道施工作业地段须有足够亮度的照明,采用普通光源照明时,其亮度应满足表 6-17 的要求。

表 6-17　施工作业地段亮度要求

| 施工作业地段 | 最低平均亮度(lx) | 施工作业地段 | 最低平均亮度(lx) |
| --- | --- | --- | --- |
| 施工作业面 | 30 | 特殊作业地段或不安全因素较多地段 | 15 |
| 开挖地段 | 10 | 成洞地段 | 4 |
| 运输巷道 | 6 | 竖井内 | 8 |

作业地段必须使用变压器,其容量不宜过大,输入电压 220 V,输出电压有 36 V、32 V、24 V 和 12 V 四个等级。

在有渗漏水、滴水的地段应用胶皮电缆,在开挖工作面附近应有防水灯头。在曲线地段和洞室拐弯处应增加照明灯头。洞内每隔 50～100 m 应设应急照明灯一盏。成洞地段尽量采用节能新光源。

(五)通　信

洞内各工作面与洞外调度应始终保持通讯畅通,备作突发事故的应急通讯宜选择有线电话。

保护有线电话电线的线管宜用钢管,布置在不易被机械、落石砸到的地方,并顺风、水管路布置。

# 思　考　题

1. 名词解释:全断面开挖法、正台阶法、分部开挖法、光面爆破、预裂爆破、最小抵抗线、超挖、欠挖、超前支护、管棚、预注浆、岩爆、施工缝、预留变形量。

2. 隧道施工有哪些方法?选择施工方法时需考虑的基本因素是什么?

3. 隧道施工具有哪些特性,应遵循的基本原则是什么?

4. 隧道施工方法主要有哪几种?说明其施工工艺和施工机具?

5. 简述隧道施工全断面开挖法、正台阶法的内容与适用条件。

6. 简述隧道施工分部开挖法的类型及其适用条件。

7. 简述软弱围岩中浅埋暗挖法施工的原则。

8. 简述钻爆法掘进的主要工序和内容。

9. 简述光面爆破和预裂爆破技术的原理。

10. 隧道掘进断面的炮眼按其作用分为哪几类?

11. 减少超欠挖的主要措施是什么?发生坍方的主要原因及处理措施是什么?

12. 隧道现行防排水技术的原则是什么?

13. 试述隧道施工中辅助导坑的类型及作用。

14. 简述隧道开挖涌水处理措施。

15. 隧道施工过程中的通风方式有哪些?

16. 简述隧道施工预支护措施的内容和适用条件。

17. 简述锚杆的种类及其作用机理。

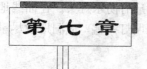

# 特殊岩土和不良地质地段隧道施工

中国幅员辽阔,在隧道建设中已经且还将遇到各种类型的特殊岩土和不良地质,包括软岩、膨胀岩、富水地层、岩溶、黄土、冻土、风积沙、瓦斯和岩爆,在这些地层或地段修建隧道,隧道变形量大,难以稳定,风险因素多,容易突发事故或灾害,往往成为一条线路中"难啃的硬骨头",甚至是"拦路虎"。

在长期的隧道建设实践中,建立起了适用于各种类型特殊岩土和不良地质的设计原则、施工工法、技术措施、防灾预案及施工经验,本章将总结这方面的工程实践经验、科研成果和最新的规范规定,对常见的特殊岩土和不良地质隧道施工进行论述。

## 第一节 软岩隧道施工

软岩隧道设计与施工一直是一个世界性难题,由于软岩成因不一,类型繁多,虽然软岩隧道都表现为围岩变形量大,但是其变形机理却是不同的。所以,要研究软岩地下工程设计与施工,首先要对软岩进行适当的分类,研究不同类型软岩地下工程的围岩变形规律和失稳规律,确定其支护设计与施工原则。近年来,中国在复杂地质条件下修建西康线、南昆线、宝中线、渝怀线、宜万线、石太线和厦深线等铁路线时,遇到大量软岩地层,研究软岩特性、分类和施工技术,有助于软岩工程设计与施工。

### 一、软岩及其分类方法

软岩,目前尚无统一定义。1981 在东京召开的"国际软岩学术讨论会"规定"软弱、破碎和风化岩石"为软岩。有的学者建议把软岩定义为"难支护岩体"。清华大学周维垣教授认为软岩可定义为"在高地应力、地下水和强风化作用下,具有显著渗流、膨胀或崩解特性的软弱、破碎、风化和节理化围岩,简称为不稳定围岩岩体"。一般来讲,软岩是指软弱、破碎、膨胀、流变、强风化及高应力岩体的总称。

岩体分类,国内外已进行了大量研究,提出了几十种甚至上百种岩体分类方法。但对软弱岩体分类的研究很少,由于岩体分类的指标间隔一般是相同的,这对软岩显得过于粗糙。其次,分类方法的应用局限于为其本身需要而采用的资料上。尽管如此,要研究软岩分类方法,先研究现有分类方法中对软岩的划分是必要的。

节理化岩体地质力学分类(RMR)是南非学者 Bieniawski 于 1973~1975 年提出的,该法利用 7 个可在现场量测的参数评定(评分越高岩性越好),这 7 个参数是:单轴抗压强度、RQD、节理间距、节理走向与方向、节理连续性与充填情况、地下水、风化与变质特征。总分(0~100)将岩体分为五级。但是由于 RMR 法原是为解决坚硬节理岩体中浅埋隧道工程而发展起来的,所以实践证明不适合于软弱岩体。

挪威学者 Barton 等于 1974 年提出工程岩体分类法(Q 法),该法将 RQD、节理组数 $J_n$、节理粗糙度 $J_r$、节理蚀变程度 $J_a$、裂隙水的影响 SKF、地应力六个参数概括成三个商数而得出岩性的全面指标 Q,利用 Q 这个综合分级指标对岩体进行定级分类。该分类法考虑的因素很多,计算繁琐,应用于软弱岩体分类是相当困难的。

1964 年,Deere 提出根据岩芯取出率即 RQD 值对岩体进行分级的方法,软弱岩体可以认为是 RQD 值小于 50% 的差岩体或非常差岩体,但是 RQD 不能考虑节理是否含有黏土充填物等其他一些重要影响因素,所以应于软弱岩体分类也是很勉强的。

我国的工程岩体分级国家标准考虑岩石坚硬程度和岩体完整程度这两个决定各类工程岩体稳定性的基本共性因素给出“岩体基本质量”;然后针对各类型工程岩体的特点,分别考虑地下水、主要软弱结构面与洞轴线的组合关系、高初始应力现象影响作为修正因素,对已经给出的岩体基本质量进行折减,最后确定工程岩体的级别。

2001 年,铁道部颁布了修正的铁路隧道围岩分级方法,该分级方法主要考虑岩体结构特征与完整性、岩石强度、地下水和弹性波传播速度四个因素将隧道围岩分为六级(好→差:Ⅰ→Ⅵ),由于结构特征与完整性的好坏不同,软岩可能属于Ⅲ级,也可能属于Ⅴ级。

分析以上这些分类方法可见,虽然一般考虑的影响因素有 5～7 项之多,而且所有这些分类方法所考虑的因素比较一致,但所有岩体分类方法都考虑的因素只有岩石强度和岩体完整程度,这是决定各类工程岩体稳定性的两项基本的共性因素。这就给我们一个启示,可以根据软岩中起主要影响作用的因素对软岩进行分类,因为在不同影响因素作用下软岩的变形机理是不同的,如此分类,便于进行深入研究,也可以避免采用综合评价指标分类造成的模糊性。根据主要影响因素和工程岩体分级国家标准所依据的岩石坚硬程度(岩石单轴饱和抗压强度 $R_c$)和岩体完整程度(岩体完整性指数 $K_v$)这两个决定各类工程岩体稳定性的基本共性因素,将软岩划分为四类,即软弱型软岩、破碎型软岩、高应力型软岩、软弱破碎型围岩,见表 7-1。这样可以把问题简化以便于研究,然而,交错重叠是不可避免的,因为有些地下工程稳定问题往往是几种因素联合作用的结果。

表 7-1　按主要影响因素划分的软岩分类法

| 类别 | 软岩类型 | 形成软岩的主要因素 | 分类指标 | 岩体基本质量指标(BQ) |
|---|---|---|---|---|
| Ⅰ | 软弱型软岩 | 岩块强度低、岩体完整性较好 | $R_c<30$<br>$0.15<K_v<0.55$ | $250>Q$ |
| Ⅱ | 破碎型软岩 | 岩体完整性差、岩块强度较高 | $30<R_c<60$<br>$K_v<0.15$ | $250>Q$ |
| Ⅲ | 高应力型软岩 | 岩块强度较高、岩体完整性差、高地应力或采动应力 | $260>3R_c+250K_v>160$<br>$R_c/\sigma_1<5$ | $250>Q$ |
| Ⅳ | 软弱破碎型围岩 | 岩块强度低、完整性差 | $R_c<5$ $K_v<0.15$ | $Q<150$ |

注:$R_c$——岩石单轴饱和抗压强度,单位 MPa;

　　$K_v$——岩体完整性指数,$K_v=(v_{pm}/v_{pr})^2$,其中 $v_{pm}$ 为岩体弹性纵波速度(km/s),$v_{pr}$ 为岩石弹性纵波速度(km/s)。

根据大量实测资料和数值模拟计算结果分析,发现这几类软岩隧道其内部变形规律存在明显差别,例如,由于作用机理不同,高应力软岩隧道变形内表比值(所谓内表比是指隧道围岩内部任一点径向位移量与表面位移量之比)明显大于软弱型软岩隧道,且软弱型软岩隧道围岩变形内表比值随径向深度增加衰减很快,而高应力软岩隧道围岩变形内表比值随径向深度增加衰减慢,说明软弱型软岩隧道围岩变形集中在围岩内部较小的范围,而高应力软岩隧道围岩变形则在围岩内部较大范围发生。

**二、不同类型软岩隧道设计与施工**

岩体是经过亿万年形成的天然地质体。根据岩体结构力学的观点,岩体是由岩块(结构体)和结构面(节理、裂隙、裂缝等)组成的结构体。由于组成岩体的岩块强度和结构面特性不同,不同类型软岩隧道围岩变形规律各不相同,实践中应根据不同类型隧道围岩变形规律、失稳规律确定其支护原则和支护方案。

(一)软弱型软岩隧道

软弱型软岩的变形以岩块变形为主,结构面的影响较小。由于软弱型软岩的岩块强度很小,所以这类软岩隧道破坏机理以塑性变形和流变变形为主,隧道变形的特点是变形持续时间长、变形速度居高不下、变形量大,表现为明显的流变变形特征。软弱型软岩隧道的破坏形式主要有持续性的挤压流动性底鼓、大变形量的顶板及两帮收敛变形。

(二)破碎型软岩隧道

破碎型软岩的变形是由岩块变形和结构面变形两部分组成的。所以这类隧道变形以松动塌落变形和流变变形为主。破碎型软岩隧道的破坏形式主要有顶板冒落、两帮片落鼓折、大变形量的顶板及两帮收敛变形。金川矿区是中国大型镍矿基地,矿区地质条件复杂,许多矿山隧道位于层状碎裂与碎裂岩体中,是典型的破碎型软岩隧道,基建和开采过程中,隧道发生严重变形和破坏。

(三)高应力型软岩隧道

高应力型软岩隧道在岩块强度较高时,变形破坏以松动塌落为主,具体形式有冒顶、片帮;在岩块强度较低时,变形破坏以流变变形为主。高地应力地区软岩隧道的主要破坏形式有大变形和岩爆两种。当变形量很大且延续时间很长时,就产生了持续不断的破坏以致深入到围岩内部,使围岩塑性区逐渐增大造成洞室大规模坍塌,因此,隧道围岩破坏具有明显的时效性。为了防止岩体破坏,支护作用必须控制持续不断的变形和破坏,并维持隧道的稳定,这就对支护和施工提出如下要求:一是支护要及时施作及时封闭;二是支护要有一定的强度和刚度,能承受一定的压力;三是支护能允许变形,甚至较大的变形。锦屏水电站引水隧洞围岩变形破坏即属于此类。岩爆是高地应力地区软岩隧道的另一种主要破坏形式,西康线秦岭隧道在深埋地段就属于此类。

(四)软弱破碎型软岩隧道

软弱破碎型软岩兼有软弱型与破碎型软岩变形的特点,变形机理十分复杂,表现出强烈的流变变形特性。

表7-2总结了不同类型软岩隧道变形机理、支护原则和推荐支护方案。根据软岩中起主要影响作用的因素将软岩分为四种类型,即软弱型、破碎型、软弱破碎型和高应力型。

表 7-2　不同类型软岩隧道变形机理、支护原则和推荐支护方案

| 类别 | 软岩类型 | 变形机理与特征 | 支护原则 | 一次支护推荐方案 |
|------|----------|----------------|----------|------------------|
| I | 软弱型软岩 | 隧道变形以塑性和流变变形为主,破坏形式主要有持续性的挤压流动性底鼓、大变形量的顶板及两帮收敛变形 | 1. 高强支护,适当释放压力；2. 全封闭支护结构 | 1. 锚喷网加可缩性金属支架；2. 锚注支护加喷射混凝土和金属网 |
| II | 破碎型软岩 | 隧道变形以松动塌落变形和流变变形为主,破坏形式主要有顶板冒落、两帮片落、大变形量的顶板及两帮收敛变形 | 1. 加固岩体结构面,提高岩体整体强度；2. 高强支护,适当释放压力 | 1. 锚注支护加喷射混凝土和金属网；2. 组合锚杆、金属网加喷射混凝土 |
| III | 高应力型软岩 | 1. 当岩块强度较高时,变形破坏以松动塌落为主,具体形式有冒顶、片帮,在极高地应力条件下会发生岩爆；2. 当岩块强度较低时,变形破坏以流变变形为主 | 1. 卸压；2. 支护强度较高 | 1. 锚注支护加喷射混凝土和金属网；2. 组合锚杆、金属网加喷射混凝土；3. 锚喷网加可缩性金属支架 |
| IV | 软弱破碎型围岩 | 兼有软弱型与破碎型软岩变形的特点,表现出强烈的流变变形特性。软弱破碎型隧道变形时围岩压力增长迅猛,呈持续性流变变形 | 1. 超高强支护；2. 加固岩体；3. 全封闭支护结构 | 1. 锚注支护加喷射混凝土和金属网；2. 高强锚喷网加高强可缩性金属支架 |
| V | 膨胀型围岩 | 围岩遇水膨胀,产生膨胀压力,膨胀性随岩性、地下水等因素变化 | 1. 超高强支护；2. 地下水封堵；3. 全封闭支护结构 | 高强锚喷网加高强可缩性金属支架 |

# 第二节　膨胀岩隧道施工

　　膨胀岩是指那些与水的物理化学反应有关的随时间而发生的体积增大的一类岩石。常见的膨胀岩类型有:黏土岩、页岩、泥岩、片岩、蛇纹岩、泥灰岩、受热液变质作用的花岗片麻岩、蒙脱石化凝灰岩、含硬石膏的无水芒硝的结晶岩、断层泥等。

　　膨胀岩对温度、湿度、应力、地下水等环境因素变化极为敏感,所以膨胀岩在隧道开挖过程中,一旦暴露就极易风化干裂,卸荷胀裂,遇水软化膨胀,具有很差的工程地质性质,常表现为软弱、破碎、流变特性明显等,导致隧道病害的发生。在工程实践中,膨胀岩在深埋应力较大时,多为复合型膨胀；在工程开挖初期,易坍塌,随时间推移围岩大量向隧道内塑性挤出或者底板大量隆起,使支护或衬砌裂损破坏严重。

　　膨胀岩隧道常见病害可以分为隧道围岩变形和隧道衬砌变形两大类,隧道围岩变形包括围岩开裂,导坑下沉、围岩胀突、坍塌与冒顶,底臌等,隧道衬砌变形包括拱圈、拱脚、边墙及底板的变形。因此,膨胀岩隧道要在膨胀岩级别的判别与分类原则的基础上,采用合理的设计和施工方法,以减少隧道病害的发生和发展。

## 一、膨胀岩的影响因素

　　膨胀岩主要包括新第三纪和第四纪以来的各种成因类型的膨胀性黏土以及岩石。就隧道

而言,膨胀性围岩通常包括两类膨胀:其一是与水有关的物理化学性体积膨胀,当岩石中的黏土颗粒、矿物成分中含有大量的蒙脱石、伊利石、多水的高岭土时,因这些矿物具有较强的亲水作用,遇水后岩石具有较强的膨胀性能而产生膨胀压力;其二是塑性流变膨胀,当岩层受到强烈的构造作用而产生较大范围的挤压时,这种挤压带往往聚集了潜在的应力,开挖时应力释放而产生膨胀压力。流变效应也是膨胀原因之一。以上各因素在膨胀岩土的变形破坏过程中并不是独立存在的,而是互为因果的。

一般认为,膨胀岩的影响因素主要有:

(1)岩体含水量的变化。黏土质岩石试验结果表明,当岩体周围因环境变化而受到空气的干湿交替作用后,岩体将发生膨胀、崩解、碎胀、风化剥落和强度下降。膨胀岩往往开挖暴露后受风化即产生膨胀,吸水后膨胀力增长很快。另外,岩石的膨胀应变力与初始含水量近似呈线性关系,初始含水量越小,其膨胀应变量就越大。

(2)围岩的应力状态。许多学者通过膨胀性试验得出,轴向膨胀应变与轴向压力对数之间呈线性关系。

(3)岩石的结构。岩石的内部结构以及胶结状态对膨胀性态有相当大的影响。对无胶结的黏土岩,风干后再吸水会发生膨胀崩解,其体积可近十倍地增加。陈宗基通过试验研究,得出了膨胀应变与比表面积参数及用于表征黏土矿物活性的参数之间的关系。

(4)岩石的干容重及空隙率。岩石的初始干燥密度对其膨胀有很大影响,在含水率一定的条件下,体积膨胀量随干容重的增大而增加。

## 二、膨胀岩的基本特征与分级

### (一)膨胀岩基本特征

1. 质软,强度低。膨胀岩属软质岩石,抗压强度低,一般低于 10 MPa。

2. 自由膨胀率高,一般自由膨胀率大于 30%,吸水后易造成岩体膨胀,主要原因是其中含有伊利石、蒙脱石等亲水性的矿物。

3. 孔隙率大,一般大于 20%,为水的渗入创造了条件。

4. 易风化、崩解性强。含有黏土矿物的膨胀岩体,浸水后发生膨胀,风干失水后迅速崩解成碎屑状。

5. 膨胀压力大。因体积膨胀,遇约束将产生较大的膨胀压力,一般在 1.0 MPa 以上。

除具有以上特征外,有些膨胀岩还有明显的外观特征,例如,围岩外观具有表面光滑、细腻、有蜡状光泽,手摸有明显滑感,层面结合差;未扰动的围岩整体性尚好,但一经开挖暴露,加上水的作用,会迅速崩解成碎块。

### (二)膨胀岩的判别与分级

膨胀岩的判别,目前国内外大体上依据以下两个方面:一是间接反映岩石的膨胀指标,如矿物成分、颗粒含量、阳离子交换量和干燥饱和吸水率;二是直接定量反映岩石的膨胀力学指标以及不同荷载下的膨胀率大小的指标。

膨胀岩的判别按初判和详细判定两个阶段进行。初判根据野外地质特征来进行,目的是为了区别膨胀岩和非膨胀岩,主要内容有地质特征、崩解特性和自由膨胀率的判定。详细判定是在初步确定为膨胀岩的基础上,再进行室内测试,做进一步的定量化判别与分类,判别应参照表 7-3(《铁路膨胀岩隧道技术规范》)进行综合判定。主要的试验指标包括极限膨胀力、极限膨胀率、干燥饱和吸水率、自由膨胀率、围岩强度比等内容。根据上述各项指标,膨胀岩按其膨胀性的大小可划分为弱膨胀岩、中等膨胀岩和强膨胀岩 3 级,见表 7-4。膨胀岩等级是以膨胀岩试验数据为基础,并参照表 7-4 划分,只须满足其中 2 项即应划为该级别的膨胀岩。

膨胀岩的物理力学指标,一般采用试验数据,在无试验数据的情况下,结构设计可采用表 7-5 的数据。

表 7-3　膨胀岩的分级(《铁路膨胀岩隧道技术规范》)

| 项　目 | 极限膨胀力(kPa) | 极限膨胀率(%) | 干燥饱和吸水率(%) | 自由膨胀率(%) |
|---|---|---|---|---|
| 弱膨胀岩 | 100~300 | 3~15 | 10~30 | 30~50 |
| 中等膨胀岩 | 300~500 | 15~30 | 10~50 | 50~70 |
| 强膨胀岩 | >500 | >30 | >50 | >70 |

表 7-4　膨胀岩的判别标准

| 项　目 | 指　标 | 项　目 | 指　标 |
|---|---|---|---|
| 极限膨胀力 | >100 kPa | 自由膨胀率 | >30% |
| 极限膨胀率 | >3% | 矿物质成分(蒙脱石、伊利石含量) | ≥15% |
| 干燥饱和吸水率 | >10% | | |

表 7-5　膨胀岩的物理力学指标

| 项　目 | 膨胀力(kPa) | 弹性模量($10^2 \times$ MPa) | 泊松比 | 内摩擦角(°) | 内聚力(kPa) | 重度(kN/m³) |
|---|---|---|---|---|---|---|
| 弱膨胀岩 | 400 | 15 | 0.35 | 45 | 6.5 | 18.5 |
| 中等膨胀岩 | 600 | 5.0 | 0.40 | 35 | 2.0 | 16.0 |
| 强膨胀岩 | 800 | 5.5 | 0.45 | 30 | 1.5 | 16.0 |

### 三、膨胀性围岩隧道的设计

(1)荷载的确定。膨胀性围岩除"松弛效应"外,还有膨胀压力,工程实践表明,围岩的膨胀压力较"松弛效应"来得快且强度大。由于膨胀性围岩岩性复杂,产生膨胀压力的机理复杂,很难用适当的经验公式确定其膨胀力引起的荷载变化。因此对不同程度的膨胀岩,设计时,应先核准其膨胀特性,然后采用以工程类比法为主的方法,确定支护与衬砌的设计参数,施工中通过监控量测加以修改。

(2)膨胀岩隧道断面形式。膨胀性隧道断面形式一般应采用圆形、椭圆形和马蹄形,仰拱应与支护、衬砌等厚。从结构受力来看,在弱膨胀岩中马蹄形、椭圆形和圆形断面均可采用。中膨胀岩宜采用椭圆形断面,强膨胀岩中应采用圆形断面。

(3)膨胀岩隧道支护形式与参数。膨胀岩隧道支护应适应膨胀岩特性,一是在不使围岩失稳条件下,允许围岩有一定变形;二是支护形式特征适应围岩膨胀速度变化;三是支护变形时间应适应围岩膨胀变形持续时间。为此,膨胀岩隧道支护形式可采用可压缩支护、可拆换支护与可增补支护。

可压缩支护是指在膨胀变形时允许支护有相当大的可压缩变形,且仍能保持一定的强度对围岩保持支护作用。通常有可压缩支架或钢拱架、可压缩预制构件衬砌、留槽喷混凝土和设置缓冲层等方法。

可拆换支护是指在隧道中隔一定距离设置钢架,在钢架外侧设置可拆换背板,钢架应有足够强度和刚度,在膨胀压力下不破坏或变形,而背板有足够的柔性,允许有较大的变形。当背板将丧失承载力时,拆除背板并将侵入的围岩铲除,重新设置背板,直至围岩稳定,设置永久衬砌。

可增补支护是在膨胀岩中逐次加入如喷射混凝土、锚杆等支护直至变形稳定后,再设永久衬砌。

在设计中可根据膨胀岩的特点,选择其中一种或两种支护形式。

膨胀岩隧道支护设计,可根据工程类比法参照表7-6参数进行初步设计,然后根据结构计算结果和施工量测结果进行调整。

表7-6　膨胀岩隧道支护参数(《铁路膨胀岩隧道技术规范》)

| 项　目 | 锚　杆 | | 喷射混凝土 | | | 钢架间距 | 钢筋混凝土厚 |
|---|---|---|---|---|---|---|---|
| | 长度(m) | 间距(m) | 分层(cm) | 总厚(cm) | 钢筋网 | (m) | (m) |
| 弱膨胀岩 | 3.0 | 1.5 | 7,8 | 15 | 单层 | 1.0 | 30 |
| 中等膨胀岩 | 3.5 | 1.2 | 5,10,5 | 20 | 双层 | 0.8 | 40 |
| 强膨胀岩 | 4.0 | 1.0 | 5,7,8,5 | 25 | 双层 | 0.5 | 50 |

(4)预留变形量。考虑膨胀岩对衬砌变形影响,隧道净空应根据其膨胀特性须留5～20 cm变形量。

(5)防排水。无论何种矿物成分的膨胀围岩,如果没有水的作用,围岩就不会产生膨胀和收缩,因此在设计时应加强围岩防水和结构防水。在围岩水源处设置渗水盲管或渗透注浆、帷幕注浆防水。在结构防水方面,可在初期支护和二次衬砌之间设防水隔离层和缓冲层,即复合防水板,如 PVC 板、EVA 板、PE 板等。

### 四、膨胀性围岩隧道施工要点

1. 应根据围岩外观特征和工程施工经验,正确识别膨胀性围岩的膨胀特性与级别,必要时取样进行试验,按照"石变我变"的原则,把施工监测作为一道工序,监测结果及时反馈给设计,据此修改设计,指导施工。

2. 施工开挖后应及时封闭岩面,减少暴露时间,以减轻或避免围岩的风化、风干和含水率的变化。并注意以下事项:

(1)用钻爆法施工应采用浅眼多循环开挖方案,光面爆破;

(2)及时施作初期支护;

(3)及时施作仰拱,使衬砌结构尽早形成封闭环,以有效承受膨胀力。

3. 注意严格控制拱墙衬砌的连接质量,尤其是先拱后墙法施工,必要时可布置连接钢筋,使拱墙连接成一个整体。

4. 严格处理好地下水的引排,尽量减少对围岩的浸泡。

### 五、膨胀性围岩隧道的工程实践

大量的工程实践表明,膨胀岩隧道设计与施工,应考虑尽量减少围岩的风化、风干和含水率的变化,尽量减少对围岩原始状态的扰动;围岩支护应适应围岩变形特性,但又能适当地约束围岩膨胀,以求围岩在膨胀过程中不至于松软、丧失极限平衡而破坏,同时能最大限度地减少支护所能承受的围岩膨胀压力,达到经济、安全的目的。

（一）国外经验

目前世界各国在膨胀岩隧道的施工中,多采取以下措施:

1. 优化断面形式。单线隧道采用圆形断面,如日本的新登川隧道、鬼岭隧道等。对于双线隧道采用栗子型或带仰拱的马蹄形,如日本的神居隧道、惠那山隧道等。

2. 减少围岩含水率的变化。在隧道开挖后,立即喷射混凝土封闭洞壁以及掌子面,封闭透水层向膨胀性围岩中的通路,防止透水层中的地下水向膨胀围岩中流动。为此,要在透水层和膨胀围岩的交界处进行注浆,以形成止水帷幕,隔绝地层,使其不产生水压变化;必要时在邻近交界处的透水层中设置排水孔。

3. 防止底鼓发生。膨胀岩隧道中常见的也是造成铁路隧道病害最多、困难最大的就是隧道仰拱隆起(底鼓),为此应采取措施,抑制膨胀压力,制止底鼓。

（1）采用大曲率、大厚度的钢筋混凝土仰拱,以提高其坚固性,如日本的神居隧道采用60 cm厚的钢筋混凝土仰拱。

（2）采用规则布置的锚杆,以抑制膨胀压力。

（3）用超挖来控制允许底板隆起的空间限度,如瑞士的 Sellingberg 公路隧道,在隧道跨中路面下面留有 20 cm 的空隙,作为容许底板隆起的空间;瑞士的另一个例子是在岩石和仰拱之间留有空隙,并用泡沫材料填充。

4. 采用特殊的支护手段。为适应膨胀岩变形特性而发展起来的支护形式可分为可拆换支护、可压缩支护、可增补支护、双层衬砌、锚喷支护等几大类。

5. 采用合理的施工方法和施工工艺。在膨胀岩地区修建隧道时,应对施工方法和施工工艺作深入研究。欧洲的膨胀岩隧道以提倡机械(TBM)开挖和强力支护为特征。在日本则多采用以下开挖方式:

（1）为快速闭合、减少有害松动和围岩恶化,均采用台阶法,单线隧道多用超短台阶法和台阶法。

（2）以喷锚支护和钢拱架作为主要的支护形式。

（3）尽量采用机械开挖或光面爆破,以减少开挖对围岩的扰动。

（4）灵活多样的辅助工法。

（二）中国的实践

中国在膨胀岩地区修建了不少铁路、公路隧道。如襄渝线的董家沟隧道、七里沟隧道,梅七线的崔家沟隧道,陇海线的吴庄隧道,大秦线的西坪隧道,青藏线的关角隧道,候月线的云台山隧道,宝中线的小坪隧道和西山隧道等。因受技术水平限制以及其他因素影响,对膨胀岩变形破坏机理缺乏深刻认识,隧道设计有明显缺陷,施工过程中不能有意识地促使膨胀岩从综合机制向单一机制转化;相反,常使之状态恶化,加速膨胀效应,致使施工受到影响或投入运营后因病害而停运。如宝中线小坪隧道,围岩为白垩纪砂岩、泥岩,泥岩含有蒙脱石、伊利石、高岭石等膨胀性矿物,自由膨胀率达 38%～62%。1990 年底开工,采用下导坑超前、上下导坑先拱后墙法施工,自 DK130＋568 里程以后,施工条件不断恶化,排架内挤、下沉、倾斜、顶部坍塌,衬砌边墙内挤,拱墙下沉严重,使施工进度缓慢,塌方事故频繁。造成该现象的主要原因是施工方法不当,因采用排架支护,造成围岩暴露,排水不畅,施工用水任意漫流。又如崔家沟隧道,全长 3 834.2 m,洞身进口向出口方向大部分为上坡,围岩为三迭系泥质页岩和砂岩互层,岩体风化严重,采用上下导坑先拱后墙法施工,隧底采用整体道床,1973 年竣工,1976 年发现道床上鼓、开裂严重,1980 年实测一段道床最大隆起为 206 mm,两轨高差 63 mm。造成该病害产生的主要原因有:隧底下部的泥质页岩含有膨胀性矿物,竣工后,侧沟开裂,水渗入基底,加速了膨胀现象的发生,病害严重影响了隧道的正常运营,1979 年开始进行整治,主要采取引排地下水、基底加固,使其形成仰拱整体结构等措施,效果明显,此后道床基本稳定。

### 1. 候月线云台山隧道

云台山隧道首次尝试应用新奥法进行施工。云台山隧道是候月线的重点控制工程,全长 8 145 m。隧道主要穿越二迭系和石炭系地层,以泥岩和页岩为主。部分地层属于弱膨胀岩,含有伊利石、绿泥石等膨胀性矿物。新开挖后的膨胀性围岩具有较小的膨胀量和一定的膨胀力。围岩暴露时间越长,随着岩石的干燥,再遇水后其膨胀量和膨胀力均会有所增加。根据这些特点,隧道横断面采用了曲墙马蹄形断面形式,以减少膨胀岩在隧道断面上成层分布而产生的应力集中,有利于围岩的稳定。尽可能缩短新鲜膨胀岩的暴露时间,采用及时喷、锚、网作为膨胀岩隧道的一次支护形式,以便提高围岩本身的自承能力,形成包括围岩自承能力的一次支护体系。在一次支护后,随着围岩的应力调整,超固结应力的部分解除,隧道围岩膨胀量的增加而使膨胀力迅速降低,然后再进行二次模注混凝土支护衬砌,使它承受部分围岩的变形和膨胀力等外荷载。

云台山隧道采用台阶法施工,以喷锚支护作为基本支护形式,强调快速封闭,严格施工用水,以量测结果指导施工,并采用灵活多样的辅助工法,从而使施工得以快速、安全地进行,取得了较好的经济效益和社会效益。

### 2. 广(通)大(理)铁路膨胀岩隧道

广(通)大(理)铁路是云南省与铁道部合资兴建的一条铁路线,全长 204.7 km,有隧道 48 座,总长 31.145 km,占线路长度的 15.2%。所经区域地质情况多为灰岩、泥岩、砂岩及泥岩夹粉砂岩,泥岩居多。该岩层为侏罗系上统妥甸组(J3t),紫色,泥质胶结,质较软,遇水易软化。其中新哨、龙摩山、红岩坡、大圆山、普棚 2 号、浴龙山等隧道施工时都遇到此种围岩。原设计判定这些隧道围岩级别为Ⅲ~Ⅳ级,施工后均不同程度出现衬砌开裂破坏,后经设计变更,降低围岩等级后,施工结束仍有病害发生,而且愈加严重,部分地段甚至出现边墙内挤、底板上鼓、拱圈顶脱皮、掉块、衬砌拉裂等严重情况。新哨及红岩坡隧道甚至出现掉拱。由于对广大线膨胀围岩认识不足,开始认为可能是设计确定围岩级别偏高以及施工的原因,但经历过多次失败之后,逐渐对各隧道出现的情况进行分析,发现其破坏方式和围岩性质都有如下相似之处:

(1)首先是衬砌开始出现裂纹,早则拆模后即出现,晚则拆模后 2~7 d 出现,且裂纹逐渐发展成裂缝。

(2)大部分隧道是按正台阶先拱后墙法施工,开挖下半断面时,则拱部衬砌出现内挤,拱顶纵向开裂,说明有较大的侧压力存在。

(3)部分隧道(如新哨隧道)衬砌破坏,重新换拱时,拱架末拆除,即出现变形,钢拱架内挤、顶部变尖、钢模板扭曲。

(4)边墙普遍出现内挤,仰拱、铺底上鼓。

(5)所遇围岩均为泥岩,质软,遇水易软化,风干很快崩解成碎屑状。

(6)以上各隧道围岩含水率均较大。

根据这些相似和共同点,判断这可能是一种特殊地质条件所致,即围岩具有膨胀性是造成衬砌开裂变形的主要原因。经查阅有关资料,并从新哨、浴龙山、普棚 2 号隧道取样,进行岩土试验,证实是膨胀岩所致。

新哨隧道全长 1 841 m,穿越泥岩及泥岩夹粉砂岩的地质条件,洞内渗水量较大。原设计出口段为Ⅲ级围岩直墙衬砌,施工后衬砌开裂并出现掉拱,后换拱改为Ⅳ级曲墙带仰拱,施工后仍出现边墙内挤、拱圈开裂、仰拱底鼓开裂等现象,只好用圆木、钢轨作临时支撑,防止变形扩大。后在该段取岩样试验,测得其自由膨胀率为 32%,孔隙比为 0.23,体缩为 15.7%,膨胀性指标为 0.45,确定为中等膨胀岩。最后采用锚杆加固拱圈、边墙及仰拱,利用锚杆的锚固作用抵抗围岩与衬砌的变形,并在仰拱内增设钢架加强,边墙为Ⅵ级曲墙衬砌。隧道变形才稳定,说明处理方法是成功的。

## 第三节　富水软弱破碎带隧道施工

在富水区修建隧道,施工存在涌、突水(泥)问题,直接关系到隧道施工安全,地下水对衬砌的作用则关系到结构的耐久性及运营安全。如日本东海道干线旧丹那隧道(长 7.84 km),开工后曾遇 6 次大规模突水突泥,涌出泥屑达 7 000 m³,水压高达 1.4~4.2 MPa,最大涌水量达 134 m³/min,由于水的原因,致使修建工期长达 16 年之久;著名的青函海底隧道,也是因为大量涌水,曾使工程几度下马。国内广渝高速公路华蓥山隧道(长 4.7 km,最大涌水量达 477 m³/min)、京广铁路南岭隧道(长 6.06 km,最大涌水量达 81 000 m³/d)、衡广复线大瑶山隧道(长 14.295 km,最大涌水量达 15 000 m³/d)等都曾发生严重的涌水、涌泥事故,造成严重的经济损失。

目前已普遍认识到,富水地段的隧道与一般地区隧道的防排水措施的最大区别在于,前者更加注重“以堵为主”的设计理念,并通过采用超前预注浆等施工措施来贯彻实施。

隧道富水区施工技术的科学先进性应体现在,保护当地水资源、防止地表沉降、维护生态平衡,实现环保效益、社会效益和经济效益的统一。这对于我们这个水资源贫乏的国家来说意义尤其重大。

### 一、富水软弱破碎带分类及其特征

1.断层破碎带

断层是指岩层受力断裂后,断裂面两侧岩层沿断裂面有明显相对位移时的断裂构造。断层种类根据两断层面相对移动的关系而分为正断层(Normal Fault)、逆断层(Thrust Fault)及平移断层(Strike-slip Fault)三种。断层种类根据断层力学性质而分为压性断层、张性断层和扭性断层。

2.岩溶地区

见本章第四节。

3.节理、裂隙发育岩层

节理、裂隙发育岩层(如千枚岩、板岩地层)是地下水储存和流动的通道。例如,包家山特长公路隧道富水段千枚岩岩石呈千枚状、片状,岩石质软,强度较低,抗风化能力差,节理裂隙发育,富水段区域断层、褶皱发育,是地下水贮存的场所和运动的通道。

4.砂层、砂卵石层

富水砂层和淤泥质砂层极易产生涌砂、涌水。

砂卵石地层结构松散、无胶结,呈大小不等的颗粒状,颗粒之间的孔隙大,没有黏聚力。这种地层一般为古河道,含水量丰富。

实际中,有些隧道包含多种富水类型,如宜万铁路野三关隧道全长 13.833 km,是宜万铁路最长、地质情况最复杂、施工难度最大的一座隧道。其中第 29 标隧道正洞 6 968 m 施工段共有断层破碎带 8 个,岩溶裂隙带 5 个,涌水量每日 1 000 方的出水点有 43 个,集突泥突水、高地应力岩爆及软岩变形、高地温和瓦斯、天然气等不良地质灾害之大全,堪称"地质博物馆"。

### 二、富水隧道设计

#### 1. 设计理念

从保护地下水资源和生态环境出发,高水压富水山岭隧道设计应遵循"以堵为主,限量排放"的设计原则,具体排放标准应根据隧道工点的地质水文情况和隧道区域内环境的具体要求确定,一般应控制在 $3.0 \sim 5.0 \ \mathrm{m^3/(m \cdot d)}$。

#### 2. 注浆堵水设计

洞内涌水对周边生态环境影响较大时,宜采用注浆堵水措施。当隧道埋深在 20 m 以内时,可采用地表注浆;当隧道埋深超过 20 m 时,则应采用开挖工作面预注浆。

工作面帷幕预注浆是高水压富水隧道设计中至关重要的一环,注浆加固范围应综合安全、经济、工期等因素合理确定,注浆加固圈厚度并非越厚越好,对一般高水压富水隧道加固圈厚度在 $5 \sim 8$ m 较为合理;同时应注意注浆帷幕体自身稳定性的检算,特别是在岩溶发育地段,以确保设计、施工安全。

#### 3. 衬砌结构设计

在"以堵为主,限量排放"设计原则下,衬砌结构承受外水压力是必然的,设计时应综合注浆加固程度、隧道排水量大小,以及岩体自身渗透系数等因素合理确定衬砌外水压力的折减系数,进而确定衬砌外水压力,为设计合理的支护参数提供依据。

可靠的防排水系统是高水压富水隧道长期运营安全的保障,在设置了完善可靠的排水系统后,衬砌结构承受的外水荷载可以较大幅度地进行折减,但考虑到排水系统排水并非衬砌自由排放,折减系数应考虑一定的安全系数。

高水压富水区隧道结构设计时除了考虑围岩压力,还需考虑外水压力。作用于衬砌结构上的围岩压力可以被地层成拱作用降低,而外水压力并不受此影响,外水压力设计值的大小是决定衬砌结构强度的关键因素之一,它不仅与地下水水头有关,还与隧道防排水方式有关。

### 三、富水隧道施工

#### 1. 超前地质预报

在隧道施工过程中,特别是在复杂地质条件下,为了防止在正常施工下工作面开挖出现不测事故(诸如出现断层、破碎带、采空区、溶洞、含水集水区、高应力地带以及其他不良地质现象等),必须进行必要的隧道超前地质预报。

#### 2. 隧道灾害分级

根据地质灾害对隧道施工安全的危害程度,隧道灾害分为以下四级:

A 级——存在重大地质灾害的地段,如大型暗河系统;可溶岩与非可溶岩接触带;软弱、破碎、富水、导水性良好的断层破碎带;特殊地质地段;重大物探异常地段;大型、特大型突水突泥地段;诱发重大环境地质灾害的地段以及高地应力、瓦斯灾害严重的地段以及人为坑洞等。

B 级——中、小型突水突泥地段;较大物探异常地段;断裂带等。

C级——水文地质条件较好的碳酸盐岩及碎屑岩地段,发生突水突泥的可能性较小。

D级——非可溶岩地段、小型断层破碎带,发生突水突泥的可能性极小。

3.隧道施工方法与技术参数

(1)施工方法

单线隧道宜采用台阶法预留核心土环形开挖,双线和多线隧道宜采用中隔壁法、交叉中隔壁法或双侧壁导坑法,并尽早使初期支护封闭成环。

开挖循环进尺宜为 0.5～1.5 m。

根据超前地质预报分析结果,采取防塌预防措施,保证开挖工作面的稳定。

(2)二次衬砌

二次衬砌在初期支护完成后应尽快施作,并予以加强。仰拱必须超前施作,尽早形成闭合结构。

4.承压水地段施工

在承压水地段,若容许限量排水,衬砌背后的集水管道必须顺畅地连接到隧道排水沟,防止地下水在衬砌背后聚集对其形成压力;若不容许排水,应修筑抗水压衬砌。

# 第四节　岩溶隧道施工

岩溶是地表水、地下水与可溶性岩层作用形成的地表和地下岩溶形态的总称。

中国碳酸岩出露面积达 203 万 $km^2$,加上埋藏型共计 365 万 $km^2$。裸露型碳酸岩主要分布在南方地区,如四川、云南、贵州、重庆、广西、湖南、湖北、广东等。南方降雨丰沛、岩溶非常发育,岩溶水极为丰富,导致岩溶地质灾害频发。

## 一、岩溶及其发育特征

1.岩溶发育与地层

岩溶发育与地层关系密切,碳酸盐岩的富水性可分为三级,即:

(1)强富水的碳酸盐岩含水岩组,如三叠系下统嘉陵江组、大冶组灰岩、二叠系上统长兴组灰岩;

(2)中等富水的碳酸盐岩含水岩组,如二叠系下统栖霞组、茅口组灰岩;

(3)弱富水的碳酸盐岩含水岩组,如二叠系上统吴家坪组灰岩、不纯碳酸盐岩。

2.岩溶发育的垂直分带

根据地下水活动分带可以认识岩溶分层发育规律,传统的分带是:包气带、季节交替带、平流带、深部缓流带,所对应的岩溶分层是:垂直岩溶管道、大型溶洞、岩溶管道和暗河、岩溶孔隙和裂隙。一般认为岩溶暗河、大泉出水口位置为侵蚀基准面,在侵蚀基准面以下一定深度就不会有大的溶洞,出现例外情况往往会被认为是侵蚀基准面划分有问题。

但随着越来越多的工程揭示的深部岩溶情况,使人们不得不重新认识这个问题。襄渝铁路大巴山隧道北口 1 500 m 处的大涌水就是发生在当地暗河口以下 110 m 深度的断层带溶洞部位;大瑶山隧道竖井突水点在当地岩溶泉口以下 170 m 的断层带并产生涌泥;渝怀铁路圆梁山隧道毛坝向斜在隧道部位遇到的 3 个特大型溶洞均位于暗河、岩溶大泉出水口以下 300 多米。

3.中科院岩溶所专家观点

岩溶垂直发育分带为:表层岩溶带、包气带、季节交替带、浅饱水带、压力饱水带、深部环流带。其中浅饱水带又称水平管道循环带,指枯水期在地下水位以下、地下水排水口以上的饱水含水带,浅饱水带岩溶强烈发育,一些水平洞穴、地下河主要通道通常都在此发育;压力饱水带位于暗河口排水面以下,往往会被错误地认为是深部缓流带,岩溶不会强烈发育,但是,事实上由于受构造影响,地下水活动频繁,也会发育大规模的溶洞、岩溶管道。地下水的活动可能是沿着深大断裂流到区域外更远的、标高更低的河流。

**4.岩溶发育特征**

岩溶的形成和发育是一个复杂的、特殊的地质现象,岩溶发育强度在区域和垂向上存在显著差异。例如,宜万铁路沿线岩溶发育具有下列典型特征:

(1)岩溶发育强烈,通过对岩溶洼地等岩溶负地形统计,平均达 1.43 个/km²,去除深切河谷地带,补给区洼地平均密度高达 2～3 个/km²。

(2)管道、溶洞、溶隙很发育,突出表现为:①洼地落水洞密度较大;②岩溶地下水 98.45% 是以大泉和暗河形式排出;③三水转化非常迅速,据工作期间观察,大泉暗河流量动态仅滞后降雨 7～12 h。

(3)岩溶发育不均一,各岩溶水系统补给区(高原面腹地)岩溶相对均匀,而在径流排泄区,岩溶发育极不均一,以集中溶洞、管道为主要形式。

(4)垂向上岩溶发育的分带性明显,由上向下划分为:表层岩溶带、垂向渗滤带、水平径流带和深部循环带。

**5.岩溶储水构造**

岩溶储水构造是一个补给、储存、径流、排泄自成系统的水文地质体。储水构造的边界以隔水层、地下水分水岭、不透水的断裂带及地表水系等组成。

一个隧道可能存在多个储水构造,各储水构造互为独立,又相互联系。

**6.岩溶管道系统**

包括地表水通过落水洞或漏斗等转化为地下水的竖向管道、地下各种形态的输水管道、地下水流出地表的溶洞或暗河出口,以及地表溪流转化为地下水的伏流口等部分。

一个岩溶管道系统是一个完整的地下水的流域,是区域气候、地表水系、地质构造、地貌、地下水和地质历史的综合反映。

一个岩溶管道系统可以由一系列岩溶管道子系统组成。

**7.隧道岩溶工程地质问题勘察**

隧道岩溶工程地质勘察应综合采用工程地质调查与测绘、各种勘探方法(物探、钻探和坑探等)和测试工作,具体包括:

(1)地质调绘

包括区域地层、岩性、构造、水文地质调绘、地表岩溶形态调绘、区域岩溶发育规律的调查研究、岩溶泉点、溶洞、暗河调绘,岩溶水的补给、径流、排泄的调绘等。借助于航片、卫片的判释结果可以使这些工作更具目的性,效率更高。

(2)施工地质

隧道施工过程中,为了保证施工安全和为设计工作采集信息,需要对隧道掘进工作面前方的岩溶发育情况做进一步的勘察,这属于隧道超前地质预报工作的一部分。目前采用的主要方法有:常规地质法(综合分析法)、物探法、钻探法。

在隧道施工过程中,利用常规地质理论和作图法,将隧道所揭露的地层岩性、地质构造、结构面产状、地下水出露点位置及出水状态、出水量、溶洞等准确记录下来并绘制成图表,结合已有勘测资料,预测隧道开挖面前方的岩溶发育情况

（3）工程物探

在岩溶地区工程地质勘察中,地球物理勘探方法的运用早已受到重视。利用物探方法可获得有关岩溶特征的多种信息,通过这些信息可以解决一些与岩溶有关的工程、水文和灾害地质方面的问题。

一些常规地质方法在一定程度上受到限制,需要合理地结合综合物探方法才能对岩溶进行立体勘探。

8.岩溶地质灾害

（1）类型

围岩稳定问题:岩溶隧道围岩稳定性差,易塌方。

突泥、突水问题:隧道施工过程中突然揭露或接近岩溶管道、岩溶洞穴时,容易产生突泥、突水灾害。

大涌水量问题:当溶洞、暗河的汇水面积比较大时,隧道施工揭穿含水溶洞、暗河时,在雨天会发生更大的涌水。

（2）典型工程——宜万线

宜万线全长 377 km,有岩溶隧道 75 座,长约 157.7 km,占线路总长的 40%,线路基本从岩溶的垂直发育带或水平发育带中通过,岩溶异常发育。

齐岳山隧道开挖 2 770 m,就揭示溶腔达 143 处,其中有 19 处为大型溶腔,并引发了 13 次大的突水和 4 次突泥。

2006 年 1 月 21 日,宜万线马鹿箐隧道出口（反坡施工）平导 PDK 255+978 掌子面突发大规模突水、突泥,造成平导和正洞被淹。

（3）典型工程——渝怀线

2002 年 9 月 10 日,渝怀线圆梁山隧道进口正洞下导坑 DK 354+879 掌子面突发大规模突泥,瞬间突泥量约 4 200 m³,淹没隧道 244 m。

## 二、岩溶隧道风险等级及管理

1.岩溶隧道风险等级

岩溶隧道风险等级见表7-7。

表 7-7　岩溶隧道风险等级

| 风险等级 | 评　价　标　准 | 备　注 |
|---|---|---|
| Ⅰ级风险隧道 | 长大隧道,隧道穿越碳酸盐地层,地表岩溶强烈发育,隧道处于水平岩溶循环带,隧道周围存在暗河系统,隧道穿越背斜或向斜构造,隧道穿越规模宏大的断裂构造,隧道反坡施工 | 满足评价标准的80%以上 |
| Ⅱ级风险隧道 | 长大隧道,隧道穿越碳酸盐地层,地表岩溶强烈发育,隧道处于水平岩溶循环带附近,隧道穿越规模较大的断裂构造 | 满足评价标准的80%以上 |
| 一般岩溶隧道 | 中短隧道,隧道穿越碳酸盐地层,地表岩溶发育,隧道穿越垂直岩溶循环带,隧道穿越规模较小的断裂构造 | 满足评价标准的80%以上 |

2. 岩溶隧道风险管理与对策

岩溶隧道安全生产是建设、设计、施工、监理四方共同的责任,各方应各司其职、各负其责,其中任何一个环节出现差错,都有可能造成重大的经济损失和人员伤亡。

根据以往岩溶隧道施工经验与教训,岩溶隧道安全生产由 6 个部分组成,即安全预报、安全管理、安全设计、安全施工、安全逃生、安全抢险。

3. 岩溶隧道安全管理

岩溶隧道安全管理要制定相应的规范标准,实现规范化管理。

(1)岩溶治理程序化管理。隧道岩溶治理必须按规定的会商程序、方案设计程序、施工程序、效果检查程序进行管理。

(2)岩溶治理制度化管理。隧道岩溶千变万化,治理方案应因地制宜。因此,对岩溶治理费用的管理原则上应按实际情况,由建设方组织会商、确定方案,根据方案进行必要的治理投入,实报实销,不应采取承包的方法,以免带来安全隐患。

**三、岩溶隧道超前预测预报**

实践证明,对岩溶隧道进行必要的超前预测预报是规避施工风险的最主要手段。

1. 预测预报方法

根据宜万线等工程的超前地质预测预报实践,综合分析认为,预测预报方法包括必测项目和选测项目。

(1)必测项目

必测项目包括地质素描、TSP203、地质雷达、红外线探水、超前水平深孔钻探($t>30$ m)和风钻加深 5 m 浅孔钻探。

(2)选测项目

选测项目包括 HSP、负视速度法、孔内 CT 成像。

2. 预测预报项目规划

超前预测预报对常规施工有一定的干扰,为使预测预报更有针对性,费用支出更加合理,并尽最大程度降低对施工的干扰,宜万线隧道工程将施工地质划分为 A 级(包括 A＋级和 A 级)、B 级、C 级,针对不同的地质等级,进行规划管理。

3. 超前预测预报的组织与管理

超前预测预报必须实行专项化管理,包括所需专项经费列入概算,超前预测预报纳入施工工序管理,物探技术专业化承包,配备快速钻机,并加强浅孔钻探。

(1)制度化管理

超前预测预报应实行制度化管理,宜万线为做好超前预测预报工作,由建设单位组织编制了《宜万线施工地质勘察与超前预测预报专项机制》和《宜万线复杂隧道施工地质实施细则》,施工中严格执行。

(2)职能化管理

超前预测预报应实行职能化管理,以设计为主体,建设、施工、监理应明确职责、分工合理、相互协调、系统管理。

(3)专项性管理

超前预测预报应实行专项性管理,施工单位配备专业操作人员和专用设备。

(4)工序管理

超前预测预报应实行纳入工序管理,纳入施工工序,施工中做到"有疑必探、不探不挖"的原则。

4.实例与应用效果

宜万线隧道施工中,只要是按规定项目进行超前预测预报,则所遇到的规模较大的岩溶均能探测出来。

超前深孔钻探基本上探到了所有的大型岩溶,5 m 浅孔风钻钻探基本上探到了所有的涌水,因此,超前钻探是超前地质预测预报的主体。

TSP203 预报准确率为 52%,需进一步研究,以提高预报率。

地质雷达对基底岩溶探测效果很好,对较大规模的岩溶反映十分敏感。采用 5 m 风钻浅孔钻探和地质雷达相配合,证明是隧道开挖完成后探测隐伏岩溶的有效手段。

红外线探水结论模糊,难以起到应有的作用。

图 7-1 为齐岳山隧道 DK203+220～+255 中线地震反射剖面图,图 7-2 为齐岳山隧道 DK238+770～+870 已知溶洞上部的地震反射剖面图。

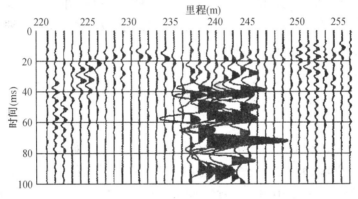

图 7-1　齐岳山隧道 DK203+220～+255 中线地震反射剖面图

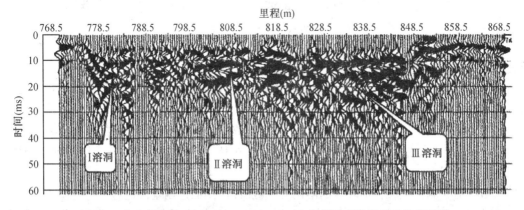

图 7-2　齐岳山隧道 DK238+770～+870 已知溶洞上部的地震反射剖面图

5.钻机选型

宜万线地质钻机共有 15 种。针对灰岩和白云质灰岩地层,现场实际钻孔能力,在不取芯条件下:

(1)慢速钻机,HGY-300D 等 12 种钻机钻探能力约为 1～3 m/h;

（2）中速钻机，MKD-5S、ZYG-150B 钻机钻探能力为 5～7 m/h;

（3）快速钻机，RDP-150C 钻机钻探能力为 10～15 m/h。

按平导月进度 180～240 m，钻机进、出场及施工准备 2 h，一次钻孔深度 30 m，慢、中、快 3 类钻机对施工作业时间的影响分别为 16.6%、7.6%、4.9%。因此，将超前钻探纳入工序管理，应采用快速、中速钻机。

**四、隧道岩溶的治理及其实例**

**1. 处理原则**

以隧道结构安全和施工安全为出发点，因地制宜，综合治理，不断完善，彻底整治。

岩溶形态各异性决定了处理措施的不同，这主要表现在岩溶与隧道的关系上。岩溶性质的复杂性，要求设计时考虑各种可能对隧道结构的危害，特别是岩溶水的影响、基底沉降、充填物垮塌等，岩溶整治方案研究必须是多方面的综合治理，避免顾此失彼。

从宏观地质上，岩溶发育的规律是可以判断的，但是现有技术手段和认识水平，限制了对岩溶全面细致的认识，特别是微观发育的不规律性。只有与地质调查、施工紧密结合起来，不断发现岩溶处理过程中的问题，不断总结，研究认识其微观形态、性质和规律性，完善优化设计，其处理措施才能有针对性。对岩溶的认识和方案的完善，不但应持续到施工完成，在施工完成后也应进行岩溶复查。

施工中必须掌握围岩的实际情况和溶腔的具体性状，并进行动态观察和监测，针对具体情况采取相应技术处理方案。

**2. 处理措施**

隧道岩溶发育地段施工，可根据具体情况采取以下措施进行处理：

（1）如果溶洞规模较大，内部充填了大量的泥砂，并含有丰富的地下水，揭穿后很可能发生大规模的突水、突泥，应采用封闭注浆，进行加固处理。

（2）对岩溶地段的溶洞空腔、暗河的处理应首先选择疏导、连通方案，不应改变地下水总的流动趋势。各类新建的排水暗管应有一定的坡度，防止泥砂淤积，并按实际情况选择下列方法进行处理：

①如果隧道边墙或底板存在小体积的溶管（溶洞空腔或暗河），且规模较小，可在隧道边墙及底部设置盲沟、暗管、涵洞、倒虹吸、钢管疏导或小型过桥跨越。

②如果隧道顶部存在溶管（溶洞空腔或暗河），且有水通过，则应在顶部设置暗管跨越或将水引入隧道底部跨越或采用倒虹吸跨越。

③溶洞空腔仅在隧道底部且较大较深，或者填充物松软不能承载结构物时，可采用梁（边墙梁及行车梁、托梁）、支墩、板或悬臂梁承托纵梁、拱桥跨越，梁、板的两端或拱的拱座应置于稳固可靠的岩层上，并采用混凝土和石砌体加固。

④当隧道一侧遇到狭长而较深的溶洞时，应加深该侧的边墙基础通过。

⑤隧道岩溶水较大时，应采用泄水洞宣泄岩溶水，降低地下水位，保持隧道干燥，泄水洞应位于地下水来向的一侧。

⑥对于涌水量大、岩溶发育地段涌水点多、分散、排泄通道不明显的岩溶发育地段，宜按照"先汇集、再引排"的原则采取辅助导坑、集水廊道结合泄水洞、行洪通道等排水处理方案。

⑦当隧道穿越堆积物时，清理时会造成随清随塌的大型塌体，应采用超前预注浆加固周围的堆积物。

⑧隧道结构完工后,如果拱部存在较大的空洞,应进行压浆回填,并封填平整地表漏斗,减少地表水下渗。

(3)对已停止发育的、跨径较小、无水的溶洞,可根据其与隧道相交的位置及其充填情况,采用混凝土、水泥砂浆浆砌片石或干砌片石予以回填封闭,同时根据具体地质情况采取加深边墙基础等措施。拱部以上干、空溶洞,可视溶洞的岩石破碎程度采用锚喷支护加固、注浆、加设护拱及拱顶回填的方法进行处理。溶洞在底板下发育可采用水泥砂浆浆砌片石回填,如有充填物,必须挖除,如空腔内有少量水流动,则回填不能阻断过水通道。

(4)施工中遇到一时难以处理的溶洞时,可采用迂回导坑绕过溶洞区,继续进行隧道施工,再行处理溶洞。

(5)岩溶地区隧道支护和二次衬砌应根据溶洞情况予以加强。

二次衬砌施工前,应采用物探手段检查隧道周边环形加固层及层外围岩情况,重点检查拱部、底板、侧边墙 5 m 以内是否存在有害空洞,隧道底部是否密实。

3.实例——遂渝线桐子林隧道

(1)岩溶发育与岩溶形态

在 DK125+169~+184 段,有一溶洞横穿隧道底部,溶洞内为粉质黏土充填。在隧道右侧边墙处溶洞长 10 m,最深到隧道内轨顶面下 7.4 m;隧道中线处该溶洞分叉为两个充填溶洞,长度各为 3 m,溶洞最深为隧道内轨顶面下 5.03 m;隧道左侧边墙处溶洞长度 8 m,溶洞最深处为隧道内轨顶面下 5.77 m。岩溶在隧道右侧往上延伸与横洞方向岩溶发育相连,开挖揭示时无水,但有流水痕迹,往横洞方向变窄小,隧道右侧于 DK125+183 处往下岩溶发育,粉质黏土充填,2004 年 6 月 20 日下雨后,地下暗河将充填物冲开冒水,该岩溶与暗河相连,见图 7-3。

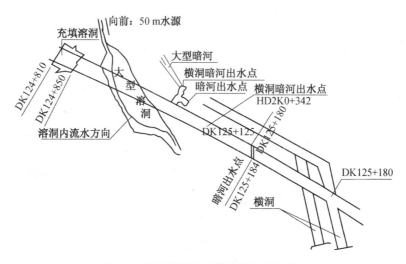

图 7-3　遂渝线桐子林隧道岩溶发育图示

在 DK124+990~DK125+040 段揭示大型溶洞。该溶洞斜穿隧道,形成长约 150 m,宽 25~30 m,高约 30 m 大型溶洞大厅。洞内发育有石笋、石柱,充填有中、细砂,厚 2~8 m。溶洞内常年有水,水量 0.5 L/s。出水口窄小,雨季时整个岩溶大厅堵满水,排水缓慢。溶洞中大量沉积物为中、细砂及生活垃圾等物质。充填物顶面高度一般至隧道衬砌拱顶位置,其上为空溶腔,充填物最深为轨面以下 12.8 m。

在对应正洞里程 DK125＋180 左侧 20 m 及 DK125＋050 左侧 18 m 处横洞开挖时揭穿地下暗河。暗河水量较大，一般在 $2×10^4～3×10^4$ m³/d。

（2）处理措施

揭穿 DK125＋033～＋194 段暗河溶洞后，根据施工中隧道出现的涌水以及地质补充调查分析，本段暗河最大涌水量 $328×10^4$ m³/d，经检算，横洞泄洪能力可满足要求，但为防止突发性涌水危及施工安全，另外增加了专用的排水横洞，使排水通道与施工通道分离。隧道施工结束后，原设计的出口横洞和新增设的排水横洞均作为永久的排水通道。

在 DK125＋170～＋184 段，挖除隧底溶洞充填物，采用 M7.5 浆砌片石进行换填。沿溶洞发育方向埋设钢筋混凝土管涵，使隧道左、右侧的岩溶通过埋设的管涵连通。在有水的条件下利用既有的岩溶管道通过埋设的管涵排泄地下水。

在 DK124＋995～DK125＋030 段，根据揭示的岩溶地质条件确认为一大型溶洞空腔。为防止上游水涌入溶洞大厅，正洞与横洞之间的溶洞采用 C15 片石混凝土封堵，岩溶水通过横洞排泄。隧道衬砌结构采用全封闭的 C30、P8 混凝土衬砌。隧道基础采用桩基托梁形式通过，桩基截面尺寸均为长 1.5 m，宽 2 m，左、右桩基之间设置横联。桩基上设托梁，然后施做衬砌底板形成一封闭整体。

（3）经验

要及时恢复自然暗河通道，不得人为进行封堵，造成自然排水受阻，形成对正洞衬砌产生富余压力。

在溶洞、暗河区段施工时，要加强超前预报预测工作，根据预报结果及时调整施工方法，防止发生涌水、突泥现象，造成人员、财物的损失。

对于小型溶洞，应将溶洞充填物进行清除，采用 M7.5 浆砌片石或用同级衬砌混凝土进行回填。

在全充填岩溶段进行隧道开挖时，应预留足够的沉降量及变形量，并加强支护措施，以保证施工安全及衬砌结构的施作。

4. 隧底隐伏岩溶

隧底以下的隐伏岩溶，如果在施工过程中没有得到有效处理，将会形成运营期的安全隐患。

隧道土建工程完成后，必须查明隧底隐伏岩溶的规模、位置和空间形态，判别隐伏岩溶危及运营安全的程度，以进行有效处理，确保运营安全。

图 7-4 为某隧道下伏溶腔的实测横断面形态。

隧道通过岩溶地区时，施工前应根据设计资料并结合施工现场情况，采用综合超前地质预报，探明溶洞的分布范围、类型、规模、发育程度、填充物、地下水的情况（有无长期补给来源、雨季水量有无增长等）及岩层的稳定程度等，按照以疏为主、堵排结合、因地制宜、综合治理的原则，分别以"疏导、堵填、注浆加固、跨越、宣泄"等措施进行处理。

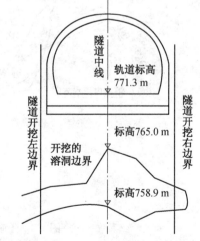

图 7-4 某隧道下伏溶腔的实测横断面形态

### 五、隧道岩溶地段施工的规定

1. 施工前应详细了解山顶地表水、出水地点的情况，有条件时采取地表注浆等措施对地表进行必要的处理。

2.应提早作好处理岩溶的方案,并准备足够数量的排水设备和物资。

3.对于岩溶发育地区的隧道,施工中应建立以长距离物探(地震波法)为宏观控制,钻探法为主,其他物探方式为辅,红外线探测连续施测的综合预报管理体系。

4.开挖方法宜采用台阶法,必要时采用 CD 法。在Ⅱ、Ⅲ级围岩条件下,且溶洞仅穿过隧道底部一小部分断面时,可采用全断面法。

5.爆破开挖时,按"密布眼、少装药"的原则进行,遇有渗漏水时应小心施爆。

6.当隧道只有一侧遇到溶洞时,应先开挖该侧,待支护完成后再开挖另一侧。

## 第五节　黄土隧道施工

黄土是第四纪大陆松散堆积物,与人类活动密切相关。中国黄土分布面积广、厚度大、层位齐全,具有特殊成分和工程地质特性。在特殊的自然条件和地质构造背景下,黄土区形成了台、塬、梁、峁、阶地等地形地貌,在这些切割强烈、地形起伏较大的黄土区,近年来陆续修建了大量黄土隧道,使得黄土隧道施工技术取得突破性进展。黄土地层中修建的隧道明显有别于山岭隧道和南方土质隧道,具有明显的黄土工程特性。

### 一、黄土的类型、成分及其性质

1.黄土及其类型

黄土是第四纪干旱和半干旱气候条件下形成的一种特殊的大陆松散沉积物,并在古地形基础上继承性堆积形成幔覆结构。典型黄土具有以下特征:颜色多呈黄色、淡灰黄色和褐黄色,以粉粒成分为主,结构均匀无层理,疏松,具大空隙,垂直节理发育,富含碳酸盐,具有湿陷性。黄土成因以风成说的证据和支持者最多。

黄土按其形成的年代可分为,形成于下更新世 $Q_1$ 和中更新世 $Q_2$ 的老黄土;普遍覆盖在老黄土上及河谷阶地地带的上更新世 $Q_3$ 及全新世 $Q_4$ 的下部的次生黄土,称为新黄土。此外,还有新近堆积黄土,为 $Q_4$ 的最新堆积物,多为近几十年至近几百年形成的。

黄土按成因不同从大的方面可分为残积土、沉积土、土壤层。典型的黄土为黄灰色或棕黄色的尘土和粉砂细粒组成,颗粒成分中以粉砂土(0.05～0.005 mm)为主,质地均一。

黄土的生成历史愈久远,堆积愈深,则愈加密实,黏聚力随之增长,内摩擦角增大,强度愈高。

新黄土形成时代相对较晚,其物理力学性质相对较差,加之黄土地区的地形地貌、水文地质、气候等条件比较复杂,导致黄土地区隧道修筑与运营过程中病害较多,部分隧道甚至使用几年就出现了比较严重的隧道病害,如衬砌裂损、隧道渗漏水、基底下沉和底鼓等。

对部分黄土公路隧道病害的调查表明,70%的隧道要发生衬砌裂损病害,占整个隧道病害的40%左右。隧道衬砌裂损造成的危害较多,如衬砌结构失稳破坏、安全可靠性降低、净空变小而侵限、危及行车安全等。这些病害既影响了隧道作为快速安全交通通道的功能,又会花费大量的维修资金。

2.黄土的成分与构造

黄土成分以粉土为主,包含细砂、粉土、黏粒等,粒径大于 0.075 mm 的颗粒含量不超过全重的50%。根据粒组含量黄土可分为砂质粉土(粒径小于 0.005 mm 的颗粒,含量不超过全重的 10%)和黏质粉土(粒经小于 0.005 mm 的颗粒,含量超过全重的 10%);并且黄土颗粒组成由西、北向东、南逐渐变细。黄土矿物成分较复杂,粗矿物一般为次棱角状到棱角状矿物晶体;细粒矿物以伊利石、蒙脱石等黏土矿物为主;化学成分主要有 $SiO_2$、$Al_2O_3$、$CaO$ 及 $Fe_2O_3$,$MgO$ 等,并含有碳酸盐等易溶盐类,而且其含量区域性变化较明显。

黄土的结构取决于粗颗粒结构、接触的关系、孔隙的类型和大小,胶联结构的类型、状态及特征。原生黄土中粗颗粒以支架接触、镶嵌接触和分散接触等构成黄土的基本骨架,并决定着黄土结构的稳定性;黄土孔隙率高达 40%~50%,发育形式为粒间小孔和各种特有的大孔隙(如虫孔、植物根孔、裂隙、封闭空洞、潜蚀空洞等),直接影响黄土的压缩性和湿陷性;水胶联合是黄土颗粒之间的主要联结形式,在干燥时赋予黄土相当高的强度,但遇水后联结削弱,强度降低。残积、坡积等次生黄土多具不等粒"斑状"结构,大孔隙多,形状复杂。原生黄土则具直立性,小孔隙发育多,无层理,柱状节理发育,地层边缘常成直立陡壁。

3.黄土的性质

黄土具有湿陷性等特殊工程地质特性,这是黄土隧道的首要难题。黄土分布广,颗粒细,孔隙率高,物理力学性质不均匀,压缩性、湿陷性等与土的含水率有密切关系;颗粒组成、含水率、微观结构、孔隙比(率)、黏粒含量、人工活动等是决定黄土基本工程地质特征的基本因素。

(1)物理力学性质

黄土一般天然密度为 $(1.13\sim2.21)\times10^3$ kg/m³,干密度 $(1.02\sim1.87)\times10^3$ kg/m³,天然含水率 5%~30%,孔隙比 0.18~1.2,工程中一般按粉土、粉质黏土对待。

黄土的基本物理力学性质由西而东、由北而南有规律变化:容重逐渐增大、含水率增高,孔隙比降低、湿陷性减弱。随深度的变化规律一般是:容重和干密度随深度而变大,孔隙比随深度而变小。

孔隙比和干密度的大小对黄土压缩性和湿陷性有很大影响,干密度愈大,压缩性和湿陷性愈小;孔隙比愈大,压缩性和湿陷性愈大。含水率的大小对黄土的湿陷性有很大影响,含水率大黄土的湿陷性相对较弱。

(2)压缩性

我国黄土多属于中等、中等偏高压缩性,$\alpha_{1-2}=0.1\sim0.6$ MPa⁻¹,黏粒含量较多时呈低压缩性。黄土压缩性呈现两个变化趋势:一是地质年代稍早的 $Q_2$ 和 $Q_3^1$ 黄土,固结度稍高,多为中等偏低或低压缩性,而 $Q_3$ 晚期和 $Q_4$ 黄土多为中等偏高压缩性;二是受颗粒分布和含水率变化的影响,黏粒含量较高、含水率较低时黄土具有较好的抗压缩性。黄土压缩性总体上由北向南逐渐降低。

(3)湿陷性

湿陷性是黄土在自重压力或外力荷载压力不变的情况下,仅仅由于湿度(含水率)的增加而产生的急骤显著下沉现象,由湿陷系数、自重湿陷量、总湿陷量等指标表征。湿陷性地层主要是晚更新世 $Q_3$ 马兰黄土和全新世 $Q_4$ 新近堆积黄土,分布在广大的黄土塬和黄土梁的表层,及河谷阶地。湿陷性总的特点是:由北向南湿陷性变化是弱—强—弱,阶地上马兰黄土湿陷性偏弱,塬区马兰黄土湿陷性最强,但湿陷性土层深度较浅,而梁峁区是湿陷土层厚、湿陷性较强的地区;另外厚层状坡积黄土湿陷性也较高。

黄土的疏松多孔结构,尤其是结构性孔隙是黄土湿陷性的必要条件;黄土中的不抗水的粒间胶结是黄土湿陷性的充分条件。另外可溶盐等对黄土湿陷性也有一定程度的影响。

(4)黄土的抗剪强度

黄土抗剪强度是指黄土抵抗剪切破坏作用的能力。黄土中含有相当数量的黏土和盐类，使黄土颗粒有一定程度的胶结，从而具有相当的原始内聚力，法向压力不大时抗剪强度与法向压力成正比；超过原始内聚力后抗剪强度显著降低。当黄土的含水率低于塑限时，随含水率的增加，土的内摩擦角和内聚力都降低较多；但当含水率大于塑限时，含水率对抗剪强度的影响减小；土的含水率相同时，则土的干重度越大，其抗剪强度也越高。

黄土浸水过程中，湿陷处于发展期，此时土的抗剪强度降低最多，但当湿陷压密过程已基本结束时，土的含水率虽高，但此时土的抗剪强度却高于湿陷过程的相应值。

(5)黄土的水理性

黄土矿物中含有伊利石、蒙脱石等黏土矿物，这些黏土矿物(尤其是伊利石)具有较好的亲水性，在受水浸润后与水发生作用形成空洞，是导致湿陷的主要原因之一；水胶联合是黄土颗粒之间的主要联结形式，在干燥时赋予黄土相当高的强度，但遇水后联结削弱强度降低，并且其削弱程度随水量的大小成比例变化；黄土中的柱状节理发育，粉粒吸水性较差，故而黄土具有较好的渗透性，地表水迅速下渗至泥岩或砂岩层以泉水形式流到沟谷。渗透性使黄土多处于干燥状态，具有较高的强度；饱和黄土长期处于水浸泡环境，土颗粒之间的联结逐渐被破坏，尤其当黄土中砂质成分较多时，黄土呈现出一定的水崩解性。

**二、黄土的工程性质**

黄土受到扰动后土粒间的结构遭到破坏，土的力学性质会发生很大变化。

1.黄土隧道变形与破坏现象

(1)塌方、塌顶、坍洞

黄土垂直节理发育，彼此在水平方向的连接力较弱，黄土隧道一般按疏松石质隧道的普氏理论计算、设计。在干燥时，黄土的强度较高，衬砌受力较小；遇水后颗粒联结力削弱，黄土强度随之降低，此时极易引起衬砌受力不均匀，并且由于隧道表层黄土厚度分布多不均匀，从而在黄土梁峁区隧道易成偏心压力，成为偏压隧道，造成塌方等地质灾害。

(2)滑坡、滑塌

隧道洞口及隧道表层斜坡地段均可能产生滑坡、滑塌。表层斜坡地段具有黄土高边坡特征，同时又是受人为改变较大的自然边坡，坡体内应力大小和方向均发生了变化，经过反复干湿膨胀收缩，发生裂隙，在雨水的催化作用下容易产生滑坡、滑塌等工程地质灾害。

洞口段往往形成实际上的黄土高边坡，在干燥时强度较高，具有较好的自稳性；遇水后强度降低，随降雨入渗量增加，边坡土体含水率逐渐增大，其塑性破坏区不断扩大，变形破坏过程为坡体蠕滑→后缘拉裂→变形扩展→剪切口形成→坡体滑塌。

另外，洞口边仰坡及附近长期干燥失水发生收缩，风化剥落，造成裂纹、剥落掉块；开挖减荷及边坡重力使节理张开或产生新的裂缝，造成节理坍塌；雨水从坡上下来直接冲刷或进入鸟洞、鼠洞、根孔等空洞，不断扩大造成坍塌，或入洞浸泡洞壁造成崩塌。

黄土底部风化基岩层相对隔水，若黄土倾向坡外，则边坡易沿基岩面滑动。

(3)地震作用产生的灾害

地震作用引起黄土层剧烈运动使得结构更加松散，稳定性降低。地震在黄土地区分布极不均匀，近山一带活动性较强，对黄土隧道破坏性较大，应引起足够重视。地震对黄土隧道的破坏包括破坏黄土的天然直立性、使高边坡滑塌和砂土液化三种类型。

(4)水作用产生的灾害

黄土区降水量较小,年降水量一般为205~860 mm,由北向南总体呈现逐步增大。降水主要集中在7、8、9三个月,约占全年的60%以上,故而夏季雨水多,易成灾。水作用产生的灾害包括地表冲刷、水土流失、隧道湿水和下伏洞穴。

研究表明黄土黏粒含量及赋存状态是影响其湿陷性的主要因素,在一定压力作用下黄土受水浸湿后其弦线模量降低导致明显附加沉降,隧道覆盖层产生湿陷易引起土体局部不稳、应力集中;隧洞里道床产生湿陷,造成轨面不平,影响线路平顺和轨道结构稳定;隧道本身土体具湿陷时,其危险性最大。

**2. 黄土隧道变形与应力特征**

相对岩层,黄土隧道变形达到稳定的时间长,稳定状态较脆弱。

郑西客运专线大断面隧道通过黄土台塬区,洞身穿越地层主要为老黄土。隧道洞口段基底多位于新黄土地层中,具有Ⅱ~Ⅳ级自重湿陷性,湿陷性土层厚度为15~35 m,洞身附近单轴抗压强度为150 kPa。实测表明,隧道变形与应力有下列特征:

(1)秦东隧道、潼洛川隧道的监控量测数据表明,隧道拱顶下沉70~150 mm时,隧道水平收敛约为30 mm,拱顶下沉远大于水平收敛,这与黄土直立性较强的特点相吻合;大断面黄土隧道在工作面开挖后前10 d左右隧道变形是线性变化,呈现明显的不收敛状态,10~15 d时隧道变形趋势逐渐变缓,15 d左右隧道变形基本趋于稳定。

(2)黄土强度较低,在浅埋条件下隧道上部土体极易松动发生整体下沉,土体极易顺节理方向张开或剪断,发生破坏坍落、地表开裂。上覆地层破裂角接近于60°,约为3倍洞径。

(3)围岩竖向压力明显呈马鞍形分布,拱腰、拱腰的围岩较拱顶围岩大3倍左右。起拱线处压力较小,边墙侧向压力越往下越大。二次衬砌与初期支护之间接触压力明显较围岩压力小,大约占围岩压力的47%,说明二次衬砌在大断面黄土隧道中不但是结构安全储备,而且承担50%左右的围岩压力,对隧道结构安全作用很重要。

(4)型钢拱架在拱顶和拱腰处的受力较大,起拱线处受力较小,这与围岩压力分布相吻合。钢拱架架设第1个月,压力呈明显线性增长;第2个月,压力增长趋缓;第3个月以后,压力基本趋于稳定。

**三、黄土隧道勘察设计要点**

**1. 勘察**

黄土地区冲沟、陷穴和隐蔽的古沟槽较发育。由于冲沟、陷穴处隧道埋深相对较浅,地表水汇集下渗,地质条件差,黄土隧道塌方大多发生在地表冲沟、陷穴发育地段。因此,黄土隧道施工前应详细调查隧道通过地区冲沟、陷穴分布情况,准确地找到隧道中线附近的黄土陷穴,进行夯填、浆砌片石铺砌处理,防止地表水下渗。古沟槽是被后期黄土掩盖的沟槽,在勘测阶段较难发现。古沟槽往往是地下水的汇聚通道,因此其各种力学指标比同期的地层差很多,设计必须重视。

隧道洞身通过两种不同土层的接触带时,由于两种土层的物理力学特性不同,往往造成接触带土的工程性质较差,隧道开挖后产生较大应力调整,对施工支护和衬砌结构造成挤压变形,为确保施工及结构安全,对此类黄土隧道的施工支护和衬砌结构应加强。

**2. 设计原则**

黄土隧道中分部开挖的每一步都会引起土层中的应力重分布,因此,在初期支护的设计中要采用最不利工况的参数进行设计。黄土被扰动后的变形是非常缓慢的蠕变,在变形过程中已施工完成的隧道衬砌上的外力是不断增加的,因此黄土隧道设计采用的参数不能采用原状土的物理力学指标,而应对勘察时提供的物理力学参数进行必要的折减。

在黄土地层中修建隧道,如何保证开挖过程中的安全并最终得到满足净空要求的隧道是设计首要考虑的问题。

3.支护设计

黄土隧道的支护设计仍是正在研究中的课题。西南交通大学罗禄森、王明年结合郑西客运专线大断面黄土隧道,给出了黄土隧道深浅埋分界限、围岩压力计算的经验公式、围岩压力分布形式和弹性抗力系数取值,具有一定的参考价值。

设计初期支护时,每一步施工中的上部荷载都要有明确的传力途径,严禁主要受力路径断开,主要受力部位悬空。

黄土地层的隧道衬砌完成后,隧道周围的应力变化又重新开始,由于周围地下水的汇聚,隧道周围的地层与勘察时的状态有很大的不同,因此,在进行二次衬砌的受力计算时,对勘察时提供的物理力学参数应进行必要的折减,这样才能保证二次衬砌长期的安全。

4.黄土隧道的防排水

将隧道的初期支护分为一块块的防水分区,各个分区之间的渗水除了预留的排水通道外不能到处流动。这样即使将来某处漏水也只需在该处进行处理即可。

进洞前按设计做好洞顶、洞门及洞口的防排水系统,排水沟应进行铺砌,防止地表水下渗。雨季前应做好隧道洞门。

地层含水率大时,上、下台阶开挖工作面附近宜开挖横向水沟,将水引至隧道中部纵向排水沟(宜采用管、槽)排出洞外,以免浸泡拱脚。必要时应配合井点降水等措施将地下水位降至隧道仰拱底部以下1.5 m,确保施工顺利进行。

**四、黄土隧道施工**

1.开挖方法与施工原则

(1)开挖方法

黄土隧道的施工应根据隧道断面大小、围岩级别采用台阶法、三台阶弧形导坑法、双侧壁导坑法、CRD法等。双线Ⅳ级围岩、单线Ⅴ级围岩宜采用三台阶弧形导坑法;双线Ⅴ级围岩宜采用交叉中隔壁法(CRD);双线Ⅴ级围岩隧道浅埋或偏压段宜采用双侧壁导坑法。对比较软弱的黄土地层,还应配合对浅埋地层的地表加固或拱部超前支护。

开挖方法除考虑围岩级别,还应结合土层含水率、施工中的变形监测结果综合考虑。

(2)施工原则

在大断面黄土隧道的施工中,应遵循"管超前,严注浆,短开挖,禁爆破,快支护,强支护,早成环,勤量测,紧衬砌"的原则。

"短开挖",即土质隧道每循环开挖长度控制在0.5~1.5 m之间。开挖过程中,随时观察土质情况,如发现土质松散,节理发育时,及时调整循环进尺,同时加密管棚钢管数量。另外二次衬砌及时跟进,缩短开挖与二次衬砌的时间间隔。

"禁爆破"是指土质隧道施工时,不得采用爆破开挖,以降低对围岩的扰动。

"快支护"即开挖1 m支护1 m,随时将土(岩)面喷射混凝土封闭。

数值分析表明,衬砌设置越早,支护受力越大而围岩塑性区越小;反之,支护受力越小而围岩塑性区越大。纯黄土隧道或黄土地区泥岩段隧道由于围岩自稳能力差,宜及早衬砌以利于围岩的稳定,而不是通过延迟衬砌来减小支护受力。

分步开挖的大断面洞室,各个步骤之间的受力转换是影响施工安全的重要因素,因此要特别注意施工步骤间的受力传递问题。

大断面洞室对变形非常敏感,因此一定要重视隧道基底的处理,湿陷性及承载力低是黄土地层的重要特性,在隧道设计时一定要采取针对性的措施。

(3)工序步距

要合理选择工序步距,小型机械作业时宜选择上台阶长 5 m,下台阶长 15 m。开挖工作面距仰拱的距离宜为 20~30 m;仰拱与拱墙衬砌之间距离宜为 20~30 m,当围岩级别低、含水率大时应适当缩短距离。

(4)变形监测

黄土隧道变形量较大,在施工中应建立完善的地表变化与洞内变形监测系统,对地表、围岩和支护进行监控量测,及时对信息进行分析并反馈,以科学的设计、合理的施工方法进行动态设计施工。

2. 初期支护

黄土隧道开挖后应立即对隧道周边及开挖工作面进行喷混凝土封闭,并及时施做锚杆、钢筋网及型钢钢架。初期支护按开挖、初喷、布设锚杆、挂网或架立钢架、复喷的步骤进行。在第一次开挖完成后,隧道断面位移速度最大,应及时施做支护,使围岩变形受到一定的约束,防止隧道产生坍塌。

开挖过程中,配合锚杆、钢架、钢筋网及喷混凝土对已经开挖好的洞室进行加固,注意控制变形,尽量减少上部土层的扰动。只有每个单步中对地层的扰动最小,最终形成的大断面洞室的变形才能最小,初期支护的受力才能得到有效地控制。

施工中如发现突水、变形异常等不安全因素时,应暂停开挖,加强临时支护,调整施工方案。特别注意观察垂直节理,应在拱脚设置测点,监视拱脚下沉的状态。

钢架基脚或分部开挖基脚等处设置注浆锁脚锚杆(管)或设置垫板,以控制钢架沉降,防止由于下部开挖,基脚失稳引起隧道坍塌。钢架每侧应施作锁脚锚杆(管)不少于 2~4 根,锁脚锚杆直径不小于 22 mm,长度不少于 3.5 m,外插角 35°~40°。特殊地段需要施作护拱时应采用大拱脚。

当洞身黄土含水率较大时,应采用煤矿螺旋钻成孔;锚杆宜采用药包式或早强砂浆式锚杆,各种锚杆必须设置垫板。

施工中应参考设计文件采用适宜的预留变形量。

3. 其他技术措施

仰拱开挖前应先拆除下部水平横撑,拆除长度应与仰拱长度一致,按先左后右,先上后下顺序进行,不得超长度拆除。

墙脚、拱脚等隅角处应预留 60~70 cm 人工开挖,严禁超挖。

针对黄土遇水后结构迅速发生破坏的特性,施工中尽量采用无需用水或用水少的机械,提高黄土隧道机械化施工程度。

严格控制施工用水,采用湿喷工艺,拌和用水控制设在拌和站,喷完后用高压风代替水吹洗湿喷机;混凝土均采用喷雾器喷雾取代洒水养护;严格控制混凝土拌和用水,避免混凝土泌水浸泡黄土隧道基底。

湿陷性黄土隧道基底可采用树根桩、灰土挤密桩、注浆换填等处理措施。

由于黄土的物理力学性质,振动可导致土体开裂、松散,对开挖和支护不利,因此施工中应尽量减少振源。

# 第六节　冻土隧道施工

据统计,全世界 20% 的陆地面积为冻土,我国的冻土面积分布非常广泛,是第三大冻土分布国,多年冻土面积接近 200 万 $km^2$,占国土总面积的 20%,主要分布在东北大、小兴安岭、松嫩平原北部、西部高山和青藏高原,并零星分布在季节冻土区内的一些高山上。其中青藏高原的多年冻土面积占我国冻土面积的 70%,为全世界中低纬度地带海拔最高、面积最大的多年冻土区,号称世界屋脊、地球第三极。

冻土是一种特殊的具有负温或零温并含有冰的土体或岩石,一般由土矿物颗粒、水、冰和汽四相组成。通常按土体处于冻结状态的持续时间来划分冻土的类型,冻结状态的持续时间从几小时到几昼夜者为短期冻土,不到一年者为季节冻土,两年以上者为多年冻土。从工程实际意义的角度出发,冻土地区工程建设应该重视的主要为多年冻土和冻深大于 0.5 m 的季节冻土。

在多年冻土或季节冻土地区中,当温度降低到土体的冻结温度以下时,水分向正在冻结的土体中迁移,并以冰的形式填充土颗粒间隙。土体中的水变成冰时,体积增大 9%,当土体中冰的体积膨胀足以引起土颗粒之间产生相对位移时就引起土体的冻胀。冻土相对于未冻土体产生的体积膨胀受到约束时将会产生冻胀力。

隧道衬砌对含水围岩的冻结膨胀是一个约束的壳体,因此隧道衬砌所受的冻胀力,不仅和冻土相对于未冻土体的体积膨胀有关,还和衬砌变形的大小有关。在东北林区铁路嫩林线朝阳 2 号隧道,现场实测的隧道冻胀力仅有 25～200 kPa。此外,寒区隧道设计和施工的问题,如防排水系统设计不完善、隧道衬砌背后存在空洞、隧道衬砌厚度不足等,也是寒区隧道冻害产生的原因。

## 一、冻土隧道病害

严寒地区的地层一般为季节性冻土,寒季会在其表层存在着最大冻结层,即最大冻结深度,其下为非冻土(融区);暖季则均为融区。多年冻土地区地层为永久性冻土,暖季在其表层存在着最大融化层,即多年冻土的上限,其下则为永久性冻土;寒季则均为冻土。同样,当隧道穿过严寒地区地层时,除了隧道周边一定范围在寒季产生冻结外,其余范围和时间均为非冻土;隧道穿越多年冻土地层时,除了隧道周边一定范围在暖季产生局部融化外,其余均为冻土。

不同的围岩状态使得严寒地区与多年冻土地区的隧道设计有诸多不同,例如,对于严寒地区的隧道来说,地下水比较发育,并有较广的补给来源;而对于多年冻土隧道来说,地下水量有限,补给来源较小。对于防排水的处理,严寒地区可以根据水量大小采取以排为主的措施,并根据情况可选用保温水沟、中心深埋水沟或防寒泄水洞进行引排;而对于多年冻土隧道,无论是寒季还是暖季,大环境为负温,排水设施穿过的地层在寒季均为冻土,在暖季处于冻土融化或冻结的交替变化中,并且不断地受到周边负温能量的影响,因而排水沟内的水极其容易冻结,排水很难通畅。严寒地区属季节性冻土,暖季围岩均处于融化状态,在寒季隧道周边围岩的冻结会产生很大的冻胀力。多年冻土隧道则由于暖季周边冻土的融化,在寒季该融化范围冻结产生冻胀力。

从以上分析可以看出,虽然均为气候严寒,但严寒地区和多年冻土地区在许多方面都存在着差异,因而,多年冻土隧道的设计思路亦不同于严寒地区。

**二、冻土隧道设计**

隧道是修筑在特定场环境(包括应力场、渗流场和温度场等)中的地下结构物,科学的认识隧道的场环境对隧道结构体系的影响,是正确进行隧道设计和施工的前提。寒区隧道的施工形成过程与普通隧道一致,不同之处在于寒区隧道处于寒冷或严寒的温度场下,隧道衬砌还将承受冻胀力和冻融循环的作用,因此寒区隧道设计计算中必须考虑温度场和冻胀力的因素。寒区隧道结构设计拟订的结构尺寸应当能够承受冻胀力和衬砌原来受力的共同作用;抗防冻设计应确定隧道保温材料类型、厚度等内容。

1. 设计思路

单从解决温度变化的问题出发,寒区隧道设计有防冻、防融两种方法。单从解决水的问题出发,可以有"以防为主"和"以排为主"的不同思路。

在多年冻土地区,面对的是一个高寒的外部环境和常年处于冻结状态的冻土岩,隧道修建后,破坏了原来冻土的热平衡,使得深埋在地下的冻土与寒暖交替的外界气候发生直接的联系——产生冻融。在暖季,外界的热量以对流的形式传入隧道,融化了衬砌背后一定范围的围岩,该融化范围内的冰变成水,成为冻害的根源。在寒季,该融化范围发生冻结,围岩裂隙中的自由水结冰产生体积膨胀,对衬砌结构产生冻胀力。

冻胀力是导致衬砌结构破坏的一个直接因素,冻胀力的大小和围岩裂隙、含水、围岩弹性模量及衬砌结构有关。黏性土与透水土、破碎岩石的冻胀机理不同。对于黏性土,在低温(指负温)条件下,土壤中的原位水及未冻区的水分迁移到冻结区结冰,造成体积膨胀,引起土体随之膨胀,产生冻胀力。对于透水的粗颗粒土和破碎岩石,在负温条件下,粗颗粒土骨架间的孔隙水或破碎围岩裂隙中的水冻结,体积膨胀,对结构产生冻胀力。

多年冻土隧道设计,在考虑温度变化问题时只能采取暖季防止融化的措施,因为在寒季防止围岩冻结是难以做到的。而只有暖季融化范围减小了,寒季冻结时产生的冻胀力也就减小了。解决水的问题只能考虑"以防为主"的综合治理措施,因为冻土地区水量较小,且负温及冻土环境使得排水通道处处受阻,很容易冻结堵塞。

青藏铁路多年冻土区隧道设计采取了以隔热保温技术为核心的综合措施,即在隧道周边设隔热保温层,以最大限度地减小冻融圈的范围,冻融圈内有限的水以堵、防为主进行处理,仅采用双侧保温水沟排除经堵防措施后渗出的少量水,考虑到采用隔热保温技术后,衬砌背后的融化仍难以完全避免,因此衬砌断面应考虑承受一定的冻胀力。

2. 寒区隧道衬砌设计要点

隧道是修建在地下的永久性结构,建成后,所有的荷载作用都靠衬砌结构来承受。对于寒区隧道,除了承受普通地区隧道的荷载作用外,还要承受冻胀力和冻融循环的作用,只有采取正确的措施才能保证衬砌结构的安全。

对于寒区隧道,建议采用以下措施:

(1)衬砌应采用曲墙有仰拱封闭式结构(复合式衬砌),应适当加大仰拱曲率,使衬砌接近圆形,衬砌外层为锚喷初期支护,中层为主要受力结构——模筑钢筋混凝土(二次衬砌),内层为保温层。在外层和中层之间有塑料防水板。

(2)初期支护应采用锚喷支护,锚杆参数按相应围岩类别确定,但喷混凝土应采用模喷,厚度应大于 20 cm。采用模喷混凝土能够很好地保护防水层的完整性，尽快形成足够厚度的喷层，提供支护力。

（3）设计为保温衬砌的二次衬砌时应计入冻胀力。二次衬砌应采用钢筋混凝土结构，并提高混凝土强度，一般不能低于 C30。其断面尺寸和配筋按计算确定，但结构厚度不宜小于 40 cm。随着衬砌厚度的增大，冻胀力也随之增大，因此，设计时不可能靠增加衬砌厚度来解决问题，所以采用钢筋混凝土结构就显得很有必要。此外，采用钢筋混凝土结构，可以提高衬砌混凝土和整体结构的抗冻能力，增加结构的使用寿命。

（4）提高衬砌材料本身的抗冻融性能。采用良好的 AE 剂、AE 减水剂及良好的骨料，在配合比上应尽量采用小水灰比。因为水冻结后会产生移动，而移动的水存在气泡，如果气泡的间隔小，水的移动距离短，就可缓和作用在混凝土内部的压力。AE 剂和 AE 减水剂，可以使混凝土中很多独立的气泡均匀地连通，可以缓和因水分冻结产生的膨胀压力，因为水能够自由地移动，可以显著地增大抗冻性。选用良好的骨料，适当减小水灰比是为了提高衬砌材料混凝土的强度。

（5）将衬砌背后孔隙回填密实。冻融循环是一种恶性的循环，因为围岩是一种弹塑性材料，随着冻融循环次数的增加，冻融作用会使孔隙变大，即积水空间增大，积水冻结后对衬砌的冻胀力将较上一个冻融循环时大。为防止这种不利的受力变化情况，应将衬砌背后的孔隙回填密实。通过计算表明，在孔隙的长度方向为垂直于衬砌径向时，冻胀力对衬砌的作用较为明显；而当孔隙长度方向为平行于衬砌径向时，冻胀力（在暂时不发展的情况下）对结构的受力是有利的，但这种作用随着时间发展会使衬砌和围岩之间产生一种离壁的效应，从而间接的增加了衬砌背后沿其环向的积水空间，造成新增的冻胀力直接作用于结构上。所以衬砌背后的孔隙一定要回填密实。

（6）隧道衬砌本身开裂的防止。当围岩中含水冻结产生的冻胀力与围岩自重压力共同作用超过了混凝土衬砌强度时，往往会造成衬砌的开裂。当衬砌开裂，裂缝积水后，随着冻融的不断反复作用，使得裂缝产生冰楔效应，开裂的裂缝会越来越宽，最后造成衬砌的贯通开裂甚至破坏。所以应防止衬砌开裂。根据刚度分配准则，冻胀力的量值是随着衬砌刚度的增加而增大的，故单纯的加大衬砌截面的尺寸并不能取得很好的防开裂效果。因此寒区隧道一定要采用钢筋混凝土结构。计算表明，在衬砌的边墙墙脚位置结构受力是不利的，应考虑采用变截面衬砌并加强配筋。

3. 多年冻土区隧道设计

现结合昆仑山、风火山两座多年冻土隧道，介绍采取以隔热保温技术为核心的综合措施。

昆仑山、风火山隧道结合其支护形式，在支护与模筑衬砌之间设 5 cm 厚的隔热保温层，保温层采用聚胺酯硬质泡沫型材。

（1）结构形式

防水板及隔热保温层位于模筑支护与二次衬砌之间，按"防水板＋隔热层＋防水保护层"的结构形式沿隧道全断面铺设。为防止二次模筑衬砌对隔热保温层产生危害，隔热层内表面应做防水保护层。

（2）材料及工艺

①模筑支护应按整体式衬砌要求采用正规的拱架及模板，以保证混凝土表面的平顺光洁，为敷设防水板及隔热保温层提供条件。

②保温材料采用聚胺酯板材。

③施工时,首先在模筑支护表面铺设一层防水板,要求采用粘贴工艺使其与混凝土表面粘接牢靠。隔热保温层按洞外预制,洞内拼装的工艺敷设,要求与基面密贴并粘接牢靠,其施工工艺流程为:板材制作→混凝土表面清理→铺设防水板→质量检查→聚胺酯板材安装→质量检查→施做防水保护层→整体验收。

(3)隔热保温层施工

施工现场及材料仓库严禁烟火,并配备消防设施。施工人员应配备必要的安全防毒用具,如防毒面具、安全带及其他劳保用品,洞内应有良好的通风供氧设备。

根据测温资料,隔热层两侧存在较大的温差,由此可以判断,隔热层在施工期间起到了良好的隔热保温效果。同时,测温资料显示,由于隔热层的隔热保温作用,隔热层靠近围岩侧的温度随季节变化的幅度远远小于隔热层靠近衬砌侧的变化幅度,因此,隔热保温作用同时也减缓了融化层的回冻。

### 三、冻土隧道施工

1. 洞口段

高原冻土隧道洞口段应根据季节温度的变化,进行保温施工,尽可能安排在非冻季节施工,并应符合下列规定:

(1)洞口边、仰坡的开挖应遵循"快开挖、快防护"的原则,力求缩短洞口边、仰坡的暴露时间。

(2)开挖时,采用分段、分层开挖,并采取保温措施。

(3)开挖时采用预留光爆层光面爆破,减少一次起爆装药量,周边眼间隔装药。

(4)开挖前,搭设明洞遮阳棚。厚层地下冰暴露部分采用保温板和复合防水板覆盖;明洞开挖后,边坡和基底用粗颗粒土及时换填,然后喷混凝土封闭。

(5)施工中应加强监测,检查山坡稳定的情况,并在基面位置开挖一定宽度的排水槽。

2. 洞身施工

(1)温暖季节,为避免冻融,应采取空调措施,降低洞内环境温度。

(2)开挖爆破后,应尽快用喷混凝土封闭围岩表面,控制围岩表层融化。

(3)洞内出渣、进料宜采用有轨运输。

(4)加强测温工作,进行科学有效的温控工作。

(5)施工前,必须对机械设备的选型及配套进行研究,确定适宜的机械配套方案。

(6)施工中应加强试验工作,研究合理的施工工艺及施工保障措施,选择合理的支护方式及支护结构,确保砂浆、喷混凝土、衬砌混凝土的施工质量。

3. 衬砌施工

(1)加快模筑混凝土衬砌速度,确保模筑混凝土衬砌紧跟工作面。

(2)低温早强混凝土应连续、对称灌注。

(3)灌筑低温早强混凝土时,其相邻接触面的温度在−5℃以上时,可不予加热,但要提高入模温度和加强覆盖保温。

(4)低温早强混凝土拌和温度不高于30℃,拌和时抗冻剂应先溶化于拌和水中,加气剂宜待混凝土拌和约30 s后加入;拌和的材料重量和抗冻剂掺入量需严格按设计控制。

(5)根据地质情况、围岩稳定状态,监测喷混凝土和模筑混凝土入模温度或硬化期混凝土温度状况,以便必要时修改设计参数或改变施工方法。

（6）对衬砌完成地段，应观察其稳定性，如有变形开裂、侵入净空等现象，应及时记录，以便与设计单位共同处理并作出长期稳定性的评价。

（7）保证混凝土养护温度，防止冻害。

4.防排水

高原冻土隧道施工中应采取有效的防排水措施以防止高寒隧道冻胀破坏，其防排水、隔热保温层除符合设计要求外，尚应符合下列要求：

（1）为防止隧道运营后冻胀破坏和厚层地下冰热融圈扩大，在衬砌前全断面铺设隔热保温板。

（2）洞内应设双侧保温水沟，洞外应设深埋保温暗沟，将水排至地表沟内。

（3）靠近支护的隔热保温层一侧设复合防水板，另一侧设防水保护层，以防保温层受潮及破坏。

（4）衬砌采用低温早强防水混凝土，最大限度提高混凝土自防水能力。

（5）按设计要求进行施工缝处理，确保衬砌不渗不漏。

5.供水

高原冻土隧道供水设施宜布置在洞内，并通过增压泵等加压降阻措施来满足施工需求。

6.劳动保护

高原隧道施工的劳动保护措施除应符合国家相关要求外，尚应符合下列规定：

（1）施工人员进入高原地区时要遵循"阶梯升高"的原则，到驻地后三天至一周内要保证充分休息或从事少量的轻体力劳动。

（2）在进入高原过程中，要严格防止感染和过度疲劳。

（3）施工期间，洞内作业工时不应超过 4 h。

（4）施工中尽量采用机械化，体力劳动强度保持在次重及中等强度以下，如必须从事大强度的体力劳动时，应尽可能缩短一次持续劳动时间，增加劳动、休息的交替次数。

（5）职工应采用轮休制，在高原工地工作三个月后，再回平原基地休息两个月进行调养。

（6）施工期间发生高原反应不能坚持者，应及时返回海拔 3 000 m 以下的地区。

（7）在隧道施工时，必须根据高原的实际情况，研究确定合理的通风及供氧方式，选择合适的通风及供氧设备，保证隧道施工人员的健康与安全。

施工时还必须采取一切措施，保护生态环境，将施工影响降至最低。

# 第七节　风积沙隧道施工

风积沙是在干旱、半干旱气候环境下形成的一种特殊的地质材料，广泛分布于我国新疆、宁夏、甘肃、陕西、内蒙等省区，随着西部大开发战略的实施，荒芜的风积沙地区建设公路、铁路、水利等工程增多。

风积沙是一种粉状、松散、稍湿、棕黄色、局部钙化的细小颗粒，它以长石、石英为主，属Ⅰ级性土。风积沙整体性、胶结性和自稳能力均很差，还具有流动性大的特点。在其中修筑隧道，开挖后极易发生失稳、坍塌和流砂现象，地表沉降和隧道变形不易控制。

## 一、风积沙工程特性

### 1.风积沙地区的气候特点

关于风积沙的形成，一般认为是沙被风沙流搬移到大片平原地区的结果。一定能级的风速可以使沙地上的沙子开始起动,并随着风向流动或搬迁,这个风速称为起沙风速,它与沙粒的大小、地表特征等多种因素有关。内蒙古省际通道工程所在地区的年降雨量大多在 400 mm 以下,同时热量充沛,昼夜温差和平均年温差较大(平均年温差一般在 30~50 ℃,平均日温差一般在 10~20 ℃之间,有时也可达 30 ℃以上),且植被稀疏低矮,多为草本植物或灌木,蒸发旺盛,加之地表地层结构易于渗漏,地面径流很难形成河流,风沙较为频繁。

2. 风积沙物质成分

(1)矿物成分中有 90%左右为石英、长石、云母等轻矿物,重矿物含量很少,但种类多,以角闪石、绿帘石、金属矿物和石榴石为主。砂粒形态为浑圆状,多为单质矿物颗粒。颗粒大小与矿物成分有关,大于 0.25 mm 者几乎全是石英矿物,0.05~0.25 mm 者以石英、长石、云母为主。

(2)风积沙粒度成分以细砂(0.10~0.25 mm)为主,极细砂(0.05~0.10 mm)次之,中砂(0.25~0.5 mm)较少。大于 0.5 mm 和小于 0.05 mm 者含量极少。风积沙的矿物成分和机械成分有明显的地域差异。

(3)风积沙主要由岩屑、长石和石英 3 种颗粒组成。其化学成分以 $SiO_2$ 为主,其次是 CaO 和 $Al_2O_3$。

风积沙的物质成分决定了其具有颗粒单一,无凝聚力,不具有可塑性,级配不良,压缩性小,透水性强,抗剪强度相对较低的工程地质特征。

3. 风积沙的物理性质

(1)风积沙的颗粒组成很细,表面积很大,颗粒粒径平均在 0.05~1.25 mm,沙漠边缘颗粒粒径大于沙漠腹地。

(2)不均匀系数很小,表明级配差,内摩擦角在 29°~38°,松散性强,不易形成整体。

(3)沙的粉黏粒含量很少,一般在 15%以下,沙粒表面活性很低,无黏性(内聚力基本为0),渗透系数较大,水稳性好,毛细水上升高度<1.0 m。

(4)风积沙的天然重度为 15.7~16.7 $kN/m^3$;干重度 15.2~16.0 $kN/m^3$;天然含水率1.73%~14.91%;孔隙率 40.3%~43.6%;孔隙比 0.675~0.773。

风积沙密实程度与其含水量的大小没有密切关系。

4. 风积沙的化学性质

风积沙主要以石英为主,含长石、云母等,化学成分 $SiO_2$ 约占 65%左右,$Al_2O_3$ 约占 10%左右,CaO 约占 8%左右,其他成分很少,沙中盐分含量较小,一般在 0.06%~0.2%,为非盐渍土。

5. 风积沙的力学性质

风积沙的力学性质包括风积沙的压缩性、抗剪强度、夯实性质,风积沙的地基承载力及变形模量等。

风积沙属单粒松散结构,颗粒之间无黏聚。风积沙的 $C$ 值与黏性土相比数值极小,并且是由于沙粒间咬合剪胀引起的假黏聚现象。风积沙的内摩擦角取决于其矿物成分、粒度成分、颗粒形态、密实度和剪切速度。据试验结果,风积沙的 $C$ 值为 1.05~12.98 MPa,$\varphi$ 值为25°~31°。

二、风积沙隧道施工

1. 施工原则

风积沙层隧道开挖应遵循"先支护、后开挖"的原则。神朔铁路复线新杏树峁风积沙隧道贯彻"循序渐进、短开挖、强支护、衬砌紧跟"的施工原则,施工顺利。国道306线经棚风积沙隧道施工,遵循短挖短衬,随挖随支的原则,顺利完成施工任务。

　　风积沙隧道施工从开挖、支护到立模衬砌,应重点突出一个"快"字。侧壁导坑、拱部、仰拱等任何部位,在开挖后都应立即支护、封闭,侧壁导坑的临时横撑拆除后应立即立拱架,进行混凝土施工,任何延误都有可能引起坍方、变形等严重后果。这就是要求施工的准备工作要充分,如格栅提前加工,喷射混凝土料提前拌和,人力要充足,确保工序衔接紧凑、顺畅。

　　2. 开挖方法

　　风积沙隧道根据断面大小,宜采用交叉中隔壁法、中隔壁法或临时仰拱台阶法开挖,并应严格控制一次循环进尺长度。

　　3. 支护

　　(1)可采用大管棚预加固、小导管注浆、插板固结砂层,进行超前支护。

　　(2)支护应及时。边挖边喷混凝土封闭,遇缝必堵,严防沙粒从支护缝隙中漏出。风积沙地质围岩在开挖时,遇水容易引起流坍。为了减少水害对隧道施工安全的影响,喷混凝土时应采用潮喷工艺。

　　拱部开挖前沿隧道衬砌外缘一定距离打入长管棚可有效地避免因开挖产生的沙体坍塌,并可进行内注浆以固结拱顶外风积沙及充填钢管与孔壁之间的空隙,为开挖提供安全可靠的保障。

　　小导管注浆是在长管棚下方及边墙上施作的预支护工艺,保证将管棚注浆未固结完全的风积沙加固完全,防止其从管棚固结缝隙中渗漏入隧道,造成掌子面坍塌。小导管注浆可有效防止漏沙、坍塌并加强拱部和边墙的稳定,布置于拱部与边墙。施工参数:$\phi42$ mm无缝钢管,导管长 3～6 m,布置在拱部,环向间距 5～8 cm,外插角 8°,小导管中间部位钻直径为 8 mm 的注浆孔,注浆孔呈梅花形布置。

　　浆液采用水泥浆或水泥水玻璃双液浆。以粉细砂为主的地层,致密性好,渗透性差,采用普通水泥单液浆的渗透效果并不理想,可采用超细水泥单液浆或超细水泥—水玻璃双液浆。

　　包西铁路新响沙湾隧道采用超前长管棚注浆及超前小导管注浆相结合的措施,提前发挥超前支护作用,增加了隧道施工安全度,提高隧道的稳定性,起到较好的加固效果。

　　4. 监控量测

　　开挖时应及时监测拱部支护的实际下沉量,当预留变形量过大或不足时,应及时调整。

　　5. 防排水

　　开挖地段的排水沟应铺砌、抹墁,或用管、槽等将水引至已二次衬砌地段排出洞外。

　　6. 二次衬砌

　　风积沙和含水砂层隧道的二次衬砌应及早施作。

　　7. 坍方及其防治措施

　　风积沙地层隧道的施工特点是,要求在开挖时特别谨慎,在预防坍方的问题上有抢险的准备,洞内要备有直径 20～30 cm 的圆木、钢拱架、木板及草袋等物资;开挖长度不宜过长,衬砌一定要紧跟;发现有流沙一定要及时堵住,防止流沙过多造成空洞,注意观察洞顶地面的沉降情况,预留拱部沉降量。

## 第八节　瓦斯隧道施工

　　铁路隧道建设中有时会遇到煤系地层,煤层中常赋存瓦斯气体,隧道掘进为瓦斯释放创造了条件,瓦斯浓度达到临界值时遇明火会引发瓦斯爆炸,造成灾难性后果,有些煤层还有煤与瓦斯突出危险。因此,瓦斯隧道施工应建立专门机构进行通风、防突、防爆及瓦斯检测工作,设置消防设施。高瓦斯工区及瓦斯突出工区应配备救护队。瓦斯隧道、瓦斯工区、含瓦斯地段的分类及分级应符合铁路行业标准《铁路瓦斯隧道技术规范》(TB 10120—2002)的有关规定。瓦斯隧道施工在钻爆作业、石门揭煤、支护、通风等方面应按瓦斯隧道的要求组织施工,有突出危险的隧道还要有防突技术措施。

### 一、钻爆作业

　　瓦斯隧道钻爆作业必须采用湿式钻孔,炮眼深度不小于 0.6 m,炸药必须采用煤矿许用炸药,并严禁反向装药。

　　瓦斯隧道必须采用电力起爆,并使用煤矿许用电雷管;使用煤矿许用毫秒延期电雷管时,最后一段的延期时间不得大于 130 ms。爆破网路必须采用串联连接方式,严禁将瞬发电雷管与毫秒电雷管在同一串联网路中使用。起爆电源必须使用防爆型起爆器。

### 二、石门揭煤

　　石门揭煤前应进行石门揭煤设计,内容包括揭开石门、半煤半岩段、全煤层段等各阶段施工方法、支护手段、组织指挥、抢险救灾方案及安全措施等。

　　石门揭煤宜采用微震动爆破法,揭煤爆破前应在洞外起爆,洞内停止一切作业,人员撤止洞外;揭开煤层后,要检验工作面前方 10 m 上、中、下、左、右范围内煤与瓦斯突出的危险性,确保工作面前方有 5 m 的安全区。

　　朱嘎隧道揭煤爆破采用了以下技术措施,取得良好效果。

　　(1)采用短进尺远距离电雷管起爆震动放炮揭穿煤层的钻爆方案。

　　(2)打揭煤炮眼、装药和联线时,严格按照设计施作,定人定钻定位。专职瓦斯检查员经常检测瓦斯浓度,发现异常立即组织人员撤离到安全地带,另行制定措施。

　　(3)引药由专职放炮员在无电器设备的安全洞室内制作。制作引药时周围不准有其他人员,进洞的炸药雷管必须数目清楚、作好记录。电雷管必须经过测试选择。

　　(4)放炮地点设在洞口 20 m 外。放炮前切断洞内电源,安全警戒完毕后,再进行放炮。主扇口检查瓦斯浓度小于 1‰时,救护队员方可允许从正洞进风巷经横通道进入工作面探险,确认无危险后方准下一道工序作业。

　　(5)煤层掘进工作面设置局扇通风及喷雾除尘装置,并将煤渣及时运出,防止煤尘自燃或爆炸。

### 三、支　　护

　　隧道在半煤半岩段与全煤层段掘进每循环进尺不宜超过 1 m,在全煤层中必须采用煤电钻打眼,少钻孔、少装药。

　　煤系地层一般松软破碎,在软岩或煤层中掘进时,应采用超前支护或预注浆,防止坍塌或突出。

瓦斯隧道爆破后应及时喷锚支护,及时封闭瓦斯;并及时施作仰拱,保证拱、墙、仰拱衬砌及时封闭形成整体。煤系地层设防段的二次衬砌应预留注浆孔,衬砌完成后及时压浆充填空隙,封闭瓦斯。

### 四、通　风

通风是防瓦斯的重要技术环节,是保障施工正常进行的关键。铁路瓦斯隧道施工应编制全隧道和各工区的施工通风设计,并考虑各工区贯通后的风流调整和防爆要求。

1. 瓦斯隧道通风标准

铁路瓦斯隧道施工通风的标准问题主要有两个;首先是确定各工作面及节关地段的瓦斯容许浓度;其次是确定各工作面及隧道所需的最小风速(主要是防止瓦斯积累的最小风速)。有了上述两项主要标准后即可根据隧道内的瓦斯涌出量进行通风设计计算和合理的施工管理。

(1)容许浓度

根据《铁路隧道施工规范》有关规定,低瓦斯工区,洞内各处的瓦斯浓度要稀释到 0.5％ 以下;高瓦斯工区和瓦斯突出工区,其长度较大的独头巷道,工作面风流中的瓦斯浓度要稀释到 0.5％ 以下;用平行导坑作巷道式通风的回风道时,平行导坑的瓦斯浓度应小于 0.75％。超过时,应采取稀释措施。

(2)最低风速

一般铁路隧道施工通风中的最小风速规定主要是考虑在不小于最小风速条件下,风流处于紊流状态,符合流体力学二次方计算定律。瓦斯隧道施工中的最小风速的作用是尽量防止瓦斯积聚,故风速应比一般隧道施工中要求的最小风速要大。《铁路隧道施工规范》规定的最小风速为 1.0 m/s。对瓦斯易于积聚处,应实施局部通风。

2. 瓦斯隧道通风计算

(1)瓦斯隧道风量的基本要求

铁路瓦斯隧道施工期间必须设置合理的机械通风系统,其需要的风量应根据下列要求分别计算,并取其最大值作为设计风量。

①按隧道内同时工作最多人数以每人每分钟供给新鲜空气量 $1 m^3$ 计算风量;

②按隧道内同时放炮使用的最多炸药量计算风量;

③按隧道内各工作面瓦斯涌出量计算风量;

④按瓦斯隧道所需的最小风速(防止瓦斯积聚的最小风速)进行风量计算。

取以上四种计算中的最大者作为设计风量。

(2)瓦斯涌出量的计算

在铁路瓦斯隧道施工过程中,由于隧道穿过煤系地层,隧道揭煤或过煤层时会有瓦斯不断涌出,结施工带来严重威胁。为了合理配置通风设备,在设计时必须了解绝对瓦斯量的涌出量,才能进行合理的施工通风设计。

铁路瓦斯隧道在施工过程中的瓦斯涌出量主要包括破煤时的瓦斯涌出量、新暴露煤壁的瓦斯涌出量、未衬砌(已锚喷)巷道周壁的瓦斯涌出量,分别计算上述各种瓦斯涌出量,进行汇总即可得出隧道内总的瓦斯涌出量。

瓦斯涌出量的计算方法大多采用煤炭部门多年使用的半理论半经验公式,鉴于条件和环境不一定相同,用于铁路隧道时,尚需在施工中结合实际情况进行改进和调整。例如,当正洞上半断面与下半断面两个开挖面同时遇到煤层时,需增加采用台阶开挖法时瓦斯逸出对风量的要求。同时,在计算时还需要考虑煤层厚度与产状的影响,比如,当煤层厚度较大使开挖巷道为全煤巷时,则公式应适当改变。

### 五、防突技术措施

瓦斯突出隧道应单独编制预防煤与瓦斯突出和揭煤、过煤的实施性施工组织设计。接近突出煤层前,必须对设计标示的各突出煤层位置进行超前探测,标定各突出煤层准确位置,掌握其赋存情况及瓦斯状况。

瓦斯突出隧道施工前,应至少选用下列 5 种方法中的 2 种对突出危险性进行预测,并相互验证:瓦斯压力法、综合指标法、钻屑指标法、钻孔瓦斯涌出初速度法和"R"指标法,各种方法详见《铁路瓦斯隧道技术规范》(TB 10120—2002)。

瓦斯突出隧道宜采用钻孔排放瓦斯等综合防突措施,朱嘎隧道施工中采用了以下防突措施:

1. 进入煤系地层的预兆:当平导掘进至 DK444+110 处时,发现岩性变化,逐步揭露岩性为砂岩、泥岩、页岩夹煤层,岩质软弱,节理裂隙发育、易塌方掉块。经设计单位现场勘测,较设计提前 65 m 进入煤系地层。

2. 打超前探孔及预测孔:进入煤系地层后,于掌子面打 1 组(3 孔)地质超前探孔,长15 m,每掘进 5 m,继续打探孔,直至见煤,以防误穿煤层。

3. 煤层突出危险性的判定:见煤后改用煤电钻(钻头直径 942 mm)打穿煤层,每打 1 m 煤孔,收集全部钻屑,判定其突出危险性。煤层突出危险性的判定按《防治煤与瓦斯突出细则》第三节规定,采用钻屑指标法判定。当判定煤层有突出危险时,需对瓦斯进行排放。

4. 瓦斯排放钻孔:排放工作面距煤层垂距 5 m。瓦斯排放范围为上部开挖线外 7 m,两侧及下部边界 6 m。排放钻孔直径 108 mm,穿过煤层顶板不小于 0.5 m,钻孔底间距 2 m。

5. 防突措施效果检验:采取防突措施后,必须进行效果检验,检验孔为 4 个,开挖断面中间 1 个,其他 3 个位于隧道断面上方和两侧。

各项指标的检验结果均在判定煤层有突出危险临界值以下,表明措施是有效的;否则认为措施无效,必须采取补救措施,直至检验有效时,方可揭煤。

### 六、瓦斯隧道施工工程实例

#### (一)南昆线家竹箐隧道

家竹箐隧道位于南昆铁路威红段北端贵州省境内,距盘西铁路支线终点站(红果站)约9 km,隧道全长 4 990 m,有煤与瓦斯突出危险。隧道穿过的煤系地层长 1 157 m,煤系地层中厚度 0.5 m 以上的煤层共 26 层,其中有五层是"突出"煤层(12 号、13 号、14 号、17 号、18 号)。该隧道煤层的特点是瓦斯含量高,最高达 20.17 $m^3$/t;瓦斯压力大,最大达到 1.585 MPa;另外隧道的煤层厚(17 号煤层厚达 10.7 m),倾角缓(18°~20°),强度低($f$ 值小于 0.55)。这些均给隧道设计和施工带来很大因难.尤其是对于有突出危险的煤层就更为困难。

1. 家竹箐隧道施工通风设计

瓦斯隧道通风方案应结合施工期间的工区划分,并在每个工区中采用独立的巷道式通风系统,以保证安全施工。根据家竹箐隧道进口段穿过煤层的具体条件及施工组织安排,其进口段（DK577＋620～DK580＋415）全长 2 795 m，被划定为瓦斯工区。出口段（DK580＋415～DK582＋610）全长 2 195 m，此段隧道不穿煤系地层，被划定为非瓦斯工区。各工区设计有独立的通风系统，互不干扰。该隧道的瓦斯工区又分别由进口工区和斜井工区共同完成隧道施工，其施工通风布置分别由正洞、横通道、平导和斜井构成进口工区的巷道式通风系统。在平导之风道口和斜井口各安装两台 B4-72N020 型主风机，各开挖工作面分别采用 88-1 型局扇（防爆型）配 $\phi$1 000 mm 双抗风管，以保证整个通风系统的正常运转及各工作面有效风量的供给。进口瓦斯工区的风流经路为：隧道口→正洞→正洞开挖工作面→横通道→平导（及平导开挖工作面）→风道→主风机排入大气；斜井瓦斯工区的风流经路为：二号斜井口→二号斜井→正洞→正洞开挖工作面→横通道→平导（及平导开挖工作面）→一号斜井→主风机排入大气。

施工通风实施情况：家竹箐隧道施工期间在进口瓦斯工区段除增设了一个横通道和四号斜井外，其余的辅助坑道布置基本上按设计实施。仅部分横通道位置略有小的调整，故施工期间的进口工区和斜井工区的施工通风系统布置与设计情况相近，但在风机设备的配置方面与设计有差别。

2. 家竹箐隧道施工期间瓦斯实测结果

家竹箐瓦斯隧道施工期间自始至终均对各工作面的瓦斯浓度和瓦斯涌出量及风量进行了实测，实测结果列于表 7-8。

表 7-8　家竹箐隧道施工期间风量及瓦斯测量结果

| 煤层号 | 测量地点 | 风量（m³/min） | 平均瓦斯浓度（%） | 平均瓦斯涌出量（m³/min） | 工作面状况 |
|---|---|---|---|---|---|
| 12 号 | 正洞（上半断面） | 340 | 0.60 | 2.04 | 揭煤前 |
| | | 350 | 0.64 | 2.24 | 揭煤中 |
| | 平　导 | 360 | 0.39 | 1.4 | 揭煤前 |
| | | 360 | 0.45 | 1.62 | 揭煤中 |
| 13 号 | 正洞（上半断面） | 327 | 0.55 | 1.80 | 揭煤前 |
| | | 340 | 0.60 | 2.04 | 揭煤中 |
| | 平　导 | 360 | 0.52 | 1.87 | 揭煤前 |
| | | 360 | 0.58 | 2.02 | 揭煤中 |
| 14 号 | 正洞（上半断面） | 327 | 0.55 | 1.80 | 揭煤前 |
| | | 345 | 0.59 | 2.04 | 揭煤中 |
| 17 号 | 正洞（上半断面） | 325 | 0.35 | 1.14 | 揭煤前 |
| | | 414 | 0.56 | 2.32 | 揭煤中 |
| | 平　导 | 330 | 0.18 | 0.594 | 揭煤前 |
| | | 304 | 0.28 | 0.85 | 揭煤中 |
| 18 号 | 正洞（上半断面） | 274 | 0.27 | 0.74 | 揭煤前 |
| | | 280 | 0.35 | 0.98 | 揭煤中 |
| | 平　导 | 360 | 0.26 | 0.93 | 揭煤前 |
| | | 360 | 0.34 | 1.22 | 揭煤中 |

由表 7-8 实测结果可知，12 号、13 号、14 号、17 号、18 号五层主要煤层在揭煤前和揭煤

中,其平均瓦斯浓度为 $0.26\% \sim 0.60\%$,工作面供风量为 $274 \sim 360 \ m^3/min$,平均瓦斯涌出量:正洞为 $0.74 \sim 2.32 \ m^3/min$,平导为 $0.594 \sim 1.62 \ m^3/min$,与理论计算接近。

根据通风系统的布置经路和有关资料选取参数,即可计算局扇和主风机风压。根据计算所得的风量和风压便可选择适当的局扇和主风机,并配备相应的电动机。

(二)内昆线朱嘎隧道

内昆线朱嘎隧道位于贵州省威宁县境内,全长 5 194 m。本隧道地质十分复杂,洞身穿越哈喇河向斜,洞身在 DK444+110～+220 段出露梁山组煤系地层,煤层共 6 层,埋深 355 m,最厚层 2.1 m.最大瓦斯浓度 12.5%,最大瓦斯压力 1.7 MPa,煤与瓦斯有突出危险,区内煤尘均有爆炸危险。

1. 施工方法

平导采用全断面掘进。正洞Ⅳ～Ⅵ级围岩采用正台阶法,煤系地段采用上、下导坑法施工,其余Ⅱ～Ⅲ级围岩地段均采用从平导通过横通道以下导坑先行掘进,而后再全断面扩挖的方法。全隧道均采用有轨运输方式。

2. 通风

煤系地段距洞口 1 270 m,此前采用压入式通风,此后采用巷道式通风。

3. 煤系地段施工

煤系地段为 DK444+110～+220,长 110 m,距洞口约 1 270 m。

主要施工步骤是:平导先行,正洞上半断面随后,依次揭开煤层,再开挖下半断面。

主要措施是:采用瓦斯预警系统,加强瓦斯监测,提前打探测孔,预报煤层地质情况,打瓦斯排放孔,降压排放瓦斯;短进尺,强支护;加强通风,隔爆防火。这里重点介绍揭煤段的通风技术和安全技术措施。

(1)揭煤通风技术

按设计采取巷道式通风,进口端 3 号和 7 号横通道为反向横通道,作为通风洞,便于通风设施的布量,形成正洞为进风巷,平导为回风巷。

(2)通风计算

风量的计算:经计算正洞的风量需 810 $m^3/min$ 以上,平导的风量需 600 $m^3/min$ 以上,考虑风管漏风影响,风机风量应大于 1 507 $m^3/min$。风管的局部阻力和沿程阻力之和为 3 320 Pa。

风机的选择:考虑平导和正洞不同时揭煤,选择风量为 2 000 $m^3/min$ 的风机为主扇向内压风,正洞选用 1 000 $m^3/min$ 的风机置于掌子面前方小导洞内抽风,必要时采用 38 kW 的局扇加强。风机均为防爆型。

风管的选择:主风管选用 800 mm 的防静电阻燃塑性软管,风机口设 20 m 铁皮硬风管,三通上加设风量调节阀。

(3)支护措施

根据煤层的地质特点及其位置,以及设计表明全隧道正常涌水量达 39 538 $m^3/d$,所以防止坍塌和防止涌突水是通过煤系地段的关键,必须严格按设计采取支护。

为防止煤层坍塌岩体变形,结合防突需要钢架应及时安装就位,之后喷射混凝土,施做超前注浆锚杆及外层注浆锚杆,向岩体内压注水泥—水玻璃双液浆,加固岩体并封闭煤层。

本方案层层设防,对防突出、防塌方、防涌水都有较好效果,钻孔可用凿岩机,施工操作简易方便。

## 第九节　岩爆地段施工

岩爆是高地应力条件下地下岩体工程开挖过程中,由于开挖卸荷引起围岩的弹性应变能突然释放,并产生爆裂、松脱、剥离、弹射甚至抛掷等破坏现象的一种动力失稳地质灾害。它是埋深大隧道施工中发生频率较高的突发性地质灾害。

近20多年来,西康铁路秦岭特长隧道Ⅱ线平导、川藏公路二朗山隧道、乌鞘岭隧道、天生桥水电站引水隧洞、岷江太平驿电站引水隧洞、锦屏水电站勘探平硐、二滩水电站引水隧洞等一大批长大隧道工程相继发生突发性严重岩爆,使得隧道施工防不胜防,并造成损机伤人的严重事故。岩爆灾害不仅严重威胁施工人员及设备的安全、影响施工进度,而且还会造成超挖、初期支护失效,严重时还会诱发地震,已经成为硬岩隧道勘测设计及施工组织中必须考虑的重要问题之一。

### 一、岩爆机理与分级

#### 1.岩爆机理

岩爆研究对于隧道的勘测设计、施工组织及安全生产具有重要的现实意义,岩爆机理研究则是岩爆预测及控制技术发展的基础。

岩爆的产生需要具备两方面的条件:高储能体的存在,且其应力接近岩体强度是岩爆产生的内因;某些附加荷载的触发是其产生的外因。处于高地应力环境中的结构完整的硬脆性围岩,在隧道开挖过程中围岩应力不断调整,开挖后,围岩切应力达到或接近围岩无侧限压缩强度,围岩中的预存裂缝不断扩展,在其他因素的诱发下,围岩发生脆性断裂。

所以说,岩爆是开挖诱发的一种人为地质过程,不是纯自然地质现象。

#### 2.岩爆分级

根据国内外研究现状,将岩爆烈度划分为轻微、中等、强烈、剧烈4级,见表7-9。

表7-9　岩爆烈度分级表

| 岩爆烈度 | 轻微岩爆 | 中等岩爆 | 强烈岩爆 | 剧烈岩爆 |
|---|---|---|---|---|
| 分级依据 | 围岩表层无声响或不易察觉的微弱响声,劈裂的岩块自由下落或松弛后下落,规模小,表现为岩坑较浅,爆落岩片尺寸小、数量少,多为破裂剥落型,$\sigma_\theta/\sigma_c \approx 0.3 \sim 0.5$,对施工影响小 | 爆裂脱落、剥离现象较严重,岩屑或岩块向临空面弹出,伴有清脆爆裂声,表现为岩坑连续分布,规模较大,坑径可达数米,坑深一般小于2m,爆落岩石尺寸较大,数量多,多为弹射型及破裂剥落型,$\sigma_\theta/\sigma_c \approx 0.5 \sim 0.7$,对施工有一定影响 | 岩爆时伴有巨响,具有锐利边棱的大小岩石碎片迅猛飞出,表现为岩爆坑连续分布,坑深一般都在2m以上,爆落岩石尺寸大、数量多,且造成围岩大面积开裂失稳,严重威胁施工人员及设备安全,$\sigma_\theta/\sigma_c \approx 0.7 \sim 0.9$,对正常施工及硐室影响大 | 发生剧烈的爆裂弹射,甚至抛掷性破坏,有似炮弹巨响声,岩爆具有突发性,并迅速向围岩深部发展,影响深度可大于2m,$\sigma_\theta/\sigma_c > 0.9$,严重影响甚至可以摧毁工程 |

### 二、岩爆预测预报

岩爆的预测预报就是确定岩爆可能发生的区域地点、时间及危险程度等信息。岩爆的预测方法有理论分析法和现场实测法。理论分析主要是长期预测,其方法有岩爆倾向性判断、强度理论方法、数值方法。现场实测法是短期预测,其方法有钻屑法、声发射、地震波预测法等。

1. 理论分析法

(1)岩爆倾向性判断

该方法主要用在工程地质勘查阶段,通过在现场钻取岩样,进行岩石力学试验,用一个或一组指标来分析岩爆的可能性,采用弹性变形指数、弹性变形能指数、脆性系数、脆性破坏系数、有效弹射能、冲击能指数、动态破坏时间等指标来预测岩爆等级。

(2)强度理论方法

强度理论采用最大主应力 $\sigma_0$ 与岩石的单轴抗压强度 $\sigma_c$ 达到一定比值来预测岩爆的烈度等级,其烈度等级参见表7-9。

(3)数值方法

陆家佑教授认为:岩爆机制是低应力条件下的脆性断裂和高应力条件下的剪切断裂,分别服从不同的强度准则,可以用数值方法来提高预测岩爆的能力。通过现场进行地应力测量,对围岩应力位移状态进行定量计算,根据有限元计算结果,可获得开采后围岩内弹性应变能的分布特征和大小。国内外研究表明:当岩体内部弹性能达到或超过 $1 \times 10^5$ J/cm$^3$ 时,将发生岩爆。

2. 现场实测法

(1)钻屑法

钻屑量法通过观察钻孔时钻屑量的变化和打钻过程中各种动力现象来预测岩爆,若钻孔排粉量为正常排粉量的 2 倍以上时,即有发生岩爆的危险;打钻孔时,如果发生卡钻或夹持现象,将会产生轻微的岩爆。

(2)声发射法(Acoustic-Emission 方法)

此方法源于岩石临近破坏前有声发射这一实验观测结果,它是对岩爆孕育过程最直接的监测方法,也是最直接的预报方法。此方法的基本参数是能率 $E$ 和大事件数频度 $N$,它们在一定程度上反映出岩体内部的破裂程度和应力增长速度。岩爆的产生需要积蓄能量,而能量的积蓄就意味着有一个暂时的声发射平静期,因此,$A\text{-}E$ 活动的暂时平静,是岩爆发生的前兆。

(3)地震波预测法

利用单道地震仪对工作面及前方岩体沿水平线每隔 1 m 逐点测试岩石弹性波速度,采用相关公式计算准岩体抗压强度 $\sigma_m$,若准岩体抗压强度 $\sigma_m > 80$ MPa 时,则有可能发生岩爆。

### 三、岩爆隧道施工技术

隧道施工中可能发生岩爆时,应遵循以防为主,防治结合的原则,对开挖面前方的围岩特性、水文地质情况等进行预测预报,当发现有较强烈岩爆存在的可能性时,应及时研究施工对策,作好施工前的准备。

1. 岩爆防治措施

岩爆的发生主要取决于围岩的应力状态及围岩的岩性条件,人为地控制和改变这两个因素可以降低岩爆发生的机率及等级。对于围岩的应力状态,可以考虑改变岩石受力状态、降低或卸除地应力、使用合理的施工方式、加固围岩和设计最佳洞口断面形状等措施;对于岩石的岩性条件,可以考虑改善岩石的物理性质的措施。经过长期实践,人们已经摸索出一些岩爆控制手段,具体包括以下几个方面:

(1)改善围岩物理力学特性。主要措施是爆破后立即向工作面及附近洞壁喷洒高压水或利用炮眼及锚杆孔向岩体深部注水。

（2）应力解除。对于以高地应力为主要诱因的岩爆，重点应放在超前围岩地应力调整上，具体方法有（大口径）超前钻孔和纵向切槽等，通过钻孔释放隧道周边围岩内的切向应力，并将应力转移到围岩内部，达到防治目的。钻孔直径是影响应力释放效果的主要因素。

（3）加固围岩。锚喷支护能及时封闭岩体的张性裂隙和节理，加固围岩结构面，有效地发挥和利用岩块间的咬合和自锁作用，从而提高岩体自身的强度。由于锚喷支护结构、格栅钢架柔性好，它能与围岩共同变形，构成一个共同工作的承载体系，调整围岩应力，抑制围岩变形发展，避免岩爆的产生。

若干长大隧道的施工表明，及时施作锚喷支护在防治岩爆方面是有一定成效的，但在易于发生岩爆的高强度围岩中，大规模实施这种施工工序，将影响施工进度。

（4）选择合理的爆破开挖方法。提高光爆效果，力保开挖面圆顺，避免局部应力集中。采取"短进尺、弱爆破"，降低爆破对围岩的扰动，可以降低岩爆的发生频率；选择合适的开挖断面形式，可改善围岩应力状态。同是钻爆法，采用不同的开挖断面及开挖步骤时，由于应变能释放速度、开挖后地应力释放等方面的差异，发生岩爆的可能性会有很大不同。

2.施工技术对策

应根据岩爆强度大小对其进行严格分级，针对不同的岩爆级别可采取下列技术措施：

（1）中等岩爆地段，在隧道开挖断面轮廓线外 10～15 cm 范围内，在边墙及拱部打设注水孔，并向孔内灌高压水，软化围岩，加快围岩内部的应力释放。

（2）强烈岩爆地段，可采用部分摩擦型锚杆（楔管式、缝管式、水胀式等），及时挂网，防止岩爆落石。

（3）在工作面上钻多个 $\phi$20 mm 以上的应力释放孔。

（4）先行掘进一个断面积为 15～30 m 的小导洞，使岩层中的高地应力得以部分释放，再进行隧道的扩挖。

（5）岩爆强烈的开挖面，采用超前锚杆预支护，锁定前方的围岩。

3.施工规定与现场保护措施

（1）适当控制循环进尺。采用光面爆破或预裂爆破技术，使隧道周边圆顺，降低岩爆发生的强度；严格控制装药量，减少对围岩的扰动。

（2）采用喷射机械手进行网喷纤维混凝土。在拱部及边墙布置预防岩爆的短锚杆，锚杆长度宜为 2 m 左右，间距宜为 0.5～1.0 m，挂网喷纤维混凝土。

（3）做好超前地质预报，提前做好防范工作。

（4）爆破后立即向工作面新出露的围岩面喷水润湿，降低岩石表面脆性，软化岩体，缓释围岩压力。同时在岩爆严重地段，应合理调整工序，爆破后 2 h 内不安排人员进工作面，避开危险期。

（5）对车辆机械易损部位和驾驶室上部加焊钢结构防护棚。

（6）施工人员配带钢盔和防弹背心，对管理人员和施工人员加强岩爆知识教育，严格执行隧道施工的安全规定，强化个人防护意识。

4.岩爆发生后的处理措施

隧道施工中，一旦发生岩爆，应立即采取下列处理措施：

（1）停机待避，待安全后进行工作面的观察记录，如岩爆的位置、强度、类型、数量以及山鸣等。

**242**

（2）增加及时受力的摩擦型锚杆（不能替代系统锚杆），锚杆应装垫板。

（3）及时喷纤维混凝土，厚度宜为 5～8 cm。

（4）当用台车钻眼，岩爆的强度在中等以下时，可在台车及装渣机械、运输车辆上加装防护钢板，避免岩爆弹射出的块体伤及作业人员和砸坏施工设备。

## 思 考 题

1. 名词术语解释：软岩、膨胀岩、瓦斯隧道、石门。

2. 铁路隧道特殊岩土包括哪几种？

3. 铁路隧道不良地质地段包括哪几种？

4. 试述软岩分类与软岩隧道施工原则。

5. 简述控制膨胀岩性质的主要指标及其特点。

6. 说明膨胀岩分级方法与膨胀岩隧道施工的原则。

7. 简述岩溶隧道超前地质探测和预报技术。

8. 简述黄土隧道的特点与施工要点。

9. 试述风积沙隧道开挖方法。

10. 简述瓦斯隧道施工的基本原则。

11. 石门揭煤的方法与主要技术措施有哪些？

12. 简述高原多年冻土区隧道防冻与隧道防排水技术措施。

13. 简述高应力与极高应力隧道的判别指标与方法。

14. 简述隧道超前地质预报的原理与方法。

# 第八章

# 新奥法与新意法

"新奥法"(New Austrian Tunnelling Method——NATM)是奥地利的隧道工程专家 L. V. Rabcewicz, Pacher, Müller-Salzburg 等人创立的,形成于 1957～1965 年。开始只是设想和笼统的原则,直到喷射混凝土、锚杆和监控量测出现后,才变为现实。因此,公认的观点是"新奥法的产生源于喷射混凝土、锚杆支护取代传统支护"。

奥地利工程师勇于开创隧道工程新技术的实践促进了新奥法的建立和推广。1944 年,L. V. Rabcewicz 在他的著作中已提到"新奥法"的几个原则;1948 年,他在专利申请书中正式提出了新奥法的基本原则;1956～1958 年,L. V. Rabcewicz 根据新奥法原理在 Venezuela 建造了第一条大断面隧道;1963 年,在 Salzburg 的岩石力学学术会议上介绍了新奥法。之所以称其为"新",是因为已有一种传统的奥地利施工法(A Traditional Austrian Method)存在;之所以称其为"奥地利",是因为它是由奥地利的工程师们发展起来的。

20 世纪 60 年代,"新奥法"取得专利并在奥地利、瑞典、意大利等国的多个工程实践中取得成功,之后各国竞相仿效,在西欧、北欧、美国和日本等许多隧道及地下工程中得到了极为迅速地发展。它的成功与锚喷支护、钻爆技术进步密切相关;也和隧道工程信息化施工密不可分,通过施工收集信息和信息反馈,建立围岩、支护的变形及位移与应力分布及其变化之间关系,为隧道设计和施工提供可靠的依据。目前,用新奥法施工的地下工程难以数计,在欧洲、日本、中国等国家,新奥法已成为普遍应用的技术,并推广应用到地下铁道、矿山巷道、地下厂房、水工隧洞等地下工程中。

我国早在 20 世纪 60 年代末就对新奥法技术开始重视。曾就其基本理论和概念做了大量介绍,还在丰沙铁路二线、成昆线、贵昆线隧道工程中开始试用锚喷支护,煤炭、水工等部门也开展试验推广工作,并着手研究喷射机等施工机械。20 世纪 80 年代我国隧道工程界兴起了推广新奥法的热潮,铁路在下坑、普济、腰视河、南岭、大瑶山、军都山、金家崖、香炉坑、西坪、枫林等隧道中采用了新奥法施工,并取得成功经验。在北京地铁复兴门折返线和西单车站施工中,采用新奥法也取得成功。传统矿山法修筑隧道,采用梯形导坑、漏斗棚架、木排架、扇形木支撑……不但工效低,而且安全和质量难以保证,随着新奥法原理在铁路隧道施工中的运用,铁路隧道开挖方法发生了重大变革。

虽然,在新奥法的推广应用中也出现过失败的例子,学术界也对新奥法的观点和应用范围进行过争论;但是,新奥法的确有其科学性、先进性,正确理解和运用新奥法及其基本原则是成功推广应用的关键,特别对软弱围岩、浅埋地段和大断面隧道工程。

"新意法"原意为岩土控制变形分析法(ADECO—RS 法),它是确保隧道安全穿越各种地层(尤其是复杂不良地层)和实现全断面开挖的一种隧道设计、施工方法。该方法在过去数十年内广泛应用于意大利的铁路和公路领域,并已纳入意大利的隧道设计和施工规范。它还应用于欧洲其他一些国家的隧道项目。"新意法"适用于所有地层,尤其是复杂多变的不良地层。

国外的工程实例显示,采用该方法,不仅可以有效控制工程进度、工程质量和施工安全,还可以降低工程造价。新意法在我国具有广阔的推广应用前景,本章最后一节对其进行介绍。

# 第一节　新奥法概述

## 一、概　念

### 1.新奥法的定义

奥地利工程师和建造师联合会中的道路工程研究会试图定义新奥法,其中包含 5 个基本原则、3 个一般原则和 8 个特殊原则;定义为"新奥法是一种隧道设计施工方法,其目的是在岩石或土层中开挖隧道时,使围岩形成一个整体环状自支承结构,成为支护结构的一部分。"

这个定义广受指责,因为任何岩石洞室——至少部分地——都依靠拱效应实现自支撑,不管它用 NATM 还是采用其他方法。

2000 年版《中国土木工程指南》定义"新奥法"为:"当隧道埋深超过一定限度后,常用暗挖法施工。暗挖法最初采用传统的矿山法。20 世纪中叶创造了新奥法,此法尽量利用围岩的自承能力,用柔性支护如锚喷支护控制围岩的变形及应力重分布,使之达到新的平衡,目前已用于修建各种用途的隧道。"

H. Lauffer 给出的定义是"新奥法的开挖、支护方法和施工过程建立在监控量测之上,并随围岩与支护状态变化而不断调整,施工中应尽可能保持地层的自承能力。"

也有定义为"新奥法施工的基本思想是充分利用围岩的自承能力和开挖面的空间约束作用,采用锚杆和喷射混凝土为主要支护手段,及时对围岩进行加固,约束围岩的松弛和变形,并通过对围岩和支护的量测、监控来指导隧道和地下工程设计施工。"

以上这些定义揭示了新奥法最核心的问题——利用围岩支护隧道,使围岩本身形成支承环。

### 2.新奥法的内涵

对"新奥法"一词内涵的认识有一个过程。新奥法的创始人最初是将它作为一种隧道修建方法提出来的。但后来发现,将新奥法拘泥于某一种特定的施工方法或具体的支护技术将会使新奥法的推行受到很大的局限。于是,在一些文献中强调新奥法是一种"概念"、"原则"或"途径",而不是一种固定不变的具体施工方法或技术。

目前的认识是,新奥法是隧道设计和施工的技术法则,而不是一般意义上的施工技术或施工方法,不应将新奥法理解为一种隧道"工法"。新奥法有其自成体系的工程原理和技术指导原则,不以"工艺为核心";新奥法既有特定的技术指导原则,又有较大的机动灵活性,不能当作教条来执行,这要求隧道工程师既要有系统的理论知识水平,又要有丰富的现场工作经验。

认识新奥法的内涵具有重要的现实意义。事实上,在一些工程中,由于照搬某些新奥法工程中具体施工方法而不注意结合本工程的实际来体现新奥法的原则而遭到失败。例如,某个软弱围岩中的特浅埋隧道施工,在应用新奥法的过程中曾发生坍通地表的大坍塌。究其原因种种,但其中有一条就是照搬某些高地应力隧道中的做法,片面强调支护的柔性,强调在初期支护施作后尽可能让变形释放,而没有及时施作二次支护。

## 二、发展和应用概况

新奥法的发展可归纳为下面几个阶段。

(1)1964~1969 年

从理论上分析了在地层压力影响下隧道的破坏过程,阐明用薄壁柔性支护结构支护隧道的合理性。提出早期形成支护结构的闭合断面对保证隧道安全与稳定的重要性,批判了厚壁支护结构;提出了锚杆与喷射混凝土支护结构是加固围岩的重要手段;提出了通过量测隧道的收敛变形量来判断支护效果,判断隧道的安全性和稳定性。

(2)1969~1975 年

在支护结构设计理论问题上提出了按受剪破坏条件来进行计算的原则。并提出为了保护围岩天然承载力,支护结构应当与围岩贴紧,以便能及时和有效地对围岩施以约束压力。

(3)1975 年至今

主要探求了用有限元法解决隧道设计的数值解法问题。由于地质情况复杂,影响施工的因素很多,这方面的研究成果还不能成为新奥法设计的依据,只能作为分析问题的参考。

欧洲是新奥法推广应用最早和研究最深入的地区,包括穿越阿尔卑斯山脉的多条隧道在内的重要隧道均采用新奥法建成。

日本为了迅速引进这一新技术,在不少部门专门设立了有关机构来开展这方面的研究和推广应用,经过 1976~1978 年的试验施工后,于 1979 年开始正式推广应用新奥法。目前,在日本的隧道工程中新奥法已占据主导地位。

美国隧道界对新奥法也给予了足够的重视,纽约地铁隧道采用新奥法构筑,显著降低了单位造价。

我国在 1985 年制订了国家标准《锚杆喷射混凝土支护技术规范》(GBJ 86—85),2001 年又进行了修订,现行国家标准《锚杆喷射混凝土支护技术规范》(GB 50086—2001)于 2001 年10 月实施。新奥法已成为我国修建铁路隧道、公路隧道和其他地下工程的重要技术。

我国自 1979 年以来,在铁路隧道施工中大力推广新奥法,积累了丰富的经验。1988 年,铁道部基本建设总局发布和实施了《铁路隧道新奥法指南》,《铁路隧道新奥法指南》是在总结我国二十年来采用新奥法修建铁路隧道经验的基础上编制的,体现了当时隧道工程的技术水平,是铁路隧道技术规范的补充,也是铁路隧道和其他地下工程采用新奥法设计、施工的指导性文件。1992 年,根据我国铁路隧道工程的实践经验,参考国内外有关资料,在《铁路隧道新奥法指南》的基础上,广泛征求设计、施工单位的意见,编写了《铁路隧道喷锚构筑法技术规则》(TBJ 108—92),作为铁路行业技术标准实施。2002 年,根据铁路隧道工程的实践经验,在《铁路隧道喷锚构筑法技术规则》的基础上,修订了围岩分类为围岩分级,充实了施工阶段分级的评定方法和建筑材料、防排水、监控量测等有关内容,编写了《铁路隧道喷锚构筑法技术规范》(TB 10108—2002,J159—2002),作为较完善的铁路行业技术标准实施。新奥法原理为铁路隧道的科学施工奠定了坚实的理论基础,为采用各种先进的施工机械、合理的隧道开挖方法开辟了广阔的道路。

### 三、新奥法的优点

#### (一)适用范围广

新奥法的适用范围很广泛。从铁路隧道、公路隧道、城市地下铁、地下贮库、地下厂房一直到水电站输水隧洞、矿井井巷等都可以采用新奥法建造。就隧道跨度来看,在双线铁路隧道及双线公路隧道的构筑中,其跨度已达 10 m 以上,而在水电站发电机组厂房隧道的构筑中,隧道跨度已达 30 m 左右,埋深由覆盖层为数米至 1 000 m。就隧道上覆地层而言,从山岭隧道到城市隧道都可以应用新奥法修建。从地质条件来讲,由坚硬岩、软岩、土砂质地层中的隧道,一直到具有强大膨胀性地压的地层中的隧道,都可以用新奥法修建,特别是在膨胀性地层和在软弱的土砂质地层中,采用新奥法可以有效地克服塌方事故。在城市地下工程中,采用新奥法可以成功地控制地表下陷。

### (二)充分发挥围岩自承能力

采用新奥法构筑隧道可以使围岩与支护结构共同工作,最大限度地发挥围岩本身原有的支承能力,这是新奥法独到的优点。

### (三)施工安全性好

新奥法施工过程中,通过量测手段来掌握围岩稳定状态,发现情况可以及时采取措施,因而可以保证安全施工。在隧道长期使用过程中,还可以通过经常性量测来预测和监视隧道的稳定状态。

### (四)省人力、省资源、成本低

新奥法支护结构是以锚杆、喷射混凝土、可缩性钢拱架等材料构成的薄壁柔性支护结构,薄壁柔性结构是在受剪状态下工作,而旧的厚壁结构则是在受弯状态下工作,见图8-1。前者可以充分利用混凝土的抗剪强度,大幅度降低材料用量。另外,由于薄壁衬砌,开挖石方量也大大减少,因此,采用新奥法具有省人力、省资源、成本低等优点。

### (五)便于机械化施工,加快施工速度

在新奥法施工中,不论采用全断面开挖,还是采用分台阶开挖,使用喷射混凝土、锚杆或钢拱架构筑的临时支护结构就是永久性支护结构的主要部分,不用拆除,不占有效空间,因而施工作业面空间宽敞,便于组织大型机械化施工,加快施工速度。

### (六)防水效果好

传统方法构筑隧道是在凹凸不平的岩层表面构筑防水层,难以得到可靠的防水效果。新奥法的衬砌是通过两次支护来完成的,可以先在一次支护后的光滑表面上构筑防水层,然后再做二次支护,从而大大提高防水效果。

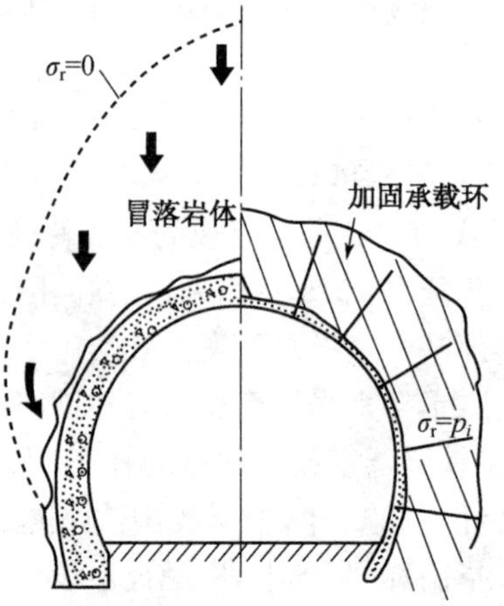

图 8-1  新奥法与传统隧道支护方法比较

### (七)动态化设计、施工,灵活性好

在施工过程中,通过对围岩不断进行量测,可以随时判断出围岩和结构物的安全状态,并据此采取临时措施,或变更设计,或变更施工方法,使设计和施工具有极大的灵活性。

## 第二节  新奥法的基本原则

新奥法被一些人误解为只是在隧道中采用喷射混凝土和锚杆支护,把它视为一种支护形式,而不当作一种设计和施工方法,持这种观点的人,仅期望锚杆和喷射混凝土的支护作用,而不注意怎样充分发挥围岩的承载能力。根据新奥法创始人之一米勒教授(Müller)的说明,新奥法不完全是一种开挖和支护的方法,它是一种新的概念。新奥法开挖隧洞是否成功,取决于是否很好地遵循一系列原则。

新奥法原理是应用岩体力学的理论,以维护和利用围岩的自承能力为基点,采用锚杆和喷

射混凝土为主要支护手段,及时地对围岩进行支护,控制围岩的变形和松弛,使围岩成为支护体系的组成部分,并通过对围岩和支护的量测监控来指导隧道设计、施工的原理。新奥法原理可以归纳为以下七条基本原则:

1．隧道支护和围岩是整体化的结构物,围岩是承载结构的一部分,因此,应合理地利用围岩的自承能力,保持围岩稳定。

2．以喷射混凝土、锚杆为主要支护手段,及时支护和封闭围岩,尽量避免出现二向应力状态,松动范围愈小愈好,以保护和发挥围岩的强度和承载能力,使围岩成为支护体系的重要组成部分。

3．开挖作业应减少对围岩的扰动,尽量采用大断面开挖,减少围岩应力多次分布的危害,并保持隧道开挖轮廓圆顺,避免应力集中。

4．施工中必须对围岩和支护进行观察、量测,根据量测结果及时修改初期支护参数或施工方法,合理安排施工程序,实现动态化设计。

5．二次衬砌原则上在围岩和初期支护变形基本稳定后进行,但遇软弱围岩,特别是洞口段时衬砌则要紧跟。

6．在软弱围岩地段,支护应及早闭合。围岩特别软弱时,上半断面开挖完做好初期支护后应增设临时仰拱,开挖到隧底后应及时施作抑拱。

7．在某些条件下,必须采取其他辅助措施或工法,如超前预注浆、冻结、排水等,才能保证新奥法成功应用。

以上原则是运用新奥法原理制定隧道开挖方法的基本指导思想。这七条原则相互联系,缺一不可。

实际上,新奥法的原则核心就只有一条,那就是保护围岩,调动和发挥围岩的自承能力。从这一核心原则出发,可以根据隧道工程具体条件灵活地选择开挖方法、爆破技术、支护形式、支护施作时机和辅助工法(例如地层注浆)。至于对围岩变形的控制,根据不同情况,有时应强调释放,有时应强调限制。其目的都是为了"保护围岩,调动和发挥围岩的自承能力"。

实践证明,遵守上述基本原则,隧洞施工会更加安全和经济;反之,未遵守上述原则,会造成技术或经济上的失败。

# 第三节　新奥法的支护系统

最大限度地利用围岩的支护能力,使围岩形成承载拱,支护岩体本身的荷载,新奥法这一目标的实现有赖于选用合理的支护方案、参数。

新奥法常用的支护方案为两次支护。一次支护构筑一个柔性外拱支护,一般采用锚杆和喷射混凝土,必要时用轻型钢拱架加强,同时封闭仰拱。柔性外拱支护和围岩在应力重新分布过程中的性状,由完善的量测系统进行控制。二次支护是用混凝土构筑一个内拱衬砌,一般在外拱支护达到稳定后施做。内拱衬砌的作用是增加所必要的安全度等。

## 一、喷射混凝土

喷射混凝土是一种柔性支护结构,但同时具有一定的强度,是新奥法施工中的标准支护手段。其最大的特点是能立即封闭新开挖暴露出的岩面,能很快获得较高强度,从而迅速发挥支护作用。

喷射混凝土具有很多优点,首先是能迅速保护围岩,使其与大气隔绝,防止风化,对破碎围岩进行补强。其次是可以填补岩石缝隙和凹凸不平,减少应力集中,增强支护的拱效应。喷射混凝土还对锚杆之间的岩体有重要支护作用。

为吸收软弱围岩的变形,可采用钢纤维喷射混凝土提高喷射混凝土强度,对于高应力区,可采用强度高、耐久性好的玻璃纤维,而不是盲目增加喷射混凝土厚度,发展纤维喷射混凝土成为一种趋势。

## 二、锚 杆

锚杆支护可以促进围岩承载环的迅速形成。

根据岩层的具体情况,选择锚杆类型和参数。在硬岩和中硬岩中可以采用端部锚固的锚杆,如端部药卷式或楔缝式锚杆。在较差的岩层中,包括膨胀性地层,可采用全长锚固锚杆,如全长灌浆锚固锚杆。树脂锚杆使用方便,能在短时间内达到很强的锚固力,使用日益普遍。已在矿山软弱围岩支护中得到大量应用,值得在铁路隧道中推广。

实践证明,在喷射混凝土+锚杆+钢拱架联合支护中,锚杆具有重要作用,特别是在隧道拱部,有利于防止剪切失稳;在没有仰拱时,在拱脚处应安装锁脚锚杆,可以控制墙底部发生大变形和坍塌。

## 三、钢 拱 架

钢拱架有格栅钢架、槽钢、工字钢等型钢钢架等类型。由于钢拱架不仅承受其上部围岩荷载,而且还要承受钢拱架之间的围岩荷载,所以采用钢拱架可以控制隧道发生大的变形,这对软弱岩层加固有重要作用,钢拱架还可以防止掉块,有利于保护作业面工作人员的安全。

为了更好发挥钢拱架作用,必须提高隧道成型质量,保证钢拱架与隧道开挖轮廓线密贴。钢拱架和锚杆与喷射混凝土联合使用,能分担锚杆的荷载。

## 四、二次衬砌设计与施工

二次衬砌作为结构安全的长期储备、饰面和防水层,在初期支护变形基本稳定后施做,施工时应保证现浇混凝土的强度、密实性、耐久性以及施工缝的防水;随着喷射混凝土技术的发展,国外已有采用喷射混凝土作为二次衬砌的实例,这样可以大大减小衬砌厚度,提高施工速度,降低工程造价;采用高性能混凝土提高混凝土强度、密实性、耐久性,特别是提高混凝土的早期强度,以减少脱模时间,提高二次衬砌施工速度。

## 五、辅助施工措施

在使用新奥法的过程中,随时有开挖面不能自稳,或地表沉陷过大的情况,为了确保隧道工程顺利进行和施工安全,必须采取一定的工程措施对地层进行预支护或预加固,称之为辅助施工措施。预支护措施主要有:预留核心土、喷射混凝土封闭开挖工作面、超前锚杆、管棚、临时仰拱封底。预加固措施有:预注浆加固地层、地表喷锚预加固、兼有双重功能的超前小导管注浆。

辅助施工措施推动了新奥法在浅埋、大断面及软弱地层中的应用和发展。选择辅助施工措施的原则是,在满足工程安全的条件下,优先选择简单易行、有效、经济的辅助措施。不同的辅助施工措施具有不同的适用条件,应综合分析各种辅助施工措施对地质条件的适用性、安全性、经济性和工期等,慎重选择。

# 第四节　新奥法的设计方法

## 一、新奥法设计的特点

(1)新奥法设计以工程类比为主,设计时首先要求把本工程的地质条件与类似的已建工程进行充分分析对比,以便确定出本工程的预选设计方案。

铁路隧道采用喷锚构筑法修建时,喷锚衬砌和复合式衬砌可采用表 2-10 和表 2-11 的衬砌参数。对地质复杂、大跨度、超浅埋和有特殊要求的隧道,应在做充分的地质调查,获得原始地应力状态、围岩特性等资料的基础上,采用弹塑性数值法或近似解析法进行检算。

(2)结构设计和施工设计应紧密结合。新奥法设计工作应包括结构设计和施工设计两部分,并且应当把结构设计和施工设计紧密地结合起来。

(3)对重要隧道,应当分阶段进行设计方案。第一阶段,把已建工程的客观条件和经验与本工程的客观条件相比较,应用工程类比法制定预选设计施工方案。第二阶段,先通过施工试验段验证预选方案是否可行,然后再制定工程实施设计方案。

(4)量测围岩,监控设计施工。在施工全过程中,自始至终地通过对隧道围岩动态的量测来监控设计施工,并在需要时修改和变更设计施工方案。

## 二、新奥法的地质勘察

地质勘察是隧道工程建设的关键,由于地层地质条件复杂多变,难以准确全面地预知,加之施工扰动,所以地质勘察必须贯穿于工程建设全过程。新奥法将地质勘察分为两个阶段,即施工前的地质勘察和施工中的地质勘察。

### (一)施工前的地质勘察

施工前的地质勘察是从隧道工程设计初测和定测阶段开始,直到施工组织者在编制施工组织设计时进行现场复核和确认。其目的是判定围岩级别,查明可能存在的不良地质及特殊地质,为设计和施工提供可靠的地质依据。其精度应能避免发生严重的地质灾害,不致产生大的设计变更及影响施工计划和施工工期。地质勘察的方法和手段有多种,各有优缺点,应综合采用。

施工前的地质勘察除了应进行常规的地质勘察外,还要求详细地进行下列内容的勘测:

1. 地质剖面图中除了包括常规的内容外,还应包括按弹性波纵波传播速度划分的地质带和按围岩强度比划分的地质带。

2. 如果地层的围岩强度比小于 2 时,还应当测定岩石容重、天然含水率、塑限和塑性指数、流动性指数等指标。

3. 地下水分布状态,有无涌水、涌水状态、涌水量、水压。

4. 断层和破碎带的性质、状态。

5. 有无偏压。

### (二)施工中的地质勘察

施工中的地质勘察工作应紧跟隧道开挖面进行,必要时可以通过物探、钻探或超前小导洞进行。其目的是为局部设计变更或临时改变施工方法、调整施工计划及保证施工安全提供依据。工作内容主要包括开挖面地质情况的描述、岩体结构面产状的分析、岩石力学试验和水文状况调查。施工地质是对施工前地质勘察成果的检验和补充,在整个地质勘察中作用突出,是新奥法施工不可缺少的环节。

### 三、新奥法的设计方法

新奥法设计程序见图 8-2。新奥法采用两阶段设计法,即在施工前的预设计阶段和与施工同时进行的信息反馈修改设计阶段。新奥法的设计以工程类比为主要方法,并通过现场监控量测进行工程实际检验。当仅用工程类比的方法尚不足以保证设计的合理性时,则采用解析或数值分析的方法进行理论计算,两者相互对照,综合分析,比较确定。

对地质复杂、大跨度、超浅埋和有特殊要求的隧道,应在做充分的地质调查,获得原始地应力状态、围岩特性等资料的基础上,采用弹塑性数值法或近似解析法进行检算。

#### (一)制定预选设计方案

制定预选设计方案的依据包括:

1. 已建工程的经验。掌握应用新奥法建成的隧道所取得的安全而经济的设计施工经验,是制定预选设计方案的重要依据。随着新奥法的发展,国内外应用新奥法构筑成功的隧道愈来愈多,所取得的安全而又经济的设计施工经验愈益丰富,这些经验已不只限于单线、双线铁路隧道和公路隧道,还包括了大断面、大跨度的各种不同使用目的的隧道。在地质条件方面,不仅有好和较好岩质条件下的经验,还有在复杂岩质条件下的设计施工经验,这些经验会为今后应用工程类比法制定预选设计方案提供很重要的依据。

2. 本工程的条件。本工程的地质条件,隧道的使用目的和周围环境,隧道的使用要求、埋深、断面形状、断面尺寸、地表情况以及气象条件等,也是制定预选设计方案的重要依据。

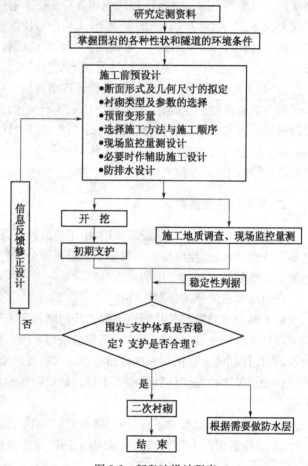

图 8-2 新奥法设计程序

应用工程类比法制定预选设计施工方案并不是消极地模仿,而是在总结过去经验的基础上,经过类比分析进行再创造。类比工作应先从地质条件的对比入手。把根据地质勘察报告所提供给本工程可能遇到的复杂地质问题(如断层破碎带、涌水、膨胀性、偏压、滑坡等)与已建工程对比,并参考已建工程的设计方案和量测资料,确定本工程的预选设计方案。

预选设计方案是新奥法设计施工的重要环节。因此,应尽可能正确合理,尽可能符合实际情况。

预选设计方案的内容应当包括：

(1)隧道断面形状、尺寸。

(2)一次支护的组成成分、设计参数、支护结构图，各结构成分的构筑时机。

(3)混凝土二次支护设计参数、构筑时机。

(4)预留开挖轮廓变形量。

(5)施工方案、方法和施工顺序。

(6)隧道内外现场监控量测设计。

(7)复杂地质区段必须采用的和可能采用的预支护、预加固、排水等辅助施工方法及机械设备。

(8)防排水设计。

(9)其他相关设计，如特殊地质段的隧道设计、附属洞室的设计、施工及运营中的灾害预防设计等。

（二）制定实施设计方案

预选设计方案多半要通过施工试验段验证之后才能制定实施设计方案。

凡遇到下述情况就应当考虑进行施工试验：

1. 缺乏新奥法设计施工经验时；

2. 需要对一些特殊地质条件的预选设计方案做进一步斟酌时；

3. 施工中地质条件发生变化，而在这种地质条件下还没有进行过施工试验段的验证时。

在试验过程中，应对围岩动态进行系统的量测，除了一般的必测项目外，还应包括一些选测项目，以便在制定实施设计方案时有更充分的依照。

如果新奥法施工经验比较丰富，亦可不经过试验段验证直接把预选设计方案作为实施设计施工方案。

（三）信息反馈修正设计

信息反馈修正设计是在隧道施工展开后根据现场地质调查结果、监控量测数据、工程进度状况等信息对施工前预设计的各项内容进行检验和修正。这是必要的、贯穿整个施工过程的设计阶段，也是新奥法区别于其他传统的工程方法的重要特点之一。监控量测中一旦发现围岩有不稳定状态，就应及时采取有效措施进行加固，并根据加固后的情况修改、变更开挖工作面前方尚未开挖段的实施设计方案，同时还应按修改或变更后的设计方案对邻接的已支护段做适当的补充加固。

信息反馈修正设计的主要内容有：

(1)评判监控量测的成果，补充完善监控量测设计。

(2)设计参数的修改或确认。

(3)预留开挖轮廓变形量的修正。

(4)采用辅助施工措施的建议。

(5)施工工序的更改。

(6)改变施工方法的建议。

(7)针对预设计的补缺。

(8)由于地质和水文情况的重大变化，发生确有必要的、方案性的设计及施工变更建议。

新奥法的基本原理，针对目前存在的问题，对隧道的设计要点可归纳为"围岩是主题"、"支护是手段"、"实践是基础"和"解析是验证"这四大理念。

## 第五节   新奥法的量测工作

隧道施工过程中,围岩变形监控是掌握围岩动态信息、确保洞室稳定性及施工安全性的重要技术手段之一。现场工程技术人员通过对开挖面地质情况的观测和系列量测数据的分析对隧道围岩的变化进行预测或判断,进而调整支护参数、施工方法和施工顺序,以达到围岩稳定、施工安全和工程经济的目的。所以,监控量测工作既是新奥法施工的前提,又是新奥法施工的核心。新奥法监控量测工作是监视围岩是否安全稳定的手段,它始终伴随着施工的全过程,是新奥法构筑隧道非常重要的一环。

新奥法量测工作的作用可归纳为:

(1)掌握围岩动态和支护结构工作状态,利用量测结果修改设计、指导施工。

(2)预见事故和险情,以便及时采取措施,防患于未然。

(3)积累资料,为以后的设计提供类比依据。

(4)为确保隧道安全提供可靠依据。

### 一、量测项目

监控量测可分为必测项目和选测项目。

**(一)必测项目**

必测项目是必须进行的常规测量,是判断围岩稳定状态、判断支护结构工作状态、指导设计施工的经常性量测,是新奥法量测的重点项目,见表 8-1。这类量测方法简单、费用少,但对修改设计、指导施工所起的作用却非常大。

表 8-1   监控量测必测项目

| 序号 | 监测项目 | 测试方法和仪器 | 测试精度 | 备 注 |
|---|---|---|---|---|
| 1 | 洞内、外观察 | 现场观察、地质罗盘 | | |
| 2 | 净空变化 | 隧道净空变化测定仪(收敛计) | 0.1 mm | 一般进行水平收敛量测 |
| 3 | 拱顶下沉 | 水准测量的方法、水准仪、钢尺 | 1 mm | |
| 4 | 地表下沉 | 水准测量的方法、水准仪、塔尺 | 1 mm | 浅埋隧道必测 |

**(二)选测项目**

选测项目是对一些具有特殊意义和只有代表性意义的区段进行的补充量测,是以判断隧道围岩松动状态、判断喷锚支护效果和为以后设计积累资料为目的的量测,见表 8-2。这类量测在方法上比较麻烦,因量测项目过多而造成费用较大,因此,除了有特殊量测任务的地段外,只选其中一些必不可少的项目进行量测。

表 8-2   监控量测选测项目

| 序号 | 监测项目 | 测试方法和仪器 | 测试精度 | 备 注 |
|---|---|---|---|---|
| 1 | 地表下沉 | 水准测量的方法、水准仪、塔尺 | 1 mm | 浅埋隧道必测 |
| 2 | 围岩内部变形 | 多点位移计 | 0.1 mm | |

续上表

| 序号 | 监测项目 | 测试方法和仪器 | 测试精度 | 备　注 |
|---|---|---|---|---|
| 3 | 围岩压力 | 压力盒 | 0.001 MPa | |
| 4 | 锚杆轴力 | 钢筋计 | 0.001 MPa | |
| 5 | 喷射混凝土受力 | 混凝土应变计 | $10~\mu\varepsilon$ | |
| 6 | 钢架受力 | 钢筋计 | 0.1 MPa | |
| 7 | 二次衬砌内应力 | 混凝土应变计 | 0.1 MPa | |
| 8 | 围岩弹性波速度 | 弹性波测试仪 | | |

(三)量测项目的选定

在一具体工程中,要根据工程规模、地质条件、隧道埋深、开挖方法及其他特殊要求综合选定量测项目,已经选定的项目还要在施工过程中根据围岩动态而有所增减。

典型的量测断面布置见图 5-4。

## 二、量测的位置、间隔及频度

(一)洞内、外观察

洞内观察分为开挖面观察和已施工地段观察两部分。开挖面观察应在每次开挖后进行,若观察中发现围岩恶化时,应立即采取相应处理措施。观察后应立即绘制开挖工作面地质素描图、填写开挖工作面地质状态记录表和施工阶段围岩级别判定卡。对已施工地段的观察每天至少一次,主要观察喷射混凝土、锚杆和钢架等的工作状态。

洞外观察重点应在洞口段和洞身埋置深度较浅地段,其观察内容应包括地表开裂、地表沉陷、边坡及仰坡稳定状态、地表水渗透情况等。

(二)净空变化、拱顶下沉和地表下沉

净空变化、拱顶下沉和地表下沉等必测项目应设置在同一断面,其量测断面间距及测点数量可根据围岩级别、隧道埋深、开挖方法等按表 8-3 进行。净空变化、拱顶下沉和地表下沉量测应在每次开挖后 12 h 内取得初读数,测点应牢固可靠,易于识别,并注意保护,严防爆破损坏。

表 8-3　必测项目量测断面间距和每断面测点数量

| 围岩级别 | 断面间距(m) | 每断面测点数量 | |
|---|---|---|---|
| | | 净空变化 | 拱顶下沉 |
| 1 | 5～10 | 1～2 条基线 | 1～3 点 |
| 2 | 10～30 | 1 条基线 | 1 点 |
| 3 | 30～50 | 1 条基线 | 1 点 |

净空变化、拱顶下沉和地表下沉各项量测频率应根据位移速度和量测断面距开挖面距离,分别按表 8-4、表 8-5 确定,当按表 8-4、表 8-5 选择量测频率出现较大差异时,宜取量测频率较高的作为实施的量测频率。

表 8-4  净空变化与拱顶下沉量测频率(位移速度)

| 位移速度(mm/d) | 量测频率 |
|---|---|
| ≥5 | 2 次/d |
| 1~5 | 1 次/d |
| 0.5~1 | 1 次/(2~3 d) |
| 0.2~0.5 | 1 次/3 d |
| <0.2 | 1 次/7 d |

表 8-5  净空变化与拱顶下沉量测频率(距开挖面距离)

| 量测断面距开挖面距离(m) | 量测频率 |
|---|---|
| <1B | 2 次/d |
| (1~2)B | 1 次/d |
| (2~5)B | 1 次/(2~3 d) |
| >5B | 1 次/7 d |

### 三、监控量测的资料整理与反馈

根据量测数据绘制出拱脚水平相对净空变化、拱顶相对下沉和地表下沉的时态曲线及其与开挖工作面距离的关系图。

量测所得到的信息通过理论计算(反分析)和经验方法两种途径对围岩的稳定性进行分析和判断。用有限元、边界元等和反分析技术结合的理论分析方法,目前只可起到定性的作用。当前广泛采用经验方法来实现反馈。根据"经验"(包括调研及必要的理论分析)建立一套判断准则,直接根据量测结果(经过处理的)判断围岩稳定性和支护系统的可靠性,以便及时调整设计和进行施工决策。

根据国内外实测数据和研究成果,建立了以位移为基础的判断准则。

(一)根据位移量测值预计最终位移值

实测最大位移值或预测最大位移值不大于表 8-6、表 8-7 所列极限相对位移值的 2/3 时,可认为初期支护达到基本稳定。

表 8-6  单线隧道初期支护极限相对位移(%)

| 围岩级别 | 埋 深 (m) | | |
|---|---|---|---|
| | ≤50 | 50~300 | 300~500 |
| 拱脚水平相对净空变化 | | | |
| Ⅱ | — | — | 0.20~0.60 |
| Ⅲ | 0.10~0.50 | 0.40~0.70 | 0.60~1.50 |
| Ⅳ | 0.20~0.70 | 0.50~2.60 | 2.40~3.50 |
| Ⅴ | 0.30~1.00 | 0.80~3.50 | 3.00~5.00 |
| 拱顶相对下沉 | | | |
| Ⅱ | — | 0.01~0.05 | 0.04~0.08 |
| Ⅲ | 0.01~0.04 | 0.03~0.11 | 0.10~0.25 |
| Ⅳ | 0.03~0.07 | 0.06~0.15 | 0.10~0.60 |
| Ⅴ | 0.06~0.12 | 0.10~0.60 | 0.50~1.20 |

注:本表适用于按表 8-1 参数设计的单线复合式衬砌的初期支护。硬岩取表中较小值,软岩取较大值。

(二)根据位移速率判断

国内下坑、金家岩、大瑶山等十余座隧道的位移观测表明,变形速率是由大变小的递减过程,变形曲线可分为三个阶段:

1.变形急剧增长阶段——变形速率大于 1 mm/d 时;

2. 变形速率缓慢增长阶段——变形速率 $1\sim0.2\,\mathrm{mm/d}$ 时；

3. 变形基本稳定阶段——变形速率小于 $0.2\,\mathrm{mm/d}$ 时。

表 8-7　双线隧道初期支护极限相对位移(%)

| 围岩级别 | 埋　深 (m) | | |
|---|---|---|---|
| | ≤50 | 50～300 | 300～500 |
| 拱脚水平相对净空变化 | | | |
| Ⅱ | — | 0.01～0.03 | 0.01～0.08 |
| Ⅲ | 0.03～0.10 | 0.08～0.40 | 0.30～0.60 |
| Ⅳ | 0.10～0.30 | 0.20～0.80 | 0.70～1.20 |
| Ⅴ | 0.20～0.50 | 0.40～2.00 | 1.80～3.00 |
| 拱顶相对下沉 | | | |
| Ⅱ | — | 0.03～0.06 | 0.05～0.12 |
| Ⅲ | 0.03～0.06 | 0.04～0.15 | 0.12～0.30 |
| Ⅳ | 0.06～0.10 | 0.08～0.40 | 0.30～0.80 |
| Ⅴ | 0.08～0.16 | 0.14～1.10 | 0.80～1.40 |

注:本表适用于按表 8-2 参数设计的双线复合式衬砌的初期支护。硬岩取表中较小值,软岩取较大值。

(三)根据围岩位移时态曲线判断

由于岩体的流变特性,岩体破坏前的变形曲线可分为三个阶段。

1. 基本稳定区,主要标志为变形速率逐渐下降,即 $\mathrm{d}^2u/\mathrm{d}t^2<0$,该区亦称"一次蠕变区",表明围岩趋于稳定状态。

2. 过渡区,变形速率保持不变,$\mathrm{d}^2u/\mathrm{d}t^2=0$,该区亦称"二次蠕变区",表明围岩向不稳定状态发展,须发出警告,加强支护系统。

3. 破坏区,变形速率逐渐增大,即 $\mathrm{d}^2u/\mathrm{d}t^2>0$,亦称"三次蠕变区",表明围岩已进入危险状态,须立即停工,进行加固。

根据量测结果可按表 8-8 所列变形管理等级指导施工。

隧道开挖过程中围岩变形受到时间的影响,各断面的拱顶下沉及周边收敛的位移—时间曲线呈现出一定的规律性,围岩的位移—时间特征曲线主要有五种类型:"抛物线"形、"厂"形、"似根号"形、"凸"形和"似台阶"形。其中在全断面开挖法时围岩的变形主要呈"抛物线"形和"厂"形;台阶法开挖时围岩变形以"抛物线"

表 8-8　变形管理等级

| 管理等级 | 管理位移 | 施工状态 |
|---|---|---|
| Ⅲ | $U<U_0/3$ | 可正常施工 |
| Ⅱ | $U_0/3 \leqslant U \leqslant 2U_0/3$ | 应加强支护 |
| Ⅰ | $U>2U_0/3$ | 应采取特殊措施 |

注:$U$——实测位移值;$U_0$——最大允许位移值。

形和"似台阶"形为主;而一般在洞口段、软弱围岩段或地质条件较为复杂地段,其围岩变形会出现"似根号"形和"凸"形,这两类变形曲线出现的相对较少,一般以"抛物线"形居多。隧道围岩变形主要受到围岩类别、岩体结构及裂隙分布、原始地应力场、施工方法与支护措施、岩性和地下水等多方面因素综合影响。

围岩稳定性判断是很复杂的也是非常重要的问题,应结合具体工程实践采用上述经验判别准则综合判断。

## 第六节  新奥法的不足和应用中存在的问题

### 一、新奥法的不足

虽然新奥法在隧道结构设计和施工实践中取得了显著的效果,但目前在理论上尚存在一些不足之处,主要有:

1. 以往分析计算模型时假定隧道围岩为均质的、各向同性的、连续的弹塑性体理论模型。由于隧道围岩的非均质性、各向异性和不连续性,其解析解或数值解的结果只在均匀完整岩体中较吻合,其他大多数隧道围岩由于地质条件的复杂性和多样性,理论解与实际量测结果差别很大,理论解用于实践尚有待进一步深入研究。

2. 目前新奥法的支护手段以喷锚为支柱的提法不够全面,而应以符合新奥法基本原则的包括各种支护手段(含辅助施工措施)的提法较妥,确保隧道围岩不出现有害松弛。

3. 锚杆支护的使用是有条件的,它主要根据围岩的岩层产状和稳定状况起联结、组合和整体加固作用。因此,锚杆支护对于整体性差的围岩或自稳能力差、有涌水和大面积淋水地层等松软围岩作用不大。

4. 鉴于目前岩体力学尚不足以全面解决隧道工程问题,必须综合岩体力学以及相关力学理论分析隧道围岩的应力和变形特征,确保支护结构安全。

5. 地下水对隧道围岩和支护结构影响的分析有待进一步研究,实践中必须慎重处理地下水对隧道围岩和支护结构的危害。

6. 许多隧道工程的失败教训提醒人们,新奥法的理论基础和基本原则是正确的,其分析方法和支护手段是发展的,必须在实践中不断加以总结和完善。

### 二、新奥法使用中存在的问题

对于新奥法的施工原则,我国隧道工程人员都不难理解,因为我国从施工几千座隧道中早已理解减少扰动、及时支护和尽快封闭等都是隧道施工的重要原则。但是,新奥法要求使用者既要有丰富的工程实践经验,又要有扎实的岩土力学理论知识。这导致对新奥法的认识和理解存在差异,尤其是现场运用新奥法的水平差异很大,带来的结果也大不一样,有的还造成了惨痛的失败和教训。以致一度对新奥法的工程原理和使用价值产生怀疑。郭陕云指出了如下新奥法在现场运用中常见的一些问题:

1. 认识错误,理解片面,单纯地把新奥法看做是一施工方法或支护手段。仅使用了新奥法的部分原理,就认为是在运用新奥法修建隧道,其实整个工程实施与新奥法的要求甚远,工程效果当然难以保证。新奥法是一个相互关联的系统,只有深入理解,全面运用才能取得理想工程效果。

2. 没有理解新奥法原理的科学涵义,死搬硬套其中某些条款,难免失败。如不顾地质情况的差异和变化,一味采用较大断面进行隧道开挖,以为可以减少对围岩的扰动,却造成了开挖面失稳以至发生坍塌。新奥法原则在实际运用中,有轻重缓急之分,须把握关键,权衡利弊,相机而动,灵活处置。但是,保持和实现围岩的稳定都是第一位的基本原则,即"稳定压倒一切"。对于围岩稳定有较大影响的工程因素要仔细考虑,慎重抉择。

3. 忽视了新奥法所提倡或主张的各种方法、手段的使用范围及边界条件,盲目被动,贻误时机。一般表现在对特殊地质情况的处理。如开挖面普遍涌水,喷混凝土无效;出现流沙层或软塑土体,开挖面不能自稳;遭遇膨胀性岩体或高地应力下蠕变地层,量测数值曲线呈发散状态不收敛;隧道所处地区为湿陷性黄土;地表及拱顶下沉难以控制等。克服上述困难地质往往需要采取适当的辅助施工措施,其基本操作是"治水保土",即堵水、排水、降水、冻结、注浆、环槽开挖留核心、封闭开挖面、锚杆、管棚、超前小导管、临时仰拱等。

4.所采用的施工方法及施工顺序违背新奥法的力学原理,形成了安全隐患,以至发展为坍塌事故。如在软弱、破碎及含水量较大的地层中采用长台阶法进行开挖施工,就会造成隧道起拱线以下的边墙部位应力变化过大、围岩物理力学性质恶化而失稳。且没有临时仰拱措施的长台阶法施工难以实现及早封闭成环的原则要求,隧道"关门塌方"多数由于这种原因形成。在新奥法指定的工程原则下,可采用的施工方法、施工顺序和工程参数有多种可能,应充分考虑具体条件及其变化趋势,做出较为合理的选择,并在实施中加以修正和补充。

5.监测系统不完善使信息要素缺失,新奥法在实际运用中遇到困难。目前大多数施工现场的监测数据以位移(A类)为主,应力、应变(B类)为辅,通过定量分析求知两类变量的关系。实际上用得最多的收敛位移值是相对值,然而用于判断围岩和支护稳定程度的应该是位移、形变或应力的绝对值。在同一隧道断面中,当各部分围岩的岩性和产状差异较大时,常规的分析判断必结果会出现较大的差误,须要增加另外的检测手段进行对照和修正。如果现场监测只有数据采集而没有处理、分析,也没有信息传递及反馈,那"新奥法"就有名无实,使施工面临风险。

6.设计要素不能满足新奥法的基本要求,修正设计环节与现场脱离或不及时,从而造成延误和浪费。新奥法要求第二阶段的施工设计必须在现场与施工同时跟进,然而我国现有的施工管理体制不能很好地适应,多数隧道建设工地真正要推行新奥法是有困难的,施工总承包的模式较为适宜。

7.施工管理水平和操作人员素质距离新奥法的技术组织要求相差较远,施工流程和质量指标难以达到规定,使得新奥法在实行中大打折扣。提高施工管理水平和加强施工人员的技术培训是施行新奥法的重要环节。

# 第七节　新　意　法

新意法在意大利及其他欧洲国家已得到较为广泛的应用。该方法适用于所有地层,尤其是复杂多变的不良地层。国外的工程实例显示,采用该方法,不仅可以有效控制工程进度、工程质量和施工安全,还可以降低工程造价。

随着隧道与地下工程的快速发展,需要修建越来越多的穿越复杂、软弱地层的大断面隧道。新意法具有一定的推广应用价值。全面、准确地理解新意法是正确使用的前提。

## 一、新意法的概念

新意法是"新意大利隧道施工法"(New Italian Tunneling Method——NITM)的简称,由意大利人 Pietro 和 Lunardi 在研究围岩的压力拱理论和新奥法施工理论的基础上提出;该工法在过去十多年间,被意大利公路及铁路领域广泛采用并纳入规范,现在主要欧洲国家的大型隧道项目施工也广泛采用此工法。

20 世纪 70 年代中期,意大利的 Pietro Lunardi 教授开始对数百座隧道进行理论和现场试验研究,并逐步创立了岩土控制变形分析法(ADECO—RS 法),即后来所谓的新意法。

新意法是通过对隧道工作面前方超前核心土的勘察、量测，预报围岩的应力—应变形态，并依据隧道开挖后围岩稳定、暂时稳定、不稳定划分为 A、B、C 三种类型，在此基础上进行信息化设计和施工，确保隧道安全穿越各种地层（尤其是复杂不良地层）和实现全断面开挖的一种隧道设计、施工方法。

**二、新意法的理论基础**

1. 基本概念——超前核心土

新意法认为在隧道掘进工作面前方存在一定体积的呈柱形的超前核心土，柱形超前核心土的高度和直径与隧道的直径相关见图 8-3。

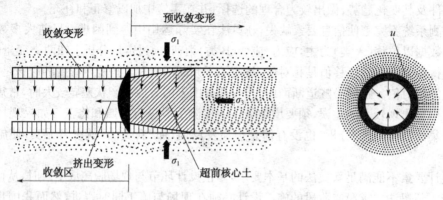

图 8-3　超前核心土与新意法变形

新意法认为，可以通过超前核心土的变形判断隧道变形和稳定状态。超前核心土的强度及变形特性是隧道变形（挤出变形、预收敛变形及收敛变形）的真正原因；可以对超前核心土进行防护和加固，以控制超前核心土变形（挤出变形及预收敛变形），并最终达到控制隧道变形（收敛变形）的目的；超前核心土的强度和变形特性对隧道的长期和短期稳定起决定性作用。

2. 隧道变形与类型

新意法深化了对隧道变形的认识，见图 8-3，新意法认为隧道变形包括三部分：

（1）收敛变形：已经开挖的隧道轮廓发生向隧道内的变形。

（2）挤出变形：工作面发生向外挤出的变形。

（3）预收敛变形：未开挖的隧道轮廓发生向隧道内的变形。

挤出变形和预收敛变形发生在前，洞周收敛变形发生在后，前者是后者发生的真正原因。因此隧道塌方一般是由超前核心土的滑动引起的。

超前核心土的变形大小取决于其强度和刚度，因此可以通过调节其强度和刚度控制其变形，进而控制隧道的洞周收敛变形，从而确保隧道的长期稳定。

3. 隧道拱效应及其稳定

Pietro 和 Lunardi 在研究围岩的压力拱理论时，发现地下洞室的长期和短期稳定与拱效应的形成之间有着密切的联系。而拱效应是否形成以及形成拱效应的位置，则决定了隧道的稳定情况。其中拱效应的形成和位置可以通过岩体开挖的变形响应来判断。

隧道的拱效应类型有 3 种，见图 8-4。

（1）接近开挖轮廓形的拱效应，这种情况下应力为弹性，围岩变形小，隧道是稳定的，新意

法将其定为 A 类应力应变行为;

(2)远离开挖轮廓形的拱效应,应力为弹塑性,围岩变形较大,隧道短期内可以保持稳定,将其定为 B 类应力应变行为;

(3)不能形成拱效应,围岩处于松弛状态,变形很大,隧道不能稳定,将其定为 C 类应力应变行为。

### 三、新意法的实施

新意法实行动态化施工,见图 8-5,实施流程包括勘察、评价、理论、施工、监控 5 个步骤。

1.勘察阶段

勘察阶段就是要获取开挖介质的信息,然后将这些信息量化以便进行设计。勘察要达到三项目的。

(1)对主要的地质、地貌、水文有详细的评价。

(2)对设计的地质单元进行准确的分类。

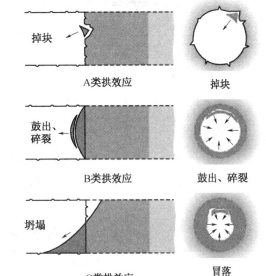

图 8-4　隧道拱效应类型

(3)获得充分的岩土和地质参数。

勘察包括表面踏勘、钻探和导洞勘察。勘察的主要内容有地层、岩性、岩层的形态、结构和构造、表层的岩土地质和水文条件等。

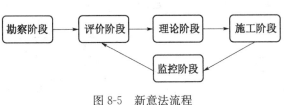

图 8-5　新意法流程

2.评价阶段

新意法的核心思想是通过调节超前核心土的刚度和强度(采用超前预加固)确保隧道的稳定。因此,要确定隧道在什么情况下要进行超前预加固(判断隧道的稳定情况),且要确定其加固的程度(加固参数)。

新意法依据在勘察阶段获取的信息和参数,预测隧道在无支护干预情况下的变形响应(挤出、预收敛和收敛)来确定拱效应的类型,从而判断隧道的稳定情况(分类),如图 8-6。分类所依据的手段有实验室试验、数值模拟和现场测试,其结果都是得到挤出压力 $P_i$ 和挤出量 $E_x$ 之间的关系,并绘成曲线。通过曲线的类型,即可以判定围岩所处的类别并确定超前支护参数(表 8-9)。

3.理论分析阶段

理论分析阶段就是设计人员在预测隧道开挖可能产生变形现象类型、大小和位置的基础上,确定施工参数和支护参数。

开挖方式等施工参数的选择与普通的工法相同,不同的是支护参数的选择。在评价阶段已经将围岩分为 A、B、C 三类标准的应力应变行为。每一类均有一些支护措施,将这些措施组合即得到支护方案。但这个分类很粗糙,仅凭此确定的支护方案是不准确的,或是支护强度不够,或是富余量太大。因此,还需要对各类进行细分,见表 8-9。

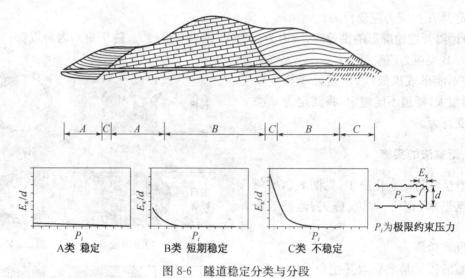

$P_i$为极限约束压力

图 8-6　隧道稳定分类与分段

表 8-9　新意法围岩稳定分类与支护建议方案

| 隧道稳定措施 | 工作面稳定(A类) | | 工作面短期稳定(B类) | | | 工作面不稳定(C类) | | | | |
|---|---|---|---|---|---|---|---|---|---|---|
| | $A_1$ | $A_2$ | $B_1$ | $B_2$ | $B_3$ | $C_1$ | $C_2$ | $C_3$ | $C_4$ | $C_5$ |
| 径向洞顶锚杆 | ● | | ● | | | | | | | |
| 加筋喷射混凝土 | ● | ● | ● | ● | ● | ● | ● | ● | ● | ● |
| 用玻璃纤维构件加固核心土 | | | | ● | ● | ● | ● | ● | ● | ● |
| 用玻璃纤维构件加固隧道周围地层 | | | | | | | | | | |
| 施作隧道仰拱 | | | ● | ● | ● | ● | ● | ● | | ● |
| 机械预切槽 | | | | | ● | | | ● | | |
| 从导洞内进行径向地层加固 | | | | | | | | ● | | |
| 近水平方向旋喷注浆 | | | | | | | ● | | | |
| 超前注浆或冻结 | | | | | | | | | | ● |
| 排水管排水 | ● | ● | ● | ● | ● | ● | ● | | ● | |
| 管棚(超前小导管) | | ● | | | | | | | | |

例如 A 类围岩的应力均为弹性,当围岩整体性好,常规支护即可;有的围岩内有较大的断裂带,需要加设超前支架以防止落石。

B 类围岩的应力为弹塑性,但塑性区的范围却有很大的区别。对于塑性区较小的围岩,常规支护即可(需较早架设仰拱),但对于塑性区较大的围岩则需要超前支护。新意法常用的超前支护是超前核心土打玻璃锚杆或注浆。

C 类围岩一般都要采用玻璃锚杆加固超前核心土,再根据围岩条件辅以其他加固措施。但有的围岩条件很差,采用以上方法均不可行时,就要考虑超前导洞技术或冻结法。

4. 施工阶段

新意法施工阶段的主要内容与常规方法一致,不同之处在于有些围岩在开挖之前要进行超前支护并安装监控设备。

由于超前支护可以保证工作面稳定,新意法中要求尽量使用全断面开挖,因为全断面开挖可以提高开挖效率,同时减少对围岩的扰动次数,且仰拱能及时闭合,导致的工作面的挤出和洞周收敛等变形也较小,有利于隧道的短期稳定。

新意法还要求工作面能保持为凹状形态,因为这样能使得超前核心围岩在纵向上形成拱效应,从而保证其稳定。

5. 监控阶段

开挖工作开始之后,监控就开始进行,目的是检测在评价阶段及理论阶段预测岩体开挖变形响应的可靠性,并对设计进行修正和优化。

(1)挤出变形量测(图 8-7)

挤出变形量测的测试方法是在工作面上插入一个滑动千分尺,通过千分尺读出各点的位移即为挤出变形。量测中能得到挤出变形量与时间的关系或与工作面掘进的关系。通过量测数据可以判断工作面与核心土的实际类别是否同预测一致,如果挤出变形为零,则为 A 类,如果变形速度在减小,则为 B 类,如果变形速度在增加,则为 C 类。

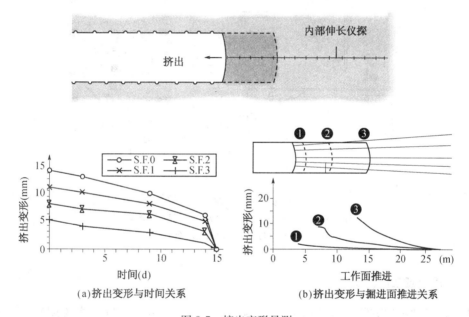

图 8-7　挤出变形量测

(2)收敛量测(图 5-4、图 8-8)

施工阶段的收敛量测有两种:即表面收敛量测和深度收敛量测。第一种量测是洞周变形,可以使用收敛计或单点变位计;第二种量测是从隧道轴线沿径向一定深度岩体的变形量测,使用多点变位计,要将其测点深入到岩体未被隧道开挖影响的区域。当隧道为浅埋或上部有建筑物时,还要进行地表沉降和建筑物变形量测。

(3)预收敛量测(图 8-8)

当埋深较浅时,可以从地表向下插入多点位移计直接测预收敛变形。当埋深较大无法直接测预收敛时,可以用挤出变形推测出预收敛变形。

(4)反分析过程

由于地下介质组成的复杂性,在隧道开挖过程中地质条件很可能会突然改变,原设计方案支护不能保证隧道的稳定,量测的各种变形会超过允许的限制。这种情况要求设计人员采用更准确的岩土地质参数重新进行数值分析,以此优化断面设计。这个过程就是反分析过程。以意大利的 Mugello 国际摩托赛道下的一座浅埋隧道为例:设计时确定超前锚杆的根数为 45 根,长度为 15 m,最小搭接长度 5 m;在量测阶段测得的挤出变形累计值为 10 cm 左右,径向收敛变形为 10~12 cm,而地表沉降则达到了 22 cm,这不满足赛车道对变形的要求限制,也与预测的情况不符,因此要进行反分析重新确定支护方案。经过反分析后确定锚杆根数为 93 根,长度为 24 m,最小搭接长度 12 m。再次量测之后各种变形显著减小,符合要求。

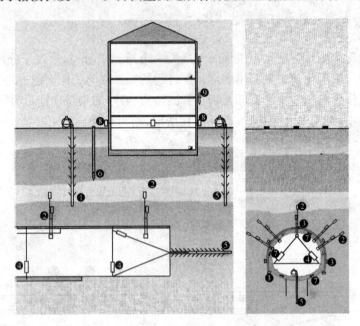

图 8-8 收敛变形与预收敛变形量测

1,5—挤出变形与沉降;2—多点位移计;3—二衬应力计;4—收敛计;
6—孔隙水压力;7—衬砌内力;8,9—地面结构变形量测

### 四、应用新意法的意义

隧道施工常用的方法为全断面法、台阶法、分部开挖法(包括 CD 工法、CRD 工法、双侧壁导坑工法),从工程造价和施工速度考虑,施工方法选择顺序应为:全断面法—正台阶法—台阶设临时仰拱—CD 工法—CRD 工法—眼镜工法;从施工安全考虑,顺序正好相反。

因此,造价、施工速度与施工安全之间无法兼顾,为了保证施工的安全性,常常选择造价高、速度慢的分部开挖法,尤其对于地层条件较差的Ⅴ级、Ⅵ级围岩。新意法正确、有效地应用建立在比新奥法更多的监控量测和对量测结果分析预测基础之上,因此,其推广应用仍将是一个长期的过程,另外,新意法也有其适用条件,这也需要通过实践和研究给出答案。

 思 考 题

1. 解释术语:NATM、监控量测。

2. 简述新奥法的起源和发展历史。

3. 关于新奥法的争议有哪些?谈谈你对这些争议的看法。

4. 说明新奥法施工的特点与适用条件。

5.新奥法(NATM)施工隧道的技术要点有哪些？为什么？

6.按锚固方式分,锚杆可分为哪几种类型？目前铁路隧道施工中常用的锚杆类型有哪些?

7.说明纤维混凝土的类型与特点。

8.简述隧道"动态设计"的方法与原理。

9.简述城市地铁施工"浅埋暗挖法"与新奥法之间的关系。

10.简述隧道施工量测的主要内容与信息反馈的方法。

11.简述在软弱围岩中浅埋暗挖法施工的原则。

12.新奥法(NATM)施工隧道的技术要点有哪些？为什么？

13.绘图说明新意法中的超前核心土的概念。

14.绘图说明新意法的变形类型。

15.简述挤出变形量测方法与变化规律。

16.简述新意法施工隧道的原理。

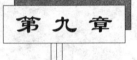

# 隧道掘进机及其施工

隧道掘进机是用于交通隧道、市政隧道、水工隧洞等地下工程施工的大型机械化施工设备，一般是指用于岩石地层的全断面岩石掘进机(Full Face Rock Tunnel Boring Machine，简称 TBM)和用于土质或混合地层的全断面盾构机(简称盾构 Shield)。

由于采用隧道掘进机施工具有掘进速度快、隧道成型好、围岩扰动小、机械化程度高以及对周边环境影响小等优点，因此成为长大隧道施工的主要选择方法，已广泛应用于世界各国的交通、城建、水利、能源等行业的地下工程建设。隧道掘进机的发明和采用，极大地提高了隧道工程技术水平，使过去不能施工甚至难以想象的工程成为可能。

近十多年来，中国采用隧道掘进机施工完成了几十座铁路隧道、引水隧道等长大、重点隧道工程，如西安—安康铁路秦岭隧道、西合线桃花铺一号隧道、武汉越江隧道、天生桥水电站引水隧洞、甘肃引大入秦 30A 隧洞、山西万家寨引黄入晋隧洞等。从 20 世纪 60 年代到现在，中国采用盾构施工建造了大量城市地铁隧道和市政隧道工程。随着中国铁路客运专线、高速公路、城市轨道交通和市政工程建设的快速发展，长大隧道越来越多，隧道掘进机必将更广泛地应用到隧道工程中。这既促进了隧道掘进机制造技术的不断发展，也使隧道掘进机施工技术水平得到快速提高。本章介绍隧道掘进机、隧道掘进机施工及其工程应用情况。

## 第一节　隧道掘进机

隧道掘进机是集机、电、液、光于一体的大型复杂机械化地下工程施工设备，分为全断面隧道掘进机(TBM)和盾构两大系列，每一系列都经历了长期的实践、改进和不断完善的过程，逐步形成了适用于不同地层和工程条件的若干类型。因此，首先要了解隧道掘进机的发展历程，熟悉其分类、组成和技术特征。

### 一、隧道掘进机的发展历史

#### (一)全断面岩石掘进机(TBM)

1856 年，世界上第一台 TBM 在美国由 John Wilson 制造，这台 TBM 在美国马萨诸塞州的 Hoosac 铁路隧道中部分地段进行过试验。该隧道长 6.56 km(共用 21 年时间才完成)，Wilson 的 TBM 只掘进了 3.48 m 就被放弃了。另外两台类似的 TBM 也在同一隧道中使用过，但都没有获得成功。

第一台能较为顺利地进行掘进的 TBM 是由英国的 Colonel Beaumont 于 1880 年研制成功的，其直径为 2.13 m。这台 TBM 曾用于英国 Mersey 河下一座隧道的开挖，并达到了周进尺约 3.5 m 的速度。Beaumont 的另外一台 TBM 则于 1882 年用在当时建议修建的英法海峡隧道中。这台 TBM 先后从两岸掘进，在海下各开挖了 1.6 km 长的导洞。该机采用了安装在转动头上的切割工具进行开挖,其动力为压缩空气,在白垩系地层中,每天只能掘进 1.5 m。

此后的 70 年间,仅设计和制造了约 15 台 TBM,且都没有很成功的应用。

由于 TBM 对工程师和承包商有特殊的诱惑力,TBM 的研制和应用一直没有中断。

20 世纪 50 年代中期,TBM 真正进入实用阶段。Robbins 的 TBM 于 1954 年首次成功地应用于美国南 Dakota 的 Dahe 坝的隧洞工程中。这台 TBM 的直径为 8 m,穿过断层破碎带和节理发育的页岩。该机最高日进度为 42 m,最高周进度达 190 m。当 Robbins 公司的 TBM 应用于多伦多的一座污水隧洞的施工时,其施工效率得到了世界的承认。这台机器是第一台完全装有旋转盘形滚刀的 TBM,其直径为 3.7 m,最高掘进速度可达到 3 m/h。

TBM 在该工程中的成功应用引起了世界隧道工程界的广泛注意,并激起了世界各国开发 TBM 的热情。与此同时,其他机械生产制造商也开始寻求进入 TBM 制造领域的机会。出现于 20 世纪 50 年代的第二代 TBM 在进入 60 年代后相继取得了相当的成功。20 世纪 70～80 年代 TBM 持续不断地增加。此后,多项 TBM 技术难题被攻破,TBM 技术得到了迅猛的发展,应用也日益普遍。

现代隧道掘进机已取得了长足的进步,是当今世界上公认的快速开挖隧道的最有效机具之一。特别是高新技术———电子技术在 TBM 上的普遍应用,使得 TBM 成为一种先进的、理想的、经济有效的隧道快速掘进设备。目前世界上每年开挖的隧道(洞)中已有 30%～40% 是由 TBM 来完成的。

国内外 TBM 生产厂家众多,但主要的厂家只有罗宾斯(Robbins)、德马克(Demag)、威尔特(Wirth)、贾瓦(Jarva)等几家公司,生产的 TBM 各有特色,都努力把高新技术应用到其产品中,市场的激烈竞争促进了 TBM 技术的快速发展。TBM 在技术上的进步主要表现在以下几个方面:

(1)TBM 类型的多样化。第一台 TBM 为敞开式,而现在除了敞开式外,还有单护盾、双护盾、三护盾等类型。承包商可根据工程的具体地质情况选用合适的 TBM。

(2)滚刀直径不断增大,效率不断提高。大直径滚刀不仅可以提高刀盘的寿命,使每掘进延米换刀次数减少,并且能在较坚硬的岩石条件下获得较高的掘进速度。最早的 TBM 滚刀直径为 304 mm,而目前的滚刀直径可达 483 mm。每把滚刀允许承受的推力也从 90 kN 提高到 314 kN,从而使 TBM 能开挖较硬的地层,并使 TBM 效率大大提高。

(3)TBM 直径不断加大。第一台能顺利进行掘进的 TBM 直径仅 2.13 m,1979 年首次达到 9 m。而目前 TBM 的直径可达 11.93 m,这一记录还在不断被刷新。

(4)从固定直径到可变直径。最早的 TBM 的开挖直径是固定的,只能用来开挖直径相同的隧道,而现在 TBM 的直径可在一定范围内变化。如 Atlas Copco 公司的 Jarva MK27 型 TBM 经改装后,其直径可在 6.4～12.4 m 变化。

(5)辅助设备的配备。最早的 TBM 不具备任何辅助设备,而目前的 TBM 可配备锚杆安设、喷射混凝土、注浆等施工设备,能及时处理不良地层,防止 TBM 发生故障。

(6)TBM 的应用日益增多,在过去 40 多年间呈大幅度增长趋势。

(二)盾构(Shield)

盾构发展经历了四个阶段,即以布鲁诺尔(Brunel)盾构为代表的手掘式盾构,以机械式、气压式盾构为代表的第二代盾构,以闭胸式盾构为代表(泥水式、土压式)的第三代盾构,以大直径、大推力、大扭矩、高智能化、多样化为特色的第四代盾构。

1.盾构发展的 4 个阶段

（1）手掘式盾构

1806 年，马克·布鲁诺尔（Marc Isambrd Brunel）在蛀虫钻洞并用分泌物涂在洞周的启示下，提出了盾构掘进隧道的原理并注册了专利。布鲁诺尔专利盾构由不同的单元格组成，每一个单元格可容纳一个工人独立工作并对工人起到保护作用。所有的单元格牢靠地装在盾壳上。当一段隧道挖完后，由液压千斤顶将整个盾壳向前推进。1818 年，布鲁诺尔完善了盾构结构的机械系统，设计成用全断面螺旋式开挖的封闭式盾壳，衬砌紧随其后。

1825 年，马克·布鲁诺尔第一次在伦敦泰晤士河下用一个断面高 6.8 m、宽 11.4 m 的矩形盾构修建第一条盾构法隧道。由于没有掌握抵制泥水涌入隧道的方法，隧道五次被淹。布鲁诺尔并未因此灰心放弃，他对盾构做了多年的改进，于 1834 年再次开工，终于在 1843 年才完成了这条全长 458 m 的隧道。布鲁诺尔对隧道工法的卓越贡献得到后人的一致赞誉。

（2）机械式、气压式第二代盾构

劳德·考克让施（Lord Cochrane）于 1830 年发明了气闸，它能使人们从常压空间进入到加压的工作仓。1886 年，詹尼斯·亨利·格瑞海德（Janes Heary Greathead）在伦敦地下施工中将压缩空气方法与盾构掘进相结合使用。压缩空气在盾构掘进中的使用，标志着在承压水地层中掘进隧道的一个重大进步。

1869 年，英国在建造横贯泰晤士河的第二条隧道时，首次采用了圆形断面盾构和铸铁扇形管片。

1876 年英国人约翰·荻克英森·布伦敦（John Dickison Brunton）和姬奥基·布伦敦（George Brunton）申请了第一个机械化盾构的专利，它采用半球形旋转刀盘，开挖的土渣落入径向装在刀盘上的料斗中，料斗将土渣转运到皮带输送机上。1896 年，英国人普莱斯（Price）开发了一种幅条式刀盘机械化盾构，并于 1897 年起成功地应用在伦敦的黏土地层施工中。它第一次将圆形盾构与旋转刀盘结合在一起，在 4 个幅条式刀盘上装有切削工具，刀盘通过一根长轴由电机驱动。

盾构技术的逐渐成熟促进了其在世界范围的推广应用。19 世纪末到 20 世纪中叶，盾构工法相继传入美国、法国、德国、日本等国，并得到不同程度地发展。

（3）第三代盾构

20 世纪 60～80 年代盾构工法继续发展完善，成绩显著。1960 年英国伦敦开始使用滚筒式掘进机；同年美国纽约最先使用油压千斤顶盾构，1967 年日本琦玉隧道中应用三菱公司制造的泥水盾构，首次实施泥水加压盾构施工。1963 年，日本 Sata Kogyo 公司首先开发出土压平衡盾构，1974 年日本东京首次使用土压平衡盾构施工；1975 年日本又推出泥土加压盾构，1978 年日本开发了高浓度泥水盾构，1981 年日本开发了气泡盾构，1982 年日本开发了 ECL盾构工法，1988 年日本开发了泥水式双圆盾构工法，1989 年日本开发了 H&V 盾构工法、注浆盾构工法。总之，这一时期的特点是开发了多种新型盾构工法，并逐渐形成泥水式、土压式盾构两大系列。

（4）第四代盾构

20 世纪 90 年代以来，大量的长大隧道、越江跨海隧道、大直径隧道采用盾构工法建设，促进了盾构技术的加速发展，体现在下列几个方面。

①盾构隧道长距离化、大直径化

连接英法两国的英吉利海峡隧道，由两条内径为 7.6 m 的单线铁路隧道和一条内径为4.8 m 的服务隧道组成。1987 年 12 月正式开工，1993 年 6 月建成并运营。海峡铁路隧道单线全长 49.342 km,其中海底段 37.925 km,隧道最大埋深为 100 m。英吉利海峡隧道全线分 12 个施工区间,法国采用 5 台 $\phi8.8$ m 土压平衡盾构施工,英国采用 6 台双护盾掘进机施工。

1998 年,日本采用了 8 台 $\phi14.14$ m 的泥水盾构,建成了长 15.1 km 的东京湾道路隧道。

1996 年,丹麦采用 4 台 $\phi8.782$ m 土压平衡盾构,建成长 7.9 km 斯多贝尔特海峡隧道。

2003 年,德国易北河第 4 条隧道采用 $\phi1$ 台 14.2 m 泥水盾构竣工。

2004 年,荷兰"绿心隧道"采用 1 台 $\phi14.87$ m 泥水盾构施工。

②断面多样化

盾构断面形状出现了矩形、马蹄形、椭圆形、多圆搭接形(双圆搭接、三圆搭接)等多种异圆形断面盾构。盾构功能方面,出现了球体盾构、母子盾构、扩径盾构、变径盾构、分岔盾构、途中更换刀具(无需竖井)盾构、障碍物直接切除盾构等特种盾构。盾构掘削方式方面,出现了摇动、摆动掘削方式的盾构,突破了以往的传统的旋转掘削方式。

③施工自动化

盾构施工设备出现了管片供给、运送、组装自动化装置;盾构掘进中的方向、姿态自动控制系统;施工信息化、自动化的管理系统及施工故障自诊断系统。

2. 盾构技术在国内的发展

中国盾构开发与应用始于 1953 年,辽宁阜新煤矿用手掘式盾构修建了 $\phi2.6$ m 的疏水巷道。

1962 年,上海研制的 $\phi4.16$ m 的手掘式普通敞胸盾构掘进 68 m,试验获得成功。

1966 年,上海采用江南造船厂制造的 2 台 $\phi5.8$ m 的网格挤压盾构,完成了 2 条平行长隧道 660 m 的隧道。1970 年底,上海采用江南造船厂制造的 $\phi10.22$ m 网格挤压盾构,辅以气压稳定开挖面,建成越黄浦江的打浦路隧道,该隧道在水深 16 m 的黄浦江底顺利推进总长 1 322 m。

1973 年,采用 1 台 $\phi3.6$ m 的水力机械化出土网格盾构和 2 台 $\phi4.3$ m 的网格挤压盾构,在上海金山石化总厂修建了 1 条污水排放隧道和 2 条引水隧道。1980 年,上海市进行了地铁 1 号线试验段施工,研制了 1 台 $\phi6.412$ m 网格挤压盾构,采用泥水加压和局部气压施工,在淤泥质黏土地层中掘进隧道 1 130 m。1982 年,上海外滩的延安东路北线越江隧道工程(1 476 m 圆形主隧道)采用上海隧道股份设计、江南造船厂制造的 $\phi11.3$ m 网格挤压水力出土盾构施工。

1986 年,中铁隧道集团研制出半断面插刀盾构,并成功用于修建北京地铁复兴门折返线。

1990 年,上海地铁 1 号线工程全线开工,18 km 区间隧道引进了 7 台由法国 FCB 公司制造的 $\phi6.34$ m 土压平衡盾构。

1996 年,上海延安东路隧道南线工程,总长 1 300 m,采用从日本引进的 $\phi11.22$ m 泥水加压平衡盾构施工。

目前,盾构法隧道已成为上海、广州、南京、深圳等大城市地铁隧道的主要施工方法。

2004 年,上海采用引进的 $\phi14.87$ m 泥压盾构,建成了上中路越江隧道,该隧道为双层 4 车道。

2006 年,上海采用 $\phi11.58$ m 泥水盾构,建成了翔殷路隧道。

2008 年 4 月贯通的武汉长江公路隧道采用了 2 台 $\phi11.38$ m 泥水盾构施工。

2009 年,上海采用 $\phi15.44$ m 的大直径泥水盾构,建成了长江口越江隧道工程(也称上海沪崇隧道工程),该隧道采用南隧北桥方案。

2007 年,广深港客运专线狮子洋隧道采用 4 台 $\phi11.18$ m 泥水盾构开始施工,目前正在紧张施工,计划于 2010 年 12 月实现左线贯通。

2008 年,北京铁路地下直径线采用 φ11.97 m 泥水盾构施工。

TBM 的最大特点是广泛使用电子、信息、遥测、遥控等高新技术对全部作业进行制导和监控,使掘进过程始终处于最佳状态,可一次完成隧道全断面掘进、初期支护、石渣运输、管片铺设、注浆、风、水、电管路和运输线路的延伸等,就像一列移动的列车,实现隧道的工厂化施工,因此在国际上有"移动式掘进工厂"之称。

**二、隧道掘进机类型与构造**

隧道掘进机的针对性很强,为适应不同的地层、地质条件和隧道长度、结构设计,就产生了不同类型的掘进机。用于岩层的掘进机主要分为全断面隧道掘进机和部分断面隧道掘进机(扩孔式隧道掘进机)两种类型,用于软土地层施工的掘进机称为盾构机。

(一)全断面岩石掘进机

全断面岩石掘进机的基本结构如图 9-1 所示。

图 9-1　全断面岩石掘进机

全断面岩石掘进机的工作原理是支撑机构撑紧洞壁,刀盘旋转,推进液压缸推进,盘形滚刀破碎岩石,出渣系统出渣而实现隧道的连续循环掘进作业。

全断面岩石掘进机根据不同的分类标准,可有不同的名称,如表 9-1 所示。

表 9-1　全断面岩石掘进机分类表

| 序号 | 分类依据 | 名　称 | 特　点 |
|---|---|---|---|
| 1 | 刀盘形状 | 平面刀盘全断面岩石掘进机 | 盘形滚刀刃口包络面为平面 |
| | | 球面刀盘全断面岩石掘进机 | 盘形滚刀刃口包络面为球面 |
| | | 锥面刀盘全断面岩石掘进机 | 盘形滚刀刃口包络面为截锥面 |
| 2 | 岩石硬度 | 软岩全断面岩石掘进机 | |
| | | 中硬岩全断面岩石掘进机 | |
| | | 硬岩全断面岩石掘进机 | |
| 3 | 隧道断面形状 | 圆形断面全断面岩石掘进机 | |
| | | 非圆形断面全断面岩石掘进机 | |
| 4 | 隧道开挖方式 | 开挖导洞的全断面岩石掘进机 | |
| | | 扩孔用全断面岩石掘进机 | |

续上表

| 序号 | 分类依据 | 名 称 | 特 点 |
|---|---|---|---|
| 5 | 掘进机与洞壁之间关系 | 敞开(开敞)式全断面岩石掘进机 | |
| | | 护盾式全断面岩石掘进机 | |
| | | 其他类型全断面岩石掘进机 | |

**1. 敞开式全断面岩石掘进机**

敞开式全断面岩石掘进机又分主梁式和凯氏梁式两种。

(1)主梁式全断面岩石掘进机。主梁式全断面岩石掘进机是全断面岩石掘进机的最早设计模式,为全断面岩石掘进机设计概念的发展奠定了基础。

主梁式全断面岩石掘进机的结构特点是:①采用一对水平支撑;②水平支撑位于主梁的后部,它支撑着掘进机后部的重量,同时承受扭矩和推力的反力;③梁体长,但电动机减速箱等传动系统都靠近大刀盘布置;④主梁后端相对于水平支撑可向上、向下和侧向移动,因此在掘进过程中的任何时候都可进行连续调向。

(2)凯氏梁式全断面岩石掘进机。凯氏梁式全断面岩石掘进机主体结构是内外机架均采用凯氏(Kelly)方机架。其特点是:①采用两套水平支撑,都设在主机身的中部。水平支撑一方面给予整机稳定的支撑,同时承受扭矩和推力的反力,掘进作业过程中不能调向。②电机、减速箱布置在机器的后部,由一个较长的传动轴将扭矩传给大刀盘。③支撑较稳定。

**2. 护盾式全断面岩石掘进机**

护盾式全断面岩石掘进机有单护盾、双护盾和三护盾等三种类型。目前应用较多的双护盾全断面岩石掘进机综合了敞开式和单护盾全断面岩石掘进机的优点,一方面,能够适用于硬岩、软岩及岩层条件比较复杂的地层,如含水岩层、破碎岩层和块状岩层,为操作人员提供安全保护;另一方面,掘进速度快,在掘进同时可安装管片。

图9-2为单护盾全断面掘进机,图9-3为双护盾全断面掘进机。

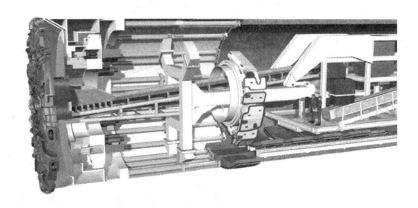

图9-2 单护盾全断面掘进机

**3. 其他类型全断面岩石掘进机**

其他类型全断面岩石掘进机,主要是指扩孔式全断面岩石掘进机和摇臂式(图9-4)全断面岩石掘进机等类型。

图 9-3　双护盾全断面掘进机

图 9-4　摇臂式全断面岩石掘进机

(二)部分断面隧道掘进机

部分断面掘进机通常指带有开挖刀具的、具有行驶及附加作业功能的机械设备(一般不包括挖土机),由开挖头、驱动系统、行驶系统、附加作业系统构成。其中开挖头上的刀具可采用转动式刀具或轴向解体刀具。部分断面掘进机开挖头的直径通常比隧道的截面小得多,机械驱动部分有传动及控制装置,钻头臂可沿各方向摆动。

部分断面掘进机可用在分部开挖以及新奥法的全断面开挖法中,由于这种机械不受隧道截面形状的限制,故重复使用率高。部分断面隧道掘进机适应范围一般受岩石强度及状态的限制,如岩石内混有石英或内硬核时,其刀具易被损坏,一般认为部分断面隧道掘进机的适应范围为岩石强度在 100 MN/m² 以下。

(三)土压平衡盾构

1.土压盾构的构成

土压平衡(Earth Pressure Balance)盾构,简称 EPB 盾构。土压平衡盾构是在机械式盾构的前部设置隔板,使土仓和排土用的螺旋输送机内充满切削下来的泥土,依靠推进油缸的推力给土仓内的开挖土渣加压,使土压作用于开挖面以使其稳定。土压平衡盾构的支护材料是土壤本身。土压平衡盾构由盾壳、刀盘、刀盘驱动、螺旋输送机、皮带输送机、管片安装机、人仓、液压系统等组成,见图 9-5 和图 9-6。

土压平衡盾构的工作原理为,刀盘旋转切削开挖面的泥土,破碎的泥土通过刀盘开口进入土仓,泥土落到土仓底部后,通过螺旋输送机运到皮带输送机上,然后输送到停在轨道上的渣车上。盾构在推进油缸的推力作用下向前推进。盾壳对挖掘出的还未衬砌的隧道起着临时支护作用,承受周围土层的土压、地下水的水压以及将地下水挡在盾壳外面。掘进、排土、衬砌等作业在盾壳的掩护下进行。

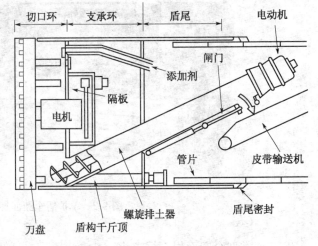

图 9-5　土压平衡盾构原理

图 9-6　土压平衡盾构机

**2.开挖面稳定机理**

开挖土仓由刀盘、切口环、隔板及螺旋输送机组成。土压平衡盾构就是将刀盘开挖下来的土渣填满土仓,在切削刀盘后面及隔板上各焊有能使土仓内土渣强制混合的搅拌棒,借助盾构推进油缸的推力通过隔板进行加压,产生泥土压力,这一压力作用于整个工作面,使作业面稳定,刀盘切削下来的土渣量与螺旋输送机向外输送量相平衡,维持土仓内压力稳定在预定的范围。

**(四)泥水平衡盾构**

**1.泥水盾构的构成**

泥水盾构也称泥水加压平衡盾构(Slurry Pressure Balance Shield),简称 SPB 盾构。泥水盾构是在机械式盾构的前部设置隔板,装备刀盘及输送泥浆的送排泥管和推进盾构的推进油缸。在地面上还配有泥浆处理设备,如图 9-7 所示。

泥水盾构由以下五大系统构成:

(1)一边利用刀盘挖掘整个开挖面、一边推进的盾构掘进系统。

(2)可调整泥浆物性,并将其送至开挖面,保持开挖面稳定的泥水循环系统。

(3)综合管理送排泥状态、泥水压力及泥水处理设备运转状况的综合管理系统。

(4)泥水分离处理系统。

(5)壁后同步注浆系统。

泥水盾构利用循环悬浮液的体积对泥浆压力进行调节和控制,采用膨润土悬浮液(俗称泥浆)作为支护材料。开挖面的稳定是利用泥浆在开挖面上形成不透水的泥膜,通过该泥膜的

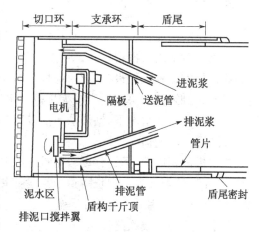

图 9-7　泥水平衡盾构原理

张力保持水压力,来平衡作用于开挖面的土压力和水压力。开挖的渣土以泥浆形式输送到地面,通过泥水处理设备进行分离,分离后的泥水进行质量调整后再输送到开挖面。

泥水盾构分为德国体系和日本体系,德国体系的泥水盾构在泥水仓中设置了气压仓,日本体系的泥水盾构的泥水仓则全是泥水。

2.开挖面稳定机理

泥水盾构是通过泥水仓中适当压力的泥浆,使其在开挖面形成泥膜,支撑隧道开挖面的土体,由刀盘切削的泥膜及渣土,与泥水混合后,形成高密度的泥浆,然后由排泥泵及管道把泥浆输送到地面进行分离处理。

在泥水平衡的理论中,泥膜的形成是至关重要的,当泥水压力大于地下水压力时,泥水按达西定律渗入土壤,泥膜就此形成。随着时间的推移,泥膜厚度不断增加,渗透抵抗力逐渐增强。当泥膜抵抗力大于正面土压时,产生泥水平衡效果。

(五)复合盾构

复合式盾构或混合式盾构,是指在施工过程中既可采用土压平衡盾构模式开挖隧道,又可采用泥水加压模式开挖隧道的多功能盾构。

当隧道穿越不同地层结构时,单一形式的盾构难以适用地层要求;而使用两台或多台盾构,在隧道长度较短时又不经济,或者条件限制布置多台盾构困难。因此,将以上不同形式的盾构进行组合,在结构空间允许的情况下,将不同形式盾构的功能部件同时布置在一台盾构上,掘进过程中可根据地质情况进行功能或工作模式的切换。这种在不同的地层经转换后可以不同的工作模式运转的复合盾构,需配备几套装备,初期投资大,但增大了设备的应用范围。

复合式盾构的工作模式一般通过其自身功能的切换或功能机构及系统的更换来实现。复合式全断面隧道掘进机当以土压平衡盾构方式掘进时,可通过刀盘面板向前方土体和封闭舱中喷注改良土体的添加剂,使土舱中渣土与添加剂搅拌混合成为密水性和流动性好的渣土,达到封闭工作面水流、稳定支护和保持开挖空间安全的目的。添加剂还有减小摩擦的作用,以利螺旋输送机排土。只要控制掘进机的推进速度和螺旋输送机的排土量,并监测泥土室中的土压就可使地层中的水土压力与泥土室中的土压力保持动态平衡。

## 三、TBM 的适用条件

1.地质的适应性

掘进机对地层条件很敏感。一般的软岩、硬岩、断层破碎带,可采用不同类型的掘进机辅以必要的预加固和支护设备进行掘进,但对于大型的岩溶暗河发育的隧道、高或极高地应力隧道、软岩大变形隧道、可能发生较大规模突水涌泥的隧道等特殊不良地质隧道,不适合采用掘进机施工。在这些情况下,钻爆法更能发挥其机动灵活的特点。

2.隧道长度的适应性

掘进机体积庞大,运输移动较困难,施工准备和辅助施工的配套系统较复杂,加工制造工期长,因此对于短隧道和中长隧道很难发挥其优越性。国外的实践表明,当隧道长度与直径之比大于 600 时,采用掘进机施工是经济的。

对于一般的单线铁路隧道,开挖直径通常在 10 m 左右,根据经验判断,大于 6 km 的隧道就可以考虑采用掘进机施工。因此,对 10～20 km 的特长隧道,应进行掘进机法和钻爆法施工经济技术比较,根据各隧道的特点,综合考虑进行选择。对于大于 20 km 的特长隧道,宜优先采用掘进机法施工。

3.隧道断面的合理性

掘进机对隧道的断面大小亦有其适用性。断面直径过小,后配套系统不易布置,施工较困难;而断面过大时,又会带来电能不足、运输困难、造价过大等问题。一般认为,较适宜掘进机施工的隧道断面直径为 3～12 m;对于直径为 12～15 m 的隧道,应根据围岩地质情况和掘进长度、外界条件等因素综合比较;对于直径大于 15 m 的隧道,则不宜采用掘进机施工。

4.运输方案和施工场地的可行性

掘进机设备系统庞大,全套设备重量往往达几千吨,最大部件重量达几十吨甚至几百吨,拼装长度最长达 200 m 以上。洞外配套设施有混凝土拌和系统、管片预制厂、修理车间、各种配件、材料库,供水、电、风系统,运渣和翻渣系统、装卸调运系统、进场场区道路、掘进机的组装场地等,这些都对隧道的施工场地和运输方案等提出了很高的要求。可能有些隧道虽然长度和地质条件较适合采用掘进机施工,但运输道路却难以满足要求,或者现场不具备布置掘进机施工场地的条件,而不能考虑采用掘进机施工。

除此之外,掘进机施工还需要高负荷的电力保证、熟练高素质的技术人员和管理队伍、前期购买设备的经济实力等等,这些都直接影响到施工方案的决策。

# 第二节　隧道掘进机选型

隧道掘进机的选型和配套水平决定着掘进效率和水平,选型与配套合理才能充分发挥施工机械的综合效益,提高机械化施工水平。

## 一、全断面岩石掘进机选型

全断面隧道掘进机选型主要是在开敞式掘进机与护盾式掘进机之间选择,以及同类掘进机之间结构、参数的比较和选择。

1.选型原则

(1)安全性、可靠性、先进性、经济性相统一;

(2)满足隧道外径、长度、埋深和地质条件、沿线地形以及洞口条件等环境条件;

(3)满足安全、质量、工期、造价及环保要求;

(4)后配套设备与主机配套,满足生产能力与主机掘进速度的要求,工作状态相适应,且能耗小、效率高,同时应具有施工安全、结构简单、布置合理和易于维护保养的特点。进入隧道的机械,其动力宜优先选择电力机械。

2.选型步骤

(1)根据地质条件、施工环境、工期要求、经济性等因素确定掘进机的类型,进行开敞式掘进机与护盾式掘进机之间的选择。

(2)根据隧道设计参数及地质条件进行同类掘进机之间结构、参数的比较选型,确定主机的主要技术参数。

(3)根据生产能力与主机掘进速度相匹配原则,确定后配套设备的技术参数与功能配置。

3.选型依据

(1)隧道长度与平、纵断面尺寸等隧道设计参数。

(2)隧道地质条件:包括隧道围岩级别、岩性(围岩岩石的坚硬程度);隧道的断层数量、断层宽度、充填物种类和物理特性,岩体完整程度和岩体完整性系数;岩石的耐磨性及石英含量;岩体主要结构面的产状与隧道轴线间的组合关系;围岩的初始地应力状态;隧道的含水、出水状态等水文地质;隧道的有害、可燃性气体及放射性物质的分布情况。

(3)隧道施工环境,包括周边环境、进出口施工场地、交通情况;气候条件,水电供应情况。

(4)隧道施工总工期及节点工期要求。

4.TBM 选型

选型应根据施工的环境进行综合分析,掘进机的地质针对性非常强,掘进机性能的发挥在很大程度上依赖于工程地质条件和水文地质条件。工程地质及水文地质是影响掘进机施工质量的重要因素,也是掘进机选型的重要依据。地质资料要求全面、真实、准确,这些资料应包括:隧道地形地貌条件和地质岩性,过沟地段、傍山浅埋段和进出口边坡的稳定条件。掘进机对隧道的地层最为敏感,不同类型的掘进机适用的地层也不同,一般情况下,以Ⅱ、Ⅲ级围岩为主的硬岩隧道较适合采用开敞式掘进机施工,以Ⅲ、Ⅳ级围岩为主的隧道较适合采用双护盾式掘进机施工。

(1)开敞式 TBM

开敞式掘进机主要适用于岩石整体较完整,有较好自稳性的中硬岩地层(50~150 MPa)。当采取有效支护手段后,也可适用于软岩隧道。

(2)双护盾 TBM

双护盾式掘进机主要适用于较完整,有一定自稳性的软岩~硬岩地层(30~90 MPa)。

双护盾 TBM 是 20 世纪 70 年代在开敞式 TBM、单护盾 TBM 及盾构机的基础上发展起来的,主要适应于通过复杂岩层,人员及设备在护盾的保护下进行工作,安全性比开敞式 TBM好。当岩石软硬兼有,又有断层及破碎带时,能充分发挥其优势。

(3)单护盾 TBM

单护盾式掘进机适用于有一定自稳性的软岩(岩石单轴抗压强度小于 5~60 MPa)。

## 二、盾构选型

盾构选型是盾构法施工的关键环节,直接影响盾构隧道的施工安全、施工质量、施工工艺及施工成本,为保证工程的顺利完成,对盾构的选型工作应非常慎重。

1.选型原则

(1)应对工程地质、水文地质有较强的适应性,首先要满足施工安全的要求。

(2)在安全可靠的情况下,考虑技术先进性和经济合理性。

(3)满足隧道外径、长度、埋深、施工场地、周围环境等条件。

(4)满足质量、工期、造价及环保要求。

(5)后配套设备的能力与主机配套,满足生产能力与主机掘进速度相匹配,同时具有施工安全、结构简单、布置合理和易于维护保养的特点。

(6)盾构制造商的知名度、业绩、信誉和技术服务。

根据以上原则,对盾构的形式及主要技术参数进行研究分析,以确保盾构法施工的安全、可靠,选择最佳的盾构施工方法和选择最适宜的盾构。

2.选型依据

盾构选型应以工程地质、水文地质为主要依据,综合考虑周围环境条件、隧道断面尺寸、施工长度、埋深、线路的曲率半径、沿线地形、地面及地下构筑物等环境条件,以及周围环境对地面变形的控制要求、环保等因素,同时,参考国内外已有盾构工程实例及相关的盾构技术规范、施工规范及相关标准,对盾构类型、驱动方式、功能要求、主要技术参数、辅助设备的配置等进行研究。选型时的主要依据如下:

(1)工程地质、水文地质条件。

（2）隧道长度、隧道平纵断面及横断面形状和尺寸等设计参数。

（3）周围环境条件：地上及地下建构筑物分布、地下管线埋深及分布、沿线河流、湖泊、海洋的分布、沿线交通情况、施工场地条件、气候条件、水电供应情况等。

（4）隧道施工工程筹划及节点工期要求。

（5）宜用的辅助工法。

（6）技术经济比较。

3.盾构选型主要步骤

（1）在对工程地质、水文地质条件、周围环境、工期要求、经济性等充分研究的基础上选定盾构的类型，对敞开式、闭胸式盾构进行比选。

（2）在确定选用闭胸式盾构后，根据地层的渗透系数、颗粒级配、地下水压、环保、辅助施工方法、施工环境、安全等因素对土压平衡盾构和泥水盾构进行比选。

（3）根据详细的地质勘探资料，对盾构各主要功能部件进行选择和设计，并根据地质条件等确定盾构的主要技术参数。盾构的主要技术参数在选型时应进行详细计算，主要包括刀盘直径、刀盘开口率、刀盘转速、刀盘扭矩、刀盘驱动功率、推力、掘进速度、螺旋输送机功率、直径、长度、送排泥管直径、送排泥泵功率、扬程等。

（4）根据地质条件选择与盾构掘进速度相匹配的盾构后配套施工设备。

# 第三节 全断面岩石掘进机施工

## 一、隧道掘进机破岩原理

掘进机的破岩原理，随刀具的类型不同基本上可分为滚刀和削刀两类。

### （一）滚刀破岩原理

滚刀破岩是通过滚刀对岩石施加强大的压力，在岩面上滚动来破碎岩石的。根据滚刀的形式不同，又分为圆盘形、楔齿形、球齿形滚刀几类。

#### 1. 圆盘形滚刀

如图9-8(a)所示，工作时每只圆盘刀具上约作用有 $50\sim200\ kN$ 的压力，岩石表面在刀尖强集中力作用下破碎并形成切入坑，见图9-8(b)。随着滚刀滚动，切入坑连通，在岩面上形成一条条的破碎沟，破碎沟之间岩石 $AO_1O_2B$ ，又受滚刀侧刃挤压力的作用而剪切破碎。当切入深度 $h$ 较小时，剪裂面为 $O_1C$ 或 $O_2D$ ；$h$ 较大时，剪裂面为 $O_1O_2$ ，如图9-8(c)所示。

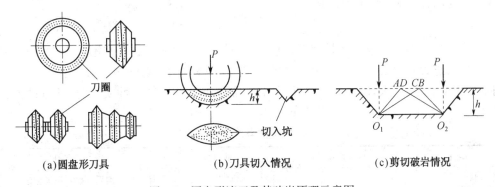

(a)圆盘形刀具　　　　　(b)刀具切入情况　　　　　(c)剪切破岩情况

图 9-8　圆盘形滚刀及其破岩原理示意图

## 2. 楔齿形和球齿形

楔齿形和球齿形刀具如图9-9(a)和(b)所示。楔齿形滚刀的破岩原理为:最初由楔齿的尖端在滚刀转动情况下产生切向张力破坏岩石的表面,切入深度为λ,见图9-9(c),然后由齿尖的楔入力继续剪切破坏,楔入深度为h。另外,各齿环的齿节是不同的,因此,加大了楔齿的破岩效果。球齿形滚刀的破岩原理与楔齿形滚动相同,球齿形滚刀更为耐磨,适用于硬岩掘进。

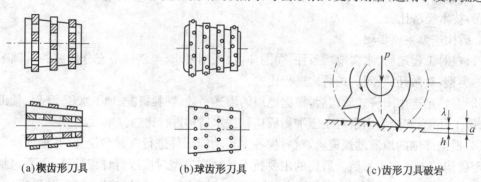

(a)楔齿形刀具　　　　　(b)球齿形刀具　　　　　(c)齿形刀具破岩

图9-9　齿形刀具及其破岩原理图

### (二)削刀破岩原理

工作时,削刀在挤压力 $P_V$ 和切割力 $P_H$ 作用下,首先在刀尖处形成切碎区,随着刀具回转运动,形成剪力破碎区,如图9-10所示。削刀继续回转即在岩壁上留下环状削槽,该槽的宽度即为刀刃的宽度,约为刀具回转一周破岩总进尺的1/4~1/3,两切削槽之间的岩石,约为破岩总进尺的2/3~3/4,如图9-11所示。

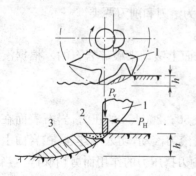

图9-10　削刀破岩(Ⅰ)

1—削刀;2—切碎区;3—剪切破碎区

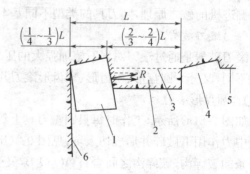

图9-11　削刀破岩(Ⅱ)

1—刀刃;2—剪切破碎区;3—剪切破裂线

4—切割槽;5—洞壁;6—工作面

由以上可知,不论是滚刀或是削刀,总的破岩体积中,大部分破岩并不是由刀具直接切割的,而是由后进刀具剪切破碎的。为有效破岩,先形成破碎沟或切削槽是前提条件。破碎沟或切削槽的深度、宽度愈大,破岩效果愈好。因此,需根据开挖岩体的性质,选择适宜的刀具,参见表9-2。

表9-2　破岩刀具的选择

| 岩石名称 | 抗压强度(MPa) | 典型岩石 | 适宜刀具 |
|---|---|---|---|
| 软　岩 | <40 | 页岩、泥岩 | 削刀、盘型、楔齿型滚刀 |
| 中硬岩 | 40~60 | 白云岩、砂岩 | 削刀、盘型、楔齿型滚刀 |

| 岩石名称 | 抗压强度(MPa) | 典型岩石 | 适宜刀具 |
|---|---|---|---|
| 硬　岩 | 80～175 | 灰岩、片麻岩、花岗岩 | 盘型、楔齿、球齿型滚刀 |
| 坚硬岩 | >175 | 花岗岩、闪长岩、石英岩 | 楔齿、球齿型滚刀 |

## 二、TBM 施工工艺

**(一)施工前的准备工作**

在施工准备期间要完成场内主要交通道路,隧洞进洞前常规的洞口处理,包括劈坡、安全处理及洞口施工的场地平整,在施工现场靠近洞口处平整出一块 TBM 设备组装场地,并建简易检修车间;建成风、水、电系统,送至主洞口附近,并备好通风管料;建成出渣线,落实弃渣场;建成生产能力与掘进速度相适应的混凝土管片生产预制厂。

**(二)TBM 的运输与组装**

TBM 体积、自重都比较大(数百吨,乃至上千吨),一般都需要拆开运输。在工程承包合同签字后,承包商从订货制造、运输安装到开始掘进一般需要 9 个月到 1 年的时间。

**(三)钻爆法开挖洞口**

用钻爆法先掘进一定长度(即为掘进机机身的全长),并用混凝土支护洞壁,完成 TBM 洞内安装,将施工用的风、水、电、道路(如用有轨运输应修铁路)、激光定向点等引入洞内,准备 TBM 掘进。

**(四)掘进作业**

TBM 开挖破岩是通过安装在机头刀盘上的多个刀具旋转来完成的,回转刀盘使岩块削落,装在刀盘上的铲斗将石渣装入头皮带机运到存料斗,再用其他运输工具运到洞外。

掘进一个循环可分为两个阶段(图 9-12):

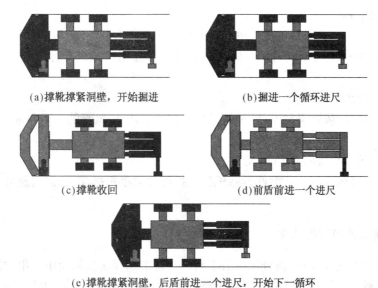

(a)撑靴撑紧洞壁,开始掘进　　　　　　(b)掘进一个循环进尺

(c)撑靴收回　　　　　　(d)前盾前进一个进尺

(e)撑靴撑紧洞壁,后盾前进一个进尺,开始下一循环

图 9-12　全断面岩石掘进机掘进原理

第一阶段为掘进阶段。首先,TBM 后盾通过紧固装置,牢牢地紧固在隧洞中,而后驱动

电动机在推进液压缸的作用下,带动刀头旋转破岩,切削前进一个进尺深度,此时配套辅助设备均停留在洞内,出渣列车在皮带机底部接渣。在掘进过程中,可控制推进液压缸的油量来完成掘进机的转向。

第二阶段为后盾和尾部设施延伸阶段。当刀头与前盾向前推进一个进尺深度完成掘进暂停工作后,前盾借助加紧装置固定在岩壁上,后盾则通过推力液压机缸的反作用力,向前推进一个进尺深度,后续列车由固定在刀头支架的一组特别牵引液压缸向前推进,在后续列车前移时,通过操纵相应的装置,自动延伸风筒、水管和轨道,至此即完成一个循环的破岩、石渣装运、延伸管线的工作。

(五)洞内混凝土管片安装

围岩条件差时需安装预制混凝土管片衬砌,根据围岩类别而选择管片型号。利用专用弓形车装运管片,每组管片分侧、顶片和底板片,根据每组片数按规定顺序装车。管片运到工作面后,由安装人员用机械手在工作面吊运、安装管片,见图9-13。管片安装完毕后便进行管片与围岩间豆粒石的充填,豆粒石充填后进行回填灌浆。

图 9-13　管片安装

(六)洞内运输和出渣

掘进机存料斗上的石渣通过皮带机、汽车、梭式矿车或轻轨斗车(视洞径而定)将石渣拉出洞外。由于掘进机速度快,装渣量大,因而只有卸车方便的梭式矿车才能与掘进机出渣量相匹配。

(七)通风与除尘

采用压入式通风,风机串联安装,风管悬挂于拱顶。PVC风管的风阻及漏风系数小,通风效果好。

(八)隧洞贯通后拆除机身

隧洞贯通后,可在洞内分几大件拆除机身。拆除件大小根据起吊、运输及隧洞衬砌后的断面而定。

### 三、TBM 施工的原则与特点

掘进机施工组织设计的原则与钻爆法不同。传统的钻爆法从均衡生产出发进行施工组织设计;而掘进机施工的组织设计必须服从于掘进机施工的特点,使各辅助设施能最大限度地满足主机生产高效率的需要,否则,生产效率就要受到极大的影响。

掘进机施工的主要特点是:同时性、连续性和集中性,这三个特点决定了施工组织设计的原则。

## 1.同时性

掘进机运行时,各辅助设施系统都要同时运转,其中任何一个环节不协调或者某一辅助设施运行失灵,都将影响全系统的正常运转,迫使运行全部停止。因此,要求全系统各种设施有较高的可靠性和适应性。

## 2.连续性

钻爆法施工破岩、出渣、运输、转运等各工序是间断的,相互交替进行。而掘进机施工的各个工序是连续进行的,任何一个环节失去连续性,都必将影响其他各工序的连续运行,系统生产就立即停止。

## 3.集中性

由于掘进机施工具有同时性和连续性这两个特点,纯作业时间就受到了严重的影响。根据国外掘进机施工的统计资料,中型断面掘进机平均月进尺 700 m,其纯作业时间仅占施工时间的 $40\% \sim 50\%$。大型掘进机,平均月进尺 400 m,纯作业时间约占施工时间的 $30\% \sim 40\%$。小断面掘进机,进尺较高,但纯作业时间最高只能达到 70%。

上述三个特点是掘进机施工组织设计时必须重视的重要因素。

### 四、TBM 施工通过不良地质地段的措施

在软弱围岩地带,围岩自稳时间较短,一般按照超前管棚、支立钢拱架、锚喷、挂钢筋网、喷混凝土的顺序施工。

对于围岩局部破碎地段,利用 TBM 刀盘护盾上部的拱形防护栅,在隧道顶部 120°范围内安装锚杆并挂钢筋网,及时超前喷护稳定围岩。若围岩破碎带较宽,在 TBM 开挖前,可利用超前钻机施作超前管棚。

岩石开挖后在刀盘护盾处出现部分崩塌或局部掉块时,可加密锚杆,挂双层钢筋网,将锚杆头与钢筋网焊接为一整体,再喷射混凝土。岩石开挖后在刀盘或刀盘护盾处出现较大坍塌时,必须停机处理。先停机处理护盾顶部危石,进行超前喷护,同时架立钢拱架,在钢拱架与护盾顶部搭焊短钢管,钢管上面焊接钢板封闭塌腔,随刀盘前进,逐一架立钢架,用钢板封闭,用 C20 细石混凝土回填密实,将塌腔与周围岩石连为一体。

一般小范围的软弱结构可通过锁死部分支撑靴通过。此时外机架支撑面积较小,要相应调整掘进参数,TBM 才能安全通过。

当拱墙处发生较大坍塌时,可造成 TBM 外机架一侧的支撑靴无法支撑,此时必须停机处理。可采用联合支护方式,先清理危石,塌腔及其周围利用超前喷头喷射混凝土,架立钢拱架,在钢拱架与塌腔之间用钢板封闭,用棉纱堵塞漏洞,用混凝土回填塌腔。回填密实后整个钢板外围再喷射混凝土,使回填混凝土与围岩连成一体,待混凝土初凝后方可掘进。

当拱墙围岩强度不足以支承支撑靴压力时,主要处理措施有:①将拱墙支撑靴部位进行换填处理,架立钢模板,封闭模板四周,用混凝土换填,待回填混凝土初凝后再重新撑紧外机架进行掘进。②在岩石松散、支撑力不足的情况,可采用在支撑靴部位打迈式锚杆注浆加固岩石,同时调整支撑靴压力,加大支撑靴面积,避免出现反力不足、支撑靴深陷的情况。

下列措施是 TBM 施工中行之有效的技术措施:

1.超前地质预报及科学的支护手段。根据超前地质预报,进行超前注浆预加固,采取科学的支护手段、选择合理的掘进参数是减少或防止围岩塌滑、坍塌的主要措施。

选择科学的支护方案和支护参数,对软弱破碎地段围岩及时施作锚喷柔性支护,并允许围岩有一定的变形,充分利用围岩自身的承载力,达到支护和围岩共同受力的目的。利用 TBM 自身喷射混凝土系统对护盾后出露的破碎围岩进行锚喷作业,封闭围岩,将围岩的收敛变形降低到最小程度。

2. 合理选择掘进参数。注意监测掘进机的各种参数变化,如推力、刀盘转速、刀盘扭矩、掘进速度、主电机电流等。根据掘进参数的变化可以大致推断刀盘前部围岩的变化情况。推力的大小反映前方围岩的强度,而扭矩的大小则反映了前方围岩的完整性情况。结合观察皮带输送机出渣情况,及时地选择和调整掘进参数,可以有效地减少不必要的坍塌。

3. 加强围岩量测监控。制订完善的围岩量测监控制度,尤其对软弱破碎地段应加强围岩量测监控工作,进行动态施工管理,根据量测反馈信息及时调整支护参数,以确保施工安全。

# 第四节 盾构法隧道施工

## 一、盾构的组装、调试及现场验收

盾构组装应根据盾构部件情况、场地条件,制定详细的盾构组装方案;根据部件尺寸和重量选择组装设备,按相关作业安全操作规程和组装方案进行。盾构组装后,必须进行各系统的空载调试,然后进行整机空载调试。

盾构的施工现场调试分为井底空载调试和试掘进重载调试。井底调试阶段的工作是在盾构吊到井底后按照井底调试大纲对其总装质量及各种功能进行检查和调试;试掘进重载调试是通过试掘进期间进行重载调试,经调试并验收合格后即可正式交付使用。

盾构现场组装和调试完成后,由盾构设备的买方、卖方及设备使用单位的技术人员以及有关专家联合进行验收,按照技术文件和图纸,共同进行检查和试验。调试成功,盾构组装符合技术文件的要求后,签署竣工安装证书。验收合格后,进行盾构的始发与试掘进,试掘进长度按盾构采购合同的规定,试掘进完成后进行盾构设备的最终验收。

现场验收时,需详细记录盾构运转状况、掘进情况,并进行评估,满足技术要求后,签认验收文件。

## 二、盾构始发

盾构始发是指利用反力架和负环管片,将始发基座上的盾构由始发竖井推入地层,开始沿设计线路掘进的一系列作业,盾构始发是盾构施工的关键环节之一,其主要内容包括:始发前竖井端头的地层加固、安装盾构始发基座、盾构组装及试运转、安装反力架、凿除洞门临时墙和围护结构、安装洞门密封、盾构姿态复核、拼装负环管片、盾构贯入作业面建立土压和试掘进等。

盾构始发掘进前,应对洞门经改良后的土体进行质量检查,合格后方可始发掘进,并制定洞门围护结构破除方案,采取适当的密封措施,保证始发安全。

## 三、盾构掘进

1. 土压平衡盾构掘进

土压平衡盾构施工工艺流程见图 9-14。

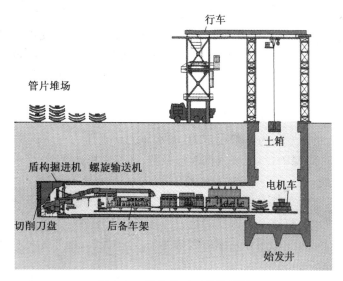

图 9-14　盾构施工工艺流程图

正式掘进施工阶段采用始发试掘阶段所掌握的最佳施工技术参数,根据隧道工程地质和水文地质条件、隧道埋深、线路平面与坡度、地表环境、施工监测结果、盾构姿态以及盾构初始掘进阶段的经验设定盾构滚转角、俯仰角、偏角、刀盘转速、推力、扭矩、螺旋输送机转速、土仓压力、排土量等掘进参数。

土压平衡工况掘进时,刀具切削下来的土充满土仓,利用土仓内泥土压与作业面的土压和水压相抗衡;与此同时,用螺旋式输送机排土设备进行与盾构推进量相应的排土作业,掘进过程中,始终维持开挖土量与排土量的平衡,以保持正面土体稳定,并防止地下水土的流失而引起地表过大的沉降。

掘进中,监测和记录盾构运转情况、掘进参数变化、排出渣土状况,并及时分析反馈,调整掘进参数,控制盾构姿态。不断完善施工工艺,控制地面沉降。

必须严格按注浆工艺进行壁后注浆,并根据注浆效果调整注浆参数。

应根据工程地质和水文地质条件,注入适当的添加剂保持土质流塑状态。

2. 泥水平衡盾构掘进

(1)掘进参数管理

应根据隧道工程地质与水文地质条件、隧道埋深、线路平面与坡度、地表环境、施工监测结果、盾构姿态以及盾构始发掘进阶段的经验设定盾构滚转角、俯仰角、偏角、刀盘转速、推力、扭矩、送排泥水压力和流量、排土量等掘进参数。

应合理确定泥浆参数,对泥浆性能进行检测,并进行动态管理。

应保持泥浆压力与开挖面的水土压力以及排出渣土量与开挖渣土量相平衡,并根据掘进状况进行调整和控制。

盾构切口土压由地下水压力、静止土压力、变动土压力组成,切口泥水压力应介于理论计算值上下限之间,并根据地表建构筑物的情况和地质条件适当调整。

正常掘进条件下,掘进速度应设定为 $20\sim40$ mm/min;在通过软硬不均地层时,掘进速度控制在 $10\sim20$ mm/min。

(2)泥水压力管理

泥水盾构工法是将泥膜作为媒体,由泥水压力来平衡土体压力。在泥水平衡的理论中,泥膜的形成是至关重要的,当泥水压力大于地下水压力时,泥水按达西定律渗入土壤,形成泥膜。随着时间的推移,泥膜的厚度不断增加,渗透抵抗力逐渐增强。当泥膜抵抗力远大于正面土压时,产生泥水平衡效果。

泥水渗透有利于泥膜增厚,增加泥水压力将提高作用于开挖面的有效支承压力,提高开挖面的稳定性。

作用在开挖面上的泥水压力一般设定为:泥水压力=土压力+水压力+附加压力。附加压力的一般标准为 0.02 MPa,一般要根据渗透系数、开挖面松弛状况、渗水量等进行设定。

(3)泥水循环系统

泥水循环系统具有两个基本功能,一是稳定工作面,二是通过排泥泵将开挖渣料从泥水仓通过排泥管输送到泥水分离站。工作面的稳定性靠膨润土泥浆对工作面的压力以及靠膨润土泥浆的流变特性来确保。泥水循环系统由送排泥泵、送排泥管、延伸管线、辅助设备等组成。

(4)泥水分离技术

泥水盾构的刀盘后面有一个密封隔板,与开挖面之间形成泥水仓,里面充满了泥浆,开挖渣土与泥浆混合后由排浆泵输送到洞外的泥水分离站,渣土与泥浆分离后,泥浆进入泥浆调整池进行泥水性状调整,然后由送泥泵将泥浆送往盾构的泥水仓重复使用。通常将盾构排出的泥水中的水和土分离的过程称为泥水处理。

泥水处理设备设于地面,由泥水分离站和泥浆制备设备两部分组成。泥水分离站主要由振动筛、旋流器、储浆槽、调整槽、渣浆泵等组成;泥浆制备由沉淀池、调浆池、制浆系统等组成。

当掘进过程遇有大粒径石块时,应采用破碎机破碎,并宜采用隔栅沉淀箱等砾石分离装置分离大粒径砾石,防止堵塞管道。

泥水管路延伸、更换时,应在泥水管路完全卸压后进行。

泥水分离设备应满足渣土粒径要求,处理能力应满是最大排送渣土量的要求,渣土的存放与搬运应符合环境保护的有关要求。

3.复合盾构掘进

应根据地层软硬情况、地下水状况、地表沉降控制要求等选择合适的掘进模式。

掘进模式的转换宜采用局部气压模式(半敞开模式)作为过渡模式,并在地质条件较好地层中完成。

掘进前,应根据地层软硬不均匀分布情况,确定刀具组合和更换刀具计划,并应在掘进中加强刀具磨损的检测。

应根据地层状况采用相应措施对地层和渣土进行改良,降低刀盘刀具和螺旋输送机的磨损。

**四、盾构姿态控制**

盾构掘进过程中应随时监测和控制盾构姿态,使隧道轴线控制在设计允许偏差范围内。

应对盾构姿态及管片状态进行测量和人工复核,并详细记录。发现偏差时,应及时采取措施纠偏。实施盾构纠偏时必须逐环、小量纠偏,防止过量纠偏而损坏已拼装管片和盾尾密封。根据盾构的横向、竖向及转动偏差,可采取千斤顶分组控制或使用超挖刀适量超挖或反转刀盘等措施调整盾构姿态。

在竖曲线与平曲线段施工时,应考虑已成环衬砌环竖向、横向位移对隧道轴线控制的影响。

### 五、刀具更换

应预先确定刀具更换的地点与方法,并做好相关准备工作。

刀具更换宜选择在工作井或地质条件较好、地层较稳定的地段进行。在不稳定地层更换刀具时,必须采取地层加固等措施,确保开挖面稳定。

带压进仓更换刀具前,必须做好下列工作:

①对带压进仓作业设备进行全面检查和试运行。②采用两种不同动力装置,保证不间断供气。③通过计算和试验确定合理气压,稳定工作面和防止地下水渗漏。④刀盘前方地层和土仓满足气密性要求。⑤保持开挖面和土仓空气新鲜。⑥气压作业区严禁采用明火。当确需使用电焊气割时,应对所用设备加强安全检查,还必须加强通风并增加消防设备。

### 六、盾构调头和过站

调头和过站前,应做好施工现场调查、技术方案以及现场准备工作,调头和过站设备必须满足盾构安全调头和过站要求。

盾构调头和过站时必须有专人指挥,专人观察盾构转向或移动状态,避免方向偏离或碰撞。

调头和过站后完成盾构管线的连接工作。

### 七、盾构接收

接收前应制定接收施工方案,主要内容应包括接收掘进、管片拼装、壁后注浆、洞门外土体加固、洞门围护破除、洞门钢圈密封等。

盾构到达接收工作井前 100 m 以内时,必须对盾构轴线进行测量并作调整,保证盾构准确进入接收洞门。

盾构到达接收工作井前 10 m 以内时,应控制盾构掘进速度、开挖面压力等。

应按预定的破除方法破除洞门。

盾构主机进入接收工作井后,应及时密封管片环与洞门间隙。

盾构到达接收工作井前,应采取适当措施,使拼装管片环缝挤压密实,确保密封防水效果。

### 八、盾构解体

盾构解体前,应制定详细的解体方案,并准备解体使用的吊装设备、工具、材料等。

盾构解体前,应对各部件进行检查,并应对液压系统和电气系统进行标识。

对已拆卸的零部件应做好清理和维护保养工作。

## 第五节　典型工程实例

TBM 的应用范围主要有水工隧洞、城市污水隧洞、地下铁道、公路隧道、铁路隧道和电缆隧道等。其中应用最多的是水工和污水隧洞,这主要是因为这类隧道的断面多为圆形。下面介绍国内外采用 TBM 施工的两个隧道工程。

### 一、西安—安康铁路秦岭隧道

(一)概况与方案

西安—安康铁路秦岭隧道全长 18.456 km,双孔单线。穿过的岩层主要为花岗岩、片麻岩等坚硬岩石。由于隧道埋深大,地质条件复杂,修建过程中将可能遇到高地应力、岩爆、地热、高压涌水和围岩失稳等诸多地质灾害。秦岭隧道是我国首次采用全断面掘进机施工的铁路隧道,工程艰巨,技术复杂。秦岭隧道的建设成功,促使我国铁路隧道修建技术跃上一个新台阶。

秦岭特长隧道的施工方案,曾就修建一座双线隧道或两座单线隧道,以及采用钻爆法或引进全断面掘进机等召开过多次论证会。通过对修建秦岭特长隧道的工期和经济性的综合分析,认为修建秦岭特长隧道,需先行掘进一个具有地质探洞、先期预处理不良地层作用和改善施工通风、运输、排水及后部工序作业条件的综合性平行导坑。结合全断面掘进提出了三个方案进行比选:①采用敞开式掘进机,由一台 $\phi 8.86$ m 掘进机掘进 I 线隧道,另一台 $\phi 4.0 \sim$ 4.5 m 掘进机掘进 II 线隧道下导坑,作为平行导坑;②采用双护盾式掘进机,由一台 $\phi 8.76$ m 掘进机单口掘进;③采用敞开式掘进机,由一台 $\phi 8.86$ m 掘进单线主隧道,另采用钻爆法在 II 线位置上从两端组织快速掘进平行导坑。论证结果推荐稳妥、可靠、可节省地表钻探费用,并确保隧道工期的第三方案。I 线隧道采用两台 $\phi 8.8$ m 敞开式全断面掘进机,由两端洞口同时施工。II 线隧道先期在隧道中线位置上用钻爆法由两端按平行导坑施工,力争尽早贯通平行导坑,待 II 线隧道工程完工后,再用钻爆法将平行导坑扩大成 II 线隧道。

(二)施工过程

秦岭隧道由两座基本平行的单线隧道组成,两隧道中线间距为 30 m,I 线与 II 线隧道全长相等,均为 18.456 km。I 线隧道两端各使用一台隧道掘进机施工,通过国际招标引进德国 WIRTH 公司的产品,其型号为 B850/1000E,属全断面敞开式掘进机,其主要技术参数为:刀盘直径 8.8 m,主机长 22 m,重约 800 t,连接桥加后配套长 234 m,整机总长约 256 m,总重量约 1 300 t。根据合同要求,设备总功率为 5 400 kVA,刀盘转速为 2.7 r/min(软岩)或 5.4 r/min(硬岩),刀盘扭矩为 5 800 kN·m,刀盘最大推力为 21 000 kN。当岩石抗压强度为 100~180 MPa 时,每小时掘进速度为 3.5 m;当岩石抗压强度达 325 MPa 时,每小时掘进速度大于或等于 1 m。掘进机上装有钢供架安装器、仰拱块吊机、探测钻机、锚杆钻孔设备、通风系统、冷却系统、通讯系统、数据记录系统、机器导向系统、安全控制系统和瓦斯监视器等多种辅助设备,充分利用了当代机械、电气和液压等领域的高科技成果,是集掘进、支护、照明、排水、集尘、通风、降温、出渣运输为一体的庞大的施工设备。

秦岭隧道 I 线西安端(北口/进口)由铁道部隧道局施工,安康端(南口/出口)由铁道部十八局施工,隧道局的施工长度为 9.513 km,其中作为 TBM 的组装预备洞的洞口段(260 m)和 F4 断层带地段(长 380 m)均用钻爆法施工,因此,隧道局施工段原计划的 TBM 施工长度为 8.873 km。截止 1998 年 6 月 30 日,进口端 TBM 已掘进 1 426 m,当时还剩 7.447 km。为了在 1999 年 10 月 1 日以前秦岭隧道 I 线实现贯通,TBM 的施工进度要求达到月进 480 m 以上,比原预计的 350 m 要高出 130 m,难以实现。为了确保按期贯通,需要在充分发挥 TBM 作用的情况下,辅以钻爆法,即在靠近两施工单位分界点附近的 3 630 m 左右地段用钻爆法施工。

实际施工中,I 线隧道的进出口两端分别有 5 243 m 和 5 607 m 采用隧道掘进机施工(合计长度约 10.85 km),中段采用钻爆法机械化施工的长度约 7.6 km。II 线隧道全长采用钻爆法机械化施工。施工时,先在Ⅱ线隧道中线位置设施工导坑,作为Ⅰ线隧道的平行导坑,为Ⅰ线隧道 TBM 施工进行地质超前预报,并通过Ⅰ、Ⅱ线隧道间每隔 420 m 设置的横通道、在排水、通风、运输方面辅助Ⅰ线隧道施工。秦岭特长隧道工程量巨大,其中开挖渣量约 350 万 m³,污工混凝土约 42 万 m³,工程中使用钢材约 3 万 t。TBM 在秦岭Ⅰ线隧道施工中发挥了重大作用。它在坚硬围岩中掘进直径 8.8 m 的圆形隧道,创造了单口平均月进度 312 m、最高月进度 528.1 m 和最高日进度 40.5 m 的全国铁路隧道施工的最高记录,确保了秦岭Ⅰ线隧道提前贯通目标的实现。

(三)经验与问题

1. 在硬岩中掘进速度慢,刀具消耗多

TBM 对地质特别敏感,它最适用的地质条件是多节理裂隙的中等围岩。与秦岭隧道地质情况、掘进断面大小和掘进类型相当的瑞士费尔艾那隧道,5 个月累计掘进和支护了 2 750 m,平均月进度为 550 m,最高月进度为 686 m,最低月进度为 409 m;刀具消耗也较少,4 km 多的掘进长度消耗了 200 多把刀具。而秦岭隧道进口端,在累计掘进长度为 1 416 m 时,平均月进度仅为 236 m,更换刀圈计 385 个;出口端相应累计掘进长度为 1 493 m,平均月进度为 332 m,更换刀圈计 139 个。

TBM 掘进慢的主要原因:所配的刀圈不适用该类硬岩施工,换刀次数多,1998 年 6 月底以前最慢的进度为每小时进尺仅 0.36 m。与费尔艾那隧道相比,秦岭隧道北口的 TBM 掘进太慢,刀具消耗太多。南口的 TBM 已掘进地段,是花岗岩围岩,与北口端的片麻岩围岩比较,岩石强度较低,节理较为发育,其掘进速度较快,刀具消耗量较小,但也未达到中德合同所规定的进度指标及设备完好率和使用率指标的要求。

2. 在破碎围岩中施工支护能力较低、进度较慢

当掘进破碎易坍的硬岩时,换刀较少,掘进速度较快,但为防止坍塌,对毛洞要及时支护,支护时间较长。据进口端的统计,掘进与支的耗时比约为 1∶4。因支护设备安装在主机或后备套系统上,支护完成之前,掘进机不能向前掘进,制约着掘进速度的提高。

秦岭隧道施工时,我国适用于 TBM 施工的围岩分级法和相应的支护形式尚未颁布。因此,沿用钻爆法的围岩分级方法和选用的初期支护难免与实际情况有出入。秦岭隧道两端Ⅲ级围岩地段的初期支护,如用钻爆法施工时,一般不用封闭式钢拱架环形支护;而在 TBM 施工中,均有几段采用了上述钢拱支护,否则会出现坍塌,危及人身和设备的安全。因此,在初期支护类型的选用上要考虑钻爆法和 TBM 法的不同影响。

3. TBM 隧道的设计和施工缺少适用的隧道围岩分类和相应指标

TBM 掘进的快慢和刀具消耗的多少,与地质条件密切相关。TBM 隧道的围岩类别和相应的力学指标,是衡量 TBM 施工进度快慢和刀具消耗多少的主要依据。过去在这方面资料少,在秦岭隧道设计文件和 TBM 采购招标文件中,只有一般的地质描述、现行围岩分级的级别和岩石抗压强度等。实践证明,影响 TBM 进度和刀具消耗的地质因素,除岩石抗压强度外,还有围岩节理发育程度及其方向、岩石硬度、岩石抗拉强度、岩石成分等等。如秦岭隧道北口段的 1 000 m 试掘进段,属Ⅱ级围岩的片麻岩,该段代表性岩样的力学试验表明,其抗压强度最高为 120 MPa,属中等强度围岩,因节理不发育,显得非常完整,TBM 掘进很慢,每小时掘进不到 1 m。而中德 TBM 采购台同规定,围岩抗压强度为 325 MPa 时,掘进速度不小于 1 m。这说明用抗压强度一项力学指标衡量 TBM 的进度是不科学的,2007 年 5 月 22 日实施的《铁路隧道全断面岩石掘进机技术指南》已制定了适用于 TBM 施工的围岩分类方法。

采用 TBM 施工的隧道,在设计和施工方面都与传统方法施工的隧道存在差异,应作相应调整。在设计方面,要编制适合 TBM 隧道的围岩分类法,包括选择刀具需要的节理裂隙发育程度和岩石力学指标,以及相应的支护类型和参数,以供设计时参考选用。对 TBM 施工影响较大的是洞内的地质情况,太坚硬而完整的岩石,掘进速度较快但消耗刀具多;太破碎易坍的硬岩,因支护慢,限制了掘进速度;在软弱破碎带用敞开式 TBM 则难以施工。遇这些情况要通过经济比较,选择施工方法。

值得指出的是,过去我们曾认为 TBM 施工避免了爆破松动对围岩稳定的影响,现行围岩分类用于 TBM 施工时道,其围岩类别可提高半级或一级使用。实践证明,这种设想是不切合实际的,围岩类别不但不能提高,就支护措施而言,有时甚至要降低一级使用。

4. 最佳掘进参数的选择

TBM 的掘进参数,通常是指刀盘的转速、扭矩推力、贯入度和掘进速度等,其中主要是刀盘的转速和推力,其他参数均依附这两个参数。现在使用的两台 TBM 的刀盘转速已设定为两级,即 2.7 和 5.4(r/min),前者用于软弱破碎的围岩情况,后者用于其他情况。TBM 开掘以来,除个别情况用 2.7 r/min 外,绝大部分都是用 5.4 r/min 的转速,刀盘转速基本上是个定值,因此值得探讨的掘进参数就是推力了。在试掘进期间,TBM 的最大推力已被锁定在 17 250 kN(设计最大值为 21 000 kN)。每台 TBM 掘进长度达 2 000 m 以上,在施工过程中遇围岩破碎地段时,该推力曾下降到 14 000 kN 左右,此后该推力基本上在 16 000~17 000 kN 之间取用。

TBM 掘进指标主要是掘进速度,即相当于贯入度。在坚硬完整的围岩情况下,贯入度低,掘进效率低;如果加大贯入度,则可能导致刀圈的过度磨损,加大维修和换刀作业量,占用很多掘进时间,适得其反。因此,需要寻找最佳的贯入度,在软弱破碎的围岩情况下,贯入度大,掘进速度快,但后边的支护作业往往跟不上,因此也存在寻求最佳贯入度的问题。

最佳贯入度是与围岩地质条件密切相关的指标,只有在长期的实践中,不断积累、分析、提高,才能逐步掌握。最佳贯入度是通过调整推力实现的。TBM 掘进中,需根据不同的地质情况随时调整推力等参数。操作人员要具有相关知识和负责的工作态度,能密切地注视 TBM 的掘进、出渣和围岩状况,适时调整推力。

**二、英法海峡隧道**

1994 年 5 月 6 日,英国女王伊丽莎白二世乘坐"欧洲之星"列车,经过英、法两国间的海底隧道,由伦敦来到法国海边城市加来,与法国总统密特朗共同主持连接两国的海底隧道的正式通车仪式,这标志 200 多年来两国人民长期的梦想变成了现实。

长期以来,海上轮渡成为海峡两岸交往的主要交通工具。而海面多雾,同时海峡风大浪高,致使轮渡航运很不方便;再加上国际航运业务繁忙,给轮渡造成更多的困难,碰撞、搁浅、沉没事故时有发生。1986 年 2 月,英国首相撒切尔夫人和法国总统密特朗签署了开凿海底隧道的条约。1987 年 12 月正式动工。

海峡隧道主体工程由三条隧道组成,见图 9-15,两边两条是直径 7.6 m 的主隧道,开行高速列车,相距 30 m,中间为直径为 4.8 m 的服务隧道,用于安装辅助设施。三条隧道各长50 km。其中海底段长 37.5 km。隧道在英国多佛尔的莎士比亚悬崖下进入海底,向东南方向穿过海峡,在法国海滨小镇桑加特抵岸,但仍在地下穿行 3 km 才到达出口。英国端的出口距海边 9 km,其中的 8 km 用掘进机施工。

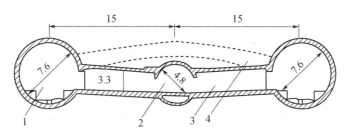

图 9-15　英法海峡隧道主体工程(单位:m)
1—主隧道;2—辅助隧道;3—横通道;4—减压风道

海峡隧道施工共使用 11 台全断面掘进机,其中英国端 6 台,法国端 5 台。这些掘进机分 12 个工作面分别向近陆和海底掘进。为了探明地质情况和便于处理复杂地段施工中遇到的问题,内径 4.8 m 的辅助隧道先行掘进。第一台掘进机于 1988 年 2 月从英国端向海底推进,到 1990 年 12 月 1 日辅助隧道贯通,1991 年 6 月两条主隧道也相继贯通。

隧道开通后,火车穿越仅需 35 min。这样,人们只要坐上被称为"欧洲之星"的高速列车,3 h 即可从伦敦直达巴黎。穿行于隧道的列车长 530 m,其中有 12 节汽车车厢、12 节旅客车厢,还有若干节货运车厢。列车以时速 40 km 的速度运行。隧道每年运送大约 800 万汽车旅客、450 万铁路旅客和 858 万 t 货物。隧道正式投入使用后 3 年内,承担了两国海峡客运量的一半和货运量的 30%。海峡隧道为加强英、法两国的联系起着重要的作用。

(一)工程地质概况

英法海峡隧道所处海床地层自上而下依次为:白垩层、白垩泥灰岩,泥灰质黏土及海绿石砂岩。

泥灰岩是一种质地软弱、均质、含黏土约 25% 的地层,渗水性能适中,是使用掘进机的理想地层,适宜于掘进机高速掘进;其上层的灰白垩岩性较硬,破碎严重,裂隙发育,渗水量大,开挖时需要特殊支护;泥灰岩下面的泥灰质黏土比较软弱,基本不渗水,具有膨胀性,开挖面随时间的增长会有显著变形,对掘进机施工不利。因此,选定将隧道沿泥灰岩地层穿过海峡。

英国端的近陆段属泥灰岩,均匀致密,地质情况良好。海底段从海岸向深海岩层逐渐褶曲。隧道斜交穿过两个因褶皱顶部破裂而产生的次级断层,其内含有大量水和断层泥,施工时曾发生涌水。过了海底最低点后,隧道沿泥灰岩地层逐渐上升,部分地段进入白垩层。

进入法国段后,地层起伏较大,隧道交替在灰白垩和泥灰岩中穿行,有多条断层与隧道斜交。灰白垩岩层中有贯穿性深度风化现象,存在裂缝和张性节理,最大宽度达 0.5 m,裂隙中充满泥砂和水,且断层水和海水连通,这就要求掘进机能承受来自海面的 1 MPa 水压力。总之,法国端地质条件要比英国端差,特别是法国近陆段泥质地层中侵入泥砂和水,掘进机要特殊处理。

(二)施工用掘进机

采用掘进机进行隧道施工,首要的问题是调查地质情况,尽可能将地质情况掌握得准确详细。要充分发挥掘进机的高速掘进的特点,就需在设计时针对将要对付的地质情况,在机器上设置相应的装置。正是根据海峡隧道穿过的复杂地质情况,总承包商 TML(Trans—manche Link)集团采用四种具有不同特点的掘进机,使这一工程得以成功。

英法海峡隧道采用的掘进机的主要性能叙述如下,为方便起见,掘进机的代号就以该机施工的隧道的编号来代替。

1. 法国端掘进机

法国端共选用 5 台掘进机。这些机器在结构设计上主要考虑了两个因素:一是要对付复杂的地质条件,二是掘进速度要高。法国端的地质情况复杂,为了提高机器对各种类型地质的适应能力,将掘进机设计成两种不同结构类型和工作方式的掘进机,其中 T1、T2 和 T3 机属于旋转护盾型,T4 和 T5 机为盾构型。它们的共同之处是都装有护盾结构,在护盾的保护下进行掘进,都用预制混凝土管片衬砌。这两种机型的主要结构特征和工作方式如下。

(1)旋转护盾型掘进机

T1 和 T2、T3 机均属该型机,其主要结构和工作方式基本一致。以 T1 机为例说明,T1 机结构上的最大持点是它有两种掘进功能,既能在硬岩或含水量小的地层中像中硬岩掘进机那样快速掘进,又能在软弱围岩或含水量大的地层中像土压平衡式盾构那样快速掘进。因此,它既反映出硬岩机的特征,又体现出软岩机的特征。

反映硬岩机特性的主要部件有:

①可伸缩式刀盘,它能从前护盾中伸出进行切岩,在刀盘的 6 条切割臂上,以一定的间距安装有盘形滚刀或切岩割刀;

②刀盘面板和周边装有格栅板,以防坍塌块石掉入刀盘内;

③大容量的刀盘轴承,能承受大推力和大扭矩,达到快速掘进;

④备有一套硬岩掘进时的弧形支撑,以承受刀盘切岩时的反作用力。

体现软岩机特性的部件有:

①一套带承压密封隔板的护盾;

②前后护盾间有铰接点以利于调向,且铰接处的密封可以承受 1 MPa 的水压力;

③备有一套强大的护盾支撑(附加支撑),用于软岩或含水砂土地层机器处于封闭状态时的掘进,该支撑不但要提供机器切岩的推力,还要克服护盾摩擦阻力的推力,还要克服机器头部 1 MPa 的水压力;

①一套高扭矩带离合器的双向驱动装置,能在硬岩和软岩条件下高速掘进;

②护盾尾部采用四排充有润滑脂的钢丝刷作密封,用以封闭盾尾和衬砌管片间的空隙,防止压力水的侵入;

③用一台螺旋输送机将刀盘空腔内的泥渣输送到盾尾,该装置可以随时封闭;

④一套双活塞卸料装置将螺旋输送机内有压力的泥渣转变成常压下的渣料,用斗车送往洞口。

T1 机有两种工作方式:敞开式和封闭式。敞开式是机器在地下水较少,岩层强度较高的地质情况下的掘进方式。开机后,刀盘在主千斤顶的推动下从护盾中伸出进行切岩,其反力由支撑在洞壁上的弧形支撑来承受。切削下来的岩渣通过螺旋输送机卸到有轨斗车中,然后送往渣料场处理。与此同时,机内辅助千斤顶收缩留出空间,在护盾尾部进行预制管片的衬砌。待掘进和衬砌完成一个循环后,机器进行换步,此时,辅助千斤顶反推已衬砌好的管片,使护盾整体跟进,主千斤顶也同时回缩,完成下次掘进前的准备工作。

封闭式是在机器遇到水的情况下,为了克服头部巨大的水压力,保证机器顺利掘进和人身安全而采取的一种掘进方式。此时,刀盘缩进前护盾内,出渣输送机料口关闭,刀盘工作面与机器其余部分隔离,护盾铰接处、盾尾与衬砌管片之间用充油脂的钢丝刷密封,这样,机器处于全封闭状态下工作。其推力由 20 台辅助千斤顶顶在衬砌管片上产生,使刀盘和护盾整体推进。掘削下来的渣料,通过双活塞卸料器将有压泥渣转变成常压下的渣料送出洞外。完成一个掘进行程后,收缩辅助千斤顶.留出空间,安装衬砌管片。

通过上述两种工作方式,机器能够安全高速掘进,T1 机曾达到最高月进尺 1 032 m,T2、T3 机最高月进尺也曾达到 1 071 m 和 1 015 m。

(2)盾构型掘进机

T4、T5 机均由日本三菱公司制造。由于它们施工的法国端近陆段地层是高黏性白垩层,含水量高达 20%,机器结构具有土压平衡式盾构的特点,但又由于这里的白垩层含有燧石,硬度较高,所以这两台机器与一般的盾构又有区别。其结构上的特点体现在以下几个方面:

①一般情况下用割刀切岩,遇到燧石岩层时改用盘形短刀切岩。

②刀盘上装有辐条式格板,出渣铲斗采用鼓形铲斗,二者在刀盘转动时能相对运动,以避免铲斗发生堵塞现象。铲斗和刀盘腹腔内均贴有合成树脂板,减少了黏着系数。

③出渣系统采用两台总长 15 m 的阿基米德螺旋输送机,另外加了一套槽形旋转装置,既保证防水密封又能连续出渣,该系统受到 TML 公司的高度评价。

④盾尾周边顺放灌浆导管,在机器掘进的同时,其尾部可以连续灌注砂浆。

⑤盾构的密封可以承受 0.5 MPa 水压力。密封主要设置在刀盘、盾尾和螺旋输送器上。刀盘上设置了唇形橡胶密封圈,盾尾采用与注浆管配套的润滑脂钢丝刷密封。

2. 英国端掘进机

英国端共选用 6 台掘进机。其中 4 台(T7、T10、T11、TU)由英国詹姆斯·豪顿(James Howden)公司生产,属于一种类型。另外 2 台(T8、T9)由美国罗宾斯(Robbins)公司和英国马克海姆(Markham)公司联合生产。这些机器从外形结构看均属于伸缩式双护盾掘进机,但内部结构、零件布置和工作方式则有所不同。

(1)詹姆斯·豪顿掘进机

以 TU、T11 机为例说明。该机由前后护盾组成,前护盾长 5.5 m,与后护盾间用伸缩形式连接,重 850 t。主机主要有刀盘、护盾、主千斤顶、辅千斤顶、前护盾支撑靴和后护盾大型支撑板、纠偏装置、刮板运输机以及插销式机械手(用于安装衬砌管片)等。护盾后拖挂后配套系统,长 150 m,包括出渣运输、通风、供电、注浆设备以及动力装置等,重约 650 t。

刀盘是一圆锥形钢结构件,表面对称布置了八个切割臂,共装 236 把齿形割刀。刀盘固定在大轴承上,由 6 台 160 kW 的电动机通过减速箱带动旋转,刀盘转速有 1.9 r/min 和 2.86 r/min 两种。掘进机工作时,由 6 台行程为 1.6 m 的主千斤顶推动刀盘向前切岩,其反作用力由装在后护盾上的两块长 6 m,宽 2.5 m 的水平支撑板承受,支撑板由四只千斤顶直接撑在左右洞壁上。主千斤顶收缩时,利用前护盾上的支撑靴顶在洞顶和底部将后护盾及后配套系统拖拉向前。掘进机的调向由前护盾上的 9 只支撑靴来实施,机上还装有两台液压缸用于纠偏。出渣系统采用刮板运输机,如突然涌水,刮板运输机可在几秒钟内自动缩回,同时封闭刀盘的集料仓,以防水侵入。

预制混凝土衬砌管片采用两台插销式机械手安装,它们安设在三角形梁架上,可以前后移动,也可以在转盘上旋转,将衬砌管片安装到位。

由于英国端近陆段隧道没有大量涌水的威胁,掘进机的密封比较简单,仅仅在前后护盾伸缩处安装了钢丝刷密封。

(2)罗宾斯—马克海姆掘进机

由于 T8、T9 是在水下施工,为了确保机器能安全快速掘进,所有的液压设备、电动机、水泵和过滤器都配置成双套。

全机护盾总长 15 m。为便于调向,前护盾较短,为 1.6 m,伸缩段为 2.5 m。前后护盾是依靠跨在伸缩段内的 10 对"V"形布置的主推进千斤顶相连接的,这种独持的布置方式有利于机器的调向和前后护盾间巨大推力和扭矩的传递。这种方式是罗宾斯公司的发明。

护盾内主要有导向壳体、大轴承、刀盘、主电动机、后支撑板、辅助千斤顶、到板运输机和 4 台安装衬砌管片用的机械手等。直径 5 m 的大轴承一端坐落在导向壳体上,另一端与刀盘连接,导向壳体与前护盾用螺钉联结,其端部面板上安置 12 台 110 kW 的主电动机,通过离合器和减速箱带动刀盘旋转。

刀盘呈平面圆形,表面对称地布置了 8 个切割臂,共安装 57 把 $\phi$330 mm 的盘形滚刀、196 把割刀。滚刀架为埋入式结构。为了保证在破碎地质条件下的安全,更换刀具可以在刀盘后面进行。

后支撑板和后护盾相连,它由三组宽 2 m、长 4 m 的支撑板和四个垂直内倾的千斤顶组成,与类似的水平侧向支撑相比,不仅支撑更稳定,而且可以在护盾中间留出更大的空间来安装其他设备。后护盾内还安装有 16 台辅助千斤顶,一旦机器换步,可协助主千斤顶将后护盾顶向前方。

掘进机后护盾后面是长 200 m 的后配套设备,重约 1 350 t。出渣系统由三段皮带输送机组成,其长度分别为 44.2 m、92.5 m 和 37 m。输送机将岩渣卸进由 11 辆 14 m³ 的侧卸式斗车组成的列车内,然后运出洞外。

本机设有一套紧急密封系统,一旦海水突然涌入,系统立即工作。

掘进机控制系统内安装一套电子诊断系统,可以对所有设备进行连续探测监视,发现故障及时给予检修,提高了掘进的使用效率。

### (三)总　结

海峡隧道工程采用 11 台掘进机,只用三年时间便打通总长约 150 km 的隧道,这无论从时间、速度和规模上讲都是空前的,可以说是隧道工程施工的一个里程碑。所使用的掘进机都具有高速度、长距离连续掘进的能力,机械效率高达 90%,这主要得益于它们在复杂地质条件下良好的密封性能、巨大的切岩推力、连续出渣和连续衬砌的能力以及操作的高度自动化等。这些特点集中体现了当前世界掘进机的发展水平。

当然,在海峡隧道工程施工过程中也发生过一些没有考虑到的问题。比如,由于水的冲刷作用,泥渣进入掘进机护盾与隧道洞壁间的空隙后,在掘进机盾尾被挤成硬块,妨碍衬砌管片的安装和密封防水,后来经过试验,安装了弹性刮泥铲来铲除这些泥渣。又如,在海底辅助隧道掘进初期曾发生过盾尾顶部塌方,经过很长时间研究才在盾尾增设了"指状"钢支撑,但仍有碎石从钢支撑中间掉出来,不得不加焊了钢板;在主隧道施工中通过这一地段时改为预先帷幕注浆。

经过海峡隧道的施工,对于一般的地质情况,无论是硬岩地层还是软岩地层,掘进机施工已积累了相当丰富的经验。特别是 T1 掘进机,它的软岩、硬岩两套掘进功能和敞开式、封闭式两种工作方式,使其具有广泛的适应能力,为掘进机的完善和发展展示了美好的前景。

隧道掘进机自其问世以来,在基本原理上几乎没什么变化,变化仅体现在基本原理的运用方面:如制成了适于不同种类岩层的各种隧道掘进机,不断提高钻进速度和效率,制造更大功率和更高水平的自动化隧道掘进机等。目前的发展趋势是不断扩大用一台掘进机适用的地质条件范围,掘进机的发展依赖于其通用性和可用性。

在硬岩掘进中,最大的困难仍然是寻求能有效地将大功率传输给岩石的材料和技术,研究与开发的主要方面是刀盘驱动系统、刀具布置和盘形滚刀本身。TBM 在适应岩层条件多变的能力方面已取得长足进展,在混合岩地层中采用双护盾掘进机,其在地层良好地段,只需后护盾支撑于岩壁,为刀盘和前护盾提供反力;当岩层条件恶劣时,两个护盾均支撑于岩壁提供反力。

　　软岩隧道掘进机通常只限于钻进隧道全长都具备稳定而干燥的岩层,但这样的条件是极为少见的。软岩的多变特性及其不稳定特别是含水,往往要用压缩空气限制涌水。寻求在软岩或不稳定的含水岩层中不用压缩空气的有效钻进方法的努力已持续了许多年。欧洲设计了工作面全封闭的第一台隧道掘进机,其样机在英国泰晤士河南部的湿砂相砾石层中的一条短隧道内进行了试验。日本也进行了软岩掘进机的研究工作,并已取得明显进步。封闭式工作面技术可使全断面掘进机能安全地施工,同时也扩大了适用的岩层范围,能钻进有硬岩夹层的岩层。

　　由于科学技术的迅猛进步,现在的 TBM 可以适应较为复杂的地质条件,从松散软土到极坚硬的岩石都可以应用,使用范围日益广泛。TBM 的设计制造在一定程度上反映了一个国家的综合科学技术和工业水平,体现了计算机、新材料、自动化、信息传输和多媒体等技术的综合和密集水平。

　　长大越岭隧道往往是控制铁路建设工期的严重"瓶颈",采用 TBM 施工是实现项目进度要求的重要措施之一。因此,TBM 施工在中国隧道工程中的应用必将有很大的发展空间。

# 思 考 题

1. 名词解释:TBM、刀盘、掘进行程、后配套系统、护盾。
2. 简述隧道掘进机的分类。
3. 简述岩石全断面隧道掘进机和盾构各自的适用条件。
4. 简述岩石全断面隧道掘进机的机构组成及其功能。
5. 简述盾构的分类及其适用条件。
6. 简述泥水盾构和土压平衡盾构稳定开挖面的原理。
7. 试述岩石全断面隧道掘进机的施工工艺。
8. 试述岩石全断面隧道掘进机的种类、施工原理与主要参数。
9. 比较 TBM 与钻爆法施工的特点,说明 TBM 的适用条件。
10. 说明 TBM 的掘进循环过程和施工工艺。
11. 试述隧道 TBM 施工的主要技术参数及其确定方法。
12. 决定刀盘转速的主要因素是什么? 决定刀盘转矩的主要因素又是什么?
13. 试述隧道 TBM 施工的特点与原则。

# 第十章

# 水 下 隧 道

　　水下隧道是穿越江、河、湖、海水体下的隧道。古人"择水而居",贸易促进了海港、海湾城市的发展。因此沿海、沿江、沿河通常是经济带,分布着众多的大城市,在铁路、公路、市政工程中势必要修建穿越这些水体下的隧道。城市中的湖泊增添了城市的灵气,但也对交通构成屏障,水下隧道是直穿这些屏障的捷径。

　　跨越江河湖海的主要方法有轮渡、桥梁与水下隧道。轮渡虽然投资少,但由于其自身交通运输量小、等候时间长、受气候影响大等不利因素的限制,与现代城市快节奏交通运输不相适应,因此对于迅猛发展的城市现代化交通而言,一般在桥梁与水下隧道之间做出选择。相对桥梁方案,水下隧道穿越江河湖海具有综合优势,体现在:具有抵抗战争破坏和自然灾害的能力;不干扰航运;不受气候变化的影响,有稳定畅通无阻的通行能力;结构耐久性好,结构维护保养费用低;不拆迁或少拆迁,占地少,不破坏环境;设计可以做到一洞多用;环境影响小,能避免噪声尘土对周围环境的影响。因此,近几十年来,水下隧道得到了长足发展,优先考虑采用水下隧道作为跨越江河湖海的方式已成为趋势。

　　世界范围内,已建成大量的下穿江河湖海隧道,成为跨越水体屏障的捷径,著名的有英法海底隧道、日本青函海峡隧道、日本东京湾水下隧道、丹麦特贝尔海峡隧道、挪威的莱尔多隧道等。这些已建的水下隧道对我国类似工程的建设具有很好的参考作用。

　　在中国,建成的水下隧道有很多条,但跨海隧道只有6条,均集中在港澳台地区,内地建成的水下隧道多为跨越江河和湖底的水下隧道,主要集中在上海、南京、武汉及厦门等地,有多条隧道穿越黄浦江、长江。

　　厦门翔安海底隧道是中国大陆地区建成的第一条海底隧道,胶州湾湾口海底隧道已于2010年4月贯通,广州仑头—生物岛—大学城隧道也于2010年8月底建成通车。拟建的水下隧道有:琼州海峡跨海工程、渤海湾(大连—蓬莱)跨海工程(含隧道和海中悬浮隧道桥方案)、杭州湾(上海—宁波)外海工程、大连湾水下隧道、台湾海峡跨海隧道等。

　　铁路下穿江河的隧道有目前在建的广深港客运专线狮子洋隧道,2008年6月贯通的武广高速铁路浏阳河隧道,铁路下穿海峡的隧道有拟议中的琼州海峡隧道、台湾海峡隧道等。

　　本章分水下隧道地质勘探、设计和修建方法三节论述。

## 第一节　水下隧道地质勘探

　　地质勘探对水下隧道修建尤其重要,全面的地质工作能够为规划设计和施工方案制订提供足够可靠的依据,也能降低后期施工和运营的风险。

### 一、水下隧道勘探要求与重点

　　水下隧道地质勘探的重点是查明隧道穿越段褶皱、断裂等地质构造和岩溶发育程度,岩体节理、裂隙密集、张开程度和岩体崩解与膨胀性,以及不良与灾害地质现象等。调查河流水文参数,计算河床冲刷深度;确定岩、土层的富水性,通过钻孔水文地质试验确定含水层的透水性和渗透系数,进行隧道涌水量分段预测评价;调查和统计地下水的补给源、补给量。判定隧道围岩类别、级别;选择稳定的洞口位置和适当的隧道埋深。在此基础上,提出隧道设计和施工应注意的工程问题及其处理措施建议。

广深港客运专线狮子洋隧道定测阶段提出了详细技术要求,要求详细查明越江隧道范围内水文地质及工程地质条件,并进行评价;详细查明控制隧道工程方案的不良地质、特殊地质的性质、特征、范围,提出对不良地质的治理措施。技术要求如下:

1. 详细查明越江隧道范围内区域的地质条件、地貌、地层、岩性、地质构造、水文地质条件、地下有害气体。

2. 详细查明隧道工程建筑物范围内各层岩土的类别、结构、厚度、坡度,岩土的物理力学性质,划分岩组和风化程度,并对地基的稳定及承载力作出评价。

3. 详细查明隧道工程范围内河湖淤积物的发育、分布,古建筑遗址,并结合工程要求提出详细评价。

4. 分析隧道工程范围内重要建筑物、地下构筑物及管线的地基条件、基础类型、上部结构和使用状态,分析其稳定性,并预测由于隧道工程的修建可能引起的变化,并提出预防措施。

5. 在分析已有地震资料的基础上,进行隧道工程区地震效应分析预测:如粉土、砂土地震液化(应计算液化指数),软土震陷,地震动峰值加速度、动反应谱特征周期、断裂的地震效应和地震安全性评价等。

6. 详细确定隧道工程范围的土、石可挖性分级和围岩分类(级)。

7. 在不良地质地段,对出入口、通风道等应进行单独详勘。

8. 详细查明隧道工程范围的地表水水位、流量,历年最高水位、估水位,水质等水文资料,并应查明地表水与地下水的相互关系,预测施工期间出水状态、涌水量。

9. 详细查明地下水类型、埋藏条件、补给来源、历年最高水位、水质、流速、流向;查明孔隙承压水的水头高度及其地下水动态和周期变化规律,提出水质评价,进行水文地质分区。

10. 在过江隧道工程范围内选择代表性地段进行水文地质试验,提出有关技术参数,计算预测盾构井及开挖地段的涌水量,并提出工程处理措施。在满足防汛要求的前提下进行地下水动态观测,设置长期观测孔。

11. 对隧道引道深基坑开挖应提供稳定计算和支护设计所需的岩土技术参数;论证和评价、预测地下隧道开挖等对邻近工程可能产生的影响,提出防护措施。

表10-1为上海延安东路隧道各勘察阶段工作量和成果表。可见,隧道经过的地质在初步设计、扩初设计及施工设计中,做到了不断深入的工程与水文地质勘探,在盾构施工中,不断在推进中有目的地进行调查和详探,不断深化对地质复杂变化的认识,才能始终针对地质特点采取相应施工措施,保证工程和环境的安全。

**二、水下隧道勘探方法**

以广深港客运专线狮子洋隧道为例,本隧道采用了机动钻探、原位测试、水文地质试验、室内试验等手段进行勘察工作。

表 10-1　上海延安东路隧道各勘察阶段工作量和成果表

| 勘察阶段 | 钻孔数量(个) | 钻孔间距(m) | 总进尺(m) | 获取原状土样(筒) | 土工试验数据(个) | 主要勘察成果 | 勘察方法 |
|---|---|---|---|---|---|---|---|
| 初勘 | 39 | 100 | 1 087 | 679 | 4 000 | 隧道工程地质纵剖面图 | 钻探和常规土工试验为主，少量原位测试 |
| 详勘 | 64 | 20～50 | 1 134 | 446 | 2 000 | 分段地质报告和纵横剖面图 | 原位测试占65%以上，少量特殊试验项目 |
| 补勘 | 11 | 不定 | >238 | >100 | >400 | 补充勘察报告 | 钻探为主，少量原位测试 |

**1. 机动钻孔**

勘察采用 32 台 XY-1 工程钻机进场施工，采用回转钻进孔底环状取芯法的技术工艺。其中：软土采用压入法，岩层使用金刚石钻头钻进。原状土样取样使用球阀式取土器，软土使用薄壁取土器，取样方法采用重锤少击法及压入法。

**2. 原位测试**

根据场地岩土工程条件和工程特点，采用孔内标准贯入试验及动力触探、静力触探、十字板剪切、孔压试验、旁压试验、应力铲试验、扁板侧胀试验、综合测井、波速测试等原位测试方法对场地进行了勘察。

**3. 水文地质试验**

根据技术要求和工程特点及水文地质条件，进行了 14 个孔的水文试验(含抽水、压水试验)。

**4. 室内试验**

除按常规项目进行试验外，针对工程特点还进行了必要的特殊试验项目，对黏性土主要进行了三轴剪切试验、无侧限抗压强度试验、静止侧压力系数试验、基床系数测试、渗透系数室内测试、热物理指标试验等，对砂土进行了黏粒含量测试、渗透系数室内测试、水上和水下坡角测试、石英含量分析等，对岩石主要进行了单轴极限抗压强度试验(天然、饱和)、抗剪试验、砂砾岩的石英含量及泥岩、泥质砂岩的黏粒含量分析等。

### 三、海底隧道地质勘探

海底隧道的地质勘探工作更为困难，费用巨大。在挪威，陆地隧道的地质勘探费用约占总施工费的 1%，而海底隧道要占到 5%～10%。海底隧道工程复杂，勘探工作要求深入、详细。

规划阶段可采用声纳探测获得海水深度、海底地形、松散沉积物分布及其厚度。航船线路网格由粗到细，隧道线路初步确定之后，应沿选定的线路作细网格探测。

详细设计阶段需采用地震波测试等地球物理勘探揭示基岩分层界面和地质条件，作隧道地质纵断面图，重点部位作横剖面图。探测的重点是基岩表面位置、软弱带、断层、大的劈裂、沉陷等主要不良地质缺陷。

钻探和岩石力学试验也是详细设计阶段的主要勘探手段，以进一步了解各岩层的工程地质、水文地质和岩石力学特性。钻孔可在岸边或邻近海域中的小岛或礁石上进行，通常为垂直孔或倾斜孔，必要时应采用水平定向岩芯钻孔。水平定向岩芯钻孔从岸边倾斜开钻，与水平线成 25°～45°，逐步转成水平，孔线可沿所选定的隧道轴线。这种钻孔的优点是可以穿过隧道可能遇到的大部分断层和软弱带，得到断层和软弱带的详细资料。图 10-1 为水平定向岩芯钻示意图。

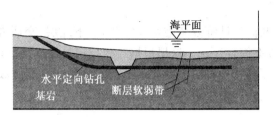

图 10-1 水平定向岩芯钻孔示意图

挪威在 Frøya 隧道中,全面深入的前期地质勘探发现了断层、强渗透区和含有松散砂和膨胀土的软弱带,2 个独立的专家组对勘探资料进行了分析论证,从而为设计施工提供了可靠保证。但在有些情况下,即使预先做了大量勘探工作,施工时还是遇到了预想不到的情况。例如,Oslofjord 隧道尽管采用了折射地震波和定向岩芯钻孔技术,并发现了一条明显的软弱带;但是一个充填有第四纪土的大劈裂未能探测出。一个定向钻孔就在该劈裂底部下面 2 m 处通过。施工时隧道穿过该劈裂时发生大规模坍塌,最后不得不采用冷冻法通过。

# 第二节 水下隧道设计

水下隧道的线路平面与纵断面应符合其交通方式(公路、铁路、地铁)的相应要求。

## 一、隧道平面设计与位置选择

水下隧道的平面线形应根据隧道位置的地形、地质特点和洞外线路的连接条件等因素,经过方案比较最后确定。通常采用“S”形、“U”形和“一”字形等,如图 10-2 所示。

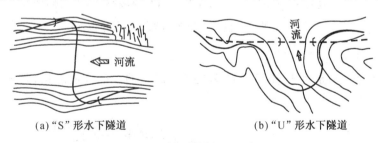

(a)“S”形水下隧道　　　　　　　　(b)“U”形水下隧道

图 10-2 水下隧道的平面线形

“一”字形轴线在江河两岸为平原或丘陵地区时采用,在多山地区不宜采用。“一”字形线形运营效果好。“S”形线形的隧道长度小、线型好,可降低隧道标高,与洞口线路连接圆顺,并因两洞口朝向不同,有利于防冲击波。缺点是弯道较长,行车与施工困难。“U”形线形在埋深、纵向坡度已定的前提下能利用河床比降以缩短隧道长度。但因隧道洞口朝向一致,不利防冲击波。

水下隧道穿越河流,宜选在河床顺直、河道较窄、河水较浅,而又无深槽的地段;同时应避开高烈度地震区。水下隧道不宜穿越褶皱、断裂和岩溶发育区。除沉管法施工的水下隧道在松散土层中穿越外,其他方法施工的水下隧道一般宜在岩层中穿越。水下隧道洞口位于河流两岸,应尽量避开不良地质地段,选择高程应避免洪水倒灌洞口。隧道洞口距河流永久稳定岸坡的距离一般不宜小于 30 m。

## 二、隧道纵断面设计

每条水下隧道的纵断面设计都要考虑水面宽度、水下地层、交通方式、航运要求、水文、两端引道等因素,进行多方案综合比选。这里根据经验与相关规范,给出几个设计要点。

水下隧道通常是两端高、中间低,需要穿越不同的地层。两端区段需要考虑限制坡度,隧道中部则要考虑地层稳定性和最小覆盖层厚度的要求。

### 1. 纵断面形式

(1)广深港狮子洋隧道

图 10-3 为狮子洋隧道纵断面图。

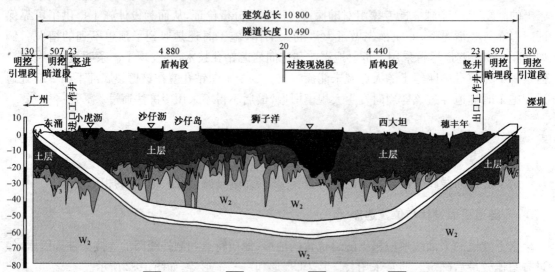

图 10-3  狮子洋隧道工程地质纵断面图(单位:m)

(2)上海延安东路隧道

上海延安东路隧道是建于 1988 年的第二条穿越黄浦江的江底隧道,其平纵断面图见图 10-4 所示。

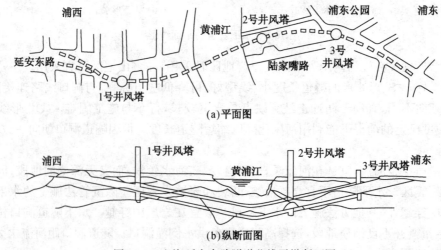

图 10-4  上海延安东路隧道北线平纵断面图

在设计该隧道纵剖面图时,主要考虑以下 3 个控制因素。

①江中隧道覆盖层最小厚度的要求

盾构法施工隧道穿越黄浦江,必须满足江中隧道覆盖层最小厚度的要求,而这须考虑三方面要求,第一要满足黄浦江现状航道和规划航道的要求。第二,要满足隧道安全稳定的隧道抗浮的要求。经计算,为满足 11 m 外径钢筋混凝土隧道抗浮需要,隧道在江中最小覆土为 5.8 m。第三,要满足盾构隧道施工安全要求。隧道最小覆盖厚度应按地质情况、盾构直径和类型、施工方法等因素而定,江中隧道处于黏性土地层,工程规模和盾构掘进施工方法与第一条黄浦江隧道(打浦路隧道)相仿,根据隧道施工经验,隧道最小覆盖厚度一般不小于 7 m。

可见,隧道江中的最小覆盖厚度是由盾构施工时的安全要求控制的。对于延安东路隧道北线工程,局部覆土 5.8 m,长约 60 m,施工采取临时江中抛土达到最小厚度为 7 m 的要求,实践证明是可靠而合理的。

②隧道纵坡坡度

在满足设计行车速度(40 km/h)的前提下,结合目前上海铰接式公交车实际的性能,适当减小隧道设计纵坡,最大纵坡为 3%,浦西(南引道)最大下坡(坡段长 20.0 m)为 3.5%。

③隧道与地面道路的连接及洞口位置及其标高

为避免或减少隧道与地面道路的平面交叉干扰,浦西段隧道过河南路后敞开;浦东段隧道过烟台路后敞开。隧道两端分别在河南路、烟台路下通过。但是,在纵剖面布置上存在困难。设计时采用了局部升高河南路(升高 0.5 m)、烟台路(升高 0.2 m)设计路面标高的办法,这不但缩短隧道长度、降低造价,并消除了隧道与地面道路两个平面交叉点,改善了交通条件。

隧道出口接城市道路设计标高,应考虑潮位要求,设计认为目前上海城市防汛以江河的防汛墙为主。现在市区的地面道路标高远低于防汛水位要求。因此设计考虑引道口设计标高高于其周围现状道路路面 0.5 m,引道口路面形成小驼峰,防止暴雨时水溢入隧道。

(3)厦门翔安海底隧道

厦门东通道(翔安隧道)项目隧道主体工程位于厦门岛东北端的湖里区五通码头与翔安区西滨下店村之间,浔江港南东出海口最窄处,西北为封闭的海湾,东南为海湾通向大海的出口。隧道纵断面设计见图 10-5。

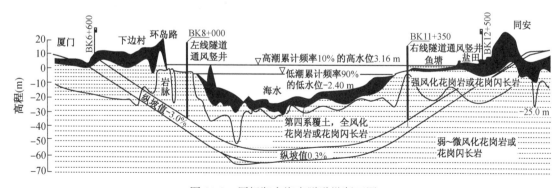

图 10-5　厦门翔安海底隧道纵断面图

隧道规模宏大,隧道全长 5.951 km,跨越海域总长 4.459 km,其中海域暗挖约 2.925 km,潮间带暗挖约 1.534 km,陆域暗挖约 1.392 km。

按照高等级公路的设计标准,计算行车速度为 80 km/h,暗挖隧道最大断面尺寸 17.04 m×12.56 m(宽×高),建筑限界净宽×净高为 13.5 m×5.0 m。

隧道连接厦门市本岛和翔安区陆地,具有公路和城市道路双重功能,为厦门市第三条出口通道。

本隧道采用钻爆暗挖法修建,是我国大陆第一座大断面的海底隧道,隧道采用一次修建双向三车道隧道,并在两隧道中间修建一条服务隧道,隧道中心线间距约 64～66 m。

(4)挪威弗罗亚隧道

图 10-6 为挪威弗罗亚海底隧道纵断面图。

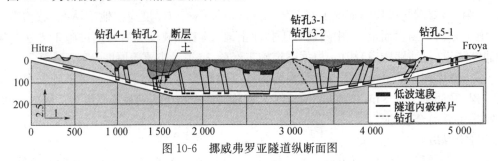

图 10-6　挪威弗罗亚隧道纵断面图

2. 隧道纵坡

坡度是隧道纵断面设计的另一个问题。坡度过小将增加隧道长度,导致造价提高,坡度过陡则可能增加交通事故隐患。挪威海底隧道的最大允许坡度由隧道交通量决定,通常为 6%～8%,最大可达 10%。我国公路隧道设计规范规定一般情况下最大坡度为 3%。

水下隧道的洞口标高以及隧道埋深确定后,隧道的纵坡度就决定了隧道的长度和隧道的纵断面。隧道纵断面的最大坡度值、最小坡长及坡道间的连接,均应由隧道的具体交通类型决定。水下隧道,一般在两端引道采用最大坡度值,隧道部分的坡度则由行车条件、通风要求和施工条件综合考虑。超过 6% 的大坡度,虽然隧道长度缩小,但行车条件差,汽车排放废气增多,通风量需求大,电耗多,坡度过小则隧道增长,施工费用增加。

国外水下隧道的纵坡度一般最大不大于 4%,最小不小于 0.2%,如埃及苏伊士运河水下隧道的纵坡度最大取值为 3.823%。考虑排水的需要,隧道不宜设平坡(0‰)。一般河床中间部分可设计为单向坡(3‰～5‰),以使水流向低处,也可在河床中间部分设置朝向两岸的双向最小坡(3‰～2‰)。

在单向坡的隧道一侧,在进隧道洞口内 20～30 m(最长 50 m)的距离设置反坡段(进洞口即设 0.3% 的上坡),可以防止雨水流入洞内,另外避免车辆一进洞即走下坡,保障安全。

3. 最小覆盖层厚度

水下隧道的埋置深度是指隧道在河床下的岩土覆盖厚度。埋深的大小,关系到隧道长短、工程造价和工期的确定。尤其重要的是覆盖层厚度关系到水下施工的安全问题。

合理地确定覆盖层厚度是水下隧道工程的关键问题之一。一方面,覆盖层厚度是水下隧道建设的一个重要经济指标。在水下隧道纵坡确定以后,覆盖层厚度的大小在一定程度上决定着水下隧道的长度,从而影响水下隧道的建设费用,比如一个典型的挪威海底公路隧道断面,最小岩石覆盖层厚度减小 1 m,便可节约费用约 13.5 万美元。另一方面,水下隧道覆盖层厚度还是控制水下隧道施工和运营过程中的一个重要因素。如果水下隧道覆盖层厚度过小,施工时围岩的稳定性就不能得到保证,甚至运营过程中也有可能会发生渗水。因此,合理的覆盖层厚度既要能满足隧道施工与运营期的安全与稳定,又能保证隧道具有较高经济效益。

(1)水下隧道埋置深度的设计依据

设计水下隧道的埋置深度需考虑以下几个主要因素

①地质及水文地质条件。隧道穿越河床的地质特征、河床的冲刷和疏浚状况。

②施工方法要求。不同的隧道施工方法，对其顶部的覆盖厚度有不同的要求。

矿山法施工，埋深的经验数值依围岩的强弱程度取毛洞跨径的 1.5～3 倍。在特别坚硬、裂隙不发育的岩石中，可取 1 倍跨径。

沉管法施工，只要满足船舶的抛锚要求即可，约在 1.5 m 左右。

盾构法施工，经国内外专家多年研究，认为最小覆盖层厚度应为盾构直径的 1 倍。但不少成功的施工实例并未满足该数值要求。

③抗浮稳定的需要。埋在流砂、淤泥中的隧道，受到地下水的浮力作用。此浮力由隧道自重和隧道上部覆盖土体的重量平衡。保险起见，该平衡力应是浮力的 1.10～1.15 倍。检验抗浮稳定时，为偏于安全不计摩擦力的作用。

④防护要求。水下隧道应具备一定的抵御常规武器和核武器的破坏能力。根据在常规武器攻击中非直接命中、减少损失和早期核辐射的防护要求，覆盖层应有适当的厚度。

（2）海底隧道最小覆盖层厚度

海底隧道最小岩石覆盖厚度与岩石强度和基岩以上水深有关，岩石强度高，基岩以上海水浅，岩石覆盖厚度可以降低，见图 10-7。此外，岩石覆盖厚度还与灌浆压力有关，要保证预灌浆质量，必须用足够高的压力，而高灌浆压力则要求足够的岩石覆盖厚度。在挪威，海底隧道最小岩石覆盖厚度通常用工程类比法，凭经验确定，考虑到输入数据的不准确性，很少进行理论分析和数值计算。

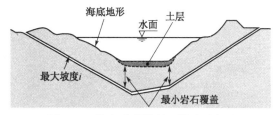

图 10-7　海底隧道纵断面设计示意图

挪威公路隧道设计规范规定海底隧道最小覆盖层厚度要大于 50 m；如果小于 50 m，则必须进行详细的地质勘探及特别分析，并报告国家公路管理局批准。但实际上，大部分挪威海底公路隧道的最小岩石覆盖厚度都小于 50 m，最浅的只有 23 m。

图 10-8 给出部分挪威海底隧道岩石覆盖厚度与水下深度及岩石声波速度的关系，图中编号代表的隧道名称标注在图下。

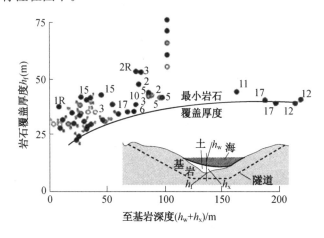

图 10-8　挪威海底隧道岩石覆盖厚度与水下深度及岩石声波速度关系

1—Vardo、Karmsund；2—Ellingsoy；3—Valderoy；4—Kvalsund；5—Godoy；6—Hvaler；7—Flekkeroy；8—Nappstraumen；9—Fannefjord；10—Freifjord；11—Byfjord；12—Hitra；13—Bjoroy；14—Nordkapp；15—Froya；16—Oslofjord；17—Bomlafjord

### 三、水下隧道横断面设计

水下隧道的横断面根据与交通工具相关的建筑限界来决定。横断面的形式主要取决于修建方法,一般有圆形、马蹄形、拱形和矩形等形式。铁路和地铁等有轨交通隧道,断面内设单线或双线,公路隧道的车道数根据设计交通量而定,一般为两车道。

1. 断面形式

(1)圆形断面

国内外水下隧道,特别是河底段,多采用沉管法和盾构法施工,其断面多为圆形,如图10-9为日本东京湾海底隧道。圆形断面由拼装式圆形衬砌形成,断面的吊顶以上空间作为废风的排风道,车道板以下空间作为送风道供送新鲜空气。

(2)拱形断面

采用矿山法施工时,一般用拱形断面。建于英国利物浦和别肯海特的麦赛公路隧道即采用这种断面,见图10-10,其受力与断面利用率均较好。

图 10-9　日本东京湾海底隧道

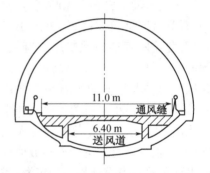

图 10-10　英国麦赛公路隧道断面图

图 10-11 为厦门翔安海底隧道横断面图。

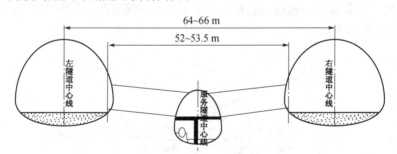

图 10-11　厦门翔安海底隧道横断面图

(3)矩形断面

圣彼得堡卡诺尼尔水下隧道,为双车道公路隧道,具有旁侧的人行道 1 和通风道 2,用沉管法修建。其整体钢筋混凝土衬砌厚达 0.93 m,重约 8 000 t,其外敷有 6 mm 厚的防水钢板,兼作混凝土浇注的模板。

荷兰的玛斯隧道、加拿大豪特利尔市劳伦河下的拉封基隧道均为矩形断面。拉封基隧道断面为 36.73 m×7.85 m,沉管每节长 109.7 m,重 32 000 t。拉封基隧道总长 1.39 km,其主体部分的 731.5 m 采用沉管法施工。

柏林的斯勃雷河下的几条水下隧道采用明挖法施工,其横断面也采用矩形。

2.横断面内其他设施

为保证行车安全,水下隧道横断面设计时,应布置自动化监控设施、吊顶和车道板等装置。

以公路隧道为例,为加强运营管理,应在主要隧道口外设置运营管理中心,对隧道通风机、排水泵、消防设备和隧道照明进行监控。在隧道内设置监测仪器,监测仪器一般包括火灾报警器、一氧化碳取样器、能见度监测仪、烟雾测定仪、电视摄像头等。另应沿隧道每 300 m 设置一台电话,并与外界电话联通。

# 第三节　水下隧道修建方法

水下隧道修建方法主要有围堰明挖法、钻爆法、TBM 全断面掘进机法、盾构法、沉管法和悬浮隧道法。其中第一种施工方法受到地质条件限制,不经常采用。而水中悬浮隧道现在还停留在研究阶段,目前还没有一项成功实例。水下隧道施工经常使用的方法有钻爆法、盾构法和沉管法。

## 一、钻 爆 法

20 世纪 40 年代,日本在关门海峡修建的水下隧道,是世界最早用钻爆法修建的水下隧道,日本著名的青函水下隧道也是用钻爆法修建的。日本青函隧道穿过津轻海峡,全长 53.85 km,海底段长 23.3 km。作为世界上最长的水下隧道,施工中水平钻探、超前注浆加固地层、处理海底涌水和喷射混凝土等技术均得到很好应用与发展。

挪威已建成了 40 多条海底隧道,主要是公路隧道和为近海石油工业服务的管道隧道和电缆隧道,最大水深达 180 m。挪威海底隧道多建在前寒武纪的硬岩中,最典型的是花岗片麻岩。挪威海底隧道均采用钻爆法开挖,因为,钻爆法经济灵活,且适用于各种不同的岩石条件。考虑到渗水问题不采用 TBM 掘进。在应对海底不良地质段施工方面,除应用注浆法之外,还针对不同地质情况,成功采用了冻结法,并根据围岩条件有的隧道省略了二次混凝土衬砌。通过这些工程,挪威的钻爆法修筑水下隧道技术发展迅速,积累了大量经验,当然也包括教训,最终形成了被称为挪威海底隧道概念的一整套技术,包括勘探设计施工和管理,同时也培养了一大批经验丰富、高水平的技术队伍。

钻爆法修建水下隧道的技术难点与对策为:

1.不良地质条件下的施工风险。水下隧道地质勘测比山岭隧道更困难、造价更高,且准确性相对较低,遇到未预测到的不良地质情况风险更大。因此,在隧道施工时必须进行超前地质预报。

水下隧道施工的主要困难是突然涌水,特别是断层破碎带的涌水。为此,必须加强施工期间对不良地质和涌水点的预测、预报和提前整治。

挪威海底隧道的稳定问题主要发生在含有黏土的断层和软弱带中并与渗水有联系,例如在 Ellingsøy 隧道中尽管连续进行超前探孔钻探,但由于含膨胀黏土的断层和承压水节理,仍然导致隧道塌方。在极为恶劣的岩石条件下,如断层和破碎带则需要采用精心设计的施工方法通过,包括减少每循环进尺、工作面围岩超前锚固等。

2.隧道涌水及其封堵。水下隧道不能自然排水,堵水技术很关键。先注浆加固围岩,堵住出水点,然后再开挖。在堵水的同时加强机械排水,以堵为主,堵排结合。

3. 高水压及其作用。很高的孔隙水压力会降低隧道围岩的有效应力,使成拱作用和地层的稳定性变差。衬砌结构将长期受较大的水压作用,因此必须将一次支护做好,使其承受全部水压,二次衬砌只承受地压。

4. 长距离独头掘进。水下隧道的单口掘进长度很大,从而对施工期间的后勤和通风有更高的要求。

由于单口连续掘进的距离很长,导致工期较长,财政投资很高,因此必须采用快速掘进设备。

采用小直径 TBM(tunnel boring machine)(直径小于 5 m)超前掘进,后部钻爆法扩大是既快、又便宜、安全的施工方法。

## 二、盾 构 法

盾构隧道在穿越江、河、海底时,所遇的静水压力通常很大,极易发生开挖面失稳、渗漏水等工程事故。因此,明确水下盾构隧道施工中的关键问题,掌握相关技术至关重要。

水下盾构隧道关键问题和技术包括:盾构选型及关键参数确定、开挖面稳定技术、预防泥水喷发技术、防止隧道上浮技术、盾构机姿态控制技术、长距离掘进等。

1. 水下盾构施工开挖面稳定及防坍塌技术

盾构处于高水压下时,地下水的涌出及泥砂等被带出会造成开挖面坍塌、上部地层沉降。当盾构穿过高水压砂性土层时,由于盾构机施工的扰动、或纠偏力度过大或者盾构隧道回填注浆的不密实,隧道周围土体易发生坍塌,也会造成上部地层沉降。

泥水盾构施工时,为了保持开挖面的稳定,要根据围岩条件调整泥浆质量,在满足开挖面上形成充分泥膜的同时,要慎重地进行开挖面泥浆压力和开挖土量的管理。控制开挖面稳定的主要措施是根据围岩条件调整泥浆质量、泥浆压力管理、开挖土量管理及开挖面稳定状态监测等。根据监测结果合理调整同步注浆,加强对盾构机姿态的合理控制,控制盾构掘进纠偏最大值,严格控制超挖量,防止盾尾漏浆,控制隧道沉降。同时必须加强盾构操作人员的技术培训,增加应对突发事件的处理能力。

2. 水下盾构施工预防泥水喷发技术

在大型跨江海软土隧道盾构施工时,为保证施工质量和工程安全,开挖断面的稳定成为最重要的问题之一。盾构机在江海中段掘进时,由于覆土厚度一般较小,且水压较大,切削面稳定难以控制。如有不慎,就有可能导致泥水劈裂地层,产生“冒顶”现象,从而产生塌陷和江(海)水倒灌等重大工程事故。

防止泥水喷发的关键是要在盾构推进时根据地下水位变化情况,对切口泥水压进行相应的调整,严格控制泥水压波动的范围并提高同步注浆质量,严格控制同步注浆压力;为保证土体的密实要严格控制出土量;要采取特别措施防止盾尾漏浆。同时,对于现场发生的江底冒浆现象,要给予充分重视,视冒浆的严重程度调整盾构推进方案。

3. 水下盾构施工防止隧道上浮技术

盾构在高水压区掘进时,由于隧道受地下高压水及泥浆的包裹,较长时间内处于悬浮状态,防止隧道上浮成为难点。

为了防止隧道上浮,施工期间应严格控制隧道轴线,使盾构尽量沿着设计轴线推进。要提高同步注浆质量,浆液应有较短的初凝时间,并具有一定的流动性,及时充填建筑空隙。施工中要加强隧道纵向变形监测,根据监测结果进行针对性的注浆纠正。必要时可预先预留一定沉降量。

4.盾构姿态控制及掘进参数优化技术

盾构施工过程中,盾构姿态控制及掘进参数选择直接关系到隧道轴线控制、管片拼装质量、隧道掘进速度以及开挖面的稳定。特别对于复杂地质条件下的大直径盾构机姿态控制难度更大。盾构姿态控制与管片拼装直接影响隧道的轴线,同时两个过程相互影响,相互制约。

为了解决水下盾构姿态控制难题,盾构掘进方向的控制原则应以适应隧道设计轴线为主,适时纠偏,切忌过急过猛;管片选型以适应盾尾间隙为主,兼顾设计线形。操作人员培训上岗,严格遵守盾构掘进方向及姿态的控制规程。武汉长江隧道依靠千斤顶不断向前推进刀盘,为便于轴线控制,将千斤顶分成不同区域。在切口水压正确设定的前提下,严格控制各区域油压,同时控制千斤顶的行程,合理纠偏,做到勤纠,减小单次纠偏量,实现了盾构沿设计轴线方向推进的要求。在盾构推进尤其是曲线推进时,通过严格的计算和量测来确定管片的超前量。同时应用盾构本身PPS综合系统,合理选取管片旋转位置,以达到管片相应的超前量,使管片环面始终垂直于设计轴线。

泥水盾构掘进参数主要有:泥水仓压力、掘进推力、切削扭矩及进排泥量、泥水特性、贯入量等,合理选择盾构掘进参数,对控制开挖面变形、防止坍塌、提高掘进速度具有重要的作用。

掘进时所需要的推力根据地层条件(粒度组成、地层特性、围岩强度、密实度、地下水压、埋深)、盾构形式、超挖量、隧道曲线半径、坡度、有无蛇形修正等情况而有所不同,泥水盾构推力主要受泥水压力影响,水下隧道地层和地下水状况比较复杂,地质情况变化剧烈,地下水的流动快,而且水底部分与土压力相比水压力更大,因此,必须根据地层的水土压力设定适当的开挖面压力,同时应特别考虑隧道上浮问题和管片的变形问题。

5.盾构机长距离一次掘进技术

水下盾构隧道施工时,由于水下更换刀具难度和风险极大,因此,要求盾构机应尽可能长距离掘进,而长距离掘进时刀具的磨耗、破损、脱落等事故较多,这对刀具等的耐久性提出了更高的要求。当采用盾构机相向掘进时,还需要进行盾构水下对接。

水下对接精度要求高、安全难度大、技术复杂、拆机空间狭小、大重件拆运困难。刀具的磨损和损伤受施工方法、地层条件、刀具形式、材料、安装个数、刀具布置形式等因素影响。

提高刀具的耐久性是实现长距离掘进的关键,然而提高耐久性的根本在于降低刀具的磨耗系数(mm/km),目前降低刀具磨耗系数的措施大致有以下几种:①选用硬度大、抗剪强度好的超硬钢材制作刀刃,以提高刀具的耐磨性。②增加刀具的数量,即增加刀具的行数及每一行的刀具布置数量。③采用长短刀具并用法,增加刀刃厚度。即长刀具磨损后,短刀具开始接替长刀具掘削,其长刀具与短刀具的高低差一般选定在20~30 mm。④采用超硬重型刀具,刀具背面实施硬化堆焊。

6.管片结构密封防水防腐技术

保证盾构良好的密封性能是盾构法施工成败的关键,在高水压下施工又提高了对盾构管片抗渗性能、盾尾及接缝等部位密封材料密封性能及耐久性的要求。

在盾构隧道中,管片是最重要和最关键的结构构件,管片性能的优劣对盾构隧道工程质量和服役寿命具有决定性的影响。盾构隧道中管片费用占整个隧道工程造价的5%~10%,其中主要是管片的材料费用与制造费用。武汉长江隧道开展了高抗渗、长寿命、大直径盾构管片生产与拼装技术研究,制定了相应的技术规程,建立了与之配套的生产工艺、组装工艺、无损检测技术及耐久性评价方法。斯多贝尔海峡隧道采用高强度、密实混凝土管片和接缝防水密封条以保证隧道衬砌不漏水,并对钢筋笼浸以环氧,同时在管片中布置测试腐蚀情况的传感器、应变传感器和孔隙水压力计来进行衬砌综合防水防腐。

### 7. 盾构始发和到达技术

盾构始发与到达是盾构施工过程中的关键阶段,其边界条件不同于盾构正常掘进,盾构始发与到达时所通过的开挖面平衡条件差,同时始发与到达端隧道覆土浅,特别是始发端,盾构处于试掘进状态,盾构故障多,盾构操作人员不熟练等,容易发生地表变形过大,甚至坍塌、地表冒浆等事故。目前在盾构始发与到达施工过程中,时有事故发生,并且多是规模较大的事故,十分值得我们深思。

盾构始发过程主要解决两个问题,一是始发过程中开挖面的稳定,二是防止地层涌砂涌水。主要的始发方法有地层加固方法、拔桩法和直接切削临时墙法。地层加固法通常采用注浆、深层搅拌桩、旋喷桩、冻结等,选择加固方法时主要考虑地质条件、加固地层的深度,同时严格控制施工工艺,确保加固地层的强度、渗透性等满足设计要求。切削临时墙法遇到的主要问题是从洞门密封处发生涌水涌砂,同时应考虑盾构刀具切削临时墙的能力。一般根据洞门密封的形式,确定是否联合使用其他地层加固措施或降低地下水位的措施。拔桩法主要是解决破除洞门时开挖面的稳定问题,透水性大的含水地层必须与其他方法联合使用。在选择始发方法时应综合考虑盾构类型、始发端头地质条件、地下水状况及洞门密封。始发试掘进过程中要加强监测,及时分析、反馈监测数据,动态地调整盾构掘进参数,并为后续正常快速施工提供依据。

盾构到达是指盾构掘进到竖井的到达面为止,从事先准备好的洞门推进到到达井内。常用的到达方法有地层加固方法、切削临时墙法和竖井内隔墙法。对于地下水位高的大直径盾构,盾构到达最重要的是防止从洞门密封处发生涌水。武汉长江隧道综合考虑到达端的工程地质条件、地下水、洞门密封形式、盾构类型,采用高压旋喷进行地层加固。加固长度一般为盾构长度加 1~2 环管片长度,加固体宽度及厚度根据采用的加固方法,考虑稳定性与止水性进行确定。在部分工程案例中辅助采用降水措施。

## 三、沉 管 法

沉管法是在海岸边的干坞里或在大型船台上将隧道管节预制好,再浮拖至设计位置沉放对接后形成隧道。沉管隧道一般由敞开段、暗埋段、沉埋段等部分组成,部分工程在沉埋段两端设置岸边竖井供通风、供电、排水等使用。沉管隧道的基本结构主要有混凝土管段和钢壳管段两种,其对地基承载强度要求较低,适用于水下软基和水底较浅、易于疏浚开挖的场地。由于沉管隧道埋深小,其长度就较盾构法和矿山法隧道显著缩短。沉管法隧道管节长度为 100 m 左右,接缝长度大大小于盾构法隧道。

自 1894 年美国波士顿修建第一座沉管隧道以来,已在世界各地建起了 100 多座。随着沉管隧道的设计和施工中的关键技术问题得到逐步解决,沉管法已受到越来越多国家的重视,并逐渐发展成为水下大型隧道工程的重要选择。我国内地建成的有广州珠江、宁波甬江和常洪、上海外环线沉管隧道等。

沉管法水下隧道施工有以下优越性:

1. 地质条件。沉管由于受到水浮力的作用,作用于地基的荷载较小,因而对基础承载力的要求较低,对各种地质条件的适应能力较强。钻爆法与盾构法隧道则对地质条件的要求相对较高。

2. 隧道埋深。沉管隧道的埋深只要 0.5～1.0 m 即可,也可为零覆盖,甚至可凸出河床面;而盾构隧道的埋深至少在 1 倍隧道洞径以上;钻爆法隧道的埋深则要求更大。因此三者相比,沉管隧道的坡降损失最小,同一隧址处,隧道的长度也最短,运营条件也相对较好。

3. 防水性能。沉管的管段每节长一般在 100 m 以上,这样沉管隧道的接缝很少;并且管段是在工作条件较好的露天干坞内进行预制的,混凝土浇筑质量易于控制,因此管段的防水性能是完全有保证的。同时管段接头处采用 GINA 和 OMEGA 两道橡胶止水带,管段之间的连接完全可以做到"滴水不漏"。盾构隧道由于采用预制管片作为衬砌结构,因此施工缝分布广泛,尽管采取紧固、密封、防水等各种措施,但保证隧道不发生渗漏仍然相当困难。钻爆法施工的隧道,由于施工工艺自身的限制,无论是混凝土结构还是外敷防水层,在施工过程中都存在一些质量缺陷,隧道漏水是不可避免的。

4. 断面适应性。钻爆法隧道的断面越大单位造价越高,尤其是在围岩较差时,需要特别采用强支护与超前支护手段,进一步增大工程造价;施工难度与风险很大,尤其是在水底条件下,盾构法施工的隧道断面越大,则需要的盾构直径越大,从而引起设备购置费用大幅上升,直接提升工程造价。沉管隧道可根据使用功能需要确定断面大小,基本无大小限制。沉管隧道断面的增大对工程的单位工程量造价影响不大,因此沉管隧道的断面适应性最好,断面越大,沉管的优势越明显。此外,沉管隧道可根据需要改变断面,且断面利用率较高。而钻爆法隧道根据施工工艺以及结构稳定的需要,一般为似马蹄形或拱形;盾构隧道受到盾构机制约一般为圆形,如采用异形断面,则盾构机需要专门定购加工,工程成本增加更多。

5. 作业环境。采用盾构法及钻爆法修建隧道时,作业人员大部分的作业时间在河床下面,其安全性和作业条件较差,不确定因素较多;而沉管隧道的主要作业是在陆上露天进行的,水面作业和水下作业周期均较短,安全可控性较好。

6. 工序衔接。沉管隧道施工时,平行作业点比盾构隧道和钻爆法隧道多,如管段预制可以和基槽开挖以及岸上主体结构等工序平行作业,使得沉管隧道在施工组织上,时间、空间、人员的安排及工期上有较大的优越性和灵活性。

7. 工程量。沉管隧道与另外两种隧道形式相比,其主要缺点是基槽(呈倒梯形状)开挖的土方量大,相应的回填量也较大;另一个缺点是主体结构的圬工量较大,比钻爆法一般要贵 20%～30%。

8. 航运干扰。沉管隧道在浮运、沉放、对接阶段将对航道产生一定影响,某些地区需要采取封航措施才能保证施工的顺利进行。而盾构隧道和矿山法隧道则对航道没有任何干扰。

混凝土沉管隧道结构可采用多箱室矩形断面形式,最大限度地利用内部空间满足公路、铁路或公铁两用交通净空,又可满足通风、逃生和管线要求。混凝土沉管隧道技术在欧洲和亚洲地区得到了广泛的应用,至今全球已经建成超过 60 座大型混凝土沉管隧道,其设计和施工技术也得到极大的发展。

钢壳沉管隧道是单圆形或双圆形断面的钢壳与混凝土复合结构,钢板焊接而成的钢壳起到外防水层作用,后浇筑的混凝土起到镇载抗浮作用。通常选择隧址附近的临水船坞焊接拼装钢壳管节,然后将钢壳管节下水并浮运到隧址附近,在浮态下分段分块平衡浇筑混凝土而形成钢混管节,再依次沉放到预先敷设刮平的砾石基槽上,实施水力对接,采用导管灌注水下混凝土,封闭管节间的接头和回填基础。

混凝土沉管隧道是矩形断面(或其他断面形式)的普通钢筋混凝土或预应力混凝土钢壳与混凝土结构,通常在干坞内分批预制混凝土管节,采用防止混凝土早龄期裂缝、控制预制尺寸精度等技术,达到管节自防水和目标干舷高度。管节预制完成后,坞内入水至内外水位平衡开启坞门起浮并拖运管节到隧址,依次沉放到预先浚挖的基槽上,实现水力对接并形成柔性接头,再实施后灌砂基础和基础回填。

钢壳沉管工法和混凝土沉管工法,都涵盖了管节预制、管节浮运、基槽浚挖、管节沉放和水力连接、管节基础处理和回填等关键工序。然而,两种工法除了管节预制工艺技术不同外,其水上工法和基础处理也各具特色。近几十年来,越来越多的沉管隧道跨越更宽阔、更深的水道,进一步突破高水压、复杂水流和复杂地质条件,发展、融合和丰富了钢壳沉管和混凝土沉管的工序和技术。

沉管隧道的技术发展方向是:①发展更灵活、更可靠的混凝土管节预制技术,包括全断面节段浇筑技术,消除施工冷缝,以提高管节的自防水可靠性;②工厂化、流程化预制管节,以适应跨越更宽阔的河口、海峡水道的工程要求;③吸收预应力混凝土箱梁桥的预制节段拼装工法、工艺的优点,开发沉管节段预制、管节连接和管节运输最优的施工工艺和结构体系;④融合钢壳沉管工法,开发混凝土管节分部预制和浮态浇筑技术,以及先铺法碎石基础的精细工法;⑤结合各项目特别的水文地质和海流技术条件,发展独特的管节拖运、沉放、基础和结构连接等设计和施工技术。

# 思 考 题

1. 名词解释:水下隧道、最小覆盖层厚度。
2. 简述水下隧道的分类及其特点。
3. 简述水下隧道设计要点。
4. 简述影响水下隧道最小覆盖层厚度的因素及其规律。
5. 简述水下隧道修建方法及其适用条件。
6. 简述水下盾构施工的技术要点。

# 第三篇　铁路隧道养护维修

　　现代铁路的高速、高舒适度、少维修特征,为铁路隧道的养护维修提出更高的标准和要求,隧道限界检测车和以地质雷达为代表的无损检测技术的应用使连续快速掌握隧道状态成为可能,注浆喷锚等技术的应用为快速修复衬砌提供了便捷的方法,状态修制度和现代工务管理体制为作业实施提供了制度模式,适应高速、公交化、大运量、重载等不同运输方式的隧道养护维修体系还处在探索阶段,还需要在实践中逐步完善,前景看好但任务繁重。

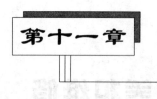

# 隧道养护与维修

铁路是国民经济的大动脉,隧道是铁路线路的大型永久建筑物,它不但构造复杂,技术性强,且修建工期长,价值较高,一旦损坏,修复和改建都很困难,将严重影响铁路的畅通。所以,做好隧道的维修养护工作,对保证铁路运输的安全畅通,促进国民经济的发展有着重要意义。

隧道维修养护工作应贯彻"预防为主,防治结合,有病治病,治病除根"的原则,采取综合维修和经常保养相结合的方式,整治既有病害,及时消除危及行车安全处所,经常保持隧道结构物状态均衡完好,使列车能以规定的速度安全、平稳和不间断地运行。

养护维修是对所有隧道都重要工作,因为:

第一,隧道建筑物要满足 100 年正常使用的永久性结构设计,且能适应运营的需要,方便养护作业,并具有必要的安全防护等设施。但是,受列车动荷载和风吹雨淋、温度变化等大气环境的影响,隧道技术状态可能会逐渐恶化。这对隧道的正常使用和安全运营带来威胁,所以,同其他工程结构相同,为了尽量延长隧道结构的寿命,应对隧道进行经常性的养护工作。

第二,由于设计、施工和外界环境因素作用,会导致隧道出现渗漏水、衬砌裂损、衬砌侵蚀、火灾等多种类型的病害和灾害,不但影响隧道的正常运营,而且会引发事故、灾害,造成人员伤亡和财产损失。因此,隧道病害防治应以预防为主,在设计阶段就要考虑,本着预防与及时整治病害相结合的原则。要经常性地对隧道进行检查,及时发现问题,并采取有效措施整治,做到防治结合,把病害控制在最小的范围内。

## 第一节　隧道养护与维修

### 一、隧道检查

检查是隧道大修维修工作的基础,是编制隧道大维修计划的依据。通过检查可掌握隧道在运营中发生的变化,及时发现病害。根据检查发现的问题,采取针对性的措施,合理安排大修维修工作,使隧道经常处于完好状态。通过检查积累技术资料,可以系统地掌握隧道状态,以便正确地规定其使用条件。

隧道检查是一项制度化的工作,它包括经常检查、定期检查、临时检查、专项检查。

1. 经常检查

检查内容包括排水设施是否通畅,衬砌表面是否漏水,洞口山坡是否可能坍方落石,隧道上方地表是否出现冲沟和陷穴,对已有病害进行观测并做好记录以便存档。

2. 定期检查

每年秋季(三季度)后,工务段应根据路局的布置,组织有关人员对管辖的隧道进行一年一度的大检查,对隧道各部分状态进行全面细致的检查评定,据以拟定病害整治对策和安排大维修计划。

对每座隧道逐项进行检查,用目测和仪器测试,查明各种病害。

秋检后由工务段编写检查总结和文件资料,内容包括检查组织情况,采用的检查方法,病害及其原因,技术状态分析,填写《桥隧建筑物状态报告表》,按规定期限报路局,经路局审查后于10月底报铁道部。

3. 临时检查

遭受地震、台风、洪水等自然灾害侵袭或突发事故后,为及时了解隧道状态,工务段须立即组织有关人员进行临时检查,必要时由路局组织检定队进行测试检定。

4. 专项检查

(1)限界检查

重要线路的隧道界限每5年,其他线路的隧道界限每10年检查一遍,根据检查结果绘制每座隧道综合最小限界图。当发现隧道有变形或对隧道进行加固后,应立即检查限界。如影响原有最小尺寸时,应修正限界并报铁道部。

(2)断面及平面测绘

应对每座隧道进行平面及纵横断面检查。

利用拱顶及边墙(轨面上约1 m处)的固定测点进行水准测量,并测量两边墙上相同高度固定测点间和拱脚水平线上的宽度。有变形的隧道各段衬砌的横断面可安设单点锚杆或位移计定期进行测量。

5. 检查项目

包括洞口及其附近的检查,洞门检查和洞内检查。

## 二、隧道档案

1. 隧道设备概况。

2. 主要病害状况卡片。主要病害状况卡片见表11-1。

表 11-1　隧道病害卡片

| 记录日期 | 病害性质 | 位置<br>(自×至×) | 长度<br>(mm) | 最大数量 | 病害发生时间 | 危险程度 | 简要分析 |
|---|---|---|---|---|---|---|---|
|  |  |  |  |  |  |  |  |

3. 隧道历史概况与现状分析。

4. 图纸存档:

(1)技术图纸;

(2)隧道衬砌展示图;

(3)隧道综合最小限界图。

5. 各种检查观测记录。

## 三、隧道养护与维修

1. 综合维修

综合维修的作用是全面恢复隧道各部分的功能,保持状态均衡完好,逐步走向良好循环,保证行车安全。其目的是适时进行预防修理和病害整治,延缓状态劣化速率,延长大维修周期和使用寿命。因此,综合维修贯彻的原则有:

(1)"预防为主,防治结合,有病治病,治病除根"。

(2)"全项目"维修:一是对整座隧道进行,包括洞顶、洞门、洞身、隧底、排水设施和附属设备;二是对照维修验收标准中的项目标准,凡是状态达不到标准的一定要修,根据设备变化规律,预计下一周期可能超限的项目,进行适时预防修;状态较好,变化不大的项目不提前修。

努力做到"项目齐全、作业彻底、一次达标","修一项、保一项、修一座、保一座",保证在维修周期内设备状态的均衡完好。

隧道综合维修周期约 2~3 年。由于其状态变化规律不强,现为不定周期修理。

隧道综合维修关键项目包括边墙漏水整治,排水设施整修,圬工裂损修理,仰坡、边坡整修等。

隧道综合维修的工作范围有隧道漏水的小量整治,排水沟清理,衬砌小量圬工修补,隧道内整体道床混凝土修理,隧道通风、照明设施修理。

2. 经常保养

经常保养的目的是及时发现和消灭超限处所和临近超限处所,保持隧道状态经常均衡完好,确保行车安全平稳。通过检查掌握隧道状态变化,预防病害的发生和发展。

其工作范围包括清除烟灰、煤渣、结冰,清理危石及衬砌掉块,疏通排水沟,补充水沟盖板等。经常保养的周期为 6 个月。

3. 巡守

全长 1 000 m 以上的隧道(曲线 500 m 以上隧道)、设置机械通风或固定指示照明的隧道,要设置昼夜巡守。

巡守工的主要职责是经常检查、监视隧道容易变化和对行车安全有直接影响的病害,以能及时正确地采取应急措施,确保行车安全。

巡守工的工作包括保持隧道清洁,清除积水、冰雪、煤烟、污垢、尘土及清理排水沟(管)等。

4. 大修

大修是搞好隧道运营管理的一项重要措施,其作用是根据状态劣化程度和运输发展需要,恢复或改善设备功能,提高承载抗灾能力,最大限度地延长使用寿命。

根据其工程性质、工作量大小和施工难易程度,大修分为周期大修、重点大修和一般大修。

(1)重点大修。如重点病害整治——更换隧道衬砌。

(2)一般大修。其他病害整治和大修列为一般大修工程。

# 第二节　隧道病害与防治

隧道处在岩土天然介质和环境中,因勘察、设计、施工和运营等方面原因,经多年运营后极易出现渗漏水、衬砌结构开裂变形、衬砌背后空洞等病害;处在特殊地层和环境下的隧道还可能出现冻害、衬砌腐蚀、震害、洞内空气污染或火灾危害,这些病害和危害对隧道的安全、舒适、正常运营有严重影响甚至威胁。因此,对既有隧道进行全面检测评估,根据病害(或危害)状况有针对性地进行治理,对保障铁路隧道结构安全,保证行车安全具有重要意义。

本节以铁路隧道常见的八种病害和危害——水害、衬砌裂损、隧道冻害、衬砌腐蚀、震害、地质灾害、洞内空气污染和火灾,综合论述其现象、成因及其防治技术。

## 一、水害及其防治

隧道渗漏水是最常见的病害,据统计,约占 70% 的铁路运营隧道存在不同程度的水害,特别是长大越岭隧道,一般水量较大,危害也甚。如京广线大瑶山隧道、南岭隧道,襄渝线大巴山隧道,贵昆线梅花山隧道,浑白线枫叶岭隧道,京原线驿马岭隧道等,在施工期间及交付运营后,都曾发生过严重水害。隧道水害对隧道稳定、洞内设施、行车安全、地面建筑和隧道周围水环境产生诸多不良影响甚至威胁,因此,水害防治成为隧道病害防治之首。

1. 概念与类型

隧道水害主要指运营隧道水害,即围岩的地下水和地表水直接或间接地以渗漏方式或涌出的形式进入隧道内造成的危害。

(1)隧道渗漏按其发生的部位和流量可分为:拱部有渗水、滴水、漏水成线和成股射流四种;边墙有渗水、淌水两种;少数隧道有隧道涌水病害。

(2)衬砌周围积水指运营隧道中地表水或地下水向隧道周围渗流汇集,如不能迅速排走,会引起衬砌破裂、围岩浸水软化等病害。

(3)潜流冲刷指由于地下水渗流和流动而产生的冲刷和溶蚀作用。

2. 水害成因

隧道水害的成因是,修建隧道,破坏了山体原始的水系统平衡,隧道成为所穿过山体附近地下水集聚的通道。当隧道围岩与含水地层连通,而衬砌的防水及排水设施、方法不完善时,就必然要发生隧道水害。

3. 隧道防水设计

2001 年 4 月 1 日实施的《铁路隧道防排水技术规范》(TB 10119—2000)提出:铁路隧道防排水应采取:"防、排、截、堵结合,因地制宜,综合治理"的原则。

隧道防水要"防患于未然",首先从设计做起,要在水文地质调查的基础上,从工程规划、结构设计、材料选择、施工工艺等方面进行合理设计。防水设计应考虑地表水、地下水、毛细管水等的作用,以及由于人为因素引起的附近水文地质改变的影响。防水设计要遵循隧道防水原则,定级准确、方案可靠、施工简便、经济合理。

隧道的防水设计内容包括:①防水等级和防水方案;②防水混凝土的抗渗等级和其他技术措施,质量保证措施;③其他防水层选用的材料及其技术指标,质量保证措施;④工程细部结构的防水措施,选用的材料及其技术指标,质量保证措施;⑤工程的防排水系统,地面挡水、截水系统及各种洞口的防倒灌措施。

4. 隧道防水整治

既有隧道漏水的防治原则,应在周密调查,弄清水源和既有衬砌防排水设备现状的基础上,根据隧道的具体情况,因地制宜地贯彻"截、排、堵结合综合整治的原则"。力求达到建立完善的隧道防排水系统,使用的材料安全而耐久,工艺先进,质量可靠,方便维修,经济合理的目的。

常用的整治运营隧道漏水的基本方法有适当疏排、注浆堵水和增设内防水层,水害整治的技术关键是分析病害成因,对症整治;合理选择防水材料;严格施工工艺。

**二、衬砌裂损与整治**

由于形变压力、松动压力作用、地层沿隧道纵向分布及力学性态的不均匀作用、温度和收缩应力作用、围岩膨胀性或冻胀性压力作用、腐蚀性介质作用、施工中人为因素、运营车辆的循环荷载作用等,使隧道衬砌结构物产生裂缝和变形,影响隧道的正常使用,统称为隧道衬砌裂损病害。

我国铁路隧道衬砌裂损是运营隧道的主要病害之一,多发生在Ⅲ、Ⅳ级围岩的直墙衬砌段,表现为衬砌开裂和掉块。衬砌裂缝有纵向、斜向、环向三种,分布在拱顶、拱腰、拱脚和边墙。衬砌产生裂缝,支承能力降低,影响结构稳定。结构发生变形,限界发生变化,影响行车。劈裂掉块,甚至局部坍塌危及行车安全。同时裂缝也是漏水通道,衬砌漏水又进一步加剧了裂损病害的发展。

衬砌裂损是隧道病害的主要形式,隧道衬砌裂损破坏了隧道结构的稳定性,降低了衬砌结构的安全可靠性,影响隧道的正常使用,甚至危及行车安全。衬砌裂损变形的主要危害有:

(1)降低衬砌结构对围岩的承载能力;

(2)使隧道净空变小,侵入建筑限界,影响车辆安全通过;

(3)拱部衬砌掉块,影响行车和人身安全;

(4)裂缝漏水,造成洞内设施锈蚀,道床翻浆,严寒和寒冷地区产生冻害;

(5)铺底和仰拱破损、基床翻浆、线路变形,危及行车安全,被迫降低车辆运行速度,大量增加养护维修工作量;

(6)在运营条件下对裂损衬砌进行大修整治,施工与运输互相干扰,费用增大。

衬砌裂缝整修,对小裂缝,又无渗水,可用水泥浆嵌补,或先凿槽后再用1:1水泥砂浆或环氧树脂砂浆涂抹。裂损严重,拱圈有多道裂缝,部分失去承载能力时,原则上应拆除重建,一般用锚网喷或喷射早强钢纤维混凝土。开裂严重,但拱圈基本形状无较大变形时,可采用素喷或网喷混凝土整治。衬砌背后空洞需压浆处理。

### 三、隧道冻害与防治

隧道冻害是寒冷地区和严寒地区的隧道内水流和围岩积水冻结,引起隧道拱部挂冰、边墙结冰、洞内网线设备挂冰、围岩冻胀、衬砌胀裂、隧底冰椎、水沟冰塞、线路冻起等,影响到安全运营和建筑物的正常使用的各种病害。寒冷地区指最冷月平均气温为$-5\sim-15$ ℃地区。严寒地区指最冷月平均气温低于$-15$ ℃地区。

隧道冻害会导致衬砌冻胀开裂,甚至疏松剥落,造成隧道衬砌结构的失稳破坏,降低衬砌结构的安全可靠性,严重影响运输的安全和正常运行。

我国幅员辽阔,冻土地区分布广泛(其中多年冻土占整个陆地面积的1/5),现有的铁路、公路隧道相当一部分处于冻土分布地区。随着铁路建设的进一步发展,在寒冷地区特别是西部地区修建的隧道不断增多,隧道冻害问题会随之增多。

严寒及寒冷地区隧道冻害的防治,其基本措施是综合治水、更换土壤、保温防冻、结构加强、防止融坍等,可根据实际情况综合运用。

### 四、衬砌腐蚀与防治

铁路隧道所接触的地质条件千差万别。其中有些地区富含腐蚀性介质。衬砌背后的腐蚀性环境水,容易沿衬砌的毛细孔、工作缝、变形缝及其他孔洞渗流到衬砌内侧,成为隧道渗漏水,对衬砌混凝土和砌石、灰缝产生物理性或化学性的侵蚀作用,造成衬砌腐蚀。

隧道衬砌腐蚀分为物理性侵蚀和化学性腐蚀两类。物理性侵蚀的种类主要有冻融交替部位的冻胀性裂损和干湿交替部位的盐类结晶性胀裂损坏两种。化学性腐蚀根据主要物质因素和腐蚀破坏机理,分为硫酸盐侵蚀、镁盐侵蚀、软水溶出性侵蚀、碳酸性侵蚀和一般酸性侵蚀5种。

隧道衬砌腐蚀的主要影响因素有：衬砌圬工的质量和水泥的品种；渗流到衬砌内部的环境水含侵蚀性介质的种类和浓度；环境的温度和湿度等自然条件。

隧道衬砌腐蚀使混凝土变酥松，强度下降，降低隧道衬砌的承载能力，还会导致钢轨及扣件腐蚀，缩短使用寿命，危及行车安全。为确保隧道建筑物的安全使用，应积极对衬砌腐蚀病害进行防治，研究分析隧道产生腐蚀的原因及作用机理，指导隧道腐蚀的预防和整治。

隧道衬砌防腐蚀措施，应首先从搞好勘测设计着手，掌握隧道工程地质和水文地质资料，查明环境水含侵蚀性介质的来源和成分，在正确判定其对衬砌混凝土侵蚀程度的基础上，因地制宜地采取防治措施。

目前，对隧道侵蚀采取的防治措施主要有：提高衬砌的密实度和整体性，选用耐侵蚀水泥，加强衬砌外排水措施，使用密实的与混凝土不起化学作用的材料，在衬砌外表面做隔离防水层，采用与侵蚀性环境水不起化学反应的天然石料砌筑衬砌，向衬砌背后压注防蚀浆液，采用防腐蚀混凝土。

既有线隧道的普通混凝土衬砌产生腐蚀病害时，应查明病害原因，结合隧道裂损、漏水病害，综合考虑衬砌加固和改善防、排水条件。

### 五、隧道震害与抗震

地震引起隧道的损坏是隧道灾害的一种。由于隧道和其他地下建筑物的震害远不如地面建筑严重，因而人们对隧道抗震问题的重视程度也低于地面建筑物（例如桥梁）。事实上在一些大地震中隧道遭受严重破坏的例子很多，至于洞口被滑坡埋设、洞门裂缝变形、衬砌裂损和剥落者则更多，强地震往往造成软弱围岩和有缺陷地段的隧道严重破坏，而且一旦被震坏，修复相当困难，特别是对于一些重要线路上的隧道，因震害停运及由此造成的经济损失远远超过隧道本身的修复费用。

1920 年日本东京大地震，东京附近的 25 座铁路隧道损坏，有 14 座洞身被破坏，其破坏形式主要表现为拱部和边墙坍塌、衬砌开裂和变形错动、洞门破坏。1971 年美国圣佛南都地震，附近 5 座隧道受到不同程度的损害，其中两座穿越或靠近断层的隧道损害和错位现象较为严重，另两座隧道出现了非破坏性裂缝。2008 年 5 月 12 日汶川大地震造成四川灾区大量隧道产生了严重的震害。都江堰—汶川公路共有隧道 11 座，原 213 国道从都江堰—映秀修建的绕坝路共有隧道 3 座，这些隧道都发生了不同程度的震害，洞口区域山体滑坡崩塌、支挡结构破损；洞门开裂、结构破损；衬砌开裂掉块甚至坍塌、施工缝开裂错台、衬砌开裂后渗漏水；路面开裂、错台、积水严重；排水系统遭到堵塞和破坏，路面及仰拱隆起等。特别是震中区附近的龙溪隧道、龙洞子隧道和紫坪铺隧道损坏最为严重。

我国地处欧亚地震带和环太平洋地震带之间，是世界上最大的大陆地震区，属于多地震国家，震害具有分布广、强度大、危害大等特点。云南昭通、河北邢台、唐山等大地震的震区调查资料表明，地下结构多有不同程度的破坏。而作为我国交通命脉的铁路、公路网和城市地铁遍及全国各地，不可能绕过地震区修建隧道。例如，为有效避免地震可能给青藏铁路带来的威胁，铁道部委托中国地震局工程地震研究中心，对全线地震区划及活动断层进行了认真的调查和评估。青藏铁路建设期间于 2001 年 11 月 14 日，青藏高原昆仑山口发生 8.1 级大地震，这次地震造成了一条宽 3～5 m，长约 400 km 的地震断裂带。地震后，铁道部再次邀请中国地震局等单位联合进行现场调查，并根据调查结果采取了相应的工程补强措施。为减少地震影响，青藏铁路设计时尽量让线路绕过地震断层带，如果线路必须进入地震带活动范围，则先调查清楚地震带走向,然后让铁路与地震带垂直相交以浅路基通过,跨越地震断裂带。

我国现有的隧道有相当多位于地震区,尤以华北、西南和西北的铁路、公路隧道处于高烈度者居多,位于8、9度地震区的铁路隧道有数百座,主要位于成都铁路局、西安铁路局、北京铁路局和兰州铁路局。为防止和减轻隧道震害,须把综合治理、预防为主的指导思想,贯穿到选线、设计、施工和维护保养各阶段。根据有关法规,位于地震基本烈度Ⅵ度以上(含Ⅵ度及其分界线外围 8 km)地区的生命线工程,设计时必须进行地震设防,并进行专门地震安全性评价工作。

因此,加强隧道抗震研究工作,制订抗震设计与规范,制订耐震性评价标准,对既有隧道进行抗震加固,成为迫切的任务和现实的课题。

### 六、隧道地质灾害与防治

铁路隧道地质灾害系指铁路隧道在施工、运营过程中由于地质因素及人为原因而引发的突发性地质灾害事件,常可造成人员、设备的巨大损失,甚至导致工程的失败。其主要类型有震害、山体变形、塌方、岩溶塌陷、突水、泥石流、岩爆、高地温、瓦斯爆炸及有害气体突出等。

本章只讨论运营期间常见的隧道地质灾害,主要包括滑坡、采空区,震害见本节"五、隧道震害与抗震",岩溶、瓦斯爆炸和岩爆分别见本书第七章第四、八、九节。

#### 1. 滑坡、崩塌

滑坡、崩塌、错落均属山体变形,是隧道最常遇到的地质灾害,其危害是极为严重的。它主要发生于浅埋、偏压及洞口地段,如襄渝线狗磨滩隧道建在滑坡体上,施工中多次滑移坍塌。1976 年交付运营后,滑坡体上的隧道继续滑动引起隧道衬砌变形损坏、漏水成帘、中线移动达 200~300 mm,须改线另建。青藏线关角隧道通过构造应力带,围岩变形、道床上鼓(最大达 300 mm),中线偏移(最大达 140 mm),衬砌破坏,轨距无法维持,1985 年交付运营后一直限速 10 km/h 通过,整治花费巨额投资。宝中线堡子梁隧道、宝天线 K105 隧道、襄渝线柴家坡隧道以及成昆线东荣河隧道等均因滑坡产生隧道变形和破坏,严重地威胁着运输安全。特别是 1992 年 5~11 月间,宝成线马蹄湾隧道滑坡使铁路运行中断 3 次,抢险工程费用巨大,并被迫改线约 4 km。

滑坡整治要根据探明的滑坡范围、滑坡面、滑动状态等确定整治方案。

南昆铁路于 1998 年建成通车。1999 年 11 月柏子村 1 号隧道发生滑坡病害:右边墙开裂,拱顶压溃掉块,地面发现大量裂缝。该隧道进口与乐善村中桥、乐善村车站紧邻,出口与明洞连接,一旦病害继续发展,会威胁到南昆铁路的安全运营,必须进行治理。研究表明,南昆铁路柏子村 1 号隧道滑坡规模大,地质条件复杂,滑坡推力大,单一措施难以达到预期的治理效果,最终采取了由地表排水、整坡填缝、削方、生物防护、抗滑桩、预应力锚索等多种工程措施优化组合而成的综合治理方案。监测结果表明,滑坡整体已趋于稳定。

#### 2. 采空区

矿山采空后,引起采场上覆地层的变形和破坏,在采空区上方或附近修筑铁路隧道等建筑物,不但增加施工难度和工程成本,而且会给行车带来不安全因素。因此,在铁路隧道选线时,应尽量避开采空区,但由于客观条件限制和其他原因,有的隧道不能避开采空区,则应采取整治采空区、加固地层或加强支护等措施。

采空引起上覆岩层变形破坏,通常分冒落带、导水裂隙带和弯曲变形带。这"三带"的形成是一个缓慢的过程，又受到采深、采厚、地层性质等的影响，呈现不同的特征。由于不规则开采及开采历史不清，采空区的剩余变形量和变形终止期往往难以预测。

采空区的变形、塌陷对铁路隧道的破坏，主要表现在引起隧道衬砌的变形和开裂，降低支护的承载能力，严重时会导致隧道失稳。若不进行线路下方采空塌陷区的治理，或者没有探明采空区而将隧道布置在采空区的上方、附近，就可能导致隧道在建设和使用期间出现隧道衬砌变形、开裂等现象，严重时威胁隧道结构安全和铁路的正常使用。

采空区的治理首先要探明采空区充填状态、规模、分布及其与隧道的空间关系，综合考虑技术可行、经济合理和安全性，制定整治方案，充填注浆法是常用的整治方法。

山西省晋城市王坡煤矿铁路专运线柏树底隧道全长735 m，隧道施工中发现，由于其下伏采空区塌陷冒落，呈充填—半充填状态，部分采空区悬空较大，地表变形尚未结束，致使隧道产生破坏性裂缝、塌陷及不均匀下沉。为了保障铁路隧道的安全施工和正常运营，采用全充填压力注浆进行整治，即在地面施工钻孔，达到煤矿采空塌陷区，将注浆管密封在采空塌陷区上覆岩层中，采用注浆泵，将水泥粉煤灰浆通过注浆孔注入煤矿采空塌陷区和其上覆的岩层裂隙中，将上覆岩层裂隙和采空区的空隙体积全部充填并将松散的冒落物胶结在一起，阻止上覆岩层的进一步变形和塌陷。

### 七、洞内空气污染与运营通风

隧道在运营过程中，交通车辆、电气设备、抛弃的废弃物等释放出多种有害气体，瓦斯隧道本身还会释放出瓦斯气体，而由于隧道是一个半封闭空间，一般只有进出口与大气相通，有害气体不能很快消散，当积累的浓度超过一定值时，会引起严重影响。

隧道内有害气体的影响是多方面的，第一，危害养护维修人员和机车车辆乘客人员身体健康，有害气体浓度积累过高时，导致人急性中毒；第二，腐蚀隧道内结构物、钢轨、扣件等设备；第三，降低隧道内能见度，妨碍行车安全和维修工作的正常进行。

特别是长大隧道，列车在其中的行驶时间很长，隧道内的空气流通不畅，积聚在隧道内的废热、灰尘、有害气体等，靠自然通风很难达到换气的目的，因而，采用足够、合理的通风（可能还包括冷却）措施，才能保证隧道内的空气质量，保障列车的运行安全，为旅客提供一个安全和舒适的环境。

隧道运营通风就是采用自然或机械方式在隧道内形成风流，解决隧道运营环境中有害气体造成的空气污染问题。选择合理的通风方式和参数，需要对隧道内有害物质及浓度分布范围、洞内空气的污染影响因素、有害物的允许浓度标准、有害气体对人体健康的影响和改善洞内空气环境质量的措施等问题进行深入的研究。

铁路隧道内有害气体的综合防治方法有如下几项。

#### 1. 提高列车通过隧道的行驶速度

机车通过隧道时会排出烟气和有害气体。如果行车速度过快，则烟气扩散到司机高度时，机车已冲出烟气区。即行车速度愈快，有害气体侵入司机室的可能性愈少。因此，规范规定了列车通过隧道的最低速度。

隧道内的行车速度对烟气浓度影响较大。车速高，机车在洞内走行的时间短，排放的烟雾浓度就低，所以车速快慢是决定有害气体浓度高低的主要因素。同时，列车速度快，活塞压力大（活塞风大），排除烟雾的时间就会相对减少。因此，提高通过隧道的列车车速，不仅可以改善司机室的环境，还可以削减高峰浓度及有利于将有害气体排出洞外。

**2. 铺设整体道床，减少维修工作量**

隧道内养护维修工作条件比洞外差，工作效率低，碎石道床维修工作量大，且体力劳动繁重。采用整体道床等新型轨道结构，可大大减少养护维修工作量，减轻体力劳动。西康铁路秦岭隧道成功采用少维修的新型整体道床后，已在西南线东秦岭等长、特长隧道内推广应用。

**3. 机械通风**

在自然风不能满足要求时，应采用机械通风，以保证在规定时间内将有害气体排出隧道外，机械通风是加速隧道排除烟气的有效措施。

以上几种方法结合具体情况综合应用，才能有效地预防运营隧道中有害气体对人身体健康的危害，改善劳动条件，保证行车安全，提高工作效率。

## 八、隧道防火与防灾

隧道是现代交通主要的交通基础设施，必须具备高度的安全性和安全使用性，尤其是隧道中要绝对避免火灾事故。由于隧道结构环境密闭，一旦发生火灾，扑救相当困难，往往会造成重大的人员伤亡和财产损失。

在许多情况下火灾引起的损失巨大，全世界铁路隧道发生了多起火灾事故，其中特大火灾就有几十起，英法海峡隧道货物列车火灾事故是一例典型事故。英法海峡隧道被誉为当代最伟大的世纪工程，其政治及经济影响极大。1996 年 11 月 18 日，一列载有 2 辆重型卡车的货运列车在英法海底隧道内行驶到距法国海岸线 17 km 处时，后部敞车运载的一辆卡车起火。这是海底隧道自 1994 年开通以来首次火灾事故。火势迅速波及 750 m 长的全列车，迫使 3 名乘务员和随车的 31 位汽车司机撤离到另一隧道中，幸无死亡。事故中有 9 人被烟火熏伤，需要治疗。事后调查表明，火焰中心温度高达 1 000 ℃，造成列车尾部机车、部分车辆及运载的汽车损坏，隧道 600 m 段破坏较严重，400 mm 厚的混凝土内壁出现剥离，钢轨扭曲，事故半月后才行车，估计损失近 2.3 亿英镑。

**1. 隧道火灾原因**

根据大量统计资料，隧道发生火灾的原因有：隧道电气线路或电器设备短路起火；隧道内通行的车辆所载货物可能有易燃易爆物品，遇明火（或热源）发生燃烧或自燃；铁路轨道发生故障，列车颠覆（特别是油罐车）引起火灾。

**2. 隧道防灾设计**

长大铁路隧道的防灾设计，包括发生火灾时的防灾通风，是隧道设计和运营中的关键问题。铁路长大隧道防灾、救援与安全疏散的设计应本着"以人为本"的设计理念，贯彻"以防为主，防消结合、快速疏散"的消防工作方针，采取积极有效的措施，防止和减少各类灾害带来的危害。在防灾救援和安全疏散设置方面重点考虑快速、安全疏散列车上的所有旅客。

在隧道发生火灾事故的紧急情况下，防灾通风系统能够迅速启动，有效地控制烟雾流动，为旅客的快速疏散和防灾救援提供安全通道。因此，在隧道设计时应综合考虑运营通风及火灾救援两方面的因素，选用合理的通风措施和控制方法，保证隧道内具有良好的环境。

瑞士圣哥达山隧道是世界上在建的最长的铁路隧道，长 57 km。为了最大限度保证旅客在隧道中的安全，设计时采取了多种措施来防止和减少紧急情况的发生。以此为例说明隧道防灾设计。

**(1)结构设计**

单向行车的双孔隧道安全性大大优于单孔双向行车隧道，因为，第一，行车事故减少；第二,逃离和救援的可能性增大。因此,从经济、安全、施工难度等方面综合考虑,目前高速公路隧道一般是双孔结构,有很高的安全性能。

瑞士圣达山隧道设计为两条平行的单线隧道,在正常运营期间,南往的列车通过东边的隧道,北往的列车通过西边的隧道。

(2)防灾救援设施

瑞士圣哥达山隧道设计有 178 个横通道,设置有隧道运转需要的设备,在发生紧急情况时可以用作逃生线路。要在正常运营期间防止两个隧道之间的空气动力连接,可以通过用隧道冷却器调节横通道的通风,在位于北部入口和隧道的中部之间的所有横通道由东隧道通风,位于隧道的中部和南部入口的所有横通道由西隧道通风。图 11-1 显示了横通道的通风系统,包括 2 台通风机(一台工作,一台备用),3 个挡火闸门,以及供气管道和排气管道。在正常运营期间,供气管道和排气管道中的防火门完全敞开,对面隧道中的防火门关闭,而排气通风机处于工作状态。

此外,在两个隧道间隔大约 20 km 处设有紧急救援车站,见图 11-1。每一个紧急救援车站长 450 m,有宽约 2 m 的站台。沿着紧急救援车站长度以相等距离布置了 6 个紧急出口,装备了逃生门,在顶板上布置了 7 个废气排放口,它们可以通过废气闸门密封。东边隧道和西边隧道的紧急救援车站是赛德润和法意多多功能车站的一部分。紧急救援车站通过平行廊道与多功能车站的主要洞室连接,在这些廊道内布置着轨道运行所需要的技术室。

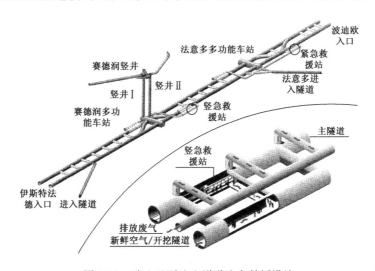

图 11-1　瑞士圣哥达山隧道防灾救援设施

多功能车站都装备一个通风站,安装了为隧道运营期间服务的供气和废气排放通风机。在多功能车站内,赛德润Ⅰ号竖井、廊道和洞室可以部分地用作逃生线路,也可以作为供气管道系统。从两个隧道的紧急救援车站排出的气流经单独的废气管道系统排出。

3.隧道安全策略与防灾措施

降低长大隧道相关风险的一个主要方法就是防止危险事件发生。如果不可能做到,就要采取措施来减少可能发生的危险的次数,和(或者)如果危险的确发生了,要采取措施来降低事故后果。如果某一危险的风险仍然很高,就要重点考虑采取措施以便使乘客能从列车撤离到安全地点。如果这样仍然不足以保证乘客安全,就要考虑采取紧急救援服务来营救乘客。长大隧道一般位于山区,救援需要等待一定的时间,当救援队达到隧道时,又往往难以接近出事地点,所以通过营救来减轻风险,在铁路隧道中通常不是很有效的。隧道风险等级与减轻风险的方法见图 11-2。

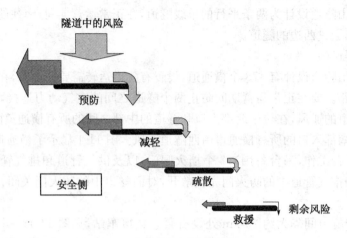

图 11-2 隧道风险等级与风险对策

通过定性安全分析和定量风险分析,识别出风险,可以为隧道的建设、铁路技术、铁路车辆和运营采取相应的预防和处理措施。

圣哥达山隧道面临的主要风险以及环境污染是火灾、列车出轨、列车碰撞、危险货物松动掉落和暴力行为,为此,采取了下列重要的预防措施:

(1)防止碰撞。通过隔离南来和北往的轨道,并通过驾驶室信号系统(包括一个永久的数据和声音连接)和列车自动控制系统来引导和警示列车交通,防止列车碰撞。

(2)使出轨风险最小化。交叉点是造成列车出轨的最大风险因素。通过限制隧道中渡线的数目(赛德润隧道中一个,法意多隧道中一个)以及优化其布置,使列车在不经过交叉点的前提下进入救援车站,这样就使得出轨风险最小化。

(3)使来自危险货物的风险最小化。让客车和货车同时行驶,由于列车以几乎相同的速度同时穿过隧道,运输危险货物的列车和客车之间的可能的互相作用将降到最低,可以提高运营安全。

(4)防止有危险的列车进入隧道。隧道进口前方设置的列车检测仪器能够探测出即将进入隧道的列车状况,若有危险则把它们引到通往隧道外部的轨道上防止其进入隧道。

(5)防止维护期间的事故。在定期的维护期间,将关闭一个隧洞,列车运输仅在另一个开通的隧道中进行。

(6)紧急管理最优化。为了确保介入紧急救援人员的快速正确反映,需要采用简单的、标准的程序,人员需要定期进行训练。消防车和救援车将安置在靠近每一个隧道口附近。

## 第三节 隧 道 改 建

隧道改建的目的是提高技术标准,进一步提高既有线输送能力,适应列车行车速度的提高或客货运量的增加。所以,应根据拟定的既有线改建标准,结合考虑地质、洞内及两端洞口地段的线路技术条件、附近大型建筑的影响、运营情况、既有隧道现状等因素,通过技术经济比较,合理选定隧道改建方案。

### 一、隧道改建形式、方案和要求

1.改建形式和工程类型

隧道改建是指对技术标准不能满足运输要求的既有隧道进行技术改造。主要内容包括：调整线路平、纵断面；扩大隧道净空；增设洞内建筑物；局部损坏地段的补强与修复。

隧道改建一般有既有单线隧道改建；既有单线隧道改建为双线（或多线）隧道；既有单线隧道改建并增建第二线隧道。

隧道改建主要有下列工程类型：

(1)曲线加宽。

(2)对衬砌净空不符合要求的进行整治。

净空宽度不足时，可根据衬砌侵入限界的程度及既有线路条件，采用调整线路平面、凿除或拆换局部衬砌，以满足限界要求。

净空高度不足时，可调整线路纵断面，落底处理；当降坡落底引起隧道两端引线地段工程改建困难时，应与挑顶改建方案作比较。

净空宽度和高度均不足时，可根据具体情况，采用局部或全部拆换衬砌的改建措施。

(3)对衬砌裂损或渗漏水的整治。隧道改建时，对局部衬砌裂损、强度不够或漏水的地段，可采用压浆、喷锚、设置套拱或其他加强措施。

(4)对基底翻浆冒泥的整治。隧道内基底翻浆冒泥整治时，应优先采用加深或重建排水沟，必要时可采用更换仰拱、加固基底等方法；隧道内严重渗漏水地段或衬砌背后有空隙地段，宜采用回填注浆，浆液宜选用水泥砂浆、水泥类浆液；隧道回填注浆后仍有渗漏水时，宜采用衬砌内注浆，浆液宜选用特种水泥浆、超细水泥浆和化学浆液。

2.改建方案

隧道改建需充分考虑既有工程的利用条件，在能满足运输要求的前提下，尽量利用既有工程及设备，减少改建工程量，避免对改线地段两端既有工程过多的拆迁、改建及废弃。为使确定的改建方案能付诸实施，应结合改建工程特点，选用技术先进、经济合理的工程措施及施工方法，并应在改建施工前对改建地段的运营情况作详细了解，据此制定可靠的技术安全措施和周密的施工组织计划，缩短施工期限，以减少运营费损失及对运营的干扰。

3.要求

隧道改建时，应合理确定收集资料的内容及现场调查的项目，以掌握既有隧道现状及在施工、运营中所出现的病害情况，并据此分析发生的原因，以便在改建设计中确定改扩建方案及选用合理而又可靠的工程措施。

对既有隧道应重点查明的内容有：①净空尺寸；②轨道、衬砌、洞门、防排水系统及附属构筑物现状；③围岩不稳定地段、施工塌方部位及处理情况；④渗水、漏水、涌水部位及水量、水质、冻害情况；⑤相邻结构物的影响情况；⑥竣工文件，历年病害整治及大修资料。

隧道改建一般是在既有线不中断运营的条件下进行的，工程改建期间对行车的干扰是不可避免的。所以，对于技术条件、改建程度各不相同的隧道进行改建时可以选用不同的施工技术措施与安全措施，但为了使改建施工顺利进行，并能保证既有线正常运输，隧道改建选用的工程措施及施工方法，应以保证运营和施工的安全为前提，尽量减少对运营的干扰并方便施工，工程措施的选用，在条件许可时，尽量考虑方便施工，目的是能在保证安全运输的前提下，使施工进度加快，在改建区段可以缩减对运营的干扰次数或时间，以减少运营损失。

## 二、电气化改造

根据多年来电气化技术改造的经验总结,隧道电气化改造要求的净空高度可与新建电力牵引隧道不同,其净空高度应根据接触网悬挂高度、受电弓高度、车辆高度、养路抬道的预留等计算,得出最小的净空高度,并留有一定富余量确定。

考虑到隧道洞门结构受力复杂,为保证洞门结构的稳定,电化改造隧道应避免在洞门墙上下锚。

电气化技术改造的隧道,其防排水的要求要严格做到拱部不渗水。

## 思　考　题

1. 名词解释:隧道大修、隧道水害、隧道地质灾害。
2. 隧道检查包括哪几种?
3. 隧道综合维修的原则是什么?
4. 隧道常见的病害类型有哪几种?
5. 铁路隧道防排水的原则是什么?
6. 衬砌裂损有哪几种类型?
7. 隧道常见的冻害类型有哪几种?
8. 单向行车的双孔隧道与单孔双向行车隧道哪个更为安全?
9. 隧道改建形式有几种? 主要工程类型有那几种?

# 参考文献

[1] 杨新安,吴德康.铁路隧道[M].上海:同济大学出版社,2003.

[2] 朱永全,宋玉香.隧道工程(第2版)[M].北京:中国铁道出版社,2007.

[3] 陈豪雄.隧道工程[M].北京:中国铁道出版社,1997.

[4] 《中国铁路隧道史》编纂委员会.中国铁路隧道史[M].北京:中国铁道出版社,2004.

[5] 杨新安,黄宏伟.隧道病害与防治[M].上海:同济大学出版社,2003.

[6] 铁道部工程设计鉴定中心.高速铁路隧道[M].北京:中国铁道出版社,2006.

[7] 铁道部工程设计鉴定中心,中铁西南科学研究院.2006中国高速铁路隧道国际技术交流会论文集[M].北京:中国铁道出版社,2006.

[8] 铁道第二勘察设计院.铁路隧道设计手册[M].北京:中国铁道出版社,1995.

[9] 铁道第一勘察设计院.铁路隧道设计基础知识[M].北京:中国铁道出版社,1981.

[10] 铁道部第二设计院.洞门[M].北京:中国铁道出版社,1995.

[11] 中铁二局集团有限公司.铁路工程技术手册——隧道[M].北京:中国铁道出版社,2002.

[12] J Kolymbas. Tunelling and Tunnel Mechanics[M]. Springer-Verlag Berlin Heidelberg 2005,New York.

[13] 李世平,吴振业,贺永年,等.岩石力学简明教程[M].北京:煤炭工业出版社,1996.

[14] J A Hudson,J P Harrison. 工程岩石力学——上卷:原理导论[M].冯夏庭译.北京:科学出版社,2009.

[15] Evert Hoek. 实用岩石工程技术[M].刘丰收等译.郑州:黄河水利出版社,2002.

[16] 王石春,何发亮,李苍松.隧道工程岩体分级[M].成都:西南交通大学出版社,2007.

[17] 李夕兵,冯涛.岩石地下建筑工程[M].长沙:中南工业大学出版社,1999.

[18] 关宝树.隧道工程设计要点集[M].北京:人民交通出版社,2003.

[19] 李志业,曾艳华.地下结构设计原理与方法[M].成都:西南交通大学出版社,2003.

[20] 王效良,景诗庭.漫话隧道[M].北京:中国铁道出版社.2009.

[21] 王建宇.隧道工程监测和信息化设计原理[M].北京:中国铁道出版社,1990.

[22] 翁家杰.地下工程[M].北京:煤炭工业出版社,1995.

[23] 朱汉华,孙红月,杨建辉.公路隧道围岩稳定与支护技术[M].北京:科学出版社,2007.

[24] 刘佑荣,唐辉明.岩体力学[M].北京:化学工业出版社,2009.

[25] 张忠亭,景锋,杨和礼.工程实用岩石力学[M].北京:中国水利水电出版社,2009.

[26] 谢和平,陈忠辉.岩石力学[M].北京:科学出版社,2004.

[27] 关宝树,杨其新.地下工程概论[M].成都:西南交通大学出版社,2001.

[28] 张永兴.岩石力学[M].北京:中国建筑工业出版社,2008.

[29] 上海市建设委员会科学技术委员会.上海大型市政工程设计与施工丛书——隧道工程[M].上海:上海科学技术出版社,1999.

[30] 韩瑞庚.地下工程新奥法[M].北京:科学出版社,1987.

[31] 陆士良,汤雷,杨新安.锚杆与锚固技术[M].北京:煤炭工业出版社,1999.

[32] 陈馈,洪开荣,吴学松.盾构施工技术[M].北京:人民交通出版社,2009.

[33] 铁道第二勘察设计院.铁路隧道设计规范(TB 10003—2005)[S].北京:中国铁道出版社,2005.

[34] 铁道科学研究院.新建时速200公里客货共线铁路设计暂行规定〔铁建设函(2005)285号〕[S].北京:中国铁道出版社,2005.

[35] 铁道第三勘察设计院,铁道第四勘察设计院.新建时速200～250公里客运专线铁路设计暂行规定(铁建设函〔2005〕140号)[S].北京:中国铁道出版社,2005.

[36] 铁道第三勘察设计院,铁道第四勘察设计院.京沪高速铁路设计暂行规定〔铁建设函(2004)157号〕[S]. 北京:中国铁道出版社,2005.

[37] 铁道第二勘察设计院.铁路隧道防排水技术规范(TB 10119—2000)[S].北京:中国铁道出版社,2001.

[38] 铁道部专业设计院.铁路隧道喷锚构筑法技术规范(TB 10108—2002)[S].北京:中国铁道出版社,2002.

[39] 中铁五局集团有限公司.铁路瓦斯隧道技术规范(TB 10120—2002)[S].北京:中国铁道出版社,2002.

[40] 中铁二局集团有限公司.铁路隧道施工规范(TB 10204—2002)[S].北京:中国铁道出版社,2002.

[41] 中铁一局集团有限公司.铁路隧道工程施工技术指南(TZ 204—2008)[S].北京:中国铁道出版社,2008.

[42] 中铁一局集团有限公司.客运专线铁路隧道工程施工技术指南(TZ 214—2005)[S].北京:中国铁道出版 社,2005.

[43] 中铁隧道集团有限公司.铁路隧道钻爆法施工工序及作业指南(TZ 231—2007)[S].北京:中国铁道出版 社,2007.

[44] 中国铁路工程总公司.铁路隧道全断面岩石掘进机技术指南〔铁建设(2007)106号〕[S].北京:中国铁道 出版社,2007.

[45] 中铁十二局集团有限公司.铁路大断面隧道三台阶七步开挖法施工作业指南(试行)〔经规标准〔2007〕 119号〕[S].北京:中国铁道出版社,2007.

[46] 中铁二院工程集团有限公司.铁路隧道监控量测技术规程(TB 10121—2007)[S].北京:中国铁道出版 社,2007.

[47] 中铁隧道集团有限公司.铁路隧道超前地质预报技术指南〔铁建设〔2008〕105号〕[S].北京:中国铁道出 版社,2008.

[48] 铁道第一勘察设计院.铁路工程地质勘察规范(TB 10012—2001,J124—2001)[S].北京:中国铁道出版 社,2001.

[49] 铁道第四勘察设计院.铁路工程地质原位测试规程(TB 10018—2003,J261—2003)[S].北京:中国铁道 出版社,2003.

[50] 中铁二院工程集团有限公司. 铁路隧道风险评估与管理暂行规定〔(铁建设(2007)200号〕[S]. 北京:中 国铁道出版社,2008.

[51] 郑极新.观音庙隧道新奥法施工监测与围岩稳定性分析[D]. 重庆交通大学,2007.

[52] 何华武.中国铁路隧道建设技术的发展[J].铁道经济研究,2006,(6):8~16.

[53] 王梦恕,张梅.铁路隧道建设理念和设计原则[J].中国工程科学,2009,11(12):4~8.

[54] 王建宇.关于我国隧道工程的技术进步[J].中国铁道科学,2001,22(1):72~78.

[55] 龚彦峰.铁路长大隧道设计中若干问题的探讨[J].交通科技,2002,(3):8~11.

[56] 许再良,赵建峰,王子武,等.太行山特长隧道综合勘察技术的应用与效果[J].铁道工程学报,2007, (10):53~57.

[57] 潘唯佳,楼文虎.秦岭特长越岭隧道工程地质选线[J].铁道工程学报,1998,增刊:130~134.

[58] 王建宇,万晓燕,吴剑.高速铁路隧道内瞬变气压和乘车舒适度准则[J].现代隧道技术,2008,45(2):1~ 5,10.

[59] 罗衍俭.铁路隧道结构设计理论与方法存在的问题[J].世界隧道,1997,(5):8~12.

[60] 杨新安,黄宏伟,张禹.软弱围岩分类及其变形规律的研究[J].上海铁道大学学报,1997,4:113~118.

[61] 杨新安,黄宏伟.围岩变形内表比及一种新的巷道围岩分类法[J].岩土工程学报,1998,20(3):23~27.

[62] 赵勇,唐国荣.关于客运专线隧道设计与施工的几点建议[J].铁路标准设计,2005,(6):1~8.

[63] 李典璜,阎启汉.西康线秦岭特长隧道 TBM 施工情况及问题探讨[J].世界隧道,1999,(1):31~35.

[64] 张福忠,西康铁路软岩和极软岩对隧道和路基工程的影响[J].铁道工程学报,2000,(4):90~94.

[65] 盛仁声.山区铁路地质不良地段的施工体会[J].铁道工程学报,1993,(3):56~62.

[66] 李良清.朱嘎瓦斯隧道施工综合配套技术[J].铁道标准设计,2001,8:29~30.

[67] 王梦恕.隧道工程浅埋暗挖法施工要点[J].隧道建设,2006,26(5):1~4.

[68] 喻渝,赵东平,曾满元,等.客运专线超大断面隧道施工过程三维力学分析[J].现代隧道技术,2005,42(4):20～24.

[69] 杨新安,廖立坚,王军良.客运专线隧道的设计与施工技术[J].地下空间与工程学报,2007,3(4):678～681.

[70] 史茂林.Ⅴ级黄土富水隧道施工技术[J].铁道标准设计,2009,(1):77～78.

[71] 王卫国.深埋特长铁路隧道的岩爆预测[J].铁道勘察,2006,(3):59～62.

[72] 梁文灏,黄双林.高原多年冻土隧道施工温度场控制的主要因素[J].冰川冻土,2003,25(增1):95～99.

[73] 杨建民,喻渝,赵辉雄.郑西客运专线富水黄土隧道的设计与验证[J].铁道标准设计,2008,(11):86～89.

[74] Pietro Lunardi. The design and construction of tunnels using the approach based on the analysis of controlled deformation in rocks and soils[J]. T&T International ADECO-RS Approach, 2008, May: 3～30.

[75] 李治国.铁山隧道采空区稳定性分析和治理技术研究[J].岩石力学与工程学报,2002,21(8):1168～1173.

[76] 邓国珍,王超,付国才.宝中铁路老爷岭隧道病害治理[J].铁道标准设计,2008,(10):96～98.

[77] 付新喜.广深港客运专线狮子洋隧道水文地质特征研究[J].资源环境与工程,2007,21(2):152～155.

[78] 王梦恕.水下交通隧道的设计与施工[J].中国工程科学,2009,11(7):4～10.

[79] 李斌,漆泰岳,高波,等.新意法(岩土控制变形工法)概述[J].公路隧道,2009,(2):1～4.

[80] 罗琼.岩溶隧道施工技术[J].铁道工程学报,2005,(3):65～71.